# 마이바티스 프로그래밍

JDBC를 대체하는 쉽고 빠른
자바 데이터베이스 프레임워크

Copyright © aCORN Publishing Co., 2013. All rights reserved.

이 책은 에이콘출판(주)가 저작권자 이동국과 정식 계약하여 발행한 책이므로
이 책의 일부나 전체 내용을 무단으로 복사, 복제, 전재하는 것은 저작권법에 저촉됩니다.
저자와의 협의에 의해 인지는 붙이지 않습니다.

# 마이바티스 프로그래밍

JDBC를 대체하는 쉽고 빠른
자바 데이터베이스 프레임워크

이동국 지음

에이콘

 에이콘출판의 기틀을 마련하신 故 정완재 선생님 (1935-2004)

# 추천의 글

엔터프라이즈 개발에 사용되는 자바 오픈소스 프레임워크 프로젝트는 대부분 현장에서 일하는 개발자들이 자신의 필요를 위해 만들어서 실전에 적용하고, 다듬어 온 것을 다른 개발자들을 위해서 공개하면서 시작된 것입니다. 공개된 프레임워크는 이에 매력을 느낀 많은 개발자들의 협력을 통해 발전합니다. 하나의 프레임워크가 만들어지고 다양한 환경과 조건에서 사용돼 검증되고 발전하는 데는 오랜 시간과 많은 참여가 필요합니다. 여러 개발자들의 수고 덕분에 점점 더 편하고 효과적인 개발이 가능해지고 있습니다. JDBC 프로그래밍의 번거로움 때문에 좀더 쉬운 SQL/DB 프로그래밍을 고민해봤던 자바 개발자들에게 마이바티스$^{myBatis}$와 같이 성숙한 SQL 매핑 프레임워크가 존재한다는 것은 고마운 일입니다. 오픈소스 프레임워크가 효과적으로 사용되려면 프레임워크 개발 못지않게 사용 방법을 배울 수 있는 문서와 자료도 중요합니다.

　　이동국 님은 오래 전부터 아이바티스$^{iBatis}$, 마이바티스 공식 레퍼런스와 관련 서적의 번역에 많은 기여를 해 온 분입니다. 일찍이 아이바티스, 마이바티스에 매력을 느끼고 한국 자바 개발자들에게 보급하려고 힘써온 이동국 님의 다양한 프로젝트 적용 경험이 친절한 설명과 함께 책으로 엮여 나온다니 반갑습니다.

- 이일민 / 이프릴 대표, 『토비의 스프링 3』 & 『토비의 스프링 3.1』 저자

아이바티스와 마이바티스는 정말 많이 사용되고 있는 프레임워크인데, 국내에 아이바티스에 대한 책이 단 한 권, 마이바티스는 한 권도 없는 것이 불편한 진실이었다. 이 책은 JDBC에서 마이바티스로 가는 과정을 담고 있어 왜 마이바티스를 사용하면 좋은지, 어떻게 사용하는지에 대해 초보자들에게 좋은 지침서가 될 것이다. 그리고 아이바티스를 이미 잘 알고 있는 분들은 이 책에서 아이바티스 코드와 마이바티스 코드를 비교 설명하는 내용을 보면 좀더 빠르게 익힐 수 있다. 뿐만 아니라 아이바티스에서 향상된 마이바티스만의 기능들도 있으니 아이바티스에서 그만 벗어나길 조심스럽게 권고해본다. 이 책을 읽으면서 알게 된 놀라운 사실은 『iBATIS 인 액션』,

아이바티스 사용자 가이드, 마이바티스 3 사용자 가이드, 그리고 마이바티스 공식 사이트에 있는 한글로 된 레퍼런스 페이지 모두가 동국 님의 손길을 거쳐 간 작업물이란 점이다. 아이바티스부터 마이바티스까지 A to Z를 숙지하고 계신 분이 쓰신 책이니 만큼 좀더 깊이 있는 지식을 얻어 가길 바란다.

- **최윤석** / 봄싹


아이바티스는 참 오래된 기술입니다. 2010년에 아파치<sup>Apache</sup>에서 은퇴한 기술을 신규 프로젝트에 계속 사용하는 것은 프로젝트 유지 보수에 도움이 되지 않을 것입니다. 그렇다고 해서 좋다는 최신 기술을 프로젝트에 마구 가져다 쓰는 것 또한 프로젝트 참가자들의 기술 피로도를 높일 수 있습니다. 프로젝트 참여자는 기술적 어려움보다 비즈니스 문제에 집중할 수 있게 하는 것이 프로젝트 성공에 더 도움이 될 것입니다. 이런 면에서 마이바티스는 추천할 만한 퍼시스턴트 기술로 손꼽힙니다. 아이바티스에서 사용하던 SQL 매퍼<sup>Mapper</sup> 개념을 사용하므로 기존 기술을 사용하는 개발자들의 기술적 피로도가 상대적으로 낮습니다. 커미터들도 지속적으로 활동하고 버그 패치 및 개선 기능들도 계속 반영되고 있어 기술의 유지 보수에 대한 걱정도 크지 않습니다. 이 책은 기존 아이바티스에 익숙한 사람들을 위한 가이드와 새로운 기능에 대한 내용을 고루 담았습니다. 프레임워크 전도사로 활동했던 저자의 노하우가 독자들에게 잘 전달되기를 바랍니다.

- **임구근** / NHN 비즈니스 플랫폼 차장


이동국 님의 마이바티스 책이 나온다고 하니 정말 반갑습니다. 작년 초부터 마이바티스 책이 나오면 좋겠다고 생각했는데, 그 사이에 시간은 조금 지났지만 그래도 여전히 세계 최초 마이바티스 책입니다. 그동안 아이바티스를 써오신 분들이라면 이 책으로 개발이 중단된 프레임워크에서 가급적 손을 빨리 떼시고 새롭게 활발히 개발 중인 마이바티스와 친해지기 바랍니다. 그리고 자바로 아이바티스 같은 SQL 매퍼에 처음 입문하려는 분들도 이 책으로 시작하길 권장합니다. 이 책은 마이바티스 레퍼런스와는 달리, 마이바티스를 사용하는 프로젝트 설정 방법부터 시작해 마이바티스의 모든 기능을 다루는 책입니다. 또한 부록으로 다루는 아이바티스에서 마이바티스로 전환하는 방법이나, 마이바티스 편집기 사용 방법, 자주 볼 수 있는 에러 등 유용한 팁들도 특히 눈에 띕니다. 이 책 한 권으로 충분히 입문자와 기존 개발자에게 필요한 내용을 전달할 수 있을 것으로 보입니다.

- **백기선** / NHN 비즈니스 플랫폼 과장,
『쉽게 따라하는 자바 웹 개발』 저자, 『스프링 3 레시피』 역자

일반적인 웹 애플리케이션을 개발하는 데 데이터베이스를 다루는 것은 매우 기본적이고, 빈번하며 중요합니다. 애플리케이션의 복잡도가 꾸준히 증가하는 요즘 이를 다루는 것 또한 어렵고 복잡하며 번거로워지고 있어 더욱 그렇습니다. 많은 프레임워크들이 이 문제를 해결하고자 노력했으나 적용이 어렵고, 학습 비용이 높거나 안정성이 떨어지는 경우가 많아 실제 학습하거나 적용하는 데 어려움이 많았습니다. 이 어려운 숙제를 해결하기 위해 아이바티스는 태어났습니다. 쉽고 편리하게 사용할 수 있는 아이바티스는 개발자들에게 축복과 같았습니다. 배우기도 쉽고 적용하기 어렵지 않아 국내외 많은 서비스와 기업에서 써왔습니다. 바로 그 아이바티스가 마이바티스라는 이름으로 돌아왔습니다. 더 쉽고 더 직관적이고 강력해진 모습으로 돌아왔습니다. 『iBATIS 인 액션』을 국내에 소개했던 아이바티스 전도사인 저자의 친절한 설명을 통해 마이바티스를 더 쉽고 깊이 있게 만나보시기 바랍니다. 현업에서 같은 고민과 경험을 해 온 저자의 이야기를 통해 적은 노력으로 애플리케이션을 좀더 효율적으로 개발하고 건강하게 관리하는 기쁨을 느껴보시기를 바랍니다.

- **조영오** / 티켓몬스터 팀장

대한민국 소프트웨어 개발 환경은 점점 더 갈라파고스처럼 변해가고 있다. 세계적인 흐름과 다르게 변화 발전하고 있기 때문이다. 그 대표적인 예 중 하나가 이 책에서 다루는 마이바티스 프레임워크와 ORM 프레임워크에 대한 사용 비율이다. 세계적인 흐름은 하이버네이트 같은 ORM 프레임워크를 더 많이 사용하는데, 국내는 SI라는 구조적인 한계 때문에 마이바티스 프레임워크를 선호한다. 이런 상황에서 항상 의문이 생겼던 것은 국내에서 이처럼 마이바티스 프레임워크가 많이 사용되고 있음에도 이와 관련된 책이 없다는 점이었다. 지금까지 마이바티스 이전 버전인 아이바티스 번역서가 한 권 있을 뿐이었다. 이와 같은 상황에서 이 책의 출간은 더욱 중요하고 의미가 깊다. 마이바티스가 학습 비용이 낮다고 하지만 제대로 사용하려면 마이바티스 또한 학습에 일정 수준 이상의 노력과 시간을 투자해야 한다. 이 책은 저자뿐만 아니라 다양한 리뷰어들의 실무 적용 노하우가 곳곳에 숨어 있다. 그동안 잘못 사용해온 부분이 없는지 확인하고 제대로 학습할 수 있는 기회로 삼기를 바란다.

이 책을 통해 자바 객체와 관계형 데이터베이스 간의 매핑에 더 많은 관심이 생긴다면 그 다음 단계는 하이버네이트 같은 ORM 프레임워크에 도전해봤으면 좋겠다. 마이바티스가 갖지 못한 또 하나의 즐거움을 얻을 수 있을 것이다.

- **박재성** / NHN NEXT 교수,
『자바 세상의 빌드를 이끄는 메이븐』, 『Spring 프레임워크 워크북』 저자

# 지은이 소개

이동국 fromm0@gmail.com

네이버파이낸셜에서 네이버페이 서비스를 담당하고 있다. 네이버에서 오랜 기간 근무하며 네이버 뉴스 라이브러리 - 네이버 카페 서비스 등도 담당했었다.

울산대학교에서 수학과 컴퓨터를 복수 전공했으며, 현재는 개발자로 살아가고 있다. 현재까지 마이바티스를 포함해서 아이바티스, 스프링, prototype.js, AppFuse, Visual VM 등의 공식 문서를 번역해서 공유하고 있다. 그리고 『iBatis 인 액션』(위키북스, 2007), 『마이바티스를 사용한 자바 퍼시스턴스 개발』(에이콘, 2013), 『마리아DB 시작하기 2/e』(에이콘, 2017)를 번역했다.

딸 쌍둥이 아빠로 네 가족이 용인에서 행복하게 살고 있다.

## 지은이의 말

아이바티스는 국내에서 가장 많이 사용하는 퍼시스턴스 프레임워크입니다. 기술적으로는 하이버네이트 같은 ORM 제품이 우위에 있을지 모르겠으나, 많은 분들이 걱정하는 학습 비용과 새로운 기술에 대한 두려움으로 인해 ORM보다는 아이바티스를 많이 사용합니다. JDBC를 그대로 사용하는 코딩 스타일은 이미 생산성이 많이 떨어진다는 공감대가 형성돼 있고, 그 자리를 아이바티스가 차지했습니다. 아이바티스를 다루는 책은 한 권밖에 없고 한국어 공식 문서 또한 한 가지밖에 없습니다. 마이바티스의 자료가 거의 없는 상황에서 마이바티스를 다루는 첫 책이 제 손을 거쳤다는 데에서 큰 감회를 느낍니다.

마이바티스$^{MyBatis}$는 JDBC를 대체하는 자바 퍼시스턴스 프레임워크로 국내에서 가장 인기 있는 퍼시스턴스 프레임워크인 아이바티스$^{iBatis}$가 새로이 업그레이드된 제품입니다. 마이바티스는 아이바티스가 가진 간결함에, 아이바티스에 없던 다양한 기능과 개선을 더했습니다. 마이바티스는 기존의 아이바티스처럼 SQL을 별도의 XML에 정의하게 함으로써 관리하기가 편리하며, XML 외 애노테이션을 통해서도 SQL 정의가 가능합니다. 동적 SQL을 위해 제공하는 기능 또한 더욱 간단해졌고 XML이 아닌 자바코드를 사용해서도 동적 SQL 처리가 가능해졌습니다. 프레임워크의 간결함에 좀더 힘을 실어주는 자동 코드 생성기인 마이바티스 제너레이터도 개선되어 함께 사용할 수 있습니다.

아이바티스와 마이바티스는 저와 인연이 깊습니다. 공부도 하면서 나중에 필요할 때 보려고 아이바티스 개발자 문서를 번역한 것이 시작이었습니다. 개발자 문서 번역을 계기로 2006년 『iBATIS 인 액션』의 번역에 참여했습니다. 당시에는 일을 병행하면서 번역 작업을 하는 것이 너무 힘들어 다시는 책을 쓰는 일이 없을 것이라고 생각했는데, 주위 분들의 추천으로 인해 이렇게 또 한 권의 책을 내게 됐습니다.

개발자가 책을 쓴다는 것은 자신을 성장시키는 하나의 방법이라고 생각합니다. 노력에 비해 나온 결과물이 기대에 못 미치거나 다른 사람의 평가가 걱정스럽기도 합니다. 하지만 지금 이 순간, 책을 마치고 난 후의 성취감과 짜릿함 때문에 아마 곧 다시 책을 쓰게 될지도 모르겠습니다.

책을 적으면서 많은 분들의 도움을 받았습니다. 이 책을 쓸 수 있게 기회를 열어주신 토비 이일민 형님, 원고 초반 여러 차례 원고를 보면서 다양한 시각에서 많은 의견을 주셨던 봄싹의 최윤석 님, 다양한 실무 적용 사례를 전달해주신 NHN 비즈니스 플랫폼의 임구근 님, 이 두 분을 소개해주신 백기선 님, 그리고 티몬에서 열심히 개발 중이신 실력자 조영오 님, 책 전반에 좋은 의견을 많이 주신 최성훈 님, 그리고 책의 소스코드뿐 아니라 설치까지 그대로 따라 하며 초보자의 시각으로 세세하게 체크해주신 성영한 님께 어떻게 고마움을 표해야 할지 모르겠습니다.

그리고 일 년이나 걸려 책이 완성될 때까지 믿고 기다려주신 에이콘의 권성준 사장님과 김희정 부사장님 그리고 황지영 과장님께 감사드립니다.

마지막으로 책을 쓸 수 있게 많은 용기와 힘을 준 아내와 두 딸 예림이, 예빈이에게 아빠가 사랑한다는 말을 전하고 싶습니다. 그리고 저를 낳아주신 저희 아버지와 어머니께 감사드립니다. 제 가족을 이룰 수 있게 해주신 저희 장인어른과 장모님께도 감사드립니다. 멀리 계시지만 모두 찾아 뵙고 책 드리면서 또 무사히 잘 마쳤다고 말씀드려야죠.

이 책을 통해 초보자도 쉽게 배울 수 있도록 많은 신경을 썼습니다. 하지만 저와는 다르게 생각하는 분들이 얼마든지 계실 것이라 생각합니다. 궁금한 점이 있다면 페이스북 페이지(http://facebook.com/mybatis)에 글을 올려주세요. 회사 업무에 바빠서 바로 바로 답을 달아드릴 수는 없지만, 열심히 글을 읽고 글 하나도 빠뜨리지 않고 답변을 달아 드리겠습니다.

마지막으로, 이 책이 부디 많은 개발자 분들께 도움이 되길 바랍니다.

이동국

# 목 차

추천의 글 · 5
지은이 소개 · 9
지은이의 말 · 10
들어가며 · 20

## 1장 JDBC 코드의 대안 마이바티스 · 29

1.1 전통적인 JDBC 프로그래밍 · 29
1.2 마이바티스란 무엇인가? · 35
    1.2.1 마이바티스 프로젝트 · 36
    1.2.2 다른 언어를 위한 마이바티스 · 37
    1.2.3 연동 모듈 · 37
1.3 데이터 매퍼 마이바티스의 역사 · 38
1.4 마이바티스 구조 · 43
1.5 정리 · 45

## 2장 마이바티스 시작 · 47

2.1 개발 환경의 구축 · 47
    2.1.1 데이터베이스 설치 · 47
    2.1.2 JDK 설치 · 52
    2.1.3 이클립스 설치와 예제 코드 다운로드 · 57
    2.1.4 톰캣 설치 · 62
2.2 JDBC 코드 먼저 살펴보기 · 65
2.3 마이바티스 라이브러리 설명 · 69
    2.3.1 마이바티스 라이브러리 파일 복사 · 69
    2.3.2 메이븐으로 마이바티스 라이브러리 관리 · 71
2.4 마이바티스 설정 파일(mybatis-config.xml) · 76
2.5 마이바티스 객체 생성하기(SqlSessionFactory) · 80
2.6 정리 · 83

## 3장 마이바티스 CRUD · 85

3.1 데이터 구조 파악 · 85
   3.1.1 데이터베이스 테이블 구조 파악 · 86
   3.1.2 자바 모델 클래스 · 88

3.2 마이바티스 파라미터 표기법 · 94

3.3 데이터 조회 · 96
   3.3.1 데이터를 조회하는 전통적인 JDBC 코드 · 97
   3.3.2 데이터를 조회하는 매핑 구문으로 분리 · 100
   3.3.3 매핑 구문을 사용하는 마이바티스 코드 생성 · 103
   3.3.4 마이바티스 코드를 사용한 데이터 조회 · 107
   3.3.5 데이터를 조회하는 마이바티스 실행 결과 로그 · 108

3.4 데이터 입력 · 110
   3.4.1 데이터를 입력하는 전통적인 JDBC 코드 · 110
   3.4.2 데이터를 입력하는 매핑 구문으로 분리 · 112
   3.4.3 매핑 구문을 사용하는 마이바티스 코드 생성 · 113
   3.4.4 마이바티스 코드를 사용해 데이터를 입력 · 115
   3.4.5 데이터를 입력하는 마이바티스 실행 결과 로그 · 116

3.5 데이터 수정 · 117
   3.5.1 데이터를 수정하는 전통적인 JDBC 코드 · 117
   3.5.2 데이터를 수정하는 매핑 구문으로 분리 · 119
   3.5.3 매핑 구문을 사용하는 마이바티스 코드 생성 · 120
   3.5.4 마이바티스 코드를 사용해 데이터 수정 · 122
   3.5.5 데이터를 수정하는 마이바티스 실행 결과 로그 · 123

3.6 데이터 삭제 · 124
   3.6.1 데이터를 삭제하는 전통적인 JDBC 코드 · 124
   3.6.2 데이터를 삭제하는 매핑 구문으로 분리 · 126
   3.6.3 매핑 구문을 사용하는 마이바티스 코드 생성 · 127
   3.6.4 마이바티스 코드를 사용해 데이터 삭제 · 129
   3.6.5 데이터를 삭제하는 마이바티스 실행 결과 로그 · 129

3.7 정리 · 132

## 4장 마이바티스 웹 애플리케이션과 활용 · 133

4.1 마이바티스를 사용하는 웹 프로젝트 · 134
4.2 매퍼 XML과 매퍼 인터페이스 · 143
    4.2.1 XML만 사용 · 144
    4.2.2 인터페이스만 사용하는 경우 · 146
    4.2.3 XML과 인터페이스를 함께 사용하는 경우 · 149
4.3 트랜잭션 관리 · 152
    4.3.1 SqlSessionFactory · 152
    4.3.2 트랜잭션 처리 · 154
4.4 조회 결과를 자바 객체에 설정(결과 매핑) · 156
    4.4.1 한 개의 테이블을 사용하는 결과 매핑 · 157
    4.4.2 생성자를 통한 객체 생성(constructor 엘리먼트) · 161
    4.4.3 1:1 관계를 처리하는 association 엘리먼트 · 163
    4.4.4 1:N 관계를 처리하는 collection 엘리먼트 · 173
    4.4.5 동적으로 결과 매핑을 선택하는 discriminator 엘리먼트 · 179
4.5 정리 · 182

## 5장 마이바티스와 스프링 웹 애플리케이션 연동 · 185

5.1 마이바티스 라이브러리 · 186
    5.1.1 마이바티스 스프링 연동 모듈 복사 · 186
    5.1.2 메이븐으로 스프링 연동 모듈 관리 · 187
5.2 스프링을 사용하는 자바 웹 프로젝트 생성 · 188
5.3 스프링 설정 · 191
    5.3.1 스프링의 데이터베이스 관련 설정 · 193
    5.3.2 스프링 연동 설정 · 197
5.4 레이어별 예제 · 204
    5.4.1 CommentService · 205
    5.4.2 CommentRepository · 207
    5.4.3 데이터를 출력하는 JSP · 208
5.5 마이바티스와 스프링 JDBC를 함께 사용 · 210
    5.5.1 스프링 JDBC 객체 생성 · 211
    5.5.2 스프링 JDBC 사용 · 212
5.6 정리 · 216

## 6장 마이바티스 설정 파일 · 219

6.1 복잡한 마이바티스 설정 파일 · 219
6.2 properties 엘리먼트 · 222
6.3 settings 엘리먼트 · 223
6.4 typeAliases 엘리먼트 · 226
6.5 typeHandlers 엘리먼트 · 228
6.6 objectFactory 엘리먼트 · 231
6.7 plugins 엘리먼트 · 232
6.8 environments 엘리먼트 · 235
    6.8.1 트랜잭션 관리자 · 235
    6.8.2 데이터 소스 · 235
6.9 mappers 엘리먼트 · 239
6.10 정리 · 242

## 7장 매퍼 XML과 매퍼 인터페이스 · 243

7.1 매퍼 XML · 244
    7.1.1 cache-ref, cache 엘리먼트 · 244
    7.1.2 resultMap 엘리먼트 · 248
    7.1.3 sql 엘리먼트 · 249
    7.1.4 insert, update, delete 엘리먼트 · 250
    7.1.5 selectKey 엘리먼트 · 252
    7.1.6 select 엘리먼트 · 255
7.2 매퍼 인터페이스 · 256
    7.2.1 간단한 CRUD를 처리하기 위한 매퍼 인터페이스 · 257
    7.2.2 다양한 애노테이션 결과 매핑 살펴보기 · 261
    7.2.3 매퍼 인터페이스에서 사용 가능한 애노테이션 · 268
7.3 SqlSession API · 274
7.4 정리 · 276

## 8장 동적 SQL · 279

8.1 XML에서 동적 SQL을 위한 엘리먼트를 사용 · 280
    8.1.1 OGNL의 기본 문법 · 281
    8.1.2 if 엘리먼트 · 282
    8.1.3 choose(when, otherwise) 엘리먼트 · 285
    8.1.4 trim(where) 엘리먼트 · 286
    8.1.5 foreach 엘리먼트 · 292
    8.1.6 set 엘리먼트 · 293
    8.1.7 OGNL을 사용해 정적 메소드와 정적 필드에 접근 · 294
8.2 마이바티스의 구문 빌더 API를 사용해 생성 · 300
    8.2.1 SelectBuilder · 301
    8.2.2 SqlBuilder · 306
8.3 일반적인 자바 코드 사용 · 309
8.4 정리 · 310

## 9장 마이바티스 제너레이터 · 313

9.1 마이바티스 제너레이터 소개 · 313
9.2 설치 방법과 실행 방법 · 314
    9.2.1 압축 파일의 다운로드와 실행 · 314
    9.2.2 메이븐으로 jar 파일을 다운로드하고 실행 · 315
    9.2.3 이클립스 플러그인 설치 · 316
9.3 설정 파일과 설정 파일에 따른 생성 결과 · 318
    9.3.1 애노테이션만 사용해 매핑 구문을 정의 · 321
    9.3.2 XML만 사용해 매핑 구문 정의 · 325
    9.3.3 애노테이션과 XML을 함께 사용해 매핑 구문 정의 · 327
9.4 설정 파일의 세부 옵션 · 330
    9.4.1 generatorConfiguration · 330
    9.4.2 properties, property · 330
    9.4.3 classPathEntry · 331
    9.4.4 context · 331
    9.4.5 commentGenerator · 332
    9.4.6 jdbcConnection · 333
    9.4.7 javaModelGenerator · 334

9.4.8 javaClientGenerator • 335

9.4.9 sqlMapGenerator • 336

9.4.10 table • 337

9.4.11 generatedKey • 340

## 9.5 제너레이터 활용 방안 • 342

9.5.1 제너레이터가 생성하는 코드 전체를 그대로 사용 • 342

9.5.2 제너레이터로 코드 생성 후 실제 사용하는 부분만 복사 후 반영 • 342

## 9.6 정리 • 343

# 부록 A 아이바티스에서 마이바티스로 전환 • 345

## A.1 DTD 변환 규칙 • 346

A.1.1 설정 파일의 DTD • 346

A.1.2 매퍼 XML의 DTD • 346

## A.2 설정 파일 변환 규칙 • 347

A.2.1 최상위 엘리먼트 • 347

A.2.2 settings 엘리먼트 • 347

A.2.3 typeAlias 엘리먼트 • 348

A.2.4 transactionManager 엘리먼트와 dataSource 엘리먼트 • 348

A.2.5 매퍼 설정 • 348

## A.3 매퍼 XML 변환 규칙 • 349

A.3.1 XML 엘리먼트 • 349

A.3.2 중첩 결과 매핑 설정 • 350

A.3.3 parameterMap • 351

A.3.4 인라인 파라미터(파라미터 표기법) • 351

A.3.5 jdbcType • 351

A.3.6 저장 프로시저 • 352

A.3.7 캐시 • 352

A.3.8 동적 SQL • 353

## A.4 자바 API • 353

A.4.1 SqlMapClient • 353

A.4.2 사용자 정의 타입 핸들러 • 354

**부록 B** 마이바티스 편집기 · 355

B.1 설치 방법 · 355
B.2 제공하는 기능 · 356

**부록 C** 흔히 발생할 수 있는 에러 유형 · 361

찾아보기 · 365

# 들어가며

자바 개발자에게 마이바티스는 JDBC를 대체하는 퍼시스턴스 프레임워크다. 마이바티스는 데이터베이스 프로그래밍을 하는 데 기존 JDBC API를 사용할 때의 불편함을 없애준다. 마이바티스 내부에서는 JDBC API를 사용하고 개발자가 직접 JDBC를 사용할 때의 중복 작업 대부분을 없애준다. 그리고 SQL을 별도의 XML이나 애노테이션으로 정의하기 때문에 SQL을 관리하기 편하다. 마이바티스를 1장에서 JDBC와 비교하면서 하나씩 세세하게 설명하기에 앞서 간단히 알아보자.

마이바티스는 다음과 같은 특징을 가진다.

- JDBC 프레임워크다.
- 개발자는 SQL을 작성하고 마이바티스는 JDBC를 사용해서 실행한다.
- JDBC를 사용할 때의 `try/catch/finally/try/catch` 구문을 사용할 필요가 없다.
- SQL 매퍼다(ORM이 아니다). ORM 프레임워크는 데이터베이스 객체를 자바 객체로 매핑함으로써 객체 간의 관계를 바탕으로 SQL을 자동으로 생성해주지만, 마이바티스는 SQL을 명시해줘야 한다.
- 객체 프로퍼티를 `Prepared` 구문의 파라미터로 자동으로 매핑한다.
- 조회 결과를 객체로 자동으로 매핑한다.
- N+1 쿼리의 문제를 제거하게 지원한다.
- 트랜잭션을 관리한다.
- 스프링 같은 외부 트랜잭션 관리자를 사용할 수도 있다.
- 스프링 연동 모듈을 제공해서 스프링과 연동할 수도 있다.

## 이 책의 구성

프레임워크를 비롯한 대부분의 기술을 습득할 때는 한 번에 모든 내용을 이해하기는 어렵다. 그렇기 때문에 전체를 구성할 수 있는 작은 단위의 주제를 나눠서 각각의 주제별로 이해하게 해야 한다. 각 주제에 대해 일정 수준 이상을 이해하고 나서 전체를 이해하게 하는 것이 효과적인 학습 방법이다. 각 주제는 별도의 장으로 나눴으며, 순서대로 읽도록 구성했다. 마이바티스가 처음인 독자는 1장부터 순서대로 보면 되고, 마이바티스를 사용해봤거나 조금 알고 있는 독자는 레퍼런스 형태로 필요한 내용을 찾아서 봐도 무방하다.

각 장은 다음과 같이 구성돼 있다.

**1장. JDBC 코드의 대안 마이바티스** 마이바티스는 2003년 아이바티스 데이터베이스 레이어로 처음 릴리스(출시)했다. 직후 SQLMaps와 DAO 패키지를 함께 릴리스했다. 국내에는 많은 개발자들이 아이바티스 또는 SQLMaps라는 이름으로 알고 있다. 최근에는 아파치 프로젝트에서 구글 코드로 호스팅을 옮기고, 코드를 새로 작성하면서 마이바티스로 이름을 바꿔 릴리스하고 있다. 1장에서는 데이터베이스 프로그래밍할 때 JDBC API를 사용하는 코드에서 불편한 점을 하나씩 살펴보면서 아이바티스와 마이바티스가 만들어진 배경을 간단히 살펴본다. 2.x 버전의 아이바티스와 3.x 버전의 마이바티스에 대해 간단히 비교해보는 것으로 1장을 마무리한다.

**2장. 마이바티스 시작** 책 전반에 걸쳐 사용되는 코드를 실제로 돌려볼 수 있도록 개발 환경을 설정한다. 그리고 JDBC 코드를 살펴본다. JDBC에서 데이터베이스 연결을 가져오는 방법을 살펴보고, 마이바티스에서 데이터베이스 연결을 가져오기 위해 설정하는 방법과 마이바티스 API를 살펴본다.

**3장. 마이바티스 CRUD** 데이터를 조회하고 입력, 수정, 삭제하는 방법을 살펴보기 전에 사용할 데이터의 구조를 데이터베이스의 ERD와 자바 모델 클래스를 보면서 파악한다. 그런 후 데이터를 조회하고 입력, 수정, 삭제하는 실제 코드를 살펴본다. 먼저 JDBC 코드를 살펴보고 마이바티스 코드로 변환하는 과정을 거친다. 마이바티스 코드를 실행해서 로그를 보면서 마이바티스가 내부에서 JDBC를 활용하는 점도 함께 살펴본다.

**4장. 마이바티스 웹 애플리케이션과 활용**   자바에서 데이터베이스를 사용하는 애플리케이션은 대부분 웹 애플리케이션 형태로 작성한다. 2장과 3장에서 간단한 설정과 SQL을 사용했다면 4장에서는 실무에서 사용하는 복잡한 설정과 SQL을 사용한다. 데이터베이스 연결풀과 조인을 사용한 예제를 살펴본다. 마이바티스의 가장 중요한 기능 중 하나인 조인 SQL의 결과 매핑을 살펴본다.

**5장. 마이바티스와 스프링 웹 애플리케이션 연동**   스프링은 자바 개발자가 가장 많이 사용하는 프레임워크로서, 전자정부 표준 프레임워크에도 선정돼 있다. 5장에서는 마이바티스의 스프링 연동 모듈을 사용해서 마이바티스와 스프링을 함께 사용하는 방법을 다룬다. 마이바티스와 스프링 연동은 어렵지 않으며, 이 장에서는 설정 방법과 특이 사항을 주로 다룬다.

**6장. 마이바티스 설정 파일**   마이바티스는 다양한 관계형 데이터베이스를 지원하기 위해 많은 옵션을 제공한다. 6장은 마이바티스의 설정 파일을 이용해 다양한 설정을 하는 방법, 외부 프로퍼티를 사용하는 방법, 플러그인 기능을 통해 특정 시점에 부가적인 기능을 더하는 방법을 알아본다. 그리고 데이터베이스를 설정하는 좀더 다양한 방법도 함께 다룬다. 다만, 마이바티스는 데이터베이스가 제공하는 JDBC 드라이버의 기능에 의존하기 때문에 JDBC 드라이버에 크게 의존하는 설정은 설명에서 제외한다.

**7장. 매퍼 XML과 매퍼 인터페이스**   마이바티스는 SQL을 자바 코드에 명시하는 JDBC와 달리 SQL을 코드에서 분리해서 XML에 정의할 수 있다. XML에 정의하는 방법 외에도 자바 코드의 애노테이션에도 명시할 수 있다. SQL을 자바 코드가 아닌 다른 곳에 명시하기 때문에 SQL에서 사용하는 파라미터와 조회 결과를 자바 객체로 변환하는 기능을 제공한다. JDBC에서 객체에 값을 설정하기 위해 모델 클래스의 `getter/setter` 메소드를 호출하는 번거로움을 덜기 위해 자동으로 `getter/setter` 메소드를 호출해서 값을 설정해주기도 하고, 별도로 매핑 규칙을 정의할 수도 있다. 7장에서는 파라미터를 매핑하거나 결과 데이터를 자바의 다양한 타입의 객체에 설정하는 방법을 살펴본다.

**8장. 동적 SQL**   자바 코드를 사용해서 동적 SQL을 만드는 작업은 빈번하다. 하지만 동적 SQL 처리를 위해 사용하는 분기 처리는 코드의 가독성을 떨어뜨리고 에러 발생 시 원인을 찾기가 어렵다. 마이바티스는 SQL을 별도의 XML이나 애노테이션에 정의하기 때문에 기존 자바 코드를 사용해서 동적 SQL을 만드는 작업과 다를 수밖에 없다. 8장에서는 XML에서 동적 SQL을 처리하기 위해 제공하는 엘리먼트를 살펴본다. 그리고 애노테이션에서 동적 SQL을 위해 구문 빌더를 사용하는 방법을 살펴본다.

**9장. 마이바티스 제너레이터** 데이터베이스 프로그래밍을 하다보면 대부분 공통적으로 처리하는 작업이 있다. 테이블에 대응하는 모델 클래스를 만들거나 테이블별로 SQL을 만드는 작업이다. 물론 조인을 적용한 SQL은 데이터에 대한 요구 사항을 정의해야 하기 때문에 자동으로 만들어주는 것은 어렵다. 하지만 테이블별로 모델 클래스와 조회, 입력, 수정, 삭제를 처리하는 SQL은 형태가 대부분 일정한 규칙을 가진다. 마이바티스는 이러한 작업을 자동으로 처리하는 제너레이터를 제공한다. 9장은 제너레이터의 설치 방법과 사용법, 그리고 설정 파일에 대한 세부적인 내용을 살펴본다.

**부록 A. 아이바티스에서 마이바티스로 전환** 아이바티스와 마이바티스는 개발자가 동일하고, 마이바티스는 아이바티스의 특징을 대부분 그대로 가져왔지만, 아이바티스와 마이바티스는 어느 정도 차이점이 있다. 마이바티스는 아이바티스를 사용해서 작성한 코드를 마이바티스로 전환하기 위해 도구를 제공한다. 부록 A에서는 그 도구의 사용법과 도구의 제약 사항을 다룬다.

**부록 B. 마이바티스 편집기** 마이바티스의 매퍼 XML에 정의한 SQL을 좀더 보기 쉽게 하는 이클립스의 마이바티스 편집기 플러그인이 있다. 부록 B에서는 마이바티스 편집기의 설치 방법과 사용 방법을 살펴본다.

**부록 C. 흔히 발생할 수 있는 에러 유형** 마지막으로 마이바티스를 사용할 때 흔히 볼 수 있는 에러 유형을 정리했다.

## 이 책의 대상 독자

이 책은 마이바티스를 처음 접하는 사람을 대상으로 내용을 구성했다. 또한 기존에 아이바티스를 사용하다가 마이바티스로 전환하려는 많은 개발자를 위해 아이바티스와 비교하는 내용도 곳곳에 적어뒀다.

자바의 기본 문법을 먼저 설명하고 JDBC를 설명하면 이 책은 굉장히 두꺼워지고 이 책이 전달하고자 하는 핵심을 제대로 전달하기 힘들다. 전달하고 싶은 내용에만 충실하기 위해 독자가 간단한 자바 애플리케이션을 작성해서 자바에 대한 어느 정도의 경험이 있고 데이터베이스 연동을 위한 JDBC 코드를 작성한 경험이 있다고 가정한다. 마이바티스는 내부에서 JDBC API를 사용하기 때문에 JDBC의 스펙을 그대로 가져간다. 이 말은 JDBC API의 제약 사항이 마이바티스에서도 동일하다는 뜻이고, JDBC를 아는 만큼 쉽게 마이바티스를 익힐 수 있다는 말도 된다.

마이바티스가 데이터베이스를 사용하는 프레임워크이므로 데이터베이스에 대한 기본 지식도 반드시 갖고 있어야 한다. 많은 애플리케이션은 데이터베이스에서 select/insert/update/delete만 알아도 대부분의 작업이 가능하다. 그래서 이 책을 보기 위해서는 자바의 기본적인 지식 외에도 데이터베이스에서 데이터를 조작하기 위한 select/insert/update/delete 구문에 대해서 반드시 알아야 한다.

## 책에서 사용하는 소스코드

이 책에서 사용하는 소스코드는 에이콘 출판사의 도서정보 페이지 http://www.acornpub.co.kr/book/mybatis에서 다운로드할 수 있다. 또한 구글 개발자 사이트 https://code.google.com/p/mybatis-example/downloads/list에서도 다운로드할 수 있다.

소스코드는 마이바티스 3.2.1 버전과 마이바티스 스프링 연동 모듈 1.2.0 버전을 대상으로 테스트했다. 책 내용 또한 이 버전들을 대상으로 한다.

각각의 프로젝트에 대한 설명과 이클립스 import 방법은 각각의 프로젝트를 문제없이 실행해보기 위한 환경 설정과 함께 2.1.4절에서 설명한다. 2.1.4절에서 이클립스 설치부터 자세히 다루고 있지만 import 과정을 먼저 간단히 살펴보자.

먼저 그림 a처럼 구글 개발자 사이트에서 압축 파일을 다운로드한다(에이콘출판사 도서정보 페이지에 있는 파일도 동일한 버전이다).

그림 a  구글 개발자 사이트의 소스 다운로드

그림 a에서 받은 압축 파일을 풀면 그림 b처럼 5개의 프로젝트 디렉터리가 보인다.

그림 b  압축 해제한 디렉터리

이클립스를 실행한 다음 메인 메뉴에서 File ▶ Import를 실행한다. 처음 실행되는 마법사 화면에서 General ▶ Existing Projects into Workspace를 선택하고 다음 화면으로 넘어간다. Select root directory에 압축을 푼 디렉터리를 지정하면 그림 c와 같은 화면이 보인다.

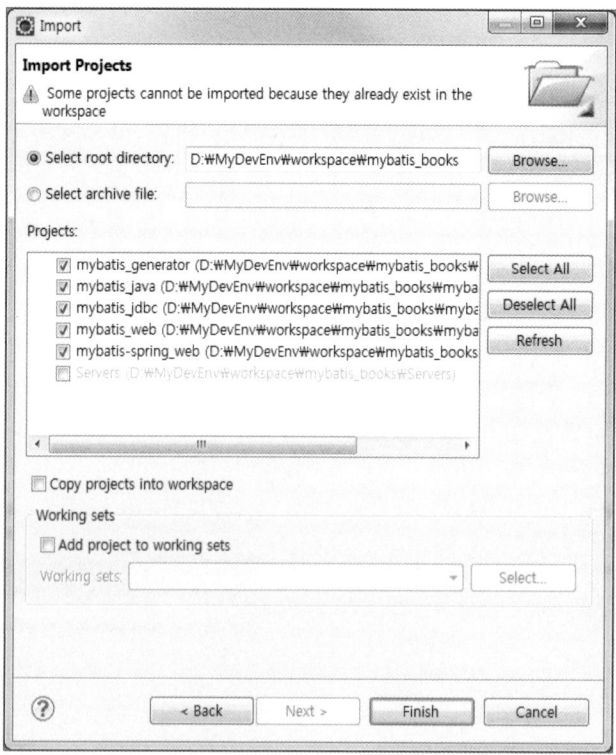

그림 c  이클립스에서 프로젝트 import

그림 c에서 Finish 버튼을 클릭하면 이클립스에 그림 d처럼 각각의 프로젝트가 import된 것을 볼 수 있다.

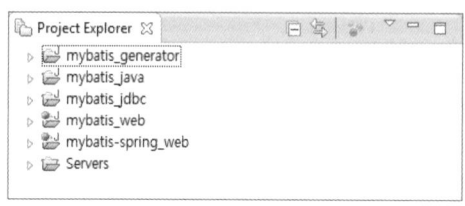

그림 d  import된 프로젝트

각 프로젝트에 대해 알아보면 다음과 같다.

- **mybatis_jdbc**  마이바티스 코드로 변환하기 전에 변환 대상이 되는 JDBC를 사용하는 예제 프로젝트다.

- **mybatis_java** '2장. 마이바티스 시작'과 '3장. 마이바티스 CRUD'에서 사용하는 예제 프로젝트다. 이 프로젝트는 간단한 설정 파일과 댓글 테이블에 대한 CRUD 코드가 들어 있다.
- **mybatis_web** '4장. 마이바티스 활용'에서 사용하는 예제 프로젝트다. 이 프로젝트는 실무에서 사용할 법한 설정 파일과 마이바티스의 여러 가지 기능을 적용해 코드를 구성했다.
- **mybatis-spring_web** '5장. 마이바티스와 스프링 웹 애플리케이션 연동'에서 사용하는 예제 프로젝트다. 이 프로젝트는 마이바티스와 스프링을 연동하는 설정 파일과 코드로 구성했다. pom.xml에는 마이바티스 스프링 연동 모듈을 추가했다. 그 외 마이바티스와 스프링 JDBC를 함께 사용하는 예제도 들어 있다.
- **mybatis_generator** '9장. 마이바티스 제너레이터'에서 사용하는 예제 프로젝트다. 제너레이터가 사용하는 설정 파일 한 개와 다른 예제 프로젝트에서 사용하는 테이블 구조를 가진 DDL 파일도 함께 포함돼 있다.

각 프로젝트에서 자바 소스와 각종 설정 파일 등은 src 디렉터리에 들어있고, 웹 애플리케이션의 jsp나 web.xml 파일들은 WebContent 디렉터리 아래에 들어 있다.

## 독자 지원

책에 많은 내용을 넣으려고 했지만 모든 내용을 설명하기는 쉽지 않았다. 따라서 개인마다 발생하는 문제나 의문 사항은 페이스북 '마이바티스 프로그래밍' 페이지(http://facebook.com/mybatis)를 이용하면 된다. 정오표는 에이콘출판사 도서정보 페이지 http://www.acornpub.co.kr/book/mybatis에서 찾아볼 수 있다.

# 1장

# JDBC 코드의 대안 마이바티스

1장에서는 마이바티스를 다루기 전에 기존 JDBC 코드를 먼저 살펴본다. JDBC 코드를 살펴보면서 좀더 편하게 개발하는 데 어떤 점들이 필요한지 알아본다.

그리고 마이바티스의 구조를 알아보고 마이바티스의 이전 버전인 아이바티스와 간단히 비교함으로써 기존 아이바티스 사용자의 이해를 돕는다.

## 1.1 전통적인 JDBC 프로그래밍

웹 애플리케이션을 개발할 때는 주로 데이터베이스와의 연동을 위해 JDBC를 사용해 데이터를 조회, 입력, 수정, 삭제하는 코드를 작성한다. 물론 업무에 따라 다르겠지만 역시 웹 개발에서는 JDBC 코드를 작성하는 일에 가장 많은 시간을 소요한다. JDBC를 사용해 데이터베이스 프로그래밍을 하다보면 개발을 한다기보다는 마치 작은 코드를 지속적으로 복사하고 붙여 넣는 작업을 빈번하게 하는 것을 느끼게 된다. 따라서 처리해야 할 작업에 비해 굉장히 많은 시간이 소요되고, 오타에 의한 버그도 상당히 많다. 버그가 많다보니 당연히 오류가 빈번하고 수정에도 많은 시간을 소비한다. 실제 JDBC 코드를 살펴보고 짐작할 수 있는 어려움을 알아보자.

먼저 간단한 JDBC 코드를 한번 살펴보자.

코드 1.1 댓글을 조회하는 JDBC 코드

```
Connection conn = null;
PreparedStatement stmt = null;
ResultSet rs = null;
```

```
try {
    Class.forName("com.mysql.jdbc.Driver").newInstance();
❶   conn = DriverManager.getConnection(
            "jdbc:mysql://localhost:3306/mybatis", "mybatis",
            "mybatis");
    String sql = "SELECT comment_no, user_id, comment_content,
            reg_date FROM comment";
❷   stmt = conn.prepareStatement(sql);
    rs = stmt.executeQuery();

    List<Comment> comments = new ArrayList<Comment>();
    while (rs.next()) {
        Comment comment = new Comment();
        comment.setCommentNo(rs.getLong("comment_no"));
❸       comment.setUserId(rs.getString("user_id"));
        comment.setCommentContent(rs.getString("comment_content"));
        comment.setRegDate(rs.getDate("reg_date"));

        comments.add(comment);
    }
} catch (Exception e) {
    e.printStackTrace();
} finally {
    try {
        rs.close();
    } catch (SQLException e) {
    }
    try {
❹       stmt.close();
    } catch (SQLException e) {
    }
    try {
        conn.close();
    } catch (SQLException e) {
    }
}
```

코드 1.1은 JDBC를 그대로 사용하는 개발자에게는 익숙한 형태의 코드일 것이고, 하이버네이트나 마이바티스를 사용하는 사람에게는 오래전 JDBC 코드를 작성했을 당시의 기억이 어렴풋이 날 것이다. 실제 코드 1.1은 JDBC 코드 중에서는 굉장히 단순한 코드에 속한다. 실무에서 개발을 하다 보면 이렇게 단순한 코드를 만나기란 쉽지 않지만, 코드 각각에 대해 한번 알아보자.

코드 1.1의 JDBC를 사용하는 코드의 특징을 살펴보자.

### ❶ 데이터베이스 자원 설정

데이터베이스에서 데이터를 조회하기 전에 데이터베이스 연결과 데이터를 가져오기 위해 각종 자원을 설정해야 한다. Connection 객체는 데이터베이스의 연결 정보를 갖는 객체다. Connection 객체를 만들기 위해서는 먼저 Class 클래스의 forName 메소드와 DriverManager 클래스의 메소드를 다음과 같이 순서대로 호출한다.

```
Class.forName("JDBC 드라이버 클래스명").newInstance();
DriverManager.getConnection("JDBC URL", "접속 계정명", "접속 계정 패스워드");
```

Connection 객체를 생성하고 나서 SQL을 정의한다. SQL을 정의하고 난 후에는 SQL을 갖는 구문 객체인 PreparedStatement 객체를 생성한다. PreparedStatement 객체를 생성할 때는 다음과 같이 정의한 SQL을 그대로 적어주면 된다.

```
conn.prepareStatement(sql);
```

데이터베이스를 사용할 때 필요한 데이터베이스 연결 객체와 구문 객체를 생성했다. 코드 1.1만 볼 때 데이터베이스에 관련된 자원 객체를 생성하는 데 문제는 없어 보인다. 하지만 연결과 구문 객체는 데이터베이스 작업을 할 때마다 매번 만들어야 하기 때문에 동일한 코드를 여러 군데 적어야 한다. 따라서 이런 코드는 여러 군데 중복으로 나타날 수밖에 없으며, 대부분은 코드 리팩토리를 통해 공통 메소드로 뽑아 사용하면 조금 좋아진다.

❷ SQL 실행

정의한 SQL을 실행하고 실행 결과를 얻기 위해 구문 객체를 실행한다. 데이터베이스에서 데이터를 조회하기 위해 다음과 같이 executeQuery 메소드를 호출한다.

```
stmt.executeQuery();
```

executeQuery 메소드를 호출하면 조회 결과를 가진 ResultSet 타입의 객체를 반환한다.

❸ 조회 결과 설정

조회한 결과 데이터를 모델 객체에 설정하는 과정을 일일이 거친다. 테이블의 칼럼 또는 모델 클래스의 필드가 많을수록 많은 설정 과정을 거친다. 대개는 칼럼의 수만큼 설정해야 하고, 조회 결과를 가진 ResultSet 객체에서 값을 가져올 때 다음 코드처럼 getString이나 getInt 메소드를 사용하는데, 이때 파라미터로 칼럼의 이름을 넣어야 하기 때문에 칼럼명을 잘못 넣는 경우가 자주 발생한다.

```
comment.setCommentNo(rs.getLong("comment_no"));
comment.setUserId(rs.getString("user_id"));
comment.setCommentContent(rs.getString("comment_content"));
comment.setRegDate(rs.getDate("reg_date"));
```

이런 점으로 인해 오타가 발생해서 생각과 달리 값이 설정되지 않는 경우가 많기 때문에 값이 제대로 설정되는지를 확인하기 위해 설정된 값을 다시 출력하거나 디버깅을 하는 경우가 굉장히 많다. 칼럼과 모델의 대상 변수가 타입이 다를 경우 타입을 변환하는 처리를 해야 하는 어려움도 있다. 타입을 변환해야 하면 그만큼 코드도 늘어나고 경우에 따라 예외 처리도 해줘야 한다. 그리고 칼럼명이나 모델 클래스의 필드명이 변경되면 변경 내용을 반영하는 데 많은 시간을 소비한다.

❹ **데이터베이스 자원 해제**

데이터를 조회해서 필요한 형태로 객체에 설정했기 때문에 마지막으로 앞서 설정한 데이터베이스 자원을 가진 객체를 해제해야 한다. 데이터베이스 프로그래밍을 할 때 데이터베이스 연결과 같은 자원은 한정된 수만 가질 수 있다. 메모리의 크기나 데이터베이스의 상황에 비춰 400개의 데이터베이스 연결을 가질 수 있다고 할 때 자원을 해제하는 처리를 제대로 하지 않으면 금세 400개를 사용해서 이후 애플리케이션을 실행할 때 사용할 수 있는 데이터베이스 연결이 없게 된다. 따라서 사용한 자원 객체를 적절히 해제하는 것은 안정적인 애플리케이션을 위해 반드시 필요한 작업이다. 하지만 매번 해줘야 하는 작업이다 보니 개발자마다 종종 잊어버리는 실수를 범하고, 이는 장애를 발생시키는 원인이 되기도 한다. 데이터베이스 자원을 제대로 해제하기 위해서는 다음 코드처럼 각각 명시적으로 처리해주는 편이 좋다. 데이터를 입력하거나 수정하거나 삭제할 때는 ResultSet 객체를 만들지 않기 때문에 ResultSet 객체의 close 메소드를 호출하는 것은 데이터를 조회해서 ResultSet 객체를 사용할 경우에만 필요하다.

```
try {
    rs.close();
} catch (SQLException e) {
}

try {
    stmt.close();
} catch (SQLException e) {
}

try {
    conn.close();
} catch (SQLException e) {
}
```

데이터를 조회하는 JDBC 코드인 코드 1.1에 대해 자세히 알아봤다. 각각의 과정을 다루면서 JDBC를 사용할 때의 어려움을 언급했지만 ResultSet 객체에서 조회 결과를 가져와 모델 객체에 값을 설정하는 과정을 다시 생각해보자. 사용할 테이블의 칼럼이 20개이고, 그 테이블에 대응하는 모델 클래스는 있지만 칼럼별로 대응되는 필드명이 칼럼과 다르다면 어떨까? 20줄 정도를 설정하는 과정을 거치는데 조회 결과에서 값을 가져올 때 매번 칼럼의 이름을 적어야 한다. 게다가 칼럼명과 모델 클래스의 필드명이 다르기 때문에 칼럼에 대응하는 필드명을 찾으면서 처리해야 한다. 많은 시간이 걸릴 것이고 오타로 인해 생각과 다르게 설정되는 경우가 많을 것이다. 이에 더해 칼럼의 이름이 변경되거나 테이블 구조 또는 모델 클래스가 변경되는 경우에는 이에 맞춰 수정하는 데 더욱 많은 시간을 써야 한다.

조회 결과를 가져와 값을 설정하는 작업을 제외하고, JDBC를 사용하는 코드를 작성할 때 개발의 어려움은 몇 가지 더 있다. 먼저 매번 데이터베이스 연결을 만드는 코드를 반복적으로 작성해야 한다. 코드의 마지막에 데이터베이스 자원을 가진 객체를 해제하는 코드 또한 반복적으로 작성해야 한다.

JDBC 코드를 살펴보는 것은 이쯤에서 정리하고 이제부터는 JDBC 코드를 좀더 쉽게 해주는 마이바티스 코드를 살펴보자.

마이바티스 코드를 보기 전에 알아야 할 마이바티스의 가장 큰 특징으로 마이바티스는 JDBC에서 사용한 SQL을 별도 XML에 분리해서 관리한다는 점이 있다. 따라서 마이바티스 코드를 살펴보기 위해서 XML과 자바 코드 두 가지를 모두 살펴볼 것이다.

코드 1.2 데이터베이스를 조회하는 마이바티스 매핑 구문

```
<select id="selectForList" resultType="Comment">
    SELECT comment_no, user_id, comment_content, reg_date FROM comment
</select>
```

코드 1.2는 마이바티스가 제시하는 형태로 SQL을 XML에 선언한 것이다. 마이바티스에서는 코드 1.2처럼 SQL을 XML에 선언한 형태를 매핑 구문이라고 부른다. 매핑 구문의 `id` 속성 값은 마이바티스 API를 사용해 해당 SQL을 실행할 수 있게 한다. 조회 결과를 자바 객체에 자동으로 설정한다면 그 결과 타입으로 `resultType` 속성에 해당 타입의 클래스를 적는다. 마이바티스는 `resultType` 속성에 선언한 클래스에서 칼럼명과 일치하는 `setter` 메소드를 사용해 값을 자동으로 설정한다. 코드 1.2에는 없지만 동적으로 전달된 값을 사용해 조회 조건을 만들 때 `Map`이나 모델 객체에 값을 설정해 매핑 구문에서 사용할 수 있다. 이런 경우처럼 매핑 구문에서 필요한 값을 설정하고자 할 때 파라미터로 던지는 타입은

parameterType 속성에 설정한다.

코드 1.3 마이바티스 코드

```java
public List<Comment> queryForList() {
    InputStream inputStream =
            Resources.getResourceAsStream("mybatis-config.xml");
    SqlSessionFactory sqlSessionFactory = new
            SqlSessionFactoryBuilder().build(inputStream);
    return sqlSessionFactory.selectList("selectForList");
}
```

코드 1.2처럼 SQL을 별도 XML에 분리했다면 마이바티스 API를 사용해 SQL을 실행하고 결과를 가져와야 한다. 코드 1.3은 코드 1.2의 SQL을 실행한다. SqlSessionFactory 객체를 생성하는 과정은 마이바티스 객체를 생성하는 과정이다. 마이바티스 객체를 생성한 뒤에는 코드 1.2의 매핑 구문을 사용하기만 하면 된다. 코드 1.3에 대해서는 좀더 많은 설명을 할 수 있지만, 2장에서 좀더 상세히 다룰 예정이다. 코드 1.2와 코드 1.3은 코드 유형이 조금 다르긴 하지만 JDBC 코드인 코드 1.1과 동일한 결과를 보여준다. 코드 1.1과 비교하면 데이터베이스 자원을 가진 객체를 생성하고 해제하는 코드가 없다. 그리고 조회 결과를 모델 객체에 설정하는 과정을 찾아볼 수 없다. JDBC 코드에서 봤던 많은 코드가 없어진 사실로 마이바티스 코드가 좀더 간결하다는 것을 알 수 있다. 이렇게 JDBC 코드와 마이바티스 코드를 비교하는 것으로 마이바티스 소개를 시작한다.

## 1.2 마이바티스란 무엇인가?

마이바티스는 객체지향 언어인 자바의 관계형 데이터베이스 프로그래밍을 좀더 쉽게 할 수 있게 도와주는 개발 프레임워크다. 자바는 데이터베이스 프로그래밍을 하기 위해 JDBC<sup>Java Database Connectivity</sup>(자바에서 제공하는 데이터베이스 프로그래밍 API)를 제공하고, JDBC는 관계형 데이터베이스를 사용하기 위해 다양한 API를 제공한다. 다양한 관계형 데이터베이스를 지원하기 위해 JDBC는 세부적인 작업이 가능하게 작업별로 각각의 메소드를 호출하게 한다. 다수의 메소드를 호출해야 하고 데이터베이스에 관련된 자원 객체를 해제해야 하는 점 등은 개발자에게 부담이 된다. 그리고 데이터베이스에서 SQL을 작성하다보면 굉장히 긴 SQL을 작성하는 경우가 종종 있다. 자바에서 여러 줄에 걸친 긴 SQL을 작성하려면 줄마다 문자열 관련 객체의 append 메소드를 호출하거나 큰따옴표("")를 붙여줘야 한다. SQL 문자열 앞뒤로 다른 문자가 있으면 쿼리를 보기 힘들고 수정할 때 많이 불편하다.

마이바티스는 잘게 나눠져 있는 JDBC에 비해 여러 개의 메소드 호출을 더 적은 수의 메소드 호출로 처리할 수 있는 API를 제공한다. 그리고 여러 줄에 걸친 SQL을 쉽게 작성하기 위해 SQL을 자바 코드에 정의하기보다는 XML에 정의해서 보기에도 편하고 수정할 때도 편하다.

마이바티스는 JDBC를 좀더 편하게 사용하게 기능을 제공하기 위해 몇 가지 프로젝트로 나눠서 개발 중이고, 각 프로젝트별로 결과물을 제공한다.

여타의 캐시 제품을 마이바티스에서 편하게 사용하도록 연동 모듈을 제공하기도 한다. 그리고 마이바티스는 자바뿐 아니라 함수형 언어인 스칼라와 닷넷에서 사용하는 마이바티스도 제공한다. 하지만 여기서 다루는 내용은 모두 자바에서 사용하는 마이바티스다.

## 1.2.1 마이바티스 프로젝트

마이바티스는 코어 프레임워크, 마이바티스 제너레이터, 스키마 마이그레이션의 3가지 프로젝트로 구성된다.

- **코어 프레임워크** JDBC를 단순화하고 SQL을 XML에 정의하게 해주는 마이바티스의 가장 큰 부분을 차지한다. 이후 마이바티스라는 지칭은 모두 코어 프레임워크를 가리킨다.

- **마이바티스 제너레이터** 자바로 데이터베이스 프로그래밍을 하다 보면 테이블별로 SQL을 만들거나 조회 결과를 담는 자바 모델 클래스 등을 필수로 만들게 된다. 테이블이 많거나 개발 도중에 빈번하게 변경이 발생하면 테이블별로 SQL이나 자바의 모델 클래스를 만드는 데 시간이 많이 사용된다. 데이터베이스를 사용할 때 조인을 사용해 데이터를 가져올 때를 제외하면 테이블별로 만드는 SQL과 자바 모델 클래스는 비슷한데, 마이바티스 제너레이터는 테이블별로 SQL과 자바 모델 클래스를 자동으로 만들어준다. 마이바티스 제너레이터는 9장에서 자세히 다룬다.

- **스키마 마이그레이션** 데이터베이스가 변경되면 그에 맞게 마이바티스 관련 파일을 변경해주는 도구다. 운영 중인 시스템의 데이터베이스를 변경하는 일은 거의 없기 때문에 사용할 기회가 많지는 않다.

### 1.2.2 다른 언어를 위한 마이바티스

다른 언어를 위한 마이바티스에는 다음과 같은 것들이 있다.

- **스칼라 마이바티스** 스칼라scala는 자바의 JVM 위에서 동작하는 함수형 언어다. 자바를 만든 구성원 중 한 명인 마틴 오더스키Martin Odersky가 만들었다. 자바에서 사용하던 각종 라이브러리도 그대로 사용할 수 있고, 자바의 객체지향 특징도 모두 갖고 있기 때문에 자바용 마이바티스 프로젝트에 포함돼 있다. 스칼라에 대해서는 스칼라 홈페이지인 http://www.scala-lang.org/에서 많은 정보를 얻을 수 있고, 스칼라를 위한 마이바티스는 http://www.mybatis.org/scala/에서 정보를 얻을 수 있다.

- **닷넷 마이바티스** 마이크로소프트 사의 닷넷을 지원하는 마이바티스다. 세부적인 정보는 http://code.google.com/p/mybatisnet/에서 볼 수 있다.

### 1.2.3 연동 모듈

연동 모듈에는 다음과 같은 것들이 있다.

- **스프링 연동 모듈** 스프링 프레임워크는 최근 자바 개발자가 가장 많이 사용하는 프레임워크다. 웹, 배치, 소셜 등의 다양한 기능을 제공한다. 스프링 연동 모듈은 스프링과 마이바티스를 연동하는 API를 제공한다. 스프링의 개발 방식에 따라 팩토리 패턴과 템플릿 패턴 등을 사용하고, 트랜잭션은 스프링이 처리하게 위임한다. 스프링 연동 모듈을 사용해 스프링과 함께 사용하는 방법은 5장에서 다룬다.

- **구글쥬스 연동 모듈** 구글에서 만든 개발 프레임워크인 구글쥬스와 연동할 때 사용하는 모듈이다.

- **OsCache 캐시 연동 모듈** 현재는 없어졌지만 과거 오픈심포니에서 호스팅하던 캐시 라이브러리다. 마이바티스가 제공하는 캐시를 사용하지 않고 마이바티스

와 OsCache를 함께 사용하기 편하도록 기능을 제공한다.

- **EhCache 캐시 연동 모듈**  OsCache와 더불어 가장 많이 사용하는 캐시 라이브러리는 EhCache다. OsCache가 더 이상 개발되지 않으면서 최근에 가장 많이 사용하는 캐시 라이브러리가 됐다. 마이바티스와 EhCache를 함께 사용하기 편하도록 기능을 제공한다.

- **Hazelcast 캐시 연동 모듈**  마이바티스의 자체 캐시와 OsCache는 서버별로 캐시를 저장하는 로컬 캐시다. 서버를 여러 대 두고 서비스할 때 서버마다 동일한 캐시 내용을 가지려면 여러 대의 서버가 동일한 캐시 내용을 볼 수 있게 분산 캐시를 사용해야 한다. Hazelcast는 분산 캐시를 지원하는 캐시 라이브러리다. 마이바티스와 Hazelcast를 함께 사용하기 편하도록 기능을 제공한다.

마이바티스가 여러 프로젝트로 구성돼 있지만 가장 자주 사용하는 기능은 대부분 코어 프레임워크와 마이바티스 제너레이터, 그리고 스프링과 캐시 연동 모듈들이다. 각각의 프로젝트를 하나씩 살펴보자.

# 1.3 데이터 매퍼 마이바티스의 역사

마이바티스의 전신이 되는 아이바티스는 클린턴 비긴$^{Clinton\ Begin}$이 2001년 시작한 암호 및 보안 관련 프로젝트였다. 하지만 자바가 닷넷보다 빠르다는 것을 보여주기 위해 2002년 만든 JPetStore 내부에서 SQLMaps와 DAO$^{Data\ Access\ Object}$ 두개의 프레임워크를 사용한다. 이 두 개의 프레임워크가 아이바티스 데이터베이스 레이어$^{iBATIS\ Database\ Layer}$로 시작된 오픈소스 프로젝트다. 2002년부터 작업이 진행되긴 했지만 2003년 2월 아이바티스 데이터베이스 레이어 1.1.0을 정식 릴리스했다. 국내에서 극히 일부 개발자가 1.x 버전부터 사용하기 시작했지만, 그 당시에는 굉장히 미비한 수준이었다.

최근까지도 가장 많이 사용하는 2.x 버전은 2004년 6월 아이바티스 SQLMaps와 DAO 두 가지 모듈을 묶어 릴리스했다. 아이바티스 개발자들은 2.0이 릴리스되기 전부터 닷넷$^{.NET}$을 위한 아이바티스를 함께 준비하기 시작했다. 닷넷을 위한 아이바티스는 2004년 10월 1.0을 릴리스하면서 기존의 자체 도메인(http://www.ibatis.com)에서 아파치 프로젝트에 편입(http://ibatis.apache.org/)했다.

아이바티스는 1.x 버전 이후부터 계속 같은 구조를 사용하면서 기능을 추가하고 개선하는 형태로 작업을 진행했다. 아파치 프로젝트에서 진행되는 기간 동안 자바 진영에는 많은 변화가 있었다. 다양한 개발 방법론과 JDK가 업그레이드되면서 많은 기능이 추가됐다. 특히 JDK 1.5는 자바 역사상 가장 큰 변화를 준 시기였다. 아이바티스 개발자들은 2004년 이후 6년간 아이바티스를 관리하면서 이러한 변화에 맞추고 싶었다. 따라서 내부적인 논의 끝에 아이바티스가 제공했던 기능에 더해 다양한 변화를 적용하게 결정했다. 이에 위키(http://www.apachebookstore.com/confluence/oss/display/IBATIS/iBATIS+3.0+Whiteboard)를 통해 마이바티스에 적용하고자 하는 다양한 스펙을 공유하고 좋은 의견을 받았다.

2006년 7월에는 루비를 위한 아이바티스를 릴리스했다. 이 시점부터 아이바티스는 자바, 닷넷, 루비 3가지 언어를 지원하는 프레임워크가 된다. 2006년 12월 2.3 버전을 릴리스하면서 SQLMaps과 DAO 모듈 중 DAO 모듈을 더 이상 함께 릴리스하지 않기로 결정했다. 실제 DAO 모듈 자체의 사용률이 극히 적었고, 스프링이 대부분 동일한 기능을 제공해주는 것과 동시에 스프링이 자바에서 표준 프레임워크처럼 많이 사용되고 있기 때문이었다.

2010년 4월 3.0 버전인 마이바티스를 처음으로 릴리스했다. 2.0이 릴리스된 후 많은 자바 개발자들은 아이바티스를 사용하기 시작했고 하이버네이트보다 쉽지만 굉장히 편한 프레임워크라는 생각을 많이 했다. 아이바티스는 현재도 그렇지만 문서화나 커뮤니티 지원이 약한 것으로 평가받고 있고 당시에는 더더욱 자료를 찾기 쉽지 않았다. 문서가 적고 커뮤니티 지원이 약하긴 하지만 현재의 수준으로도 사용하는 데 큰 어려움은 없다. 아이바티스$^{ibatis}$는 internet과 abatis를 합친 용어로, 인터넷을 위한 암호 및 보안 관련 제품을 시작하면서 사용했다. 이후 프로젝트를 구글로 옮기면서 이름을 변경하게 됐고 internet과 abatis 중 abatis만 유지해서 마이바티스$^{mybatis}$로 명명했다. 이미 마이바티스는 암호 및 보안 관련 제품의 성격을 잃었기 때문에 현재는 연작류의 작은 새를 뜻하는 의미로 달리해서 사용하고 있다. 따라서 최근에는 마이바티스 로고가 작은 새 모양으로 변경됐다.

마이바티스는 클린턴 비긴$^{Clinton\ Begin}$, 래리 메도스$^{Larry\ Meadors}$, 브랜든 구딘$^{Brandon\ Goodin}$의 메인 관리자 3명과 9명의 기여자 등 총 12명이 꾸려가고 있는 큰 프로젝트가 됐다.

아이바티스 개발자 가이드 한글 문서는 https://fromm0.tistory.com/162에서 받으면 된다. 아이바티스 SVN(http://svn.apache.org/repos/asf/ibatis/java/ibatis-2/trunk/ibatis-2-

docs/ko/)에도 한글 문서가 등록돼 있다.

하지만 SVN에 등록된 문서는 오래전에 등록된 문서라 일부 추가된 내용이 반영돼 있지 않다. 하지만 SVN에 등록된 문서들만 보더라도 아이바티스를 사용하는 데 어려움은 없다.

---

### ●● JDK 1.5의 제네릭과 애노테이션

JDK 1.5 스펙 중 마이바티스에서 중요한 두 가지를 살펴보는 것이 도움이 될 것이다. JDK 1.5에서 추가된 다양한 기능이 있다. 2.x 버전인 아이바티스는 JDK 1.5가 릴리스되기 전의 JDK 기준으로 작성된 프레임워크이므로 JDK 1.5의 중요한 기능을 사용할 수 없었다. 하지만 마이바티스는 JDK 1.5의 좋은 기능을 많이 사용하게 개발됐다. JDK 1.5에 추가된 대부분의 기능이 영향이 컸지만 그 중에서도 제네릭과 애노테이션은 그 영향이 특히 크다고 생각해서 간단히 설명한다.

#### 1. 제네릭

클래스와 메소드 처리에 대해 타입을 제약하기 위한 방법이다.

코드 1.4  제네릭을 적용하지 않는 루프 처리

```java
public static void nonGenericLoop(List strs) {
    String str;
    for (int i = 0; i < strs.size(); i++) {
        str = (String)strs.get(i);
        System.out.println(str);
    }
}
```

---

코드 1.4는 제네릭을 사용할 수 없었던 JDK 1.4에서 주로 사용하던 방식이다. List 객체를 구성하는 각각의 타입을 지정하지 않기 때문에 자바 객체는 어떤 것이든 넣을 수 있다. for 루프에서는 List 객체에서 값을 가져와 Stinrg 타입으로 타입 변환을 시도한다. 여기서 사용하는 List 타입의 객체에는 반드시 String 타입의 객체만 넣는 것으로 개발자 간에 규칙을 정해야 한다. 그렇지 않고 다른 타입의 객체를 넣는다면 for 루프에서 타입 변환을 시도할 때 ClassCastException이 발생할 수도 있다.

코드 1.5  제네릭을 적용한 루프 처리

```
public static void genericLoop(List<String> strs) {
    String str;
    for (int i = 0; i < strs.size(); i++) {
        str = strs.get(i);
        System.out.println(str);
    }
}
```

코드 1.5는 JDK 1.5에 추가된 제네릭을 사용한다. 코드 1.4와 비교할 때 List 타입의 파라미터를 보면 〈String〉 구문을 볼 수 있는데, 이 구문은 List 타입의 객체에 넣을 수 있는 타입이 String 객체라는 것을 한정한다. 이렇게 제네릭을 사용한 것으로 List 타입의 객체에는 String타입의 객체만 넣을 수 있고, for 루프에서 별도의 타입 변환이 필요하지 않게 된다. 이렇게 제네릭을 사용한 코드는 사용하지 않는 코드에 비해 직관적이고 안전할 수밖에 없다. 마치 제네릭은 타입을 정의하는 데 있어 안전장치와 같다. 그리고 자바 내부에서는 제네릭을 적용한 것이 적용하지 않은 것보다 성능적으로 좀더 좋다.

## 2. 애노테이션

자바는 메타 데이터를 정의하기 위해 애노테이션을 사용한다. 애노테이션이 사용되는 부분은 굉장히 많다. Junit 테스트 코드를 보면서 애노테이션을 사용할 때 어떻게 바뀌는지 살펴보자.

코드 1.6  Junit 3에서의 테스트 코드 유형

```
public class UtilTest extends TestCase {
    public void testSum() {
        assertTrue(3 == Util.sum(1, 2));
    }
}
```

코드 1.6은 Junit 3의 단위 테스트 코드다. 애노테이션을 사용하지 않던 Junit 1.3에서는 테스트 메소드를 정하기 위해 몇 가지 규칙을 따라야 한다. 먼저 테스트 클래스는 Junit의 TestCase 클래스를 확장해야 한다. 그리고 메소드명은 test로 시작해야만 한다.

코드 1.7  Junit 4에서의 테스트 코드 유형

```
public class UtilTest {
   @Test
   public void checkSumValue() throws Exception {
      assertTrue(3 == Util.sum(1, 2));
   }
}
```

코드 1.7은 Junit 4의 단위 테스트 코드다. 코드 1.6과 다른 점은 테스트 메소드를 정하기 위해 TestCase 클래스를 확장하지도 메소드명이 test로 시작하지도 않는다. 단순히 메소드를 선언할 때 앞에 @Test 애노테이션을 적어줌으로써 테스트 메소드임을 나타낸다. 애노테이션을 사용하면 이렇게 애노테이션을 사용하는 것으로도 일정한 규칙이나 부가적인 기능을 구현할 수 있다. 게다가 애노테이션을 사용하면 코드가 단순해지는 장점을 가질 수 있기 때문에 프레임워크뿐 아니라 실무 개발에서도 최근에는 굉장히 많이 사용한다.

제네릭과 애노테이션 외에도 JDK 1.5에 추가된 중요한 기능이 많이 있다. 세부적인 내용은 JDK 1.5의 릴리스 노트(http://docs.oracle.com/javase/1.5.0/docs/relnotes/features.html)에서 볼 수 있다.

## 1.4 마이바티스 구조

그림 1.1은 마이바티스의 구조를 보여준다.

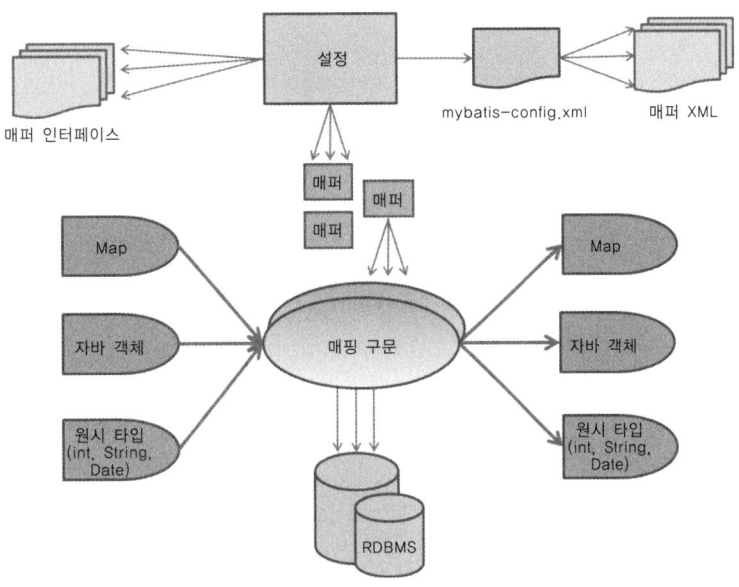

그림 1.1 마이바티스 구조

마이바티스를 구성하는 요소는 몇 가지 그룹으로 나눌 수 있다. 2장부터 마이바티스를 살펴볼 때는 이런 구성 요소를 하나하나씩 살펴볼 것이다.

- **설정 파일(mybatis-config.xml)** 데이터베이스 설정과 트랜잭션 등 마이바티스가 동작하는 규칙을 정의한다.
- **매퍼** SQL을 XML에 정의한 매퍼 XML 파일(1개 이상)과 SQL을 인터페이스의 메소드마다 애노테이션으로 정의한 매퍼 인터페이스(1개 이상)를 의미한다.
- **결과 매핑과 매핑 구문** 조회 결과를 자바 객체에 설정하는 규칙을 나타내는 결과 매핑과 SQL을 XML에 정의한 매핑 구문을 말한다. 매핑 구문을 정의하는 방법은 애노테이션과 XML 방식 두 가지가 있다.
- **지원하는 파라미터 타입** Map 객체, 자바 모델 클래스, 원시 타입(int, String 등)이 있다.

- **지원하는 결과 타입** Map 객체, Java 모델 클래스, 원시 타입(int, String 등)이 있다.

### ●● 아이바티스와 마이바티스

최근 많이 사용하는 ORM 제품들이 있다. 하이버네이트가 대표적인 제품인데, 마이바티스는 ORM이라고 부르지는 않는다. ORM의 경우 데이터베이스 테이블과 그 관계를 모델에 매핑하는 데 반해 마이바티스는 SQL과 모델을 매핑한다. 개발자들 사이에서는 ORM이 상대적으로 진보한 프레임워크로 취급되고 있지만 학습을 할 때는 살펴봐야 할 것이 많다. 그 말은 학습에 소요하는 시간이 많이 든다는 것이고, 그만큼 어렵게 느낄 수 있다는 것을 나타낸다. 하지만 마이바티스는 JDBC 코드를 작성해본 개발자가 빨리 애플리케이션을 작성할 수 있고, 하이버네이트 같은 ORM 제품에 비해 쉽다.

국내에는 아이바티스 사용자가 굉장히 많다. 대형 포털회사에서 기본 프레임워크로 선정해 사용중이며, 전자정부 프레임워크에도 포함돼 있다. 마이바티스는 아이바티스에서 시작했고 몇 가지 차이점이 있지만, 기본 사용법은 아이바티스와 거의 동일하다. 마이바티스를 처음 시작하는 개발자도 적응하는 데 얼마 걸리지 않겠지만, 기존에 아이바티스를 사용했던 개발자가 마이바티스에 적응하는 데는 훨씬 짧은 시간으로 가능하다. 마이바티스는 아이바티스에 한두 가지 제약 사항이 추가되고 많은 기능이 추가된 제품으로 보면 된다.

앞으로 설명할 아이바티스는 2.x 버전이 대상이고, 마이바티스는 3.x 버전을 대상으로 할 것이다. 아이바티스와 마이바티스의 차이점에 대한 상세한 설명은 참고 자료에서 '아이바티스에서 마이바티스로 전환하기'의 변환 규칙을 봐도 되고, 책 중간 중간 '아이바티스에서는'이라는 제목으로 설명한다.

표 1.1은 아이바티스와 마이바티스를 간단히 비교한 표다. 아이바티스와 마이바티스의 차이점은 이후로도 하나씩 살펴볼 것이기 때문에 표 1.1의 키워드 기준으로 간단히만 알아두면 된다.

표 1.1 아이바티스와 마이바티스 비교

| 구분 | 아이바티스 | 마이바티스 |
| --- | --- | --- |
| 네임스페이스 | 선택 사항 | 필수 사항 |
| 매핑 구문 정의 | XML만 사용 | XML과 애노테이션 사용 |
| 동적 SQL | XML엘리먼트만 사용<br>동적 SQL을 위한 XML 엘리먼트는 16개 내외 | XML 엘리먼트 및 구문 빌더 사용<br>동적 SQL을 위한 XML 엘리먼트는 4개 내외 |

(이어짐)

| 구분 | 아이바티스 | 마이바티스 |
|---|---|---|
| 스프링 연동 | 스프링 자체 구현체 사용 | 마이바티스 별도 모듈 사용 |
| 지원 계획 | 향후 아이바티스에 대한 공식적인 릴리스는 없을 것으로 보임 | 향후 계속 개선돼 릴리스될 예정 |

## 1.5 정리

마이바티스는 JDBC 코드를 편하게 작성할 수 있게 만들어진 프레임워크이기 때문에 먼저 간단한 JDBC 코드와 마이바티스 코드를 함께 살펴봤다. 살펴본 내용을 정리하면 다음과 같다.

1. 마이바티스 코드는 매번 데이터베이스 자원을 생성하고 해제하기 위한 코드가 필요하지 않다.
2. 파라미터를 설정하기 위한 코드가 거의 없다.
3. 결과셋을 가져와서 값을 설정하는 코드가 거의 없다.
4. SQL이 자바 코드 내의 문자열로 처리되는 반면에 마이바티스는 SQL을 XML이나 인터페이스 내의 애노테이션으로 별도 관리한다. 나중에 SQL만 별도로 보고자 할 때 편리하다.
5. 마이바티스를 구성하는 구성 요소는 5가지로, 설정 파일, 매퍼, 결과 매핑과 매핑 구문, 파라미터 타입, 결과 타입이다.

마지막으로 이전 버전인 아이바티스와 간단히 비교해봤다. 2장에서는 개발 환경을 구축하면서 마이바티스를 하나씩 살펴보자.

# 2장

# 마이바티스 시작

1장에서는 마이바티스 코드를 보기 전에 JDBC 코드를 살펴봤다. JDBC 코드를 살펴본 후에 마이바티스 코드를 살펴보면서 그 차이점에 대해 설명했다. 복잡한 코드보다는 다소 간단한 예제를 사용했지만, 마이바티스 코드가 JDBC 코드보다 짧은 만큼 마이바티스 내부에서 몇 가지 작업을 대신 해준다는 것을 알 수 있었다.

또한 마이바티스의 구조를 간단히 살펴봤다. 간단한 설정 파일 한 개와 SQL을 갖는 매퍼, 그리고 파라미터와 결과 데이터가 구성 요소의 전부였다. 마이바티스는 SQL과 모델을 매핑하는 데이터 매퍼이기 때문에 JDBC 코드를 작성해 본 사람들은 쉽게 이해할 수 있다.

2장에서는 간단한 형태의 애플리케이션 코드를 작성해보면서 마이바티스에 대해 하나씩 알아본다. 이해를 돕기 위해 JDBC 코드를 마이바티스 코드로 변환하면서 설명을 할 것이다.

## 2.1 개발 환경의 구축

예제를 실행하기 위해서는 먼저 개발 환경을 구축해야 한다. 데이터베이스와 JDK, 톰캣, 이클립스를 설치하는 방법을 알아보고, 예제 코드를 다운로드하는 방법을 알아보자.

### 2.1.1 데이터베이스 설치

이 책에서 설명하는 각종 코드는 실행이 가능한 형태로 구성돼 있다. 책의 내용을 좀더 쉽게 이해하기 위한 가장 좋은 방법은 실행되는 전체 코드가 들어있는 프로젝트를 함께 살펴보는 것이다. 예제 코드를 실행하려면 먼저 데이터베이스를 설치해야 한다. 예제에서 사용하는 데이터베이스인 MySQL을 설치하는 과정을 알아보자.

MySQL 설치 프로그램을 다운로드하려면 http://www.mysql.com/downloads/mysql/에 접속한다.

그림 2.1 MySQL 다운로드 페이지

그림 2.1과 같은 화면이 나타나면 사용하는 운영체제에 따라 적절한 설치 버전을 다운로드하고 실행한다.

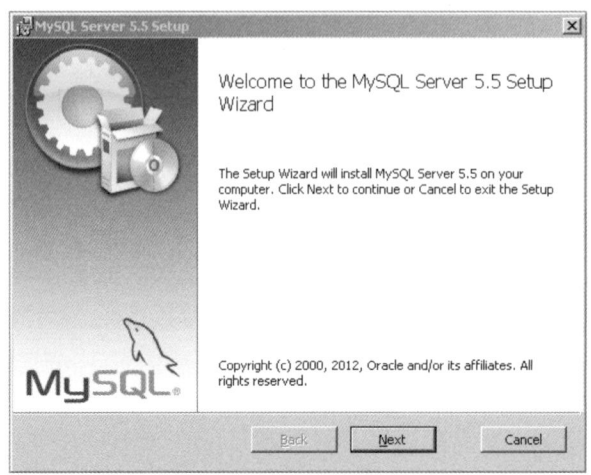

그림 2.2 MySQL 설치 시작 화면

그림 2.2는 MySQL 설치 시작 화면이다. Next 버튼을 클릭하면 설치를 시작한다.

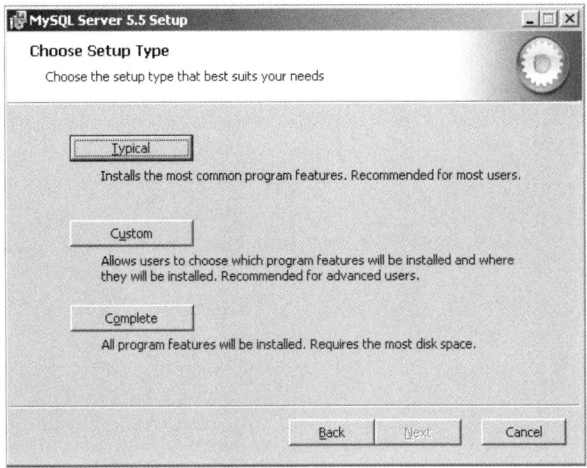

그림 2.3  MySQL 설치 타입 선택

그림 2.3은 설치할 때 일반적인 방법으로 설치할 것인지(Typical), 사용자가 옵션을 수동으로 설정하며 설치할 것인지(Custom), 옵션을 지정하지 않고 전체를 설치할 것인지(Complete) 결정하기 위한 설치 타입을 선택하는 화면이다. 예제 코드를 실행하기 위한 테스트 목적이라면 쉽게 설치할 수 있는 Typical 타입을 선택하자.

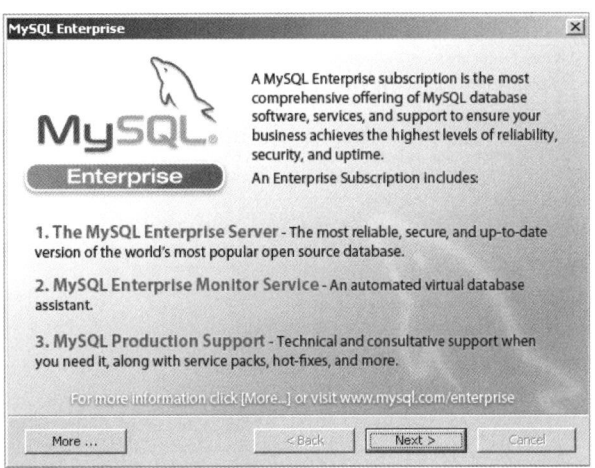

그림 2.4  MySQL 세부 설정 시작 화면

MySQL을 설치하고 나면 MySQL 서버에 대한 부가적인 설정이 필요하다. 그림 2.4는 이러한 부가적인 설정을 시작하기 전의 시작 화면이다.

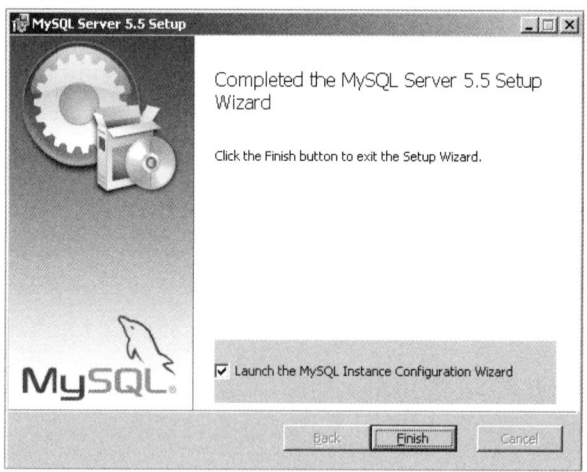

그림 2.5 MySQL 설정 마법사 화면

그림 2.5는 설정 마법사를 사용해 세부적인 설정을 마법사 형태로 쉽게 진행할 것인지 선택하는 화면이다. 변경하지 말고 Finish 버튼을 클릭하자. Finish 버튼을 클릭하면 세부적인 설정에 대한 화면이 나온다. 대부분은 디폴트 값을 그대로 사용하고 Next 버튼을 클릭해서 다음 과정으로 이동하면 된다.

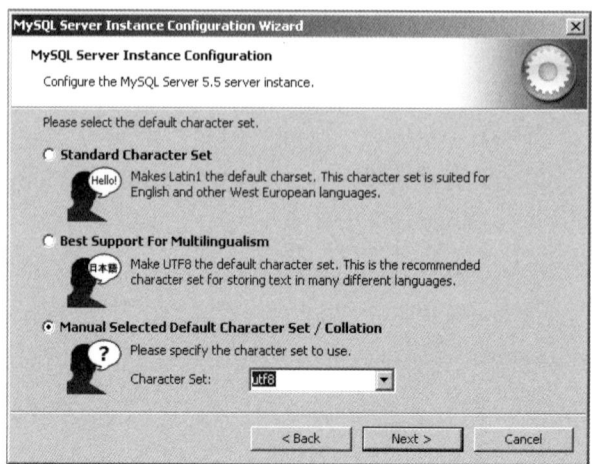

그림 2.6 MySQL 디폴트 문자셋 선택 화면

세부 설정을 진행하는 과정에서 그림 2.6의 디폴트 문자셋을 선택하는 화면이 나타난다. 대부분 한글을 사용하므로 UTF-8을 선택해야 한다. 디폴트 값은 Standard Character Set으로 지정돼 있지만 Manual Selected Default Character

Set / Collation을 선택한 후 utf8을 선택하고 Next 버튼을 클릭한다.

그림 2.7 MySQL 관리자 계정인 root 계정의 패스워드 설정 화면

그림 2.7은 MySQL의 관리자 계정인 root 계정의 패스워드를 지정하는 화면이다. 패스워드를 지정하고 Next 버튼을 클릭한다.

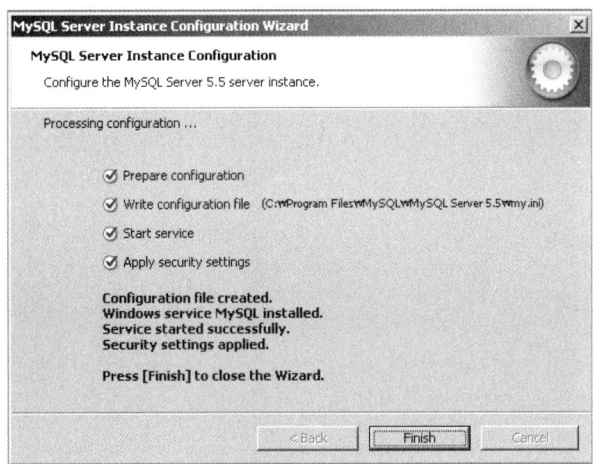

그림 2.8 MySQL 설치 완료 화면

그림 2.8은 설치 완료 화면이다. MySQL 서버를 설치하는 과정이 끝난 것이다. 이 책 전반에서 사용하는 데이터베이스 계정은 mybatis이고, 패스워드는 mybatis이다. 명령 창을 열어 계정을 추가해보자. 명령 창에서 `mysql -u root -pmybatis` 명령을 입력해 로그인을 하고 `use mysql`로 **mysql** 데이터베이스를 선

택한 후 계정을 추가하면 된다. 계정을 추가한 후 바로 이 책의 예제 데이터베이스까지 생성해보자.

```
C:\Windows\System32>mysql -u root -pmybatis
Welcome to the MySQL monitor. Commands end with ; or \g.
Your MySQL connection id is 10
Server version: 5.1.47-community MySQL Community Server (GPL)

Copyright (c) 2000, 2010, Oracle and/or its affiliates. All rights reserved.
This software comes with ABSOLUTELY NO WARRANTY. This is free software,
and you are welcome to modify and redistribute it under the GPL v2 license

Type 'help;' or '\h' for help. Type '\c' to clear the current input statement.

mysql> use mysql;
Database changed
mysql> insert into mysql.user (Host, User, Password, Select_priv, Insert_priv,
Update_priv, Delete_priv, Create_priv, ssl_cipher, x509_issuer, x509_subject)
values ('localhost', 'mybatis', password('mybatis'), 'Y', 'Y', 'Y', 'Y', 'Y',
'', '', '');
Query OK, 1 row affected (0.00 sec)
mysql> flush privileges;
Query OK, 0 rows affected (0.02 sec)
mysql> Create database mybatis_example;
Query OK, 1 row affected (0.00 sec)
```

## 2.1.2 JDK 설치

JDK를 설치하려면 http://www.oracle.com/technetwork/java/javasebusiness/downloads/java-archive-downloads-javase6-419409.html에 접속한다. JDK의 최신 버전이 JDK 7이긴 하지만, 아직 실무에서는 JDK 6을 더 많이 사용하고 이 책에서 사용한 예제들도 대부분 JDK 6에서 확인했다. 하지만 JDK 7을 사용하더라도 상관없다.

Overview | Downloads | Documentation

**Java SE 6 Downloads**

Go to the Oracle Java Archive page.

Thank you for downloading this release of the Java™ Platform, Standard Edition Development Kit (JDK™). The JDK is a development environment for building applications, applets, and components using the Java programming language.

The JDK includes tools useful for developing and testing programs written in the Java programming language and running on the Java™ platform.

WARNING: These older versions of the JRE and JDK are provided to help developers debug issues in older systems. They are not updated with the latest security patches and are not recommended for use in production.

For production use Oracle recommends downloading the latest JDK and JRE versions and allowing auto-update.

Only developers and Enterprise administrators should download these releases.

Downloading these releases requires an oracle.com account. If you don't have an oracle.com account you can use the links on the top of this page to learn more about it and register for one for free.

For current Java releases, please consult the Oracle Software Download page.

For more information on the transition of products from the legacy Sun download system to the Oracle Technology Network, visit the SDLC Decommission page announcement.

- Java SE Development Kit 6u37
- Java SE Runtime Environment 6u37
- Java SE Development Kit 6u35
- Java SE Runtime Environment 6u35

그림 2.9 JDK 6 다운로드 페이지

그림 2.9는 JDK 6의 다운로드 페이지다. 화면에 나오는 버전 중 가장 최신 버전을 다운로드하면 된다. 그림 2.9에서 최신 버전은 6u37이다.

**Java SE Development Kit 6u37**

You must accept the Oracle Binary Code License Agreement for Java SE to download this software.

Accept License Agreement  Decline License Agreement

| Product / File Description | File Size | Download |
|---|---|---|
| Linux x86 | 65.43 MB | jdk-6u37-linux-i586-rpm.bin |
| Linux x86 | 68.44 MB | jdk-6u37-linux-i586.bin |
| Linux x64 | 65.65 MB | jdk-6u37-linux-x64-rpm.bin |
| Linux x64 | 68.71 MB | jdk-6u37-linux-x64.bin |
| Solaris x86 | 68.35 MB | jdk-6u37-solaris-i586.sh |
| Solaris x86 | 119.94 MB | jdk-6u37-solaris-i586.tar.Z |
| Solaris SPARC | 73.36 MB | jdk-6u37-solaris-sparc.sh |
| Solaris SPARC | 124.71 MB | jdk-6u37-solaris-sparc.tar.Z |
| Solaris SPARC 64-bit | 12.13 MB | jdk-6u37-solaris-sparcv9.sh |
| Solaris SPARC 64-bit | 15.42 MB | jdk-6u37-solaris-sparcv9.tar.Z |
| Solaris x64 | 8.45 MB | jdk-6u37-solaris-x64.sh |
| Solaris x64 | 12.18 MB | jdk-6u37-solaris-x64.tar.Z |
| Windows x86 | 69.72 MB | jdk-6u37-windows-i586.exe |
| Windows x64 | 59.73 MB | jdk-6u37-windows-x64.exe |

*Back to top*

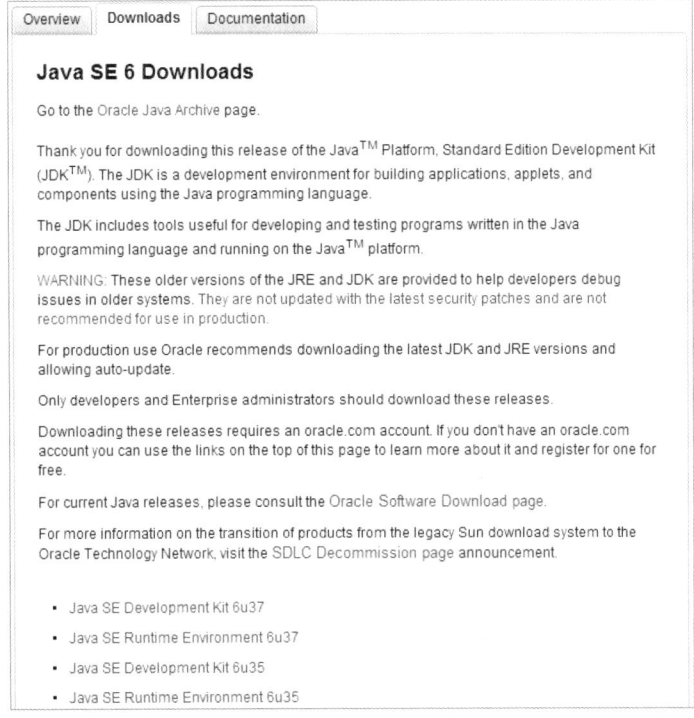

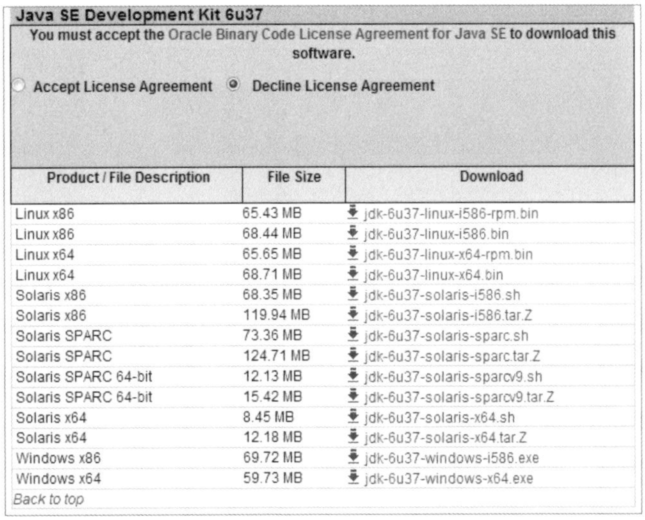

그림 2.10 JDK 6 최신 버전 다운로드 링크

JDK는 그림 2.10처럼 운영체제에 따라 다른 설치 파일을 제공한다. 리눅스를 사용하는 사람은 Linux로 시작하는 파일을 다운로드하면 되고, 마이크로소프트 윈도우를 사용하는 사람은 Windows를 다운로드한다. x86은 32비트 OS이고, x64는 64비트 OS를 지칭한다. 다운로드를 시도하면 오라클 홈페이지 가입을 유도하는데, 가입 절차가 복잡하지 않으니 계정을 만들고 받으면 된다.

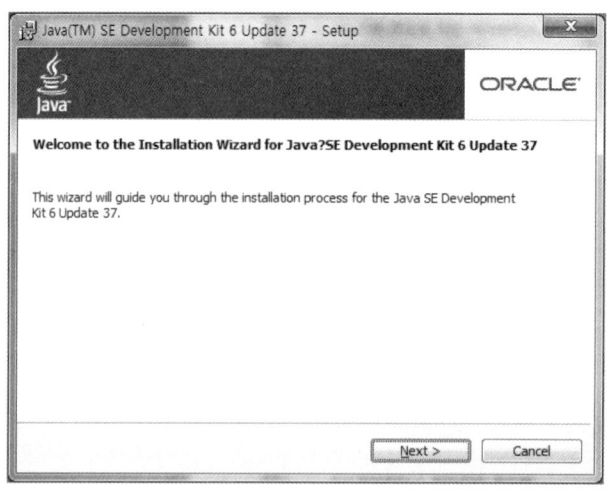

그림 2.11 JDK 6 설치 시작 화면

설치 파일을 더블클릭하면 그림 2.11처럼 설치 시작 화면이 나타난다. Next 버튼을 클릭해서 다음 과정으로 바로 이동한다.

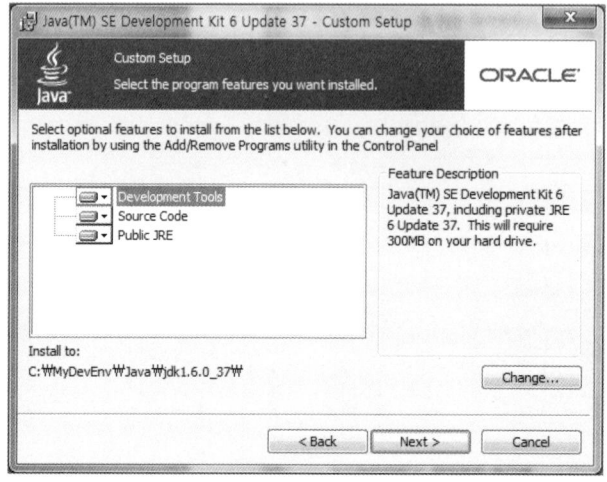

그림 2.12 JDK 6 설치 디렉터리 선택

설치 디렉터리는 C:\Program Files 디렉터리를 사용하지만, 설치 디렉터리를 변경하고자 할 때는 그림 2.12의 Change 버튼을 클릭해 위치를 선택할 수 있다.

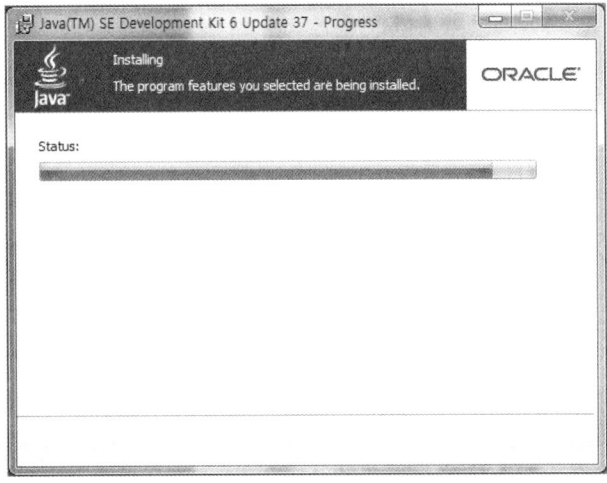

그림 2.13 JDK 6 설치 진행 중

컴퓨터 사양에 따라 다르지만 그림 2.13처럼 잠깐 동안 설치가 진행된다.

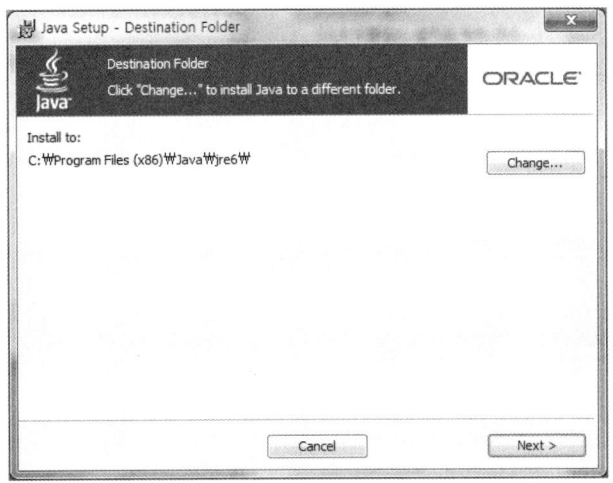

그림 2.14 JDK 6의 JRE 설치 디렉터리 선택

JDK를 설치하고 나면 그림 2.14처럼 바로 JRE를 설치하는 과정을 거친다. JDK를 설치하는 것과 동일하게 설치 디렉터리를 변경할 수 있다.

그림 2.15  JDK 6 설치 진행 중

컴퓨터 사양에 따라 다르지만 그림 2.15처럼 잠깐 동안 설치가 진행된다.

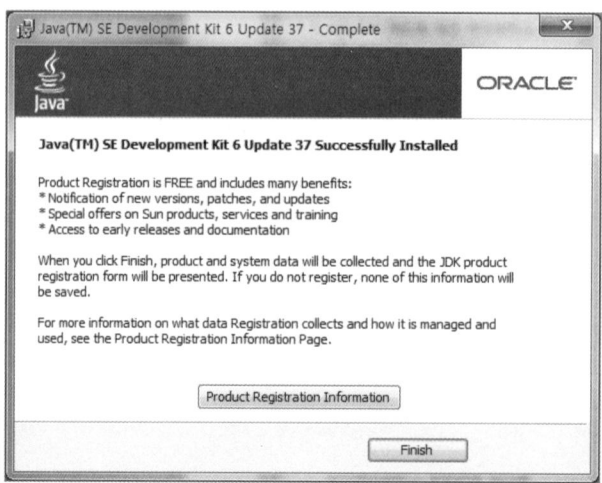

그림 2.16  JDK 6 설치 완료

설치를 완료하면 그림 2.16처럼 간단한 안내 메시지를 볼 수 있다. Finish를 클릭하면 설치 과정은 끝난다.

### 2.1.3 이클립스 설치와 예제 코드 다운로드

이 책에서 사용하는 코드를 실행하려면 소스 프로젝트를 SVN에서 다운로드하거나 압축 파일을 다운로드해서 사용하면 된다. 압축 파일은 http://code.google.com/p/mybatis-example/downloads/list에서 다운로드하거나 에이콘출판사 홈 페이지에서도 다운로드할 수 있다.

이 책에서 사용하는 예제 소스들은 이클립스에서 확인했다. 예제 소스를 실행하기 위해 먼저 이클립스를 설치한다. 다운로드 페이지에 접속해보자.

다운로드 페이지는 http://www.eclipse.org/downloads/다.

그림 2.17  이클립스 다운로드 페이지

그림 2.17은 이클립스 다운로드 페이지에서 보여주는 이클립스 패키지 목록이다. 이클립스 자바 개발자뿐 아니라 C 개발자 혹은 모바일 개발자를 위한 다양한 패키지를 제공한다. 마이바티스를 사용해 웹 애플리케이션까지 작성하려면 Eclipse IDE for Java EE Developers 패키지를 다운로드하면 된다. 현재 이클립스의 최신 버전은 4.2 Juno이지만, 다른 버전을 사용해도 된다.

그림 2.17의 패키지 링크를 클릭하면 그림 2.18처럼 다운로드를 대행하는 사이트 정보가 나온다. 이 사이트는 접속할 때마다 다르게 나올 수 있지만 제공하는 파일은 동일하다.

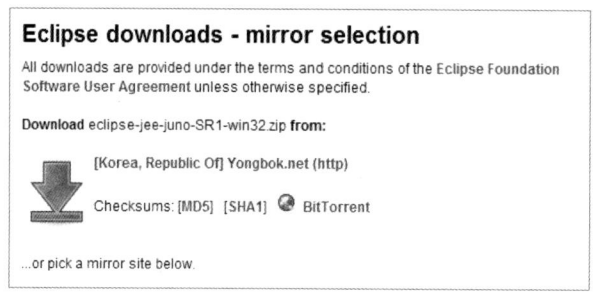

그림 2.18 이클립스 다운로드 미러 사이트

다운로드 링크를 클릭해 실제 파일을 다운로드하자. 이클립스는 별도의 설치 절차가 필요 없다. 압축 파일을 풀면 되고 디렉터리에 보면 eclipse.exe 파일이 있는데, 이 파일을 실행하면 그림 2.19와 같은 화면을 볼 수 있다.

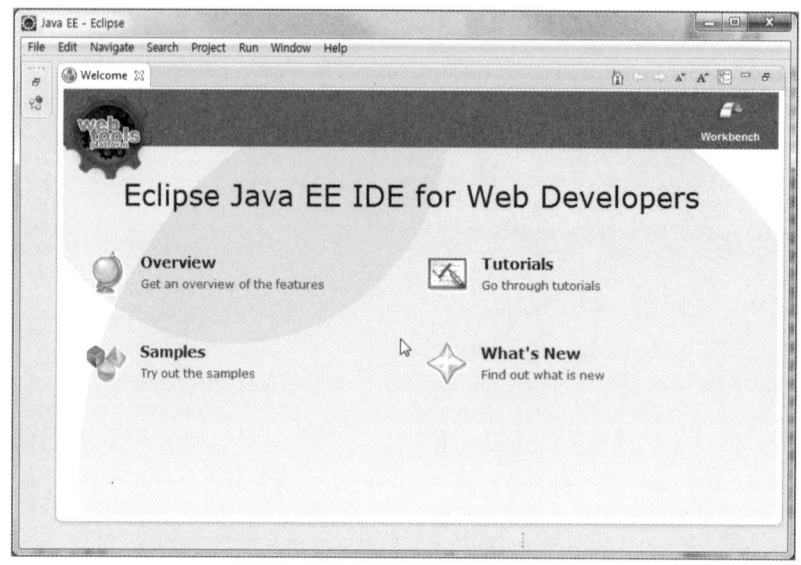

그림 2.19 이클립스를 실행한 화면

이클립스를 설치하고 다운로드한 프로젝트를 프로젝트로 등록하려면 임포트 import 과정을 거쳐야 한다. 임포트를 하려면 그림 2.20처럼 메뉴에서 File ❯ Import 를 클릭한다.

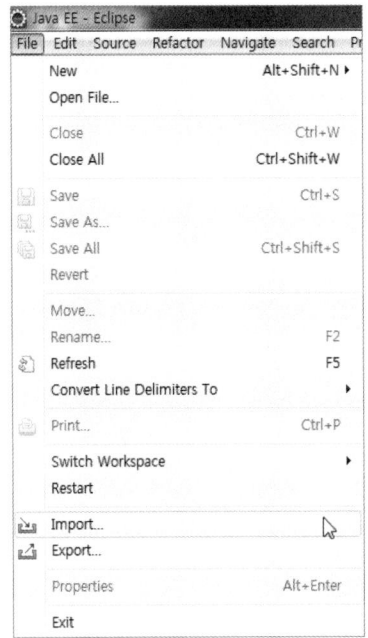

그림 2.20 프로젝트 import 메뉴

이클립스에서는 임포트를 하기 위해 여러 가지 형태를 제공한다. 여기서는 프로젝트 소스를 이클립스에 등록하기만 하면 되기 때문에 그림 2.21처럼 Existing Projects into Workspace를 선택하고 Next 버튼을 클릭한다.

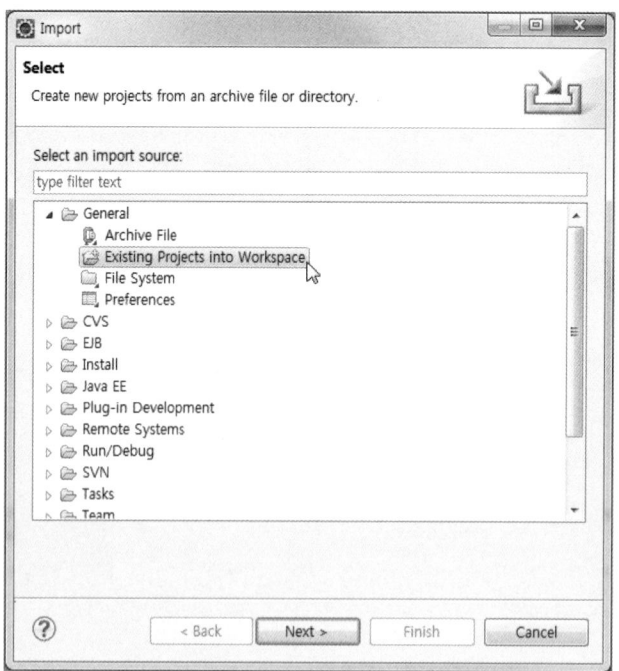

그림 2.21  임포트 형태 선택

그림 2.21처럼 Select root directory에 다운로드한 디렉터리 위치를 지정한다. 그러면 그 아래의 Projects 부분에 예제 프로젝트 목록이 나열된다.

모두 선택하고 Finish 버튼을 클릭하면 프로젝트로 등록된 것으로 볼 수 있다.

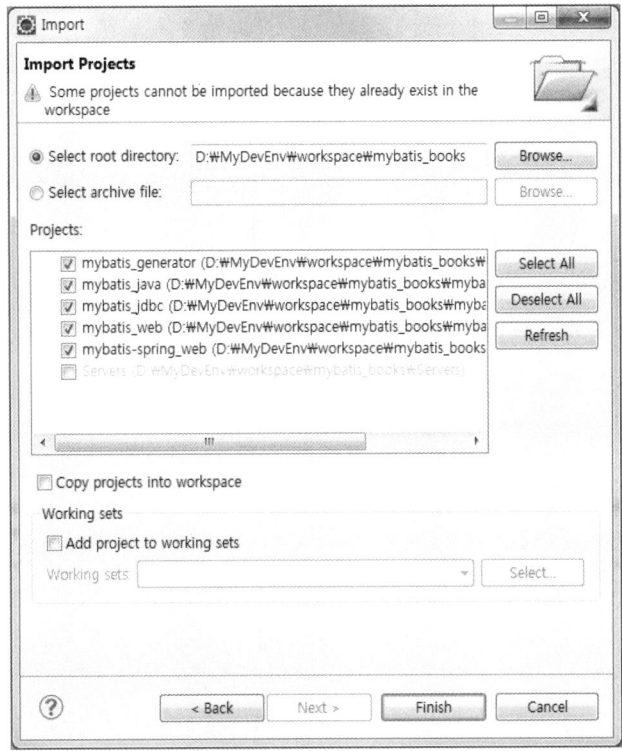

그림 2.22  임포트 대상 프로젝트 선택

그림 2.23에서 볼 수 있듯이 예제 프로젝트는 5개로 구성돼 있다.

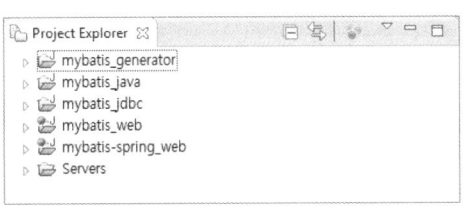

그림 2.23  예제 프로젝트

각 프로젝트는 마이바티스의 기능을 설명하기 위해 각 장에서 사용한다. 각 프로젝트 특징과 사용하는 장을 알아보자.

- mybatis_jdbc  마이바티스 코드로 변환하기 전에 변환 대상이 되는 JDBC를 사용하는 예제 프로젝트다.
- mybatis_java  '2장. 마이바티스 시작'과 '3장. 마이바티스 CRUD'에서 사용하

는 예제 프로젝트다. 이 프로젝트는 간단한 설정 파일과 댓글 테이블에 대한 CRUD 코드가 들어 있다.

- **mybatis_web** '4장. 마이바티스 웹 애플리케이션과 활용'에서 사용하는 예제 프로젝트다. 이 프로젝트는 실무에서 사용할 법한 설정 파일과 마이바티스의 여러 가지 기능을 적용해 코드를 구성했다.

- **mybatis-spring_web** '5장. 마이바티스와 스프링 웹 애플리케이션 연동'에서 사용하는 예제 프로젝트다. 이 프로젝트는 마이바티스와 스프링을 연동하는 설정 파일과 코드로 구성했다. 프로젝트 설정에는 마이바티스 스프링 연동 모듈을 추가했다. 그 외 마이바티스와 스프링 JDBC를 함께 사용하는 예제도 들어있다.

- **mybatis_generator** '9장. 마이바티스 제너레이터'에서 사용하는 예제 프로젝트다. 제너레이터가 사용하는 설정 파일 한 개와 다른 예제 프로젝트에서 사용하는 테이블 구조를 가진 DDL 파일도 함께 포함돼 있다.

## 2.1.4 톰캣 설치

4장과 5장에서는 웹 애플리케이션을 다룬다. 웹 애플리케이션을 실행하려면 웹 애플리케이션 서버를 설치해야 한다. 이 책에서는 자바 개발자가 가장 접하기 쉬운 톰캣을 사용한다. 예제의 실행 결과를 확인하기 위해 이 책에서는 6.0.35 버전을 주로 사용했지만 자바 1.5이상의 버전을 사용하는 5.x와 6.x 버전이면 문제없이 작동할 것이다.

톰캣을 설치하려면 먼저 다운로드 페이지 http://tomcat.apache.org/download-60.cgi에 접속한다.

다운로드 페이지에 접속하면 그림 2.24와 같은 링크들이 보인다.

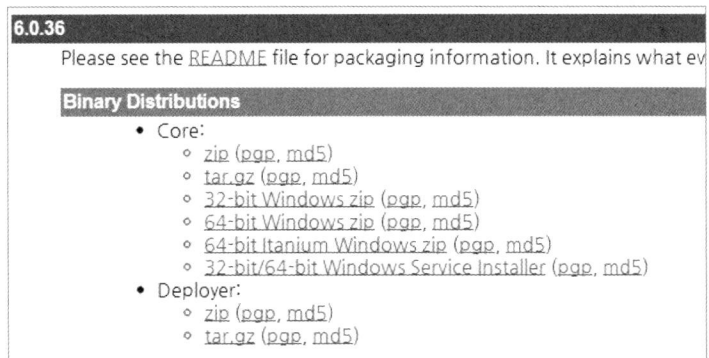

그림 2.24 톰캣 다운로드 페이지

이클립스를 사용한다면 설치 버전보다는 zip 형태의 압축 버전이 편하다. 그림 2.24에서 Core 아래 zip으로 표기된 링크를 클릭해서 파일을 다운로드한다. 적당한 위치에 파일 압축을 풀어둔다.

이클립스에 톰캣을 설정하기 위해 먼저 그림 2.25처럼 Servers 뷰에서 new server wizard 링크를 클릭한다.

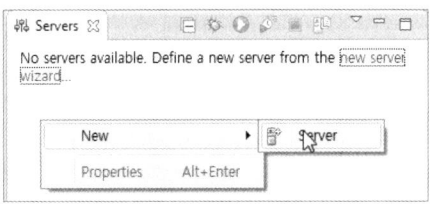

그림 2.25 이클립스에 서버 추가하기

Servers 뷰를 찾기 어려우면 Alt+Shift+Q, Q를 순서대로 누르면 창이 하나 뜬다. 이 창에서 Server ▶ Servers를 선택하면 된다.

그림 2.26과 같은 창이 하나 뜨는데, 서버 종류에서 Apache를 선택하고 하위에 나열되는 톰캣에서 설치한 톰캣 버전을 선택한다. 여기서는 톰캣 6.0.35를 사용하기 때문에 Tomcat v6.0 Server를 선택한다.

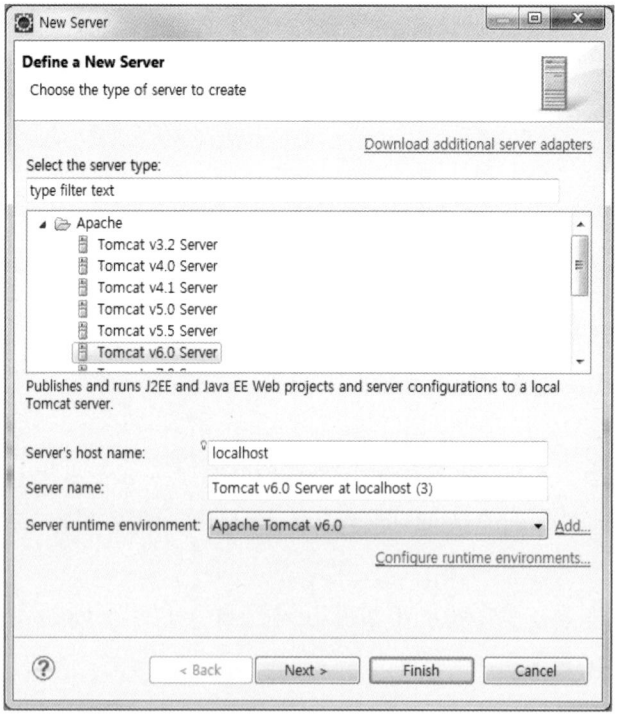

그림 2.26 톰캣 버전 선택하기

그림 2.27의 창에서 Tomcat installation directory 항목의 Browse 버튼을 사용해 톰캣을 설치한 디렉터리를 지정하고, JRE 항목에서 사용할 JDK의 디렉터리를 지정해주면 된다.

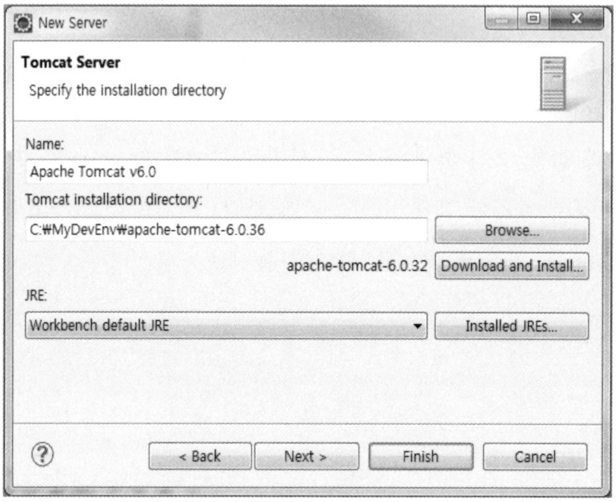

그림 2.27 톰캣 설치 경로와 JDK 버전 선택

톰캣 설정을 완료하면 그림 2.28과 같은 화면이 나타난다.

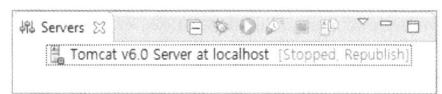

그림 2.28  톰캣 설정 완료

## 2.2 JDBC 코드 먼저 살펴보기

JDBC 코드는 데이터베이스 연결을 생성하는 코드와 SQL을 사용해 데이터베이스와 연동하는 코드, 그리고 데이터베이스 자원에 해당되는 객체들을 해제하는 코드로 나눠볼 수 있다. 코드 2.1은 흔히 볼 수 있는 형태의 JDBC 코드이며, CRUD를 처리하는 내용을 갖고 있다. 데이터베이스 연결을 가져오는 `getConnection` 메소드와 CRUD를 처리하는 4개의 메소드를 갖고 있다. 일부 메소드의 내용이 생략돼 있긴 하지만, 이후 하나씩 상세한 코드를 순서대로 다룰 것이다. 코드 2.1의 JDBC 코드를 마이바티스 코드로 변환해볼 것이다.

코드 2.1  마이바티스 코드로 변환할 JDBC 코드

```
public class CommentJdbcRepository {
    private Connection getConnection() {
        try {
            Class.forName("com.mysql.jdbc.Driver").newInstance();
        } catch (InstantiationException e) {
            throw new IllegalStateException(e);
        } catch (IllegalAccessException e) {
            throw new IllegalStateException(e);
        } catch (ClassNotFoundException e) {
            throw new IllegalStateException(e);
        }

        try {
            return DriverManager.getConnection(
                    "jdbc:mysql://localhost:3306/mybatis_example",
                    "mybatis", "mybatis");
        } catch (SQLException e) {
```

```java
            throw new IllegalStateException(e);
        }
    }

    public Comment selectCommentByPrimaryKey(Long commentNo) {
        Connection conn = null;
        PreparedStatement stmt = null;
        ResultSet rs = null;

        try {
            conn = this.getConnection();

            ... 중략

        } catch (Exception e) {
            e.printStackTrace();
        } finally {
            try {
                rs.close();
            } catch (SQLException e) {
            }
            try {
                stmt.close();
            } catch (SQLException e) {
            }
            try {
                conn.close();
            } catch (SQLException e) {
            }
        }
        return null;
    }

    public Integer insertComment(Comment comment) {
        ... 중략
    }

    public Integer updateComment(Comment comment) {
        ... 중략
```

```
    }

    public Integer deleteComment(Long commentNo) {
        ... 중략
    }
}
```

코드 2.1은 2장에서 마이바티스 코드로 변환할 JDBC 코드이며, 코드 1.1과 거의 같다. 한 가지 차이점은 데이터베이스 연결을 가져오는 코드를 getConnection을 이용해 별도의 공통 메소드로 추출한 것 정도다.

코드 2.1의 JDBC 코드를 마이바티스 코드로 변경하는 과정을 간단히 살펴보면 그림 2.29와 같다.

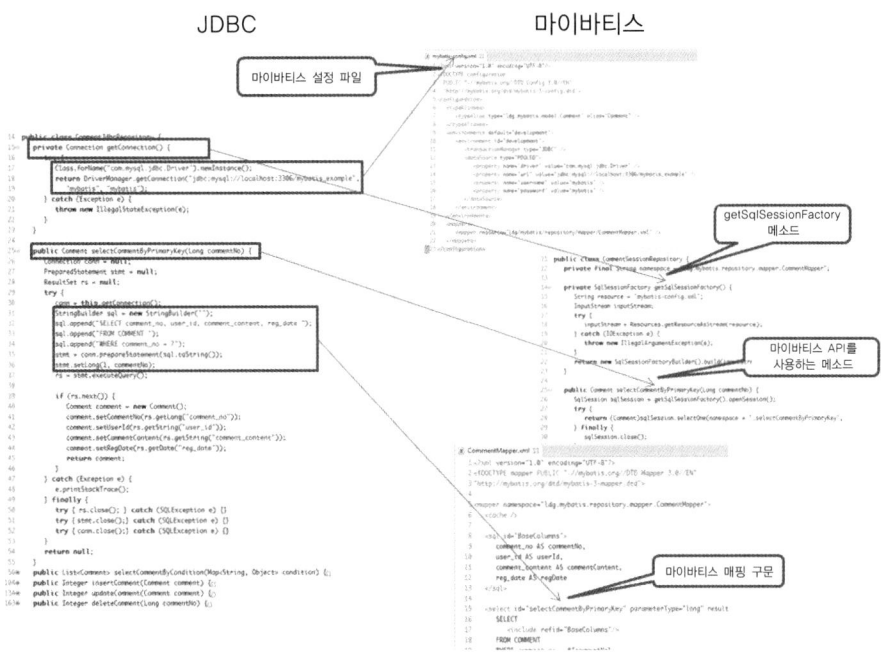

그림 2.29 JDBC 코드와 마이바티스 코드

JDBC 코드는 세부적으로 구분해서 마이바티스 코드로 변환할 수 있다. 그림 2.29는 JDBC 코드를 마이바티스 코드로 변환하는 과정을 간단히 그림으로 나타낸 것이다. JDBC 코드를 구성하는 각 부분을 마이바티스에서 어떻게 가져갈지 살펴보

자. 코드 2.1에서 데이터베이스 연결을 생성하기 위해 만들어둔 `getConnection` 메소드는 다른 CRUD를 처리하는 메소드에서 공통적으로 사용할 것이다. 따라서 마이바티스 코드로 변환하는 과정에서 가장 첫 번째는 이 `getConnection` 메소드를 처리하는 방법을 살펴본다.

JDBC에서 데이터베이스 연결을 생성하는 코드는 마이바티스에서 다음과 같은 두 가지로 나뉜다.

1. JDBC 드라이버 클래스명과 연결을 위한 URL 정보 및 계정 정보는 마이바티스에서 설정 파일이 된다. 설정 파일명은 어떤 이름을 사용해도 무방하지만 여기서는 mybatis-config.xml을 사용한다.
2. `DriverManager.getConnection` 메소드와 같이 데이터베이스 연결을 생성하는 API 호출은 마이바티스가 제공하는 객체를 생성하는 것으로 바뀐다. 이 작업에서는 `SqlSessionFactory`에서 `SqlSession` 객체를 생성한다.

코드 2.1의 `getConnection` 메소드를 이렇게 두 가지 과정으로 나눠 처리한 후에 SQL을 사용하는 CRUD에 대해서도 처리를 해야 한다.

SQL을 사용해서 데이터베이스와 연동하는 세부적인 코드도 마이바티스 코드로 변환하는 데는 다음과 같은 두 가지 과정을 거친다.

1. SQL은 마이바티스의 매핑 구문으로 만든다.
2. 데이터베이스 연결에 대한 API 호출은 마이바티스 API를 호출하는 것으로 바뀐다. 이 API 호출은 대개 마이바티스의 `SqlSession`이 제공하는 `selectOne`, `selectList`, `insert`, `update`, `delete`를 호출한다.

마지막으로 데이터베이스 자원을 해제하는 작업은 마이바티스에서 `SqlSession` 객체의 `close` 메소드를 호출하는 것으로 바뀐다. 자원을 해제하는 작업까지 총 5단계의 작업을 간단히 언급하긴 했지만 아직은 그 내용이 어려울 수 있다. 그러나 걱정하지 말길 바란다. 이 각각의 내용에 대해서는 하나씩 자세히 알아볼 것이다.

대부분의 프레임워크는 설정 파일을 한 개 이상 가지며, 포맷은 대부분 XML을 채택한다. 마이바티스도 XML 설정 파일 한 개를 만들어야 한다. 마이바티스의 설정 파일은 마이바티스의 전반적인 환경설정을 가진다. 환경설정의 대표적인 값은 데이터베이스 연결 정보와 매퍼(마이바티스는 SQL을 JDBC 코드와 달리 별도의 XML이나 애노테이션에 선언한다. 매퍼는 SQL을 선언한 별도의 XML이나 애노테이션을 가진 인터페이스)의 위치를 지정한다. 설정 파일이 준비되면 설정 파일의 내용을 갖는 객체를 생성해야 한다. 이 객체를 생성하기 위해서는 설정 파일을 파싱하고 로드하는 과정을 거쳐야 한다. 물론 설정 파일을 파싱하고 로드하는 것은 마이바티스 객체가 알아서 처리한다. 이렇게 생성한 객체는 데이터베이스 연결 정보와 매퍼의 정보를 갖기 때문에 이후 데이터베이스 연동 과정에서 필요한 다양한 작업을 처리한다.

마이바티스 코드를 구성하는 요소 또는 그 과정을 실제 코드와 함께 살펴보자.

## 2.3 마이바티스 라이브러리 설명

프레임워크를 사용하려면 먼저 설치를 해야 한다. 웹 애플리케이션에서 프레임워크를 사용하기 위해서는 WEB-INF/lib 아래에 jar 파일을 넣으면 되는데, 이 파일을 넣는 방법이 몇 가지 있다. 직접 웹사이트에서 다운로드해서 개발자가 직접 복사해 넣을 수도 있고 메이븐maven을 사용해 자동으로 받을 수도 있다.

### 2.3.1 마이바티스 라이브러리 파일 복사

마이바티스 홈 페이지의 자바 다운로드 페이지인 http://code.google.com/p/mybatis/downloads/list?can=3&q=Product%3DMyBatis에 접속한다. 그림 2.30처럼 마이바티스 자바 다운로드 페이지에 다운로드를 위한 링크가 있다.

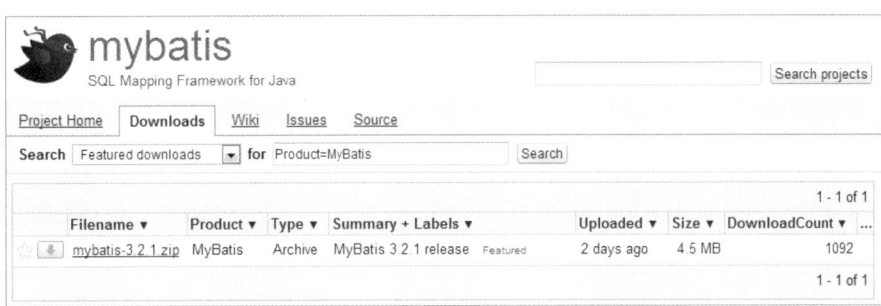

그림 2.30 마이바티스 다운로드 페이지

링크를 클릭해서 압축파일(mybatis-3.x.x.zip)을 다운로드한다.

다운받은 압축 파일을 풀어보면 디렉터리와 파일들이 있다. 그림 2.31은 압축 파일을 풀어보면 볼 수 있는 파일과 디렉터리 목록이다.

| 이름 | 수정한 날짜 | 유형 | 크기 |
|---|---|---|---|
| lib | 2013-03-13 오후 8:41 | 파일 폴더 | |
| LICENSE | 2013-03-10 오후 8:49 | 파일 | 12KB |
| mybatis-3.2.1.jar | 2013-03-10 오후 8:54 | Executable Jar File | 685KB |
| mybatis-3.2.1.pdf | 2013-03-10 오후 8:54 | Foxit Reader PDF Document | 227KB |
| mybatis-3.2.1-javadoc.jar | 2013-03-10 오후 8:54 | Executable Jar File | 1,775KB |
| mybatis-3.2.1-sources.jar | 2013-03-10 오후 8:54 | Executable Jar File | 376KB |
| NOTICE | 2013-03-10 오후 8:49 | 파일 | 4KB |

그림 2.31 마이바티스의 압축된 파일과 디렉터리 목록

파일과 디렉터리 목록에서 각 파일과 디렉터리는 다음과 같은 역할을 한다.

- **mybatis-3.2.1.jar** 마이바티스 API를 가진 jar 파일이다. 마이바티스를 사용할 때 실제 필요한 파일은 이 파일뿐이다.

- **mybatis-3.2.1-javadoc.jar** 마이바티스의 API를 설명하는 javadoc다. 마이바티스 홈 페이지에서는 javadoc에 대한 링크를 찾기 어렵다. API 설명이 필요하면 이 파일의 압축을 풀어 index.html을 웹 브라우저로 보면 된다.

- **mybatis-3.2.1.pdf** 마이바티스 사용자 가이드 문서다. 최근 마이바티스는 xdoc를 사용한 웹 형태로 사용자 가이드 문서를 변환했다. 사용자 가이드 한국어 웹 문서는 https://mybatis.org/mybatis-3/ko/index.html이고, PDF가 필요하면 https://fromm0.tistory.com/155에서 다운로드하면 된다.

- **mybatis-3.2.1-source.jar** 마이바티스는 오픈소스이기 때문에 소스를 공개하고 있다. 압축 파일을 풀어 보면 마이바티스 소스코드가 나온다. SVN에서 최신 버전을 직접 다운로드하고 싶으면 http://code.google.com/p/mybatis/source/checkout를 SVN URL로 사용하면 된다.

- **lib 디렉터리** 그림 2.32는 lib 디렉터리에 있는 jar 파일 목록이다. 바이트 코드 생성을 위한 asm, cglib 라이브러리와 로깅 처리를 위한 라이브러리들로 마이바티스가 사용한다. 이러한 라이브러리는 마이바티스 외에도 다른 프레임워크가 흔히 사용하기 때문에 마이바티스를 사용하지 않고 다른 프레임워크를 사용하더라도 대부분 필요한 경우가 많다. 5장에서 주로 다루는 스프링도 대부분 사용한다.

| 이름 | 수정한 날짜 | 유형 | 크기 |
|---|---|---|---|
| asm-3.3.1.jar | 2012-12-05 오전... | Executable Jar File | 43KB |
| cglib-2.2.2.jar | 2012-12-21 오후... | Executable Jar File | 281KB |
| commons-logging-1.1.1.jar | 2012-12-05 오전... | Executable Jar File | 60KB |
| javassist-3.17.1-GA.jar | 2013-02-14 오전... | Executable Jar File | 696KB |
| log4j-1.2.17.jar | 2012-12-11 오후... | Executable Jar File | 479KB |
| slf4j-api-1.7.2.jar | 2013-01-20 오후... | Executable Jar File | 26KB |
| slf4j-log4j12-1.7.2.jar | 2013-02-14 오전... | Executable Jar File | 9KB |

그림 2.32 마이바티스의 lib 디렉터리의 파일 목록

애플리케이션에서 마이바티스를 사용하기 위해 컴파일을 하거나 실행할 때 클래스 패스에 jar 파일들을 지정하면 된다.

> 주의
>
> 마이바티스 3.2부터는 JDK 1.6 이상을 사용해야 한다. 현재 JDK 1.5를 사용한다면 1.6으로 업그레이드해야 한다. 아주 특별한 이유로 인해 JDK 업그레이드가 힘들다면 3.2 이하의 버전을 사용해야 한다.

## 2.3.2 메이븐으로 마이바티스 라이브러리 관리

메이븐은 최근 자바에서 많이 사용하는 프로젝트 관리 도구다. 아파치 프로젝트에서 개발 중이며, 자바 프로젝트에서 라이브러리를 관리하기 위해 표준처럼 사용하고 있다.

메이븐은 사용할 라이브러리를 설정하기 위해 pom.xml이라는 XML 파일을 사용한다. pom.xml 파일은 대부분 프로젝트에서 가장 상위 디렉터리에 두는 게 일반적이다. 메이븐은 사용할 라이브러리를 설정해주면 그 라이브러리가 사용할 다른 라이브러리를 자동으로 체크해서 가져오기 때문에 복잡한 라이브러리 간의 사용 관계를 개발자가 다 알지 않아도 되게 해준다. 예를 들면 pom.xml 파일에 마이바티스만 설정해두더라도 마이바티스가 사용하는 로깅 관련 라이브러리를 함께 가져와준다는 것이다.

메이븐은 프로젝트를 관리하는 도구이기 때문에 라이브러리 관리뿐만 아니라 다른 기능들도 있지만, 여기서는 마이바티스를 다운로드하기 위한 설정만 살펴보자.

pom.xml에 사용할 라이브러리의 `groupId`와 `artifactId` 두 가지 값을 지정해주면 된다.

```
<dependency>
    <groupId>org.mybatis</groupId>
    <artifactId>mybatis</artifactId>
    <version>3.2.1</version>
</dependency>
```

dependency 엘리먼트에서 groupId 엘리먼트에는 org.mybatis를 설정하고 artifactId 엘리먼트에는 mybatis로 설정하면 된다.

메이븐이 어렵게 느껴진다면 국내에 나온 다음 두 개의 책 중 하나 정도를 선택해서 보면 된다.

- 『쉽게 따라하는 자바 웹 개발』(인사이트, 백기선 지음)
- 『자바 세상의 빌드를 이끄는 메이븐』(한빛미디어, 박재성 지음)

## ●● 자바 프로젝트 생성

예제 프로젝트 중에서 mybatis_java 프로젝트는 2장의 내용을 설명하기 위해 만들었다. mybatis_java 프로젝트를 사용해 2장의 내용을 하나씩 살펴보면 되지만, mybatis_java 프로젝트를 직접 생성한다면 다음과 같은 과정을 거치면 된다.

이클립스에서 데이터를 조회하고 입력과 수정, 삭제하는 코드를 만들기 위해서는 먼저 자바 프로젝트를 생성해야 한다. 이클립스는 프로젝트뿐만 아니라 자바 클래스나 XML 등을 생성하기 위해 마법사 기능을 제공하기 때문에 적절한 타입을 선택해 필요한 값만 채우면 대부분 쉽게 생성 가능하다.

그림 2.33은 자바 프로젝트를 생성하는 이클립스 마법사 화면이다. Ctrl 키와 알파벳 N 키를 동시에 누르거나 메뉴에서 File > New 메뉴를 클릭하면 그림 2.33 화면이 나온다. 그림 2.33은 Wizards 바로 아래 입력란에 Java Project를 입력했기 때문에 아래 부분에 한정된 항목이 나오지만, 아무런 값도 입력하지 않을 경우에는 다양한 타입이 나오는 것을 볼 수 있을 것이다. 타입 중에서 Java Project를 선택하고 Next 버튼을 클릭한다.

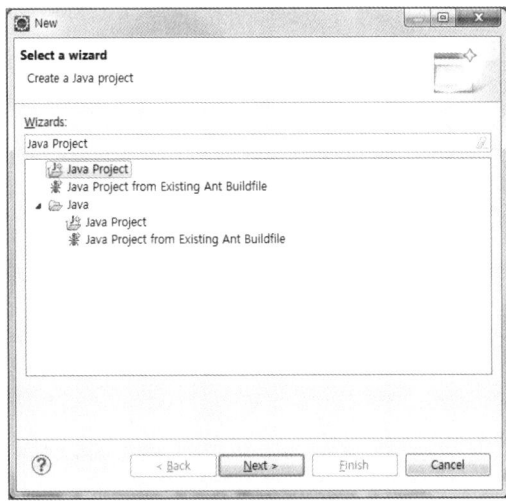

그림 2.33 이클립스 생성 마법사

그림 2.34는 자바 프로젝트를 생성하는 화면으로, 프로젝트명과 위치, 그리고 JDK의 버전만 선택하면 된다. 그림 2.34에서는 프로젝트명을 mybatis_java로 지정했고 JDK1.6을 사용하게 설정했다.

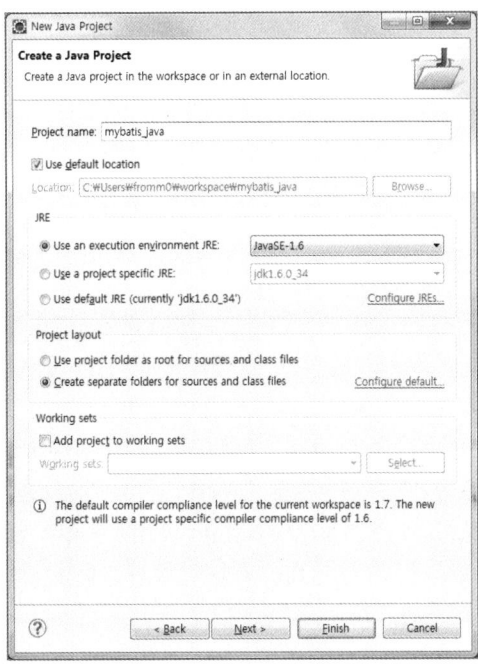

그림 2.34 자바 프로젝트 생성 마법사

마이바티스처럼 외부 API를 사용해야 할 때는 그 외부 API를 가진 jar 파일을 프로젝트에 클래스 패스로 추가해야 한다. 이클립스와 같은 IDE를 사용하지 않으면 java 명령어를 실행할 때 -classpath 파라미터에 외부 jar 파일의 위치를 일일이 적어줘야 하지만, 이클립스를 사용하면 프로젝트 설정에 외부 jar 파일의 위치를 한 번만 설정해주면 된다.

외부 jar 파일을 설정하기 위해서는 이클립스 프로젝트를 선택하고 마우스 오른쪽 클릭을 해보자. 오른쪽 클릭을 하면 메뉴가 나타나는데, 메뉴 가장 아래의 Properties를 클릭한다. 그러면 그림 2.35와 같은 프로젝트 설정 창이 나타나는데, 외부 jar 파일을 추가하려면 좌측 메뉴에서 Java Build Path를 선택하고 우측에서 Libraries 탭을 선택한다.

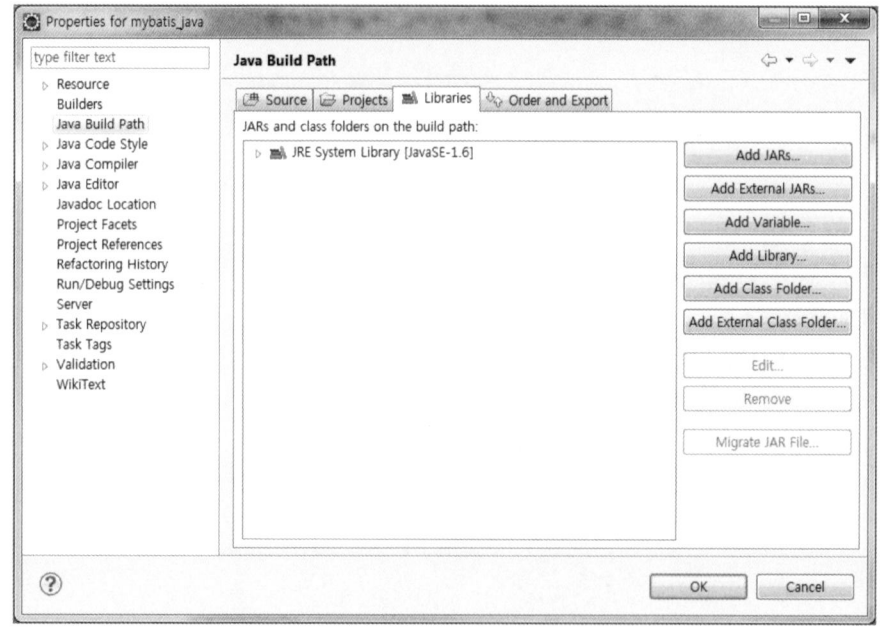

그림 2.35 이클립스 프로젝트 설정 화면

마이바티스를 실행할 때 필요한 jar 파일 대부분은 마이바티스 홈페이지에서 받았던 압축파일에 모두 포함돼 있다. 압축 파일을 바로 열면 mybatis-3.x.x.jar 파일이 있고 압축 파일 내 lib 디렉터리(또는 optional 디렉터리) 아래에 부가적인 jar 파일들이 있다. 이 모든 파일을 그림 2.35과 같은 화면의 우측 버튼들 중 Add External JARs를 클릭한 뒤 나오는 파일 선택 창에서 선택하고 넣으면 그림 2.36처럼 jar 파일이 등록된 것을 알 수 있다. 단 데이터베이스별 JDBC드라이버 jar파일은 마이바티스 압축파일에 없기 때문에 각 데이터베이스 홈페이지에서 받아야 한다.

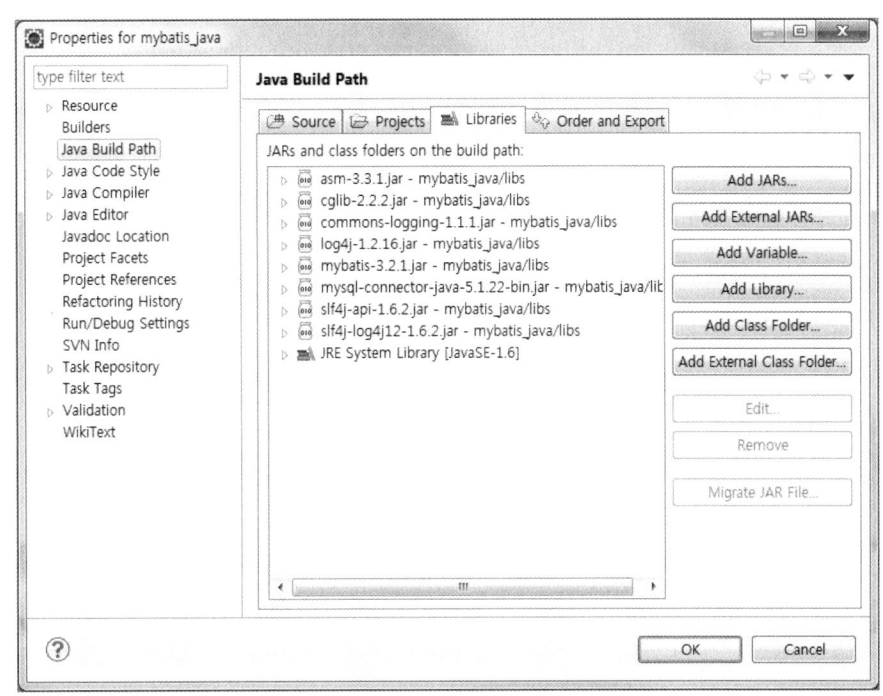

그림 2.36  이클립스 프로젝트 설정 완료

표 2.1  주요 데이터베이스의 JDBC 드라이버 제공 URL

| 오라클 | http://www.oracle.com/technetwork/database/features/jdbc/index-091264.html |
|---|---|
| MySQL | http://www.mysql.com/downloads/connector/j/ |
| SqlServer | http://msdn.microsoft.com/ko-kr/sqlserver/aa937724.aspx |
| DB2 | http://www-01.ibm.com/support/docview.wss?uid=swg21363866 |
| 큐브리드 | http://www.cubrid.com/zbxe/?_filter=search&mid=bbs_developer_reference&search_target=title&search_keyword=jdbc&document_srl=45079 |

## 2.4 마이바티스 설정 파일(mybatis-config.xml)

JDBC 코드를 마이바티스 코드로 변환하기 위해 가장 먼저 마이바티스 설정 파일을 만든다. 그림 2.29에서 마이바티스 설정 파일은 코드 2.1의 `getConnection` 메소드를 대체한다고 설명했다. 설정 파일이 `getConnection` 메소드를 대체한다고 했지만, 실제로는 `getConnection` 메소드의 데이터베이스 연결 정보를 대체한다.

코드 2.2 간단한 마이바티스 설정 파일(mybatis-config.xml)

```xml
<?xml version="1.0" encoding="UTF-8"?>
<!DOCTYPE configuration
        PUBLIC "-//mybatis.org//DTD Config 3.0//EN"
        "http://mybatis.org/dtd/mybatis-3-config.dtd">
<configuration>
    <typeAliases>
        <typeAlias type="ldg.mybatis.model.Comment" alias="Comment" />
    </typeAliases>
    <environments default="development">
        <environment id="development">
❶          <transactionManager type="JDBC" />
            <dataSource type="POOLED">
                <property name="driver" value="com.mysql.jdbc.Driver" />
                <property name="url" value=
❷                  "jdbc:mysql://localhost:3306/mybatis_example" />
                <property name="username" value="mybatis" />
                <property name="password" value="mybatis" />
            </dataSource>
        </environment>
    </environments>
    <mappers>
❸      <mapper resource=
            "ldg/mybatis/repository/mapper/CommentMapper.xml" />
    </mappers>
</configuration>
```

코드 2.2는 마이바티스를 사용하기 위해 필요한 최소한의 설정이다. 코드에 표기된 각 항목별로 살펴보자.

### ❶ 트랜잭션 관리자

데이터베이스에서 트랜잭션은 가장 중요한 기능 중 하나다. JDBC 코드를 대체하기 때문에 type은 JDBC로 지정하면 된다. 트랜잭션 관리자는 JDBC 외에도 MANAGED를 지정할 수 있다. 6장의 6.8절에서 마이바티스 설정에 대해 좀더 자세히 다룬다.

### ❷ 데이터베이스 설정

데이터베이스 연결 정보를 설정한다. JDBC를 사용해 데이터베이스에 연결하려면 드라이버 클래스명, JDBC URL, 계정 정보가 필요하다. 코드 2.1의 getConnection 메소드에서 사용한 값을 그대로 사용한다. 표 2.2는 많이 사용하는 데이터베이스별로 드라이버 클래스명과 JDBC URL을 정리한 표다.

표 2.2 데이터베이스별 JDBC 설정 정보

| | |
|---|---|
| **오라클** | |
| 드라이버 클래스명 | oracle.jdbc.driver.OracleDriver |
| JDBC URL | jdbc:oracle:thin:@localhost:1521:mybatis |
| **MySQL** | |
| 드라이버 클래스명 | com.mysql.jdbc.Driver |
| JDBC URL | jdbc:mysql://localhost:3306/mybatis |
| **SQL Server(sqljdbc.jar, sqljdbc4.jar 사용 시)** | |
| 드라이버 클래스명 | com.microsoft.sqlserver.jdbc.SQLServerDriver |
| JDBC URL | jdbc:sqlserver://localhost:1433;DatabaseName=mybatis |
| **SQL Server(msbase.jar, mssqlserver.jar, msutil.jar 사용 시)** | |
| 드라이버 클래스명 | com.microsoft.jdbc.sqlserver.SQLServerDriver |
| JDBC URL | jdbc:microsoft:sqlserver://localhost:1433;DatabaseName=mybatis |

(이어짐)

| SQL Server(log4sql.jar 사용 시) | |
|---|---|
| 드라이버 클래스명 | core.log.jdbc.driver.Mssql2005Driver |
| JDBC URL | jdbc:sqlserver://localhost:1433;database=mybatis |
| SQL Server(jtds-1.2.jar 사용시) | |
| 드라이버 클래스명 | net.sourceforge.jtds.jdbc.Driver<br>net.sourceforge.jtds.jdbcx.JtdsDataSource |
| JDBC URL | jdbc:jtds:sqlserver://localhost:1433/mybatis;tds=8.0;lastupdatecount=true |
| DB2 | |
| 드라이버 클래스명 | COM.ibm.db2.jdbc.net.DB2Driver<br>com.ibm.db2.jcc.DB2Driver |
| JDBC URL | jdbc:db2://localhost:50000/mybatis |
| 큐브리드 | |
| 드라이버 클래스명 | cubrid.jdbc.driver.CUBRIDDriver |
| JDBC URL | jdbc:cubrid:localhost:33000:demodb::: |

❸ 매퍼 정보 설정

SQL을 선언해둔 XML이나 인터페이스 형태의 매퍼 위치를 지정해줘야 한다. XML 위치는 클래스 패스를 기준으로 지정하면 된다.

> **팁**

각종 설정 파일과 매퍼 정보의 위치는 실제 변환하는 프로젝트의 구조를 보면 한결 이해하기 쉽다. 그림 2.37은 2장에서 사용하는 프로젝트 구조다.

그림 2.37  JDBC 코드에서 변환하는 마이바티스 프로젝트 구조

이 프로젝트에서 사용하는 매퍼는 XML이며, src 아래 있는 CommentMapper.xml 이다. src가 클래스 패스에 있기 때문에 CommentMapper.xml 파일의 실제 경로는 ldg.mybatis.repository.mapper.CommentMapper.xml이다.

## ●● 아이바티스에서는

현재 아이바티스를 사용하는 개발자들을 위해 코드 2.2와 동일한 아이바티스 설정을 살펴보자. 차이점만 파악하면 아이바티스에서 마이바티스로 넘어가는 것은 굉장히 쉽다.

코드 2.3  코드 2.2와 동일한 아이바티스 설정 파일

```xml
<?xml version="1.0" encoding="UTF-8"?>
<!DOCTYPE sqlMapConfig PUBLIC "-//ibatis.apache.org//DTD SQL Map Config
    2.0//EN" "http://ibatis.apache.org/dtd/sql-map-config-2.dtd">
<sqlMapConfig>
    <transactionManager type="JDBC">
        <dataSource type="DBCP">
```

```xml
            <property value="com.mysql.jdbc.Driver"
                name="driverClassName" />
            <property
                value= "jdbc:mysql://localhost:3306/mybatis_example"
                name="url" />
            <property value="mybatis" name="username" />
            <property value="mybatis" name="password" />
        </dataSource>
    </transactionManager>
    <sqlMap resource="ldg/mybatis/repository/mapper/CommentMapper.xml" />
</sqlMapConfig>
```

코드 2.3의 아이바티스 설정은 기능만 따진다면 코드 2.2의 마이바티스 설정과 같다. XML 엘리먼트의 명칭이 조금 변경됐을 뿐 바뀐 게 거의 없다.

마이바티스는 의미 전달을 효과적으로 하고 몇 가지 기능을 추가하기 위해 XML 엘리먼트 구조를 변경했다. 변경한 내용은 이러한 기준으로 보면 이해가 쉽다. configuration 엘리먼트는 아이바티스의 sqlMapConfig 엘리먼트와 같은 역할을 한다. 마이바티스에서 환경설정을 여러 개 둘 수 있게 변경했는데, environments, environment 엘리먼트가 데이터베이스 연결 정보를 감싸고 있다. 환경설정은 environment 엘리먼트를 여러 개 두는 것으로 설정 가능하다. 매퍼 설정을 갖는 mapper 엘리먼트는 아이바티스에서는 sqlMap 엘리먼트와 같다. 아이바티스의 매퍼 설정인 sqlMap 엘리먼트는 가장 상위 엘리먼트인 sqlMapConfig 아래 다수를 두었기 때문에 매퍼 설정을 포괄하는 의미가 제대로 전달되지 않았다. 따라서 마이바티스에서는 mappers 엘리먼트를 매퍼 설정을 감싸는 형태로 변경했다. 그리고 아이바티스에서는 매퍼 설정이 XML만 가능했던 것과 달리 마이바티스에서는 XML뿐 아니라 인터페이스로도 가능하기 때문에 그 이름을 변경한 것이다.

## 2.5 마이바티스 객체 생성하기(SqlSessionFactory)

마이바티스 코드로 변환하기 위해 가장 먼저 설정 파일을 만들었으므로, 그 두 번째 과정으로 설정 파일을 로드해 마이바티스 객체를 생성해보자. 이 마이바티스 객체는 SQL을 선언하는 것을 제외하고 JDBC 코드가 처리했던 대부분을 내부적으로 처리한다고 봐도 무방하다.

코드 2.4 설정 파일을 로드해서 마이바티스 객체를 생성하는 메소드

```
private SqlSessionFactory getSqlSessionFactory() {
    String resource = "mybatis-config.xml";
    InputStream inputStream;
    try {
❶       inputStream = Resources.getResourceAsStream(resource);
    } catch (IOException e) {
        throw new IllegalArgumentException(e);
    }
❷   return new SqlSessionFactoryBuilder().build(inputStream);
}
```

코드 2.4는 ldg.mybatis.repository.session.CommentSessionRepository 클래스에 정의해둔 메소드로, 마이바티스 API를 사용해 설정 파일을 읽고 데이터베이스와 트랜잭션 관리자, 그리고 매퍼의 정보를 가진 객체를 생성하는 코드다. 마이바티스를 사용하려면 getSqlSessionFactory 메소드를 사용해 마이바티스 객체를 생성하고 API를 호출하면 된다. 3장에서 각종 CRUD 처리를 하면서 마이바티스 객체를 생성할 때는 코드 2.4의 메소드를 사용해 생성한다. 설정 정보를 로드하는 과정에서 다음과 같은 세 개의 클래스를 사용한다.

- org.apache.ibatis.io.Resources
- org.apache.ibatis.session.SqlSessionFactoryBuilder
- org.apache.ibatis.session.SqlSessionFactory

코드 2.4에서 좌측에 표기한 각 항목별로 살펴보자.

### ❶ 마이바티스 설정 정보를 가진 객체 생성

설정 파일 위치를 지정해 마이바티스 설정 정보에 대한 객체를 생성한다. 여기서 사용하는 마이바티스 설정 파일의 이름은 mybatis-config.xml이며, 클래스 패스를 기준으로 가장 상위에 있다. 설정 파일은 클래스 패스를 기준으로 파일명을 적어주면 된다.

❷ SqlSessionFactory 객체 생성

SqlSessionFactory 객체가 마이바티스의 전반적인 정보를 가지고 제어한다. SqlSessionFactory 객체를 생성하기 위해 SqlSessionFactoryBuilder 객체를 먼저 생성한다. SqlSessionFactory 객체는 SqlSessionFactoryBuilder의 build 메소드를 사용해 생성한다.

SqlSessionFactory 객체가 마이바티스의 전반적인 정보를 갖는 특성으로 인해 이 객체는 애플리케이션 내에서 한 개만 생성돼야 한다. SqlSessionFactory를 실행할 때마다 생성한다는 것은 매번 설정 파일을 읽고 파싱하고 객체를 생성한다는 뜻이다. 대개의 애플리케이션에서는 성능에 영향을 줄 수 있다.

SqlSessionFactory 객체를 매번 생성하는 것은 간단한 테스트용 애플리케이션이나 배치 작업을 처리하는 경우에나 사용해야 하는 방법이다. 마이바티스는 실행 후 여러 가지 정보를 SqlSessionFactory 객체에 저장하기 때문에 매번 생성할 경우 실행 이력과 같은 정보가 없어 일부 기능을 제대로 사용하지 못한다. 대표적인 것이 캐시다. 캐시는 이전에 실행한 내용을 캐시라는 메모리 영역에 저장하고 다음 실행 시 동일한 조건일 때 데이터베이스에서 가져오지 않고 캐시 영역에 있는 데이터를 재사용하는 것이다. SqlSessionFactory 객체를 매번 생성하면 이전에 실행한 내용을 저장할 수 없어 캐시를 사용하지 않겠다는 것과 같다.

설정 파일을 로드해 SqlSessionFactory 객체를 생성하는 것으로 JDBC 코드의 데이터베이스 연결 객체를 생성한 것과 유사한 작업을 한 셈이다. 이제 남은 작업은 데이터베이스에 SQL을 실행해 데이터를 다루는 것이다.

●● 아이바티스에서는

아이바티스에서도 설정 파일을 로드하는 방법은 거의 동일했다. 코드 2.5를 보면 각각의 클래스명을 변경했을 뿐이다.

코드 2.5  아이바티스에서 설정 파일을 로드하는 메소드

```
private SqlMapClient getSqlSessionFactory() {
    String resource = "mybatis-config.xml";
```

```
    InputStream inputStream;

    try {
        inputStream = Resources.getResourceAsStream(resource);
    } catch (IOException e) {
        throw new IllegalArgumentException(e);
    }

    return SqlMapClientBuilder.buildSqlMap(inputStream);
}
```

## 2.6 정리

2장은 JDBC 코드를 마이바티스 코드로 변환하면서 하나씩 살펴보기 위한 시작 단계였다. 따라서 가장 먼저 마이바티스 코드로 변환한 JDBC 코드를 살펴봤다.

JDBC 코드는 데이터베이스 연결 객체를 가져오기 위해 데이터베이스 URL과 계정 정보를 사용해 자바 API로 연결 객체를 생성한다. 마이바티스는 연결 객체를 생성하는 것을 다음 두 가지로 나눠 처리한다.

1. 마이바티스 설정 파일 생성
2. 마이바티스의 SqlSessionFactory 객체 생성

JDBC 코드에서도 그랬듯이 마이바티스에서는 이 두 가지가 가장 먼저 이뤄져야 한다. 그리고 이때 생성하는 SqlSessionFactory 객체가 마이바티스 API를 사용하는 기본 객체다.

데이터베이스 연동의 세부 작업인 데이터를 읽거나 쓰거나 지우는 등의 작업은 3장에서 다룬다. 3장에서는 이후 계속 사용할 댓글 시스템의 ERD와 모델 클래스를 순서대로 살펴본다.

- 댓글 테이블과 모델 클래스
- 답글 테이블과 모델 클래스

- 작성자 테이블과 모델 클래스

애플리케이션을 만들 때 데이터의 구조를 파악하는 건 가장 먼저 진행해야 하고, 나머지는 애플리케이션의 요구 사항에 따라 적절히 처리를 하면 된다. 3장에서 데이터를 다루는 세부적인 작업을 하나씩 살펴보자.

3장

# 마이바티스 CRUD

2장에서는 설정 파일을 만드는 방법과 마이바티스에서 공통적으로 사용하는 `SqlSessionFactory` 객체를 만드는 방법을 살펴봤다. 이 두 가지 과정은 JDBC 코드에서 데이터베이스 연결을 생성하기 위해 처리한 작업을 마이바티스가 제시하는 방법으로 변환한 것이다.

3장에서는 세부적인 작업에 앞서 사용할 데이터의 구조를 파악하기 위해 ERD와 모델 클래스를 살펴본다. 그리고 데이터를 다루는 세부적인 작업, 즉 데이터를 읽고 쓰고 수정하거나 지우는 각각의 작업을 알아본다.

## 3.1 데이터 구조 파악

마이바티스 객체를 생성함으로써 데이터베이스에 연결하기 위한 준비가 됐다. 남은 작업은 데이터베이스에 SQL을 실행해 데이터를 가져오거나 데이터를 입력, 수정, 삭제하는 것이다. 이를 보통 CRUD라고 표현한다. 데이터베이스에 연결하기 위해 연결 정보만 알면 되는 것과 달리, 데이터를 처리하는 과정은 먼저 알아야 할 내용이 많다. 이러한 세부적인 작업을 처리하기 전에 데이터 구조를 먼저 파악해야 한다. 데이터 구조를 파악하기 위해 먼저 테이블의 구조를 살펴보고, 그런 후에는 그에 대응하는 자바 모델 클래스를 순서대로 살펴보자. 데이터의 구조를 파악하고 나서 SQL과 마이바티스 API를 사용해서 처리하는 방법도 알아본다.

## 3.1.1 데이터베이스 테이블 구조 파악

데이터베이스에 CRUD 작업을 처리하기 위해서는 먼저 테이블의 구조를 파악할 필요가 있다. 데이터베이스에서 테이블의 구조를 표현하는 방법으로는 ERD<sub>Entity-Relationship Diagram</sub>(데이터를 갖는 엔티티와 각 엔티티 간의 관계를 표현, 엔티티는 관계형 데이터베이스에서 테이블로 표현한다)를 주로 사용한다. 테이블은 마이바티스의 기능을 설명할 수 있는 수준에서 최소한의 칼럼으로만 구성했다. 현업에서는 이렇게 간단한 테이블보다는 칼럼이 많고 관계가 복잡한 경우가 많으므로 기능을 이해한 뒤 반드시 적용을 해보는 것이 제대로 이해하는 데 도움이 될 것이다.

여기서 사용할 데이터는 간단한 댓글 시스템이다. 관계에 대한 설명을 위해 댓글과 답글을 별도 테이블로 분리했다. 테이블별로 칼럼은 5개 이하만 갖기 때문에 구조를 한눈에 파악할 수 있을 것이다.

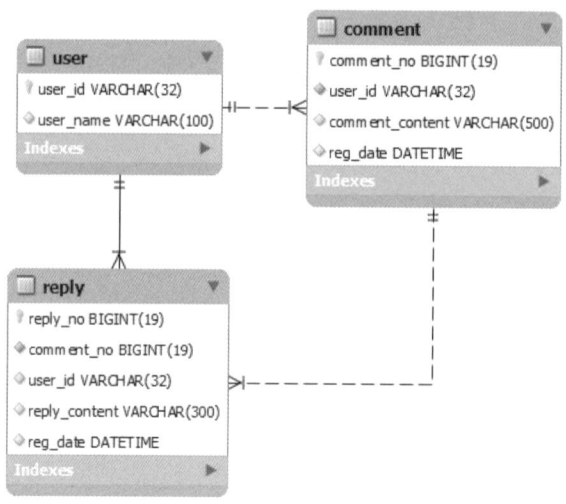

그림 3.1 댓글 시스템의 테이블 구조와 관계

테이블의 구조나 테이블 간의 관계는 그림 3.1을 보면 어느 정도 파악할 수 있으니 간단히 설명한다.

### 1. 댓글 테이블

댓글<sub>comment</sub> 테이블은 다음과 같은 특성을 갖는다.

- 댓글은 댓글 번호(comment_no), 작성자 아이디(user_id), 댓글 내용(comment_content), 작성 일시(reg_date)의 4개 칼럼을 가진다.
- 댓글별로 작성자 정보를 한 개만 가진다.
- 댓글은 여러 개의 답글을 가진다.

### 2. 답글 테이블

답글reply 테이블은 다음과 같은 특성을 갖는다.

- 답글은 답글 번호(reply_no), 댓글 번호(comment_no), 작성자 아이디(user_id), 답글 내용(reply_content), 작성 일시(reg_date)의 5개 칼럼을 가진다.
- 답글은 작성자 정보를 한 개만 가진다.

### 3. 작성자 테이블

작성자user 테이블은 다음과 같은 특성을 갖는다.

- 작성자는 작성자 아이디(user_id), 작성자명(user_name)의 2개 칼럼을 가진다.
- 작성자는 여러 개의 댓글을 가진다.
- 작성자는 여러 개의 답글을 가진다.

---

●● DDL 스크립트

테이블을 파악하기 위해 ERD를 자주 보지 않는다면 오히려 테이블을 생성하기 위한 DDL 스크립트가 더 익숙할 수 있다. 코드 3.1은 댓글 시스템을 만들기 위해 사용하는 DDL이다. 이 DDL은 MySQL을 위한 것으로 다른 데이터베이스를 사용한다면 수정이 필요하다.

2.1절의 개발 환경 구축에서 MySQL을 설치한 후 생성한 mybatis_example 데이터베이스를 사용한다.

코드 3.1 댓글 시스템에서 사용하는 테이블을 만들기 위한 DDL

```
CREATE TABLE `comment` (
    `comment_no` bigint(19) NOT NULL AUTO_INCREMENT,
```

```
    `user_id` varchar(32) NOT NULL,
    `comment_content` mediumtext NOT NULL,
    `reg_date` datetime NOT NULL,
    PRIMARY KEY (`comment_no`)
);

CREATE TABLE `reply` (
    `reply_no` bigint(19) NOT NULL AUTO_INCREMENT,
    `comment_no` bigint(19) NOT NULL,
    `user_id` varchar(32) NOT NULL,
    `reply_content` varchar(300) NOT NULL,
    `reg_date` datetime NOT NULL,
    PRIMARY KEY (`reply_no`)
);

CREATE TABLE `user` (
    `user_id` varchar(32) NOT NULL,
    `user_name` varchar(100) NOT NULL,
    PRIMARY KEY (`user_id`)
);
```

## 3.1.2 자바 모델 클래스

ERD를 사용해 테이블 구조를 파악했다. 자바 애플리케이션에서는 테이블에 들어 있는 데이터를 가져와서 사용하거나 조작을 하기 위해 그 데이터를 담는 객체를 만든다. 여기서는 그 객체를 자바 모델 클래스로 정의해서 사용할 것이다. Map 객체를 사용할 수도 있지만, 최근에는 대부분 개발자가 모델 클래스를 사용하기 때문에 여기서는 모델 클래스로 설명한다.

그림 3.2의 테이블을 기준으로 모델 클래스를 만들어보자.

```
┌─────────────────────────┐   ┌─────────────────────────┐   ┌─────────────────────┐
│        Comment          │   │         Reply           │   │        User         │
├─────────────────────────┤   ├─────────────────────────┤   ├─────────────────────┤
│ commentNo : Long        │   │ replyNo : Long          │   │ userId : String     │
│ userId : String         │   │ commentNo : Long        │   │ userName : String   │
│ regDate : Date          │   │ userId : String         │   └─────────────────────┘
│ commentContent : String │   │ replyContent : String   │
└─────────────────────────┘   │ regDate : Date          │
                              └─────────────────────────┘
```

그림 3.2 자바 모델 클래스의 클래스 다이어그램

그림 3.2는 테이블 각각을 나타내는 모델 클래스의 형태다. 테이블별로 모델 클래스는 한 개씩 생성하며, 테이블의 칼럼들은 모델 클래스에서 필드로 만든다. 즉, 테이블명과 동일한 이름의 모델 클래스를 생성하고 칼럼별로 적절한 클래스 필드를 선언해주면 된다. 칼럼의 타입에 따라 필드의 타입도 결정을 해야 하는데, 칼럼 타입이 숫자형이면 `Int`나 `Long` 또는 `Float`로 정해주면 된다. 문자형이면 `String`으로 정해주면 된다. 그리고 자주 사용하는 날짜형이면 대개 `Date`로 정해주면 된다. 마이바티스에서 사용할 모델 클래스를 만들 때 유념해야 하는 것이 하나 있다. 캐시 사용 여부에 따라 다른 곳에 캐시를 사용할 경우 `Serializable`이어야 한다. 즉, 클래스를 선언하는 곳에 `implements Serializable`을 적어줘야 한다.

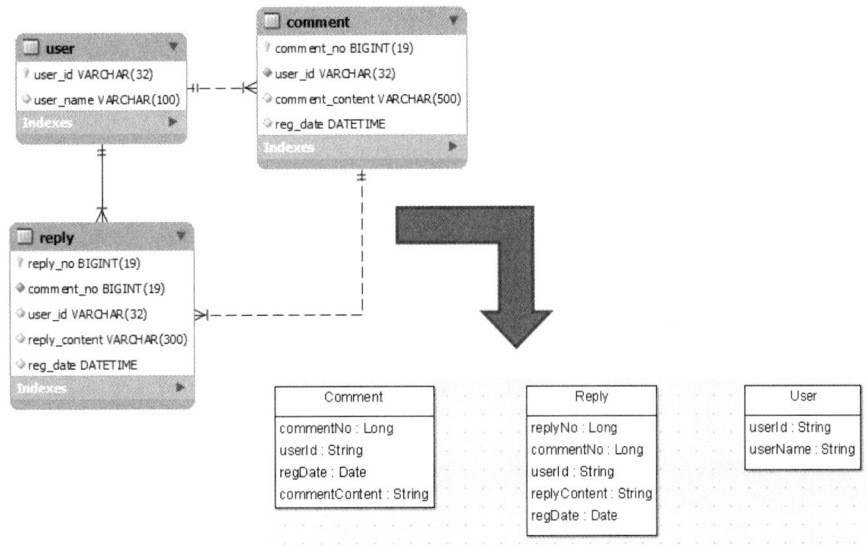

그림 3.3 테이블과 모델 클래스

그림 3.3을 보고 테이블을 모델 클래스로 만드는 규칙을 정리해보자. 테이블명과 모델 클래스의 이름은 동일하고 칼럼과 필드의 타입은 그 차이점이 조금 있을 뿐 이해하기 쉬워 보인다. 잘 보면 아직 설명하지 못한 중요한 차이가 하나 있는데, 칼럼과 필드의 이름이 조금 다르다는 점이다. 데이터베이스는 전통적으로 칼럼의 이름을 만들 때 _(언더 바)를 사용한다. 하지만 자바에서는 낙타표기법$^{CamelCase}$(용어를 구성하는 각 단어의 첫 글자를 대문자로 표기해 마치 낙타의 혹 같은 모양이라고 말함)을 주로 사용한다는 점에서 표기법이 다르다. 작성자 테이블인 user에서 user_id 칼럼이 작성자 모델 클래스인 User에서 userId로 선언된 것이 그 예라고 할 수 있다.

클래스 다이어그램을 보면 모델 클래스의 형태를 대략적으로 파악할 수 있지만 이해를 더하기 위해 실제 코드를 살펴보자.

### 1. 댓글 모델 클래스

댓글 모델 클래스는 코드 3.2와 같다.

코드 3.2 댓글 모델 클래스

```java
package ldg.mybatis.model;

import java.io.Serializable;
import java.util.Date;
import java.util.List;

public class Comment implements Serializable {
    private Long commentNo;
    private String userId;
    private Date regDate;
    private String commentContent;

    public Long getCommentNo() {
        return commentNo;
    }

    public void setCommentNo(Long commentNo) {
        this.commentNo = commentNo;
    }
```

```java
    public String getUserId() {
        return userId;
    }

    public void setUserId(String userId) {
        this.userId = userId;
    }

    public Date getRegDate() {
        return regDate;
    }

    public void setRegDate(Date regDate) {
        this.regDate = regDate;
    }

    public String getCommentContent() {
        return commentContent;
    }

    public void setCommentContent(String commentContent) {
        this.commentContent = commentContent;
    }
}
```

코드 3.2는 댓글을 위한 모델 클래스다. 캐시 사용을 위해 클래스 선언부에 implements Serializable을 추가했다. 댓글 테이블에서 갖고 있던 댓글 번호, 작성자 아이디, 댓글 내용, 등록 일시를 위한 각 필드를 갖고 있다. 각 필드에 접근하기 위한 getter/setter 메소드를 모두 가진다.

## 2. 답글 모델 클래스

답글 모델 클래스는 코드 3.3과 같다.

코드 3.3 답글 클래스

```java
package ldg.mybatis.model;

import java.io.Serializable;
import java.util.Date;

public class Reply implements Serializable {
    private Long replyNo;
    private Long commentNo;
    private String userId;
    private String replyContent;
    private Date regDate;

    public Long getReplyNo() {
        return replyNo;
    }

    public void setReplyNo(Long replyNo) {
        this.replyNo = replyNo;
    }

    public Long getCommentNo() {
        return commentNo;
    }

    public void setCommentNo(Long commentNo) {
        this.commentNo = commentNo;
    }

    public String getUserId() {
        return userId;
    }

    public void setUserId(String userId) {
        this.userId = userId;
    }

    public String getReplyContent() {
        return replyContent;
    }
```

```
    public void setReplyContent(String replyContent) {
        this.replyContent = replyContent;
    }

    public Date getRegDate() {
        return regDate;
    }

    public void setRegDate(Date regDate) {
        this.regDate = regDate;
    }
}
```

코드 3.3은 답글을 위한 모델 클래스다. 캐시 사용을 위해 클래스 선언부에 implements Serializable을 추가했다. 답글 테이블에서 갖고 있던 답글 번호, 댓글 번호, 작성자 아이디, 답글 내용, 등록 일시를 위한 각 필드를 갖고 있다. 각 필드에 접근하기 위한 getter/setter 메소드를 모두 가진다.

### 3. 작성자 모델 클래스

작성자 모델 클래스는 코드 3.4와 같다.

코드 3.4 작성자 클래스

```
package ldg.mybatis.model;

import java.io.Serializable;

public class User implements Serializable {
    private String userId;
    private String userName;

    public String getUserId() {
        return userId;
    }

    public void setUserId(String userId) {
```

```
            this.userId = userId;
    }

    public String getUserName() {
        return userName;
    }

    public void setUserName(String userName) {
        this.userName = userName;
    }
}
```

코드 3.4는 작성자를 위한 모델 클래스다. 캐시 사용을 위해 클래스 선언부에 `implements Serializable`을 추가했다. 작성자 테이블에서 갖고 있던 답글 번호, 댓글 번호, 작성자 아이디, 답글 내용, 등록 일시를 위한 각 필드를 갖고 있다. 각 필드에 접근하기 위한 `getter/setter` 메소드를 모두 가진다.

지금까지 자바 애플리케이션에서 데이터베이스의 데이터를 갖는 객체를 사용하기 위해 모델 클래스를 만드는 방법을 살펴봤다.

## 3.2 마이바티스 파라미터 표기법

이후 나오는 다양한 매핑 구문을 보면 파라미터를 설정하기 위한 다음과 같은 독특한 표기법을 사용한다.

`#{commentNo}`

이것은 마이바티스의 파라미터 표기법이다. JDBC 코드를 보면 정의한 SQL에 대해 값을 가져오기도 하지만, 조회 조건처럼 값을 설정하기도 한다. 추출한 SQL을 XML에 명시하는 경우 값을 설정할 때 어떻게 해야 할까? SQL을 XML로 분리했기 때문에 JDBC 코드처럼 값을 설정할 방법이 필요하다. 따라서 마이바티스는 `#{}`형태의 별도 문법을 제공한다. 방법은 파라미터 이름을 그대로 적어주면 된다. 자바빈일 경우 변수명 또는 `getter/setter` 메소드에서 `get/set`을 뺀 나머지 문자를 소문자로 시작해서 적어 주면 된다. 마이바티스는 자바빈에 `getter` 메소드가 있으면 getter 메소드를 사용해 값을 가져오지만, getter 메소드가 없을 경우에는 자바의 리플렉션(JVM에서 실행 중인 애플리케이션의 행위를 확인하고 변경하기 위해 제공하는 기능이다. 성능 및 보안을 제한하는 단점이 있어 사용에 제한을 둬야 한다)을 사용해 값을 가져온다. Map 객체일 때는 key 값을 적어 주면 설정해준다. 파라미터의 값이 한 개인 원시 타입의 경우 #{} 안에 아무 값이나 적어줘도 알아서 설정해준다.

파라미터 표기법을 적용한 직후의 코드를 JDBC 코드와 비교해볼 수 있다.

코드 3.5  파라미터 표기법을 적용한 JDBC 코드

```
String selectCommentByPrimaryKey = "SELECT comment_no AS commentNo,
       user_id AS userId, comment_content AS commentContent, reg_date AS
       regDate FROM COMMENT WHERE comment_no = ?";
PreparedStatement ps =
       conn.prepareStatement(selectCommentByPrimaryKey);
ps.setLong(1, commentNo);
```

마이바티스가 처리하는 과정에서 코드 3.5의 JDBC 코드와 같은 형태로 변환한다. 결과적으로 JDBC의 PreparedStatement를 사용하게 되고 매핑 구문에 적용했던 마이바티스 파라미터 표기법은 PreparedStatement의 ? 표현식으로 바뀐다. 파라미터 표기법을 사용했던 곳은 순서대로 값을 설정하는 과정을 거친다.

마이바티스는 파라미터 타입과 칼럼의 타입을 자동으로 처리하지 않기 때문에 Date 같은 일부 타입은 명시적으로 지정해줘야 개발자가 예상한 대로 동작한다. 이 파라미터 표기법을 사용할 때 파라미터 데이터 타입을 다음과 같이 명시적으로 설정할 수 있다.

#{commentNo,javaType=Date,jdbcType=TIMESTAMP }

하지만 대부분의 경우에 사용하는 자바의 원시 타입과 그 원시 타입의 래퍼 타입에는 문제가 없다.

예외적으로 오라클을 사용할 때는 jdbcType을 적어주지 않고 null을 입력할 때 오류가 발생한다. 오라클을 사용하고 null을 입력해야 할 때는 jdbcType을 확인하자.

마이바티스 CRUD  95

PreparedStatement의 ? 표현식을 마이바티스 파리미터 표기법과 함께 살펴봤다. 실제 코드를 작성할 때는 ? 표현식뿐 아니라 다음과 같이 문자열 연산을 통해 SQL을 완성하는 경우도 있다.

```
String selectCommentByPrimaryKey = "SELECT comment_no AS commentNo, user_id AS
    userId, comment_content AS commentContent, reg_date AS regDate FROM
    COMMENT WHERE comment_no = " + commentNo;
```

마이바티스는 PreparedStatement의 ? 표현식을 사용하지 않고 문자열 치환으로 처리하기 위해서도 ${} 형태로 별도의 파라미터 표기법을 제공한다.

```
SELECT
    comment_no AS commentNo,
    user_id AS userId,
    comment_content AS commentContent,
    reg_date AS regDate
FROM COMMENT
WHERE comment_no = ${commentNo}
```

${} 표기법을 사용하면 #{} 표기법과는 달리 PreparedStatement의 ? 표기법으로 변환하는 과정은 생략한다. 하지만 이 방법은 문자열을 대체하는 방법이기 때문에 사용자가 입력한 파리미터를 그대로 사용할 경우에는 악의적인 SQL 주입 공격에 노출될 수 있다. 웹 애플리케이션처럼 사용자가 임의로 설정할 수 있는 파라미터 값을 그대로 ${} 표현식에 사용하는 것은 피해야 한다.

## 3.3 데이터 조회

데이터베이스를 사용하는 가장 큰 이유는 필요한 데이터를 빨리 찾아내기 위함일 것이다. 데이터베이스를 이용하는 작업을 보통 CRUD<sup>Create, Read, Update, Delete</sup>라고 해서 입력/조회/수정/삭제로 나누곤 한다. 어느 작업이 더 중요한지 논하는 건 의미가 없겠지만, 입력/수정/삭제의 작업이 모두 나중에 필요한 데이터를 찾기 위한 기반 작업이라는 관점에서 본다면 아무래도 데이터를 조회하는 작업이 가장 중요하다고 볼 수 있다. 실제 데이터베이스에 사용하는 각종 SQL 중에서는 조회를 위한 SQL이 가장 많고 자주 사용한다.

데이터를 조회하기 위해서는 먼저 데이터베이스에 데이터가 있어야 한다. 다음과 같이 SQL을 이용해 예제 데이터를 먼저 넣자.

```
insert into `comment` (`comment_no`, `user_id`, `comment_content`,
       `reg_date`) values('2','manager','test','2012-06-13 09:22:39');
insert into `comment` (`comment_no`, `user_id`, `comment_content`,
       `reg_date`) values('3','user2','댓글3','2012-04-13 15:04:35');
insert into `comment` (`comment_no`, `user_id`, `comment_content`,
       `reg_date`) values('4','user2','댓글4','2012-04-13 15:04:37');
insert into `comment` (`comment_no`, `user_id`, `comment_content`,
       `reg_date`) values('5','user3','댓글5','2012-04-13 15:04:41');
```

### 3.3.1 데이터를 조회하는 전통적인 JDBC 코드

데이터를 조회하는 JDBC 코드를 가장 먼저 보자. JDBC 코드를 먼저 보고 나서 이 코드를 순서대로 마이바티스 코드로 변환할 것이다.

코드 3.6 데이터를 조회하는 JDBC 코드

```java
public Comment selectCommentByPrimaryKey(Long commentNo) {
    Connection conn = null;
    PreparedStatement stmt = null;
❶   ResultSet rs = null;

    try {
        conn = this.getConnection();

        StringBuilder sql = new StringBuilder("");
        sql.append("SELECT comment_no, user_id, comment_content, reg_date ");
❷       sql.append("FROM COMMENT ");
        sql.append("WHERE comment_no = ?");
        stmt = conn.prepareStatement(sql.toString());

        stmt.setLong(1, commentNo);
❸       rs = stmt.executeQuery();

        if (rs.next()) {
            Comment comment = new Comment();
❹           comment.setCommentNo(rs.getLong("comment_no"));
```

```
                comment.setUserId(rs.getString("user_id"));
                comment.setCommentContent(rs.getString("comment_content"));
❹               comment.setRegDate(rs.getDate("reg_date"));

                return comment;
            }
        } catch (Exception e) {
            e.printStackTrace();
        } finally {
            try {
                rs.close();
            } catch (SQLException e) {
            }
            try {
❺               stmt.close();
            } catch (SQLException e) {
            }
            try {
                conn.close();
            } catch (SQLException e) {
            }
        }
        return null;
    }
```

코드 3.6은 데이터를 조회하는 JDBC 코드다. 조금 길어 보이기는 하지만 일반적인 조회용 JDBC 코드의 형태를 그대로 갖고 있다. 코드에 표기한 각 항목별로 살펴보면서 코드의 의미를 확인해보자.

### ❶ 데이터베이스 연결 생성

코드 2.1에서 살펴본 `getConnection` 메소드를 사용해 데이터베이스 연결을 생성한다. 연결을 생성하기 전에 데이터베이스 자원을 처리하는 각종 객체에 대한 변수를 선언해준다. 이런 객체는 대개 3가지 정도인데 그 중에서 Connection 객체는 데이터베이스 연결을 갖는 객체다. 그리고 `PreparedStatment` 객체는 SQL 구문의 정보를 갖는 객체이며, 마지막으로 `ResultSet` 객체는 조회 결과를 갖는 객체다. ResultSet 객체가 데이터를 조회할 때만 필요할 뿐 나머지 2개의 객체는 항상 필요하다. 이러한 변수들은 try 구문이 시작되기 전에 선언해야 한다. 데이터베이스 자원 객체는 데이터베이스 연동 작업 후 반드시 해제를 해줘야 한다. 해제하는 코드는 finally 구문 안에서 처리해야 하고, finally 구문에서 해당 변수에 접근하기 위해서는 try 구문이 시작되기 전에 선언해야 하기 때문이다. 마이바티스 코드로 변환할 경우 마이바티스 객체인 SqlSession 객체를 생성하는 것으로 대체된다.

### ❷ SQL을 준비하고 PreparedStatement 객체 생성

데이터를 조회하는 SQL을 생성한다. SQL이 한 줄을 넘어갈 정도로 길기 때문에 StringBuilder 객체를 생성해 append 메소드를 호출하는 형태로 처리한다. 유일한 조회 조건인 댓글 번호는 파라미터를 동적으로 받아야 하기 때문에 ?로 처리했다. 이후 과정을 진행하기 위해 데이터베이스 연결 객체에서 PreparedStatement 객체를 생성한다. 이 작업은 마이바티스 매핑 구문을 정의하는 것으로 대체된다. 매핑 구문에 대해서는 이어서 바로 살펴볼 것이다.

### ❸ PreparedStatement 객체에 파라미터 설정 후 실행

❷ 과정에서 생성한 PreparedStatement 객체에 파라미터를 설정하고 실행한다. 실행 후 반환되는 ResultSet 객체가 조회 결과를 갖게 된다. 이 작업은 마이바티스에서 select로 시작하는 메소드인 select, selectOne, selectList, selectMap 등을 호출하는 것으로 대체된다.

### ❹ 조회 결과를 객체에 설정

조회 결과를 갖고 있는 ResultSet 객체에서 값을 가져와 자바 모델 클래스에 설정한다. 이 작업은 마이바티스에서 매핑 구문과 마이바티스 API를 사용하는 것으로 대체된다.

### ❺ 데이터베이스 자원 해제

데이터베이스 자원 객체인 ResultSet, PreparedStatement, Connection 객체에 대한 자원 해제를 진행한다. 이 작업은 마이바티스에서 SqlSession 객체의 close 메소드를 호출하는 것으로 대체된다.

## 3.3.2 데이터를 조회하는 매핑 구문으로 분리

마이바티스 코드로 변환하기 위해서는 먼저 SQL을 별도 XML에 분리하는 작업을 진행해야 한다. 마이바티스는 사용할 SQL을 JDBC 코드처럼 자바 코드에 선언하지 않고 별도 XML(CommentMapper.xml)이나 애노테이션에 선언한다. 이렇게 별도 XML이나 애노테이션에서 선언한 SQL을 마이바티스에서는 매핑 구문이라고 부르고, 매핑 구문을 XML에 선언할 경우에는 이 XML 파일을 매퍼 XML이라고 부른다. 여기서는 아이바티스에서 부터 제공하던 XML 방식 위주로 설명한다.

이클립스를 사용해서 XML 파일을 먼저 만든다.

이클립스에서 XML 파일을 생성하려면 Ctrl 키와 알파벳 N 키를 동시에 누르거나 메뉴에서 File ▶ New를 선택해서 파일을 생성하는 마법사가 실행한다. 마법사 창의 하단 부분에 있는 카테고리에서 XML을 선택해도 되지만 Wizard 문구 하단의 입력 창에서 XML을 입력하면 그림 3.4처럼 XML에 관련된 타입들만 보여준다.

그림 3.4  이클립스 파일 추가 마법사

XML 파일을 추가하려면 XML ▶ XML File을 선택하고 Next를 클릭한다.

매퍼 XML 파일은 그림 3.5처럼 프로젝트에서 src 디렉터리 아래 생성한다.

그림 3.5 매퍼 XML 파일 생성

나중에 다시 설명하겠지만 이 매퍼 XML의 네임스페이스는 ldg.mybatis. repository.mapper로 정할 것이기 때문에 src 디렉터리 아래 ldg/mybatis/ repository/mapper 디렉터리를 추가로 만들고, XML 파일을 CommentMapper.xml 로 이름을 지정한 후 생성한다.

코드 3.7 데이터를 조회하는 selectCommentByPrimaryKey 매핑 구문

```xml
<?xml version="1.0" encoding="UTF-8"?>
<!DOCTYPE mapper PUBLIC "-//mybatis.org//DTD Mapper 3.0//EN"
    "http://mybatis.org/dtd/mybatis-3-mapper.dtd">

<mapper namespace="ldg.mybatis.repository.mapper.CommentMapper">

    <select id="selectCommentByPrimaryKey" parameterType="long"
        resultType="ldg.mybatis.model.Comment">
        SELECT
            comment_no AS commentNo,
            user_id AS userId,
```

❶ (DOCTYPE 부분)
❷ (mapper namespace 부분)
❸ (select 부분)

```
❸            comment_content AS commentContent,
             reg_date AS regDate
        FROM COMMENT
        WHERE comment_no = #{commentNo}
    </select>
</mapper>
```

이클립스에서 XML 파일을 생성하고 코드 3.6의 SQL을 그대로 가져온 후 코드 3.7처럼 붙인다. 코드 3.6의 SQL을 붙이기는 했지만 댓글 번호의 조회 조건이나 SQL을 감싸는 XML 엘리먼트는 마이바티스가 제시하는 방법으로 약간의 변형을 가한 것이다. 마이바티스는 이 XML 파일을 매퍼 XML이라고 부른다. 그리고 코드 3.6에서 가져온 SQL을 붙여 XML 엘리먼트로 감싼 것을 매핑 구문이라고 부른다. 매퍼 XML은 XML 문서의 선언부와 함께 매퍼의 네임스페이스와 매핑 구문으로 구성한다. 코드에 표기된 각 항목별로 살펴보자.

### ❶ XML과 DOCTYPE 선언

가장 첫 번째 줄은 이 문서가 XML임을 나타낸다. 두 번째 줄부터 이 XML 문서가 사용하는 엘리먼트와 엘리먼트 간의 구조를 정의하는 DTD 선언이다. 최근에는 XML 문서의 구조를 정의하기 위해 XML 스키마를 주로 사용하는 분위기지만, 마이바티스는 아이바티스 때부터 DTD 선언을 사용했다. 사용 가능한 엘리먼트와 엘리먼트마다 설정 가능한 속성 값은 DTD 파일을 봐도 쉽게 파악할 수 있다.

### ❷ 매퍼 네임스페이스

매퍼의 네임스페이스는 매핑 구문들의 그룹 정도로 이해하면 된다. 여러 개의 매퍼에서 매핑 구문 아이디가 겹치더라도 마이바티스에서는 네임스페이스와 함께 매핑 구문 아이디를 사용하기 때문에 아이디가 겹치지 않게 잘 분류할 수 있다. 네임스페이스와 매핑 구문 아이디를 합친 문자열이 중복되면 에러가 발생하므로 네임스페이스와 매핑 구문의 아이디를 정할 때 적절한 명명 규칙을 정해서 처리하는 것이 좋다. 대개는 테이블명으로 네임스페이스를 정하고 매핑 구문 아이디는 SQL의 맥락에 따라 명명한다. 아이바티스에서는 네임스페이스 사용이 선택이었지만 마이바티스는 반드시 사용해야 한다.

### ❸ 매핑 구문

매핑 구문은 JDBC 코드에서 가져온 SQL과 몇 가지 XML 속성으로 구성한다. XML 속성은 마이바티스 코드에서 이 SQL을 사용하기 위한 `id`와 파라미터 타입(`parameterType` 속성)과 결과 데이터 타입(`resultType` 속성) 정도가 있다. `id` 속성은 반드시 사용해야 한다. SQL을 자바 코드에서 그대로 사용하는 것이 아니라 별도 파일에 선언하기 때문에 자바 코드에서는 SQL을 선택할 때 연결고리가 필요하다. `id` 속성 값은 자바 코드에서 SQL을 선택할 때의 연결고리 역할을 담당한다.

`parameterType` 속성에는 조회 조건에서 사용할 값을 가진 파라미터의 타입을 지정해주면 된다. 파라미터는 대개 자바빈을 사용하거나 **Map**을 많이 사용한다. 자바빈을 사용하면 해당 클래스를 지정해주면 되고 **Map**일 때는 `map`을 적어주면 된다.

`resultType` 속성은 결과 데이터의 타입을 지정해주면 된다. `parameterType` 속성처럼 자바빈이나 **Map** 등을 주로 사용한다.

파라미터나 결과 데이터의 타입이 자바의 원시 타입이면 파라미터 타입이나 결과 타입 정의를 생략해도 잘 동작한다. 코드 3.7에서 `id` 속성은 `selectCommentByPrimaryKey`로 지정했다. 파라미터 타입은 자바의 Long 타입을 사용했고, 결과 데이터 타입은 댓글 객체 타입을 사용했다. 그리고 select 문을 사용하기 때문에 `select` 엘리먼트를 사용한다. 이어서 보겠지만 SQL의 종류에 따라 매핑 구문은 `select/insert/update/delete` 엘리먼트를 적절히 선택해서 사용한다.

## 3.3.3 매핑 구문을 사용하는 마이바티스 코드 생성

방금 자바 코드에서 SQL을 XML로 분리했다. SQL을 분리했으니 이제는 자바 코드에서 SQL이 담긴 매핑 구문을 사용해야 할 차례다. 이어서 XML에 분리한 SQL을 사용하는 마이바티스 코드(CommentSessionRepository.java)를 살펴보자. 1장에서 JDBC 코드와 비교하면서 매핑 구문의 아이디를 사용하는 예제를 한 번 봤으니 완전혀 생소하지는 않을 것으로 보인다.

그림 3.6 자바 클래스 생성

마이바티스 API를 사용해 마이바티스 코드를 만들려면 먼저 자바 클래스를 생성해야 한다. 이클립스에서 자바 클래스 파일을 생성하기 위해서는 **Ctrl** 키와 알파벳 **N** 키를 동시에 누르거나 메뉴에서 File ▶ New를 선택해서 파일을 생성하는 마법사를 실행한다. 그림 3.4에서 본 것과 같은 방법으로 마법사에서 Java ▶ Class를 선택하고 Next를 클릭하면 그림 3.6처럼 자바 클래스 파일 생성 화면이 나온다. 소스 디렉터리는 src로 지정하고 패키지는 ldg.mybatis.repository.session으로 지정한다. 그리고 클래스명은 `CommentSessionRepository`로 지정한 후 Finish 버튼을 클릭하면 간단한 형태의 자바 클래스 파일이 생성된다.

코드 3.8 데이터를 조회하는 마이바티스 코드

```
public Comment selectCommentByPrimaryKey(Long commentNo) {
❶   SqlSession sqlSession = getSqlSessionFactory().openSession();
    try {
        String statement =
❷           "ldg.mybatis.repository.mapper.CommentMapper.
            selectCommentByPrimaryKey";
        return (Comment)sqlSession.selectOne(statement, commentNo);
    } finally {
❸       sqlSession.close();
    }
}
```

자바 클래스를 생성하고 나서는 코드 3.8의 내용을 그대로 넣으면 된다. 코드 3.8은 코드 3.7의 매핑 구문을 사용하는 마이바티스 코드다. 데이터를 조회하는 코드지만 입력이나 수정 및 삭제의 코드와 별반 다르지 않다. 코드에 표기된 각 항목별로 살펴보자.

### ❶ 마이바티스 객체 생성

SqlSessionFactory 객체가 없다면 만들고, 있다면 기존 객체를 사용한다. 여기서 사용하는 getSqlSessionFactory 메소드는 코드 2.4에서 살펴봤으며, SqlSessionFactory 객체는 마이바티스 설정을 갖는 기본적이면서 가장 중요한 객체다. SqlSessionFactory 객체에서 SqlSession 객체를 생성한다. 마이바티스의 매핑 구문을 호출해서 사용하려면 SqlSession 객체가 필요하며, 각 데이터베이스 작업별로 SqlSession 객체를 사용하면 된다. 이 작업은 JDBC 코드에서 데이터베이스 연결 객체를 생성하는 것과 동일하다.

### ❷ 데이터 조회

데이터를 조회하기 위해 마이바티스 API를 사용한다. 첫 번째 파라미터로 사용한 dg.mybatis.repository.mapper.CommentMapper.selectCommentByPrimaryKey는 매핑 구문을 나타내는 것으로 ldg.mybatis.repository.mapper.CommentMapper 네임스페이스에 있는 selectCommentByPrimaryKey 매핑 구

문을 사용한다는 뜻이다. 즉, `selectOne` 메소드에 첫 번째 파라미터로 매핑 구문을 지정하면 해당되는 SQL을 실행하게 마이바티스가 처리한다. 이렇게 매핑 구문을 실행한다는 것은 세부적으로 보면 SQL의 조회 조건에 파라미터를 설정한 뒤 SQL을 실행하고, 실행 후 조회 결과를 결과 객체에 설정하는 일련의 작업을 처리한다는 뜻이다. 이 작업은 JDBC 코드에서 `executeQuery` 메소드를 호출하는 것과 `ResultSet` 객체에서 데이터를 모델 객체에 설정하는 과정을 모두 처리하는 것과 동일하다.

### ❸ 데이터베이스 자원 해제

`finally`절을 사용해 ❶ 과정에서 생성한 `SqlSession` 객체에 대해 `close` 메소드를 호출한다. 이 `close` 메소드는 데이터베이스 자원 객체를 해제하게 한다. 이 작업은 JDBC 코드에서 `ResultSet`, `PreparedStatement`, `Connection` 객체의 `close` 메소드를 호출해서 자원을 해제하는 것과 동일하다.

CRUD 작업 중 어떤 것을 처리하느냐에 상관없이 마이바티스 객체를 생성하는 과정(❶ 과정)과 데이터베이스 자원을 해제하는 과정(❸ 과정)은 동일하고, 데이터를 조회하거나 입력, 수정, 삭제하는 과정(❷ 과정)만이 달라질 뿐이다.

마이바티스를 통해 매핑 구문을 사용하고 자바 객체에 값을 자동으로 설정하는 기능을 사용하면 애플리케이션에 대한 요구 사항이 변경될 때 JDBC에 비해 수정이 적다. 실무에서 `select` 쿼리를 사용해 데이터를 조회할 때 한 개의 테이블을 대상으로 작업을 진행한다면 조회 조건에 대한 변경이나 대상 칼럼의 변경이 대부분이다. 조회 조건이 추가된다고 생각해볼까? 조회 조건이 현재는 한 개지만 한 개 더 추가된다고 할 때 변경 사항은 매핑 구문의 파라미터 타입(`parameterType` 속성)을 현재 원시 타입에서 자바빈이나 Map 객체로 변경하는 것이다. 그리고 파라미터 표기법을 적절히 사용해서 SQL의 조회 조건만 추가로 명시해주면 된다. JDBC로 작성한다면 SQL을 변경하는 것은 동일하지만 추가로 조회 조건에 값을 설정해야 한다. 대상 칼럼이 4개지만 3개로 줄이려고 한다면 마이바티스에서는 매핑 구문의 SQL에서 칼럼 하나만 지워주면 된다. JDBC로 작성한다면 역시 SQL을 변경하는 것은 동일하지만 조회 결과에서 값을 가져와 자바 객체에 설정하는 코드를 지워야 한다.

매핑 구문과 파라미터 표기법을 적절히 사용한 덕에 쿼리에 대한 변경은 매핑 구문의 SQL에 대한 변경만으로 끝나는 경우가 대부분이다. JDBC 코드를 사용할 때처럼 자바 코드에 대한 수정은 대부분 필요하지 않다. 사실 이렇게 칼럼 하나 지우고 조회 조건 하나 추가하는 식으로 간단하게 설명하고 있지만, 실무에서는 여러 개를 변경하기도 하고 그 빈도 또한 잦은 경우가 많다. 변경 사항을 적용하기 위해 수정 내용이 그만큼 더 적어진다는 것은 꽤나 크게 느껴지기 마련이다.

### 3.3.4 마이바티스 코드를 사용한 데이터 조회

지금까지 데이터를 조회하는 JDBC 코드를 마이바티스 코드로 변환하기 위해 몇 가지 과정을 살펴봤다. 먼저 데이터베이스 연결을 위해 설정 파일과 마이바티스 객체를 만들었다. 그리고 데이터를 조회하기 위해 SQL을 XML에 분리했고 마이바티스 API를 사용해서 분리했던 SQL을 실행하게 처리했다.

이제 마이바티스를 사용해 데이터베이스에서 데이터를 가져오기 위한 모든 준비가 끝났다. 데이터를 조회하기 위해 지금까지 본 설정과 매핑 구문, 그리고 마이바티스 코드를 사용해 애플리케이션을 실행해보자.

코드 3.9 데이터 조회를 확인하는 실행 코드

```
public class CommentSessionRepositoryTest {
    public static void main(String[] args) {
        Long commentNo = 1L;
        CommentSessionRepository commentSessionRepository =
                new CommentSessionRepository();
        Comment comment =
                commentSessionRepository.
                selectCommentByPrimaryKey(commentNo);
    }
}
```

코드 3.9는 main 메소드를 사용하는 실행 코드다. CommentSessionRepository 객체를 생성할 때 마이바티스 설정 파일을 로드해서 객체를 생성하기 때문에 CommentSessionRepository 객체를 생성해서 메소드를 호출하는 것 외에 별도로 신경을 써야 할 부분은 없다.

코드 3.9의 실행 코드를 직접 실행하기 위해서는 실행 코드가 담긴 클래스 파일에서 마우스를 오른쪽 클릭해보자. 그림 3.7처럼 마우스 오른쪽 클릭 후 나오는 메뉴에서 하단 부분을 살펴보면 Run As를 찾을 수 있다. 여기서 하위 메뉴를 보면 Java Application을 볼 수 있는데, 이 메뉴를 클릭하면 자바 코드가 실행된다.

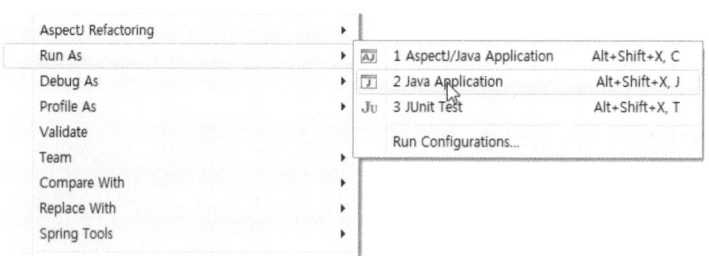

그림 3.7 실행 코드 실행하기

## 3.3.5 데이터를 조회하는 마이바티스 실행 결과 로그

애플리케이션 실행 로그를 보면 내부에서 어떻게 작동을 하는지 쉽게 파악이 가능하다. 정상적인 경우에 출력되는 로그를 봐두는 편이 좋다. 개발 중에 에러가 발생하면 그 에러를 에러로 받아들여야 하는지, 아니면 정보성 로그를 받아들여야 하는지는 그동안 애플리케이션 실행 로그에 얼마나 관심을 가졌는지에 따라 또 다르기 때문이다.

코드 3.10 데이터를 조회할 때 출력되는 마이바티스 로그

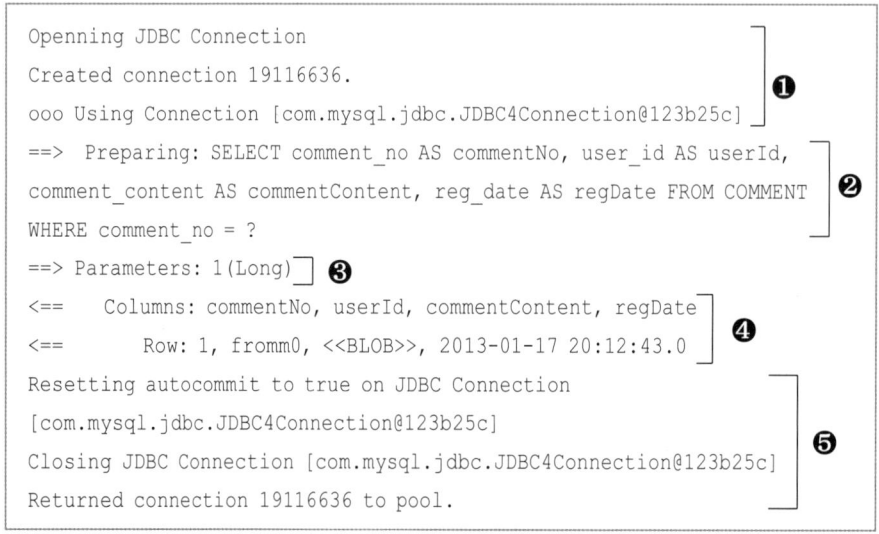

코드 3.10은 데이터를 조회할 때 볼 수 있는 형태의 로그다. 로그에 표기한 각 항목별로 살펴보자.

### ❶ 데이터베이스 연결 생성

데이터베이스에 연결하고 데이터베이스 연결 객체를 생성한다. 연결 뒤에 나오는 숫자는 연결을 생성할 때마다 바뀐다.

### ❷ PreparedStatement 객체 생성

JDBC의 `PreparedStatement` 객체를 생성한다.

### ❸ PreparedStatement 객체에 파라미터 설정

조회 조건에 파라미터를 설정한다.

### ❹ 결과 추출과 자바 객체에 설정

SQL 실행 후 결과 데이터를 가져와서 자바 객체에 설정한다.

### ❺ 데이터베이스 자원 해제

트랜잭션을 처리하고 데이터베이스 자원을 해제한다.

그림 3.8을 보면 현재 데이터에는 댓글 번호가 2부터 5까지 4개의 데이터가 있다.

| | comment_no | user_id | comment_content | | reg_date |
|---|---|---|---|---|---|
| ☐ | 2 | manager | test | 4B | 2012-06-13 09:22:39 |
| ☐ | 3 | user2 | 댓글3 | 7B | 2012-04-13 15:04:35 |
| ☐ | 4 | user2 | 댓글4 | 7B | 2012-04-13 15:04:37 |
| ☐ | 5 | user3 | 댓글5 | 7B | 2012-04-13 15:04:41 |
| * | (NULL) | (NULL) | (NULL) | 0K | (NULL) |

그림 3.8 데이터 조회 결과

이해를 돕기 위해 JDBC 코드에서 마이바티스 코드로 변환하는 과정을 거쳤다. 코드 3.10의 실행 로그를 보면 알 수 있는 것이 마이바티스 코드가 내부에서는 처음에 기준으로 잡았던 JDBC 코드로 다시 변환해 애플리케이션을 실행한다는 점이다.

세세한 코드는 다를 수도 있겠지만, 지금까지 본 마이바티스 설정 파일이나 객체를 생성하는 코드, 그리고 매핑 구문들은 결국에는 코드 3.6의 JDBC 코드를 실행한 것처럼 처리한다. 방금 데이터를 조회하는 예제 한 개를 살펴봤다. 데이터를 입력하는 예제를 이어서 살펴보자. 데이터를 조회하는 코드를 이해했다면 이후 예제들은 코드만 보더라도 대부분 이해될 것이다.

## 3.4 데이터 입력

데이터를 입력하는 JDBC 코드를 마이바티스 코드로 바꿔보자.

### 3.4.1 데이터를 입력하는 전통적인 JDBC 코드

일반적으로 데이터를 입력한 전통적인 JDBC 코드의 예로 코드 3.11을 살펴보자.

코드 3.11 데이터를 입력하는 JDBC 코드

```java
public Integer insertComment(Comment comment) {
    Connection conn = null;
    PreparedStatement stmt = null;

    try {
        conn = this.getConnection();

        StringBuilder sql = new StringBuilder("");
        sql.append("INSERT INTO COMMENT(comment_no, user_id, "
            comment_content, reg_date) ");
        sql.append("VALUES (?, ?, ?, ?) ");
        stmt = conn.prepareStatement(sql.toString());
        stmt.setLong(1, comment.getCommentNo());
        stmt.setString(2, comment.getUserId());
        stmt.setString(3, comment.getCommentContent());
        stmt.setDate(4, new
            java.sql.Date(comment.getRegDate().getTime()));
        return stmt.executeUpdate();
    } catch (Exception e) {
        e.printStackTrace();
```

❶ ❷ ❸

```
        } finally {
            try {
                stmt.close();
            } catch (SQLException e) {
❹           }
            try {
                conn.close();
            } catch (SQLException e) {
            }
        }
        return null;
    }
```

코드 3.11은 데이터를 입력하는 JDBC 코드다. 코드에 표기한 각 항목별로 살펴보면서 코드의 의미를 확인해보자.

## ❶ 데이터베이스 연결 생성

코드 2.1에서 살펴본 `getConnection` 메소드를 사용해 데이터베이스 연결을 생성한다. 그 외에도 JDBC를 사용할 때 필요한 각종 객체에 대한 변수를 선언한다. 데이터베이스 자원 객체를 `finally`절에서 해제하기 위해 변수를 `try` 구문 앞에 선언한다. 마이바티스 코드로 변환할 경우 마이바티스 객체인 `SqlSession` 객체를 생성하는 것으로 대체된다.

## ❷ SQL을 준비하고 PreparedStatement 객체 생성

데이터를 입력하는 SQL을 생성한다. 그리고 데이터베이스 연결 객체에서 `PreparedStatement` 객체를 생성한다. 이 작업은 마이바티스에서 매핑 구문을 정의하는 것으로 대체된다.

## ❸ PreparedStatement 객체에 파라미터 설정 후 실행

`PreparedStatement` 객체에 파라미터를 설정하고 실행한다. JDBC에서 데이터를 입력하기 위해 사용하는 `executeUpdate` 메소드는 반영된 데이터 개수를 반환하게 돼 있다. 데이터를 입력하는 작업은 성공하면 한 개의 데이터가 들어

가고, 실패하면 데이터가 들어가지 않는다. 즉, 입력이 성공하면 1을 반환하고 실패하면 0을 반환한다. 이 작업은 마이바티스에서 `insert` 메소드를 호출하는 것으로 대체된다.

**❹ 데이터베이스 자원 해제**

JDBC API의 데이터베이스 자원에 관련된 객체인 `PreparedStatement`, `Connection` 객체에 대한 자원 해제를 진행한다. 이 작업은 마이바티스에서 `sqlSession` 객체에 대해 `close` 메소드를 호출하는 것으로 대체된다.

## 3.4.2 데이터를 입력하는 매핑 구문으로 분리

마이바티스를 사용하려면 데이터를 입력하는 JDBC 코드에서 먼저 SQL을 분리하고 코드 3.12와 같은 마이바티스 매핑 구문을 만든다.

코드 3.12 데이터를 입력하는 insertComment 매핑 구문

```xml
<mapper namespace="ldg.mybatis.repository.mapper.CommentMapper">
    <insert id="insertComment" parameterType="ldg.mybatis.model.Comment">
        INSERT INTO COMMENT(comment_no, user_id, comment_content,
            reg_date)
        VALUES (#{commentNo}, #{userId}, #{commentContent}, #{regDate})
    </insert>
</mapper>
```

코드 3.12는 데이터를 입력하는 SQL을 가진 매핑 구문이다. 그림 3.5에서 추가한 CommentMapper.xml 매퍼 XML에 내용만 추가하면 된다. JDBC 코드에서 SQL을 그대로 가져와 매핑 구문의 파라미터 표기법을 적용했다. 그리고 자바 코드에서 이 매핑 구문을 사용할 수 있게 `id` 속성을 지정했고, 이 매핑 구문에서 사용할 파라미터가 원시 타입이 아닌 자바 객체 타입이기 때문에 `parameterType` 속성도 지정했다. 데이터를 조회하는 매핑 구문과는 달리 `resultType` 속성이 없는데, `resultType` 속성을 지정하지 않은 이유는 `PreparedStatement` 객체가 제공하는 `executeUpdate` 메소드의 반환 값이 입력한 데이터 레코드 수이기 때문이다. 실행 결과로 레코드 수를 반환한다는 것은 타입이 `int`라는 의미이기 때문에 별도로 결과

타입(resultType 속성)을 지정하지 않아도 마이바티스 내부에서 알아서 처리한다. 마치 `resultType="int"`로 설정한 것과 동일하다. `insert` SQL을 사용하기 때문에 `insert` 엘리먼트를 사용한다.

## 3.4.3 매핑 구문을 사용하는 마이바티스 코드 생성

매핑 구문을 통해 JDBC 코드에서 SQL을 분리했으니 SQL을 실행하고 데이터베이스 관련 자원을 해제하는 일만 남았다. 이 두 가지 역할은 자바 코드로 처리한다. 코드 3.13은 이 두 가지 역할을 처리하는 마이바티스 코드다. 매핑 구문에 정의된 SQL을 실행하기 위해 `SqlSession` 객체의 `insert` 메소드를 사용했다. 그리고 데이터베이스 자원을 해제하기 위해 `SqlSession` 객체의 `close` 메소드를 사용했다.

코드 3.13 데이터를 입력하는 마이바티스 코드

```
public Integer insertComment(Comment comment) {
❶   SqlSession sqlSession = getSqlSessionFactory().openSession();
    try {
        String statement =
❷              "ldg.mybatis.repository.mapper.CommentMapper.insertComment";
        int result = sqlSession.insert(statement, comment);
        if (result > 0) {
❸          sqlSession.commit();
        }
        return result;
    } finally {
❹       sqlSession.close();
    }
}
```

코드 3.13은 코드 3.12의 매핑 구문을 사용하는 마이바티스 코드다. 그림 3.6에서 추가한 자바 클래스에 메소드만 추가하면 된다. 입력, 수정, 삭제처럼 데이터를 변경하는 작업은 트랜잭션이 필요하다. 따라서 트랜잭션이 필요한 처리에는 대부분 비슷한 형식과 절차를 거친다. 코드에 표기된 항목별로 살펴보자.

❶ 마이바티스 객체 생성

SqlSessionFactory 객체가 없다면 만들고, 있다면 기존 객체를 사용한다. 여기서 사용하는 getSqlSessionFactory 메소드는 코드 2.4에서 살펴봤으며 SqlSessionFactory 객체는 마이바티스 설정을 갖는 기본적이면서 가장 중요한 객체다. SqlSessionFactory 객체에서 SqlSession 객체를 생성한다. 마이바티스의 매핑 구문을 호출해서 사용하려면 SqlSession 객체가 필요하며, 각 데이터베이스 작업별로 SqlSession 객체를 사용하면 된다. 이 작업은 JDBC 코드에서 데이터베이스 연결 객체를 생성하는 것과 동일하다.

❷ 데이터 입력

마이바티스 API를 사용해 데이터를 입력한다. 첫 번째 파라미터로 사용한 ldg.mybatis.repository.mapper.CommentMapper.insertComment는 매핑 구문을 나타내는 것으로 ldg.mybatis.repository.mapper.CommentMapper 네임스페이스에 있는 insertComment 매핑 구문을 사용한다는 뜻이다. 즉, insert 메소드의 첫 번째 파라미터로 매핑 구문을 지정하면 해당되는 SQL을 실행하게 내부적으로 처리한다. 이렇게 매핑 구문을 실행한다는 것은 세부적으로 보면 SQL의 입력 값을 설정한 뒤 SQL을 실행하고, 실행 후 반영된 데이터 수를 반환하는 일련의 작업을 처리한다는 뜻이다. 이 작업은 JDBC 코드에서 executeUpdate 메소드를 호출하는 것과 동일하다.

❸ 트랜잭션 커밋

트랜잭션을 커밋하기 위해 SqlSession 객체의 commit 메소드를 호출한다. 단지 트랜잭션을 커밋하는 것은 입력된 데이터가 있을 경우에만 의미가 있기 때문에 insert 메소드의 반환 값이 0보다 클 때만 처리하도록 한다.

❹ 데이터베이스 자원 해제

finally절을 사용해 앞서 생성한 SqlSession 객체에 대해 close 메소드를 호출한다. 이 close 메소드는 데이터베이스의 각종 자원을 해제하게 한다. 이 작업은 JDBC 코드에서 PreparedStatement, Connection 객체의 close 메소드를 호출해 자원을 해제하는 것과 동일하다.

데이터를 조회하던 것과 비교해 보면 ❸의 트랜잭션 커밋 과정이 추가된 것을 알 수 있다. 트랜잭션을 제어하는 부분을 제외하면 마이바티스 코드는 CRUD 종류에 상관없이 대부분 유사하다. 지금까지 데이터를 입력하는 JDBC 코드를 마이바티스 코드로 변환하기 위해 몇가지 일련의 과정을 살펴봤다. 먼저 데이터베이스 연결을 위해 설정 파일과 마이바티스 객체를 만들었다. 그리고 데이터를 입력하기 위해 SQL을 XML에 분리했고, 마이바티스 API를 사용해 분리했던 SQL을 실행하게 처리했다.

### 3.4.4 마이바티스 코드를 사용해 데이터를 입력

이제 마이바티스를 사용해 데이터베이스에서 데이터를 입력하기 위한 모든 준비가 끝났다. 지금까지 살펴본 설정과 매핑 구문, 그리고 마이바티스 코드를 사용해 애플리케이션을 실행해보자.

코드 3.14 데이터 입력을 확인하는 실행 코드

```java
public class CommentSessionRepositoryTest {
    public static void main(String[] args) {
        Long commentNo = 1L;
        String userId = "fromm0";
        Date regDate = Calendar.getInstance().getTime();
        String commentContent = "test";
        CommentSessionRepository commentSessionRepository = new
                CommentSessionRepository();

        Comment comment = new Comment();
        comment.setCommentNo(commentNo);
        comment.setUserId(userId);
        comment.setCommentContent(commentContent);
        comment.setRegDate(regDate);

        // 지우고
        commentSessionRepository.deleteComment(commentNo);

        // 입력한다.
        Integer result =
                commentSessionRepository.insertComment(comment);
```

```
        }
    }
```

코드 3.14는 입력 기능을 확인하는 실행 코드다. 정상적으로 입력된 것으로 확인하기 위해서 반환 값이 입력한 데이터 개수인 1과 같은지 비교해보면 된다.

### 3.4.5 데이터를 입력하는 마이바티스 실행 결과 로그

코드 3.15  데이터를 입력할 때 출력되는 마이바티스 로그

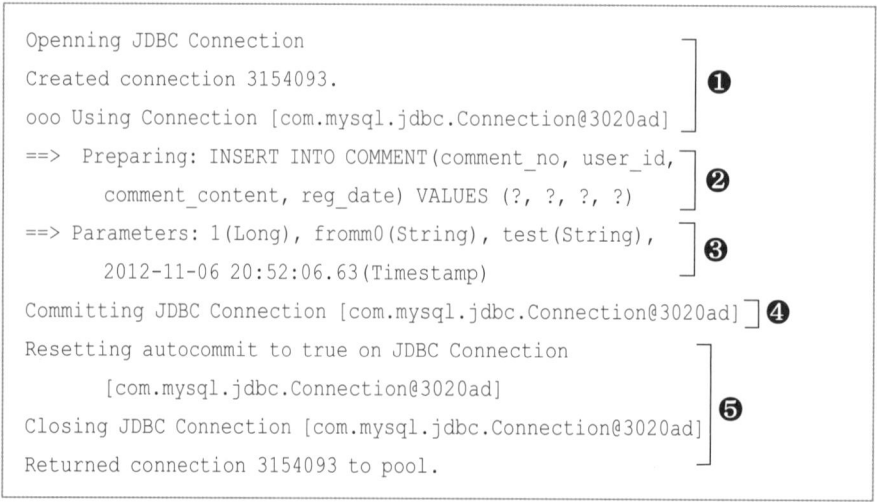

코드 3.15는 데이터를 입력할 때 볼 수 있는 형태의 로그다. 로그에 표기한 각 항목별로 살펴보자.

❶ 데이터베이스 연결 생성

데이터베이스에 연결하고 데이터베이스 연결 객체를 생성한다.

❷ PreparedStatement 객체 생성

JDBC의 `PreparedStatement` 객체를 생성한다.

❸ PreparedStatement 객체에 파라미터 설정 후 실행

파라미터를 설정하고 데이터를 입력한다.

❹ 트랜잭션 커밋

트랜잭션을 커밋한다.

❺ 데이터베이스 자원 해제

트랜잭션을 처리하고 데이터베이스 자원을 해제한다.

| | comment_no | user_id | comment_content | | reg_date |
|---|---|---|---|---|---|
| ☑ | 1 | fromm0 | test | 4B | 2012-11-06 20:52:06 |
| ☐ | 2 | manager | test | 4B | 2012-06-13 09:22:39 |
| ☐ | 3 | user2 | 댓글3 | 7B | 2012-04-13 15:04:35 |
| ☐ | 4 | user2 | 댓글4 | 7B | 2012-04-13 15:04:37 |
| ☐ | 5 | user3 | 댓글5 | 7B | 2012-04-13 15:04:41 |
| * | (NULL) | (NULL) | (NULL) | OK | (NULL) |

그림 3.9  데이터 입력 후 데이터

그림 3.8에서 살펴본 데이터는 댓글 번호가 2부터 5까지 4개의 데이터가 있었지만, 그림 3.9를 보면 방금 데이터를 입력하는 코드를 실행하면서 댓글 번호가 1인 댓글이 추가된 것을 알 수 있다.

데이터를 입력하는 예제까지 살펴봤다. 데이터를 수정하는 예제를 이어서 살펴보자. 데이터를 입력하는 작업에서 트랜잭션을 처리하는 부분이 데이터를 조회하는 작업과 다르지만, 데이터를 수정하거나 삭제하는 작업은 입력하는 작업과 차이가 거의 없다.

## 3.5 데이터 수정

이번에는 데이터를 수정하는 JDBC 코드를 마이바티스 코드로 바꿔보자.

### 3.5.1 데이터를 수정하는 전통적인 JDBC 코드

먼저 데이터를 수정하는 전통적인 JDBC 코드를 살펴보자.

코드 3.16 데이터를 수정하는 JDBC 코드

```
public Integer updateComment(Comment comment) {
   Connection conn = null;
❶  PreparedStatement stmt = null;

   try {
      conn = this.getConnection();

      StringBuilder sql = new StringBuilder("");
      sql.append("UPDATE comment SET ");
❷     sql.append(" comment_content = ? ");
      sql.append("WHERE comment_no = ? ");
      stmt = conn.prepareStatement(sql.toString());
      stmt.setString(1, comment.getCommentContent());
❸     stmt.setLong(2, comment.getCommentNo());
      return stmt.executeUpdate();
   } catch (Exception e) {
      e.printStackTrace();
   } finally {
      try {
         stmt.close();
      } catch (SQLException e) {
      }
❹     try {
         conn.close();
      } catch (SQLException e) {
      }
   }
   return null;
}
```

코드 3.16은 데이터를 수정하는 JDBC 코드다. 코드에 표기한 각 항목별로 살펴보면서 코드의 의미를 확인해보자.

### ❶ 데이터베이스 연결 생성

코드 2.1에서 살펴본 getConnection 메소드를 사용해서 데이터베이스 연결을 생성한다. 그 외에도 JDBC를 사용할 때 필요한 각종 객체에 대한 변수를 선언한다. 데이터베이스 자원 객체를 `finally`절에서 해제하기 위해 변수를 `try` 구문 앞에 선언한다. 마이바티스 코드로 변환할 경우 마이바티스 객체인 `SqlSession` 객체를 생성하는 것으로 대체된다.

❷ SQL을 준비하고 PreparedStatement 객체 생성

데이터를 수정하는 SQL을 생성한다. 그리고 데이터베이스 연결 객체에서 `PreparedStatement` 객체를 생성한다. 이 작업은 마이바티스에서 매핑 구문을 정의하는 것으로 대체된다.

❸ PreparedStatement 객체에 파라미터 설정 후 실행

`PreparedStatement` 객체에 파라미터를 설정하고 실행한다. JDBC에서 데이터를 수정하기 위해 사용하는 `executeUpdate` 메소드는 반영된 데이터 개수를 반환하게 돼 있다. 데이터를 수정하는 작업은 성공하면 한 개 이상의 데이터가 수정되고, 실패하면 수정된 데이터가 없는 셈이다. 즉, 수정이 성공하면 0보다 큰 값을 반환하고 실패하면 0을 반환한다. 이 작업은 마이바티스에서 `update` 메소드를 호출하는 것으로 대체된다.

❹ 데이터베이스 자원 해제

JDBC의 데이터베이스 자원에 관련된 객체인 `PreparedStatement`, `Connection` 객체에 대한 자원 해제를 진행한다. 이 작업은 마이바티스에서 `sqlSession` 객체에 대해 `close` 메소드를 호출하는 것으로 대체된다.

## 3.5.2 데이터를 수정하는 매핑 구문으로 분리

마이바티스를 사용하려면 데이터를 수정하는 JDBC 코드에서 먼저 SQL을 분리하고 마이바티스 매핑 구문을 만든다.

코드 3.17 데이터 수정을 위한 updateComment 매핑 구문

```
<mapper namespace="ldg.mybatis.repository.mapper.CommentMapper">
    <update id="updateComment"
            parameterType="ldg.mybatis.model.Comment">
        UPDATE comment SET
            comment_content = #{commentContent}
        WHERE comment_no = #{commentNo};
    </update>
</mapper>
```

코드 3.17은 데이터를 수정하는 SQL을 가진 매핑 구문이다. 그림 3.5에서 추가한 CommentMapper.xml 매퍼 XML에 내용만 추가하면 된다. 데이터를 입력하는 매핑 구문과 비교해서 SQL과 엘리먼트 명칭만 다를 뿐, 상당히 비슷한 구조를 취한다. 데이터를 수정하는 메소드 호출의 반환 값은 반영된 레코드의 수이기 때문에 입력과 동일하게 resultType 속성이 없다. update SQL을 사용하기 때문에 update 엘리먼트를 사용한다.

### 3.5.3 매핑 구문을 사용하는 마이바티스 코드 생성

매핑 구문을 통해 JDBC 코드에서 SQL을 분리했으니 SQL을 실행하고 데이터베이스 관련 자원을 해제하는 일만 남았다. 이 두 가지 역할은 자바 코드로 처리한다. 코드 3.14는 이 두 가지 역할을 처리하는 마이바티스 코드다. 매핑 구문에 정의된 SQL을 실행하기 위해 SqlSession 객체의 update 메소드를 사용했다. 그리고 데이터베이스 자원을 해제하기 위해 SqlSession 객체의 close 메소드를 사용했다.

코드 3.18 데이터를 수정하는 마이바티스 코드

```
public Integer updateComment(Comment comment) {
❶   SqlSession sqlSession = getSqlSessionFactory().openSession();
    try {
        String statement =
❷           "ldg.mybatis.repository.mapper.CommentMapper.updateComment";
        int result = sqlSession.update(statement, comment);
```

```
        if (result > 0) {
❸           sqlSession.commit();
        }
        return result;
    } finally {
❹       sqlSession.close();
    }
}
```

코드 3.18은 코드 3.17의 매핑 구문을 사용하는 마이바티스 코드다. 그림 3.6에서 추가한 자바 클래스에 메소드만 추가하면 된다. 데이터를 수정하는 작업 역시 트랜잭션이 필요하기 때문에 코드는 데이터를 입력하는 코드와 비슷하다. 코드에 표기된 항목별로 살펴보자.

### ❶ 마이바티스 객체 생성

`SqlSessionFactory` 객체가 없다면 만들고, 있다면 기존 객체를 사용한다. 여기서 사용하는 `getSqlSessionFactory` 메소드는 코드 2.4에서 살펴봤으며, `SqlSessionFactory` 객체는 마이바티스 설정을 가지는 기본적이면서 가장 중요한 객체다. `SqlSessionFactory` 객체에서 `SqlSession` 객체를 생성한다. 마이바티스의 매핑 구문을 호출해서 사용하기 위해서는 `SqlSession` 객체가 필요하며, 각 데이터베이스 작업별로 `SqlSession` 객체를 사용하면 된다. 이 작업은 JDBC 코드에서 데이터베이스 연결 객체를 생성하는 것과 동일하다.

### ❷ 데이터 수정

마이바티스 API를 사용해 데이터를 수정한다. 첫 번째 파라미터로 사용한 `ldg.mybatis.repository.mapper.CommentMapper.updateComment`는 매핑 구문을 나타내는 것으로 `ldg.mybatis.repository.mapper.CommentMapper` 네임스페이스에 있는 `updateComment` 매핑 구문을 사용한다는 뜻이다. 즉, update 메소드의 첫 번째 파라미터로 매핑 구문을 지정하면 해당되는 SQL을 실행하게 내부적으로 처리한다. 이렇게 매핑 구문을 실행한다는 것은 세부적으로 보면 SQL에 파라미터를 설정한 뒤 SQL을 실행하고 실행 후 반영된 데이터

수를 반환하는 일련의 작업을 처리한다는 뜻을 가진다. 이 작업은 JDBC 코드에서 `executeUpdate` 메소드를 호출하는 것과 동일하다.

### ❸ 트랜잭션 커밋

트랜잭션을 커밋하기 위해 `SqlSession` 객체의 `commit` 메소드를 호출한다. 단지 트랜잭션을 커밋하는 것은 수정된 데이터가 있을 경우에만 의미가 있기 때문에 `update` 메소드의 반환 값이 0보다 클 때만 처리하도록 한다.

### ❹ 데이터베이스 자원 해제

`finally`절을 사용해서 앞서 생성한 `SqlSession` 객체에 대해 `close` 메소드를 호출한다. 이 `close` 메소드는 데이터베이스의 각종 자원을 해제하게 한다. 이 작업은 JDBC 코드에서 `PreparedStatement`, `Connection` 객체의 `close` 메소드를 호출해서 자원을 해제하는 것과 동일하다.

## 3.5.4 마이바티스 코드를 사용해 데이터 수정

코드 3.19 데이터 수정을 확인하는 실행 코드

```java
public class CommentSessionRepositoryTest {
    public static void main(String[] args) {
        Long commentNo = 1L;
        String commentContent = "수정 test";
        CommentSessionRepository commentSessionRepository = new
                CommentSessionRepository();

        Comment comment = new Comment();
        comment.setCommentNo(commentNo);
        comment.setCommentContent(commentContent);
        Integer result =
                commentSessionRepository.updateComment(comment);
    }
}
```

코드 3.19는 데이터 수정 기능을 확인하는 실행 코드다. 데이터 수정이 정상적으로 이뤄진 것을 확인하기 위해서는 반환 값이 0보다 큰지 비교해보면 된다.

## 3.5.5 데이터를 수정하는 마이바티스 실행 결과 로그

코드 3.20  데이터를 입력할 때 출력되는 마이바티스 로그

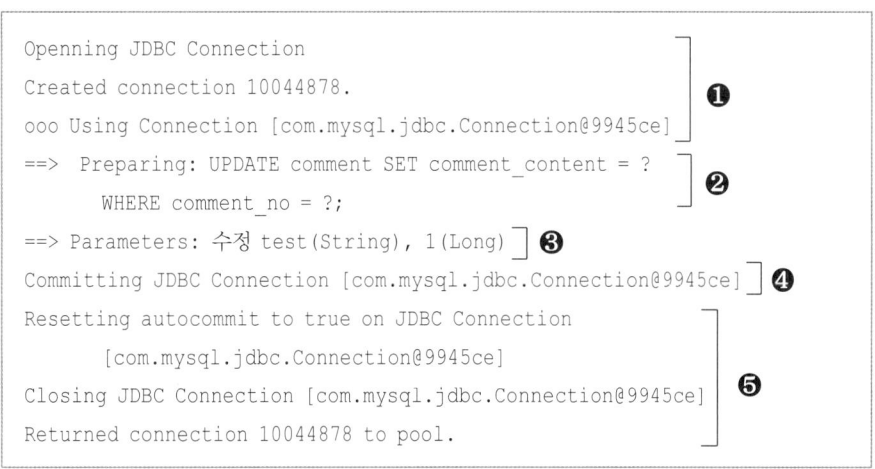

코드 3.20은 데이터를 수정할 때 볼 수 있는 형태의 로그다. 로그에 표기한 각 항목별로 보자.

❶ 데이터베이스 연결 생성

데이터베이스에 연결하고 데이터베이스 연결 객체를 생성한다.

❷ PreparedStatement 객체 생성

JDBC의 `PreparedStatement` 객체를 생성한다.

❸ PreparedStatement 객체에 파라미터 설정 후 실행

파라미터를 설정하고 데이터를 수정한다.

❹ 트랜잭션 커밋

트랜잭션을 커밋한다.

❺ 데이터베이스 자원 해제

트랜잭션을 처리하고 데이터베이스 자원을 해제한다.

| | comment_no | user_id | comment_content | | reg_date |
|---|---|---|---|---|---|
| ☐ | 1 | fromm0 | 수정 test | 11B | 2012-11-06 20:52:06 |
| ☐ | 2 | manager | test | 4B | 2012-06-13 09:22:39 |
| ☐ | 3 | user2 | 댓글3 | 7B | 2012-04-13 15:04:35 |
| ☐ | 4 | user2 | 댓글4 | 7B | 2012-04-13 15:04:37 |
| ☐ | 5 | user3 | 댓글5 | 7B | 2012-04-13 15:04:41 |
| * | (NULL) | (NULL) | (NULL) | 0K | (NULL) |

그림 3.10  데이터 수정 후 데이터

그림 3.10을 보면 그림 3.9의 데이터에서 댓글 번호가 1인 댓글의 내용이 바뀐 것을 알 수 있다. 그림 3.9에서는 1번 댓글의 내용이 'test'였다.

데이터를 수정하는 작업까지 살펴봤다. 남은 것은 데이터를 삭제하는 작업으로, 앞서 데이터를 입력하고 수정하는 작업을 살펴봤기 때문에 코드 형태도 어느 정도 짐작 가능할 것이다.

## 3.6 데이터 삭제

마지막으로 데이터를 삭제하는 JDBC 코드를 마이바티스 코드로 바꿔보자.

### 3.6.1 데이터를 삭제하는 전통적인 JDBC 코드

먼저 데이터를 삭제하는 전통적인 JDBC 코드를 살펴보자.

코드 3.21  데이터를 삭제하는 JDBC 코드

```
public Integer deleteComment(Long commentNo) {
❶   Connection conn = null;
    PreparedStatement stmt = null;
```

```
❶   try {
        conn = this.getConnection();

❷       StringBuilder sql = new StringBuilder("");
        sql.append("DELETE FROM comment ");
        sql.append("WHERE comment_no = ? ");
        stmt = conn.prepareStatement(sql.toString());
❸       stmt.setLong(1, commentNo);
        return stmt.executeUpdate();
    } catch (Exception e) {
        e.printStackTrace();
    } finally {
        try {
            stmt.close();
        } catch (SQLException e) {
❺       }
        try {
            conn.close();
        } catch (SQLException e) {
        }
    }
    return null;
}
```

코드 3.21은 데이터를 삭제하는 JDBC 코드다. 코드에 표기한 각 항목별로 살펴보면서 코드의 의미를 확인해보자.

## ❶ 데이터베이스 연결 생성

코드 2.1에서 살펴본 `getConnection` 메소드를 사용해 데이터베이스 연결을 생성한다. 그 외에도 JDBC를 사용할 때 필요한 각종 객체에 대한 변수를 선언한다. 데이터베이스 자원 객체를 `finally`절에서 해제하기 위해 변수를 try 구문 앞에 선언한다. 마이바티스 코드로 변환할 경우 마이바티스 객체인 `SqlSession` 객체를 생성하는 것으로 대체된다.

❷ SQL을 준비하고 PreparedStatement 객체 생성

데이터를 삭제하는 SQL을 생성한다. 그리고 데이터베이스 연결 객체에서 PreparedStatement 객체를 생성한다. 이 작업은 마이바티스에서 매핑 구문을 정의하는 것으로 대체된다.

❸ PreparedStatement 객체에 파라미터 설정 후 실행

PreparedStatement 객체에 파라미터를 설정하고 실행한다. JDBC에서 데이터를 삭제하기 위해 사용하는 executeUpdate 메소드는 반영된 데이터 개수를 반환하게 돼 있다. 데이터를 삭제하는 작업은 성공하면 한 개 이상의 데이터가 삭제되고, 실패하면 삭제된 데이터가 없는 셈이다. 즉, 삭제가 성공하면 0보다 큰 값을 반환하고 실패하면 0을 반환한다. 이 작업은 마이바티스에서 update 메소드를 호출하는 것으로 대체된다.

❹ 데이터베이스 자원 해제

JDBC API의 데이터베이스 자원에 관련된 객체인 PreparedStatement, Connection 객체에 대한 자원 해제를 진행한다. 이 작업은 마이바티스에서 sqlSession 객체에 대해 close 메소드를 호출하는 것으로 대체된다.

## 3.6.2 데이터를 삭제하는 매핑 구문으로 분리

마이바티스를 사용하기 위해서는 데이터를 삭제하는 JDBC 코드에서 먼저 SQL을 분리하고 마이바티스 매핑 구문을 만든다.

코드 3.22 데이터 삭제를 위한 deleteComment 매핑 구문

```xml
<mapper namespace="ldg.mybatis.repository.mapper.CommentMapper">
    <delete id="deleteComment" parameterType="long">
        DELETE FROM comment
        WHERE comment_no = #{commentNo};
    </delete>
</mapper>
```

코드 3.22는 데이터를 삭제하는 SQL을 가진 매핑 구문이다. 그림 3.5에서 추가한 CommentMapper.xml 매퍼 XML에 내용만 추가하면 된다. 데이터를 수정하는 매핑 구문과 비교해서 SQL과 엘리먼트 명칭만 다를 뿐 상당히 비슷한 구조를 취한다. 데이터를 삭제하는 메소드 호출의 반환 값은 반영된 레코드의 수이기 때문에 수정과 동일하게 `resultType` 속성이 없다. `delete` SQL을 사용하기 때문에 `delete` 엘리먼트를 사용한다.

### 3.6.3 매핑 구문을 사용하는 마이바티스 코드 생성

코드 3.23　데이터를 삭제하는 마이바티스 코드

```java
public Integer deleteComment(Long commentNo) {
❶   SqlSession sqlSession = getSqlSessionFactory().openSession();
    try {
        String statement =
❷           "ldg.mybatis.repository.mapper.CommentMapper.deleteComment";
        int result = sqlSession.delete(statement, commentNo);
        if (result > 0) {
❸           sqlSession.commit();
        }
        return result;
    } finally {
❹       sqlSession.close();
    }
}
```

코드 3.23은 코드 3.22의 매핑 구문을 사용하는 마이바티스 코드다. 그림 3.6에서 추가한 자바 클래스에 메소드만 추가하면 된다. 데이터를 삭제하는 작업 역시 트랜잭션이 필요하기 때문에 코드는 데이터를 수정하는 코드와 비슷하다. 코드에 표기된 항목별로 살펴보자.

### ❶ 마이바티스 객체 생성

SqlSessionFactory 객체가 없다면 만들고, 있다면 기존 객체를 사용한다. 여기서 사용하는 getSqlSessionFactory 메소드는 코드 2.4에서 살펴봤으며,

SqlSessionFactory 객체는 마이바티스 설정을 갖는 기본적이면서 가장 중요한 객체다. SqlSessionFactory 객체에서 SqlSession 객체를 생성한다. 마이바티스의 매핑 구문을 호출해 사용하기 위해서는 SqlSession 객체가 필요하며, 각 데이터베이스 작업별로 SqlSession 객체를 사용하면 된다. 이 작업은 JDBC 코드에서 데이터베이스 연결 객체를 생성하는 것과 동일하다.

❷ 데이터 삭제

마이바티스 API를 사용해 데이터를 삭제한다. 첫 번째 파라미터로 사용한 ldg.mybatis.repository.mapper.CommentMapper.deleteComment는 매핑 구문을 나타내는 것으로 ldg.mybatis.repository.mapper.CommentMapper 네임스페이스에 있는 deleteComment 매핑 구문을 사용한다는 뜻이다. 즉, delete 메소드의 첫 번째 파라미터로 매핑 구문을 지정하면 해당되는 SQL을 실행하게 내부적으로 처리한다. 이렇게 매핑 구문을 실행한다는 것은 세부적으로 보면 SQL에 파라미터를 설정한 뒤 SQL을 실행하고, 실행 후 반영된 데이터 수를 반환하는 일련의 작업을 처리한다는 뜻이다. 이 작업은 JDBC 코드에서 executeUpdate 메소드를 호출하는 것과 동일하다.

❸ 트랜잭션 커밋

트랜잭션을 커밋하기 위해 SqlSession 객체의 commit 메소드를 호출한다. 단지 트랜잭션을 커밋하는 것은 삭제된 데이터가 있을 경우에만 의미가 있기 때문에 delete 메소드의 반환 값이 0보다 클 때만 처리하게 한다.

❹ 데이터베이스 자원 해제

finally절을 사용해서 앞서 생성한 SqlSession 객체에 대해 close 메소드 호출한다. 이 close 메소드는 데이터베이스의 각종 자원을 해제한다.

### 3.6.4 마이바티스 코드를 사용해 데이터 삭제

코드 3.24  데이터 삭제를 확인하는 실행 코드

```
public class CommentSessionRepositoryTest {
    public static void main(String[] args) {
        Long commentNo = 1L;

        CommentSessionRepository commentSessionRepository = new
                CommentSessionRepository();
        Integer result =
                commentSessionRepository.deleteComment(commentNo);
    }
}
```

코드 3.24는 데이터를 삭제하는 기능을 확인하기 위한 실행 코드다. 데이터 삭제가 정상적으로 이뤄진 것을 확인하려면 반환 값이 0보다 큰지 비교해보면 된다.

### 3.6.5 데이터를 삭제하는 마이바티스 실행 결과 로그

코드 3.25  데이터를 삭제할 때 출력되는 마이바티스 로그

```
Openning JDBC Connection
Created connection 23506867.                                        ❶
ooo Using Connection [com.mysql.jdbc.Connection@166afb3]
==> Preparing: DELETE FROM comment WHERE comment_no = ?;   ❷
==> Parameters: 1(Long)  ❸
Committing JDBC Connection [com.mysql.jdbc.Connection@166afb3]  ❹
Resetting autocommit to true on JDBC Connection
        [com.mysql.jdbc.Connection@166afb3]
                                                                    ❺
Closing JDBC Connection [com.mysql.jdbc.Connection@166afb3]
Returned connection 23506867 to pool.
```

코드 3.25는 데이터를 삭제할 때 볼 수 있는 형태의 로그다. 실행 로그에 표기한 각 항목별로 살펴보자.

❶ 데이터베이스 연결 생성

데이터베이스에 연결하고 데이터베이스 연결 객체를 생성한다.

❷ PreparedStatement 객체 생성

JDBC의 `PreparedStatement` 객체를 생성한다.

❸ PreparedStatement 객체에 파라미터 설정 후 실행

파라미터를 설정하고 데이터를 삭제한다.

❹ 트랜잭션 커밋

트랜잭션을 커밋한다.

❺ 데이터베이스 자원 해제

트랜잭션을 처리하고 데이터베이스 자원을 해제한다.

| | comment_no | user_id | comment_content | | reg_date |
|---|---|---|---|---|---|
| ☐ | 2 | manager | test | 4B | 2012-06-13 09:22:39 |
| ☐ | 3 | user2 | 댓글3 | 7B | 2012-04-13 15:04:35 |
| ☐ | 4 | user2 | 댓글4 | 7B | 2012-04-13 15:04:37 |
| ☐ | 5 | user3 | 댓글5 | 7B | 2012-04-13 15:04:41 |
| * | (NULL) | (NULL) | (NULL) | 0K | (NULL) |

그림 3.11 데이터 삭제 후 데이터

그림 3.11을 보면 그림 3.10에 비해 댓글 번호가 1인 데이터가 삭제됐음을 알 수 있다.

지금까지 데이터베이스를 사용할 때 처리하는 CRUD를 모두 살펴봤다.

●● 아이바티스에서는

매퍼 XML에서 몇 가지 변경 사항이 있다. 방금 살펴본 CRUD각각의 매핑 구문을 아이바티스 형태로 변환해보자.

**코드 3.26** 아이바티스에서 CRUD를 처리하기 위한 매핑 구문

```xml
<?xml version="1.0" encoding="UTF-8" ?>
<!DOCTYPE sqlMap PUBLIC "-//ibatis.apache.org//DTD SQL Map 2.0//EN"
        "http://ibatis.apache.org/dtd/sql-map-2.dtd" >

<sqlMap namespace="ldg.mybatis.repository.mapper.CommentMapper">

    <select id="selectCommentByPrimaryKey" parameterClass="long"
            resultClass="ldg.mybatis.model.Comment">
        SELECT
            comment_no AS commentNo,
            user_id AS userId,
            comment_content AS commentContent,
            reg_date AS regDate
        FROM COMMENT
        WHERE comment_no = #commentNo#
    </select>
    <insert id="insertComment"
            parameterClass="ldg.mybatis.model.Comment">
        INSERT INTO COMMENT(comment_no, user_id, comment_content,
            reg_date)
        VALUES (#commentNo#, #userId#, #commentContent#, #regDate#)
    </insert>
    <update id="updateComment"
            parameterClass="ldg.mybatis.model.Comment">
        UPDATE comment SET
            comment_content = #commentContent#
        WHERE comm7ent_no = #commentNo#;
    </update>
    <delete id="deleteComment" parameterClass="long">
        DELETE FROM comment
        WHERE comment_no = #commentNo#;
    </delete>
</sqlMap>
```

코드 3.26은 3장에서 다룬 매핑 구문들을 모아 아이바티스 매핑 구문으로 변경한 것이

다. 몇 가지 차이점을 통해 변경 사항을 알 수 있다.

- doctype 선언부의 DTD를 변경했다.
- 가장 상위 엘리먼트를 sqlMap에서 mapper로 변경했다.
- 매핑 구문의 parameterClass를 parameterType으로 변경했다.
- 매핑 구문의 resultClass를 resultType으로 변경했다.
- 파라미터 표기법을 #value#에서 #{value} 형태로 변경했다.

그 외의 API에도 변경 사항이 있다.
아이바티스에서는 SqlMapClient 객체를 사용했지만, 마이바티스에서는 SqlSession 객체를 사용한다.

# 3.7 정리

환경설정 같은 공통된 처리는 2장에서 살펴봤고, 3장에서는 데이터베이스를 사용하는 세부적인 작업인 CRUD를 살펴봤다. 이 책은 JDBC 코드를 사용 중이면서 마이바티스를 처음 시작하는 개발자를 대상으로 하기 때문에 전반적인 내용은 JDBC 코드를 먼저 살펴보고 이 코드를 마이바티스로 변환하는 과정을 하나씩 설명했다. 세부적인 과정은 CRUD 각각에 대해 다음과 같은 4가지 과정을 거쳤다.

1. SQL에서 매핑 구문을 분리
2. 마이바티스 코드 작성
3. 실행 코드를 작성해서 실행
4. 실행 로그 보기

3장에서 다룬 테이블은 지극히 단순한 구조를 가진다.

3장에서 설명한 예제 코드는 http://mybatis-example.googlecode.com/svn/trunk/mybatis_java/에서 다운로드할 수 있다. 예제 프로젝트에서는 완성된 형태의 설정과 소스코드가 있으니 이해하는 데 도움이 될 것이다.

4장에서는 마이바티스를 웹 애플리케이션에서 활용하는 방법을 살펴본다.

# 4장
# 마이바티스 웹 애플리케이션과 활용

2장과 3장을 통해 간단한 마이바티스 애플리케이션을 만들었고, 각각의 코드를 실행해 로그까지 살펴봤다. 각각의 CRUD는 한 개의 테이블만을 대상으로 했으며, 테이블의 칼럼도 적었다. 따라서 전반적으로 코드가 간단했기 때문에 이해하는 데 어려움은 없었을 것이다.

실무에서는 대개 여러 개의 테이블을 사용하거나 테이블의 칼럼이 많기 마련이다. 4장에서는 마이바티스 설정 파일을 좀더 세세히 살펴보며, 여러 테이블을 조인해 데이터를 매핑하는 과정 등 2장과 3장보다는 세부적이고 어려운 내용을 다룬다.

세부적이고 어려운 내용을 다루지만 코드는 앞서 살펴본 예제와 크게 다르지 않다. 그리고 매핑 구문을 정의하기 위해 XML만을 사용했지만 마이바티스는 인터페이스에 메소드와 애노테이션으로도 매핑 구문을 정의할 수 있다. 매핑 구문을 정의하는 방법에 관해서는 좀더 많은 내용을 살펴본다.

자바 프레임워크는 최근 웹 애플리케이션을 작성할 때 가장 많이 활용한다고 할 수 있다. 따라서 4장에서 사용하는 예제는 웹 애플리케이션 프로젝트다. 웹 애플리케이션이기는 하지만 웹 애플리케이션 서버에 올라가는 것을 제외하면 2장과 3장에서 살펴본 애플리케이션과 다른 점이 없다.

## 4.1 마이바티스를 사용하는 웹 프로젝트

예제 애플리케이션으로 만든 mybatis_web 프로젝트는 웹 애플리케이션 타입으로 만들었다. 이후 설명하는 내용을 코드와 쉽게 비교하고 실행 결과를 확인해보려면 이 예제 애플리케이션을 반드시 설정해주는 것이 좋다. 마이바티스를 사용하는 자바 클래스와 매퍼 XML 파일을 만드는 방법은 이미 3장에서 살펴봤다. 파일을 만드는 방법과 코드를 작성하는 방법은 별반 다르지 않다.

> ●● **자바 웹 프로젝트 생성**
>
> 2장과 3장에서 다룬 자바 프로젝트와는 달리 4장은 자바 웹 애플리케이션에서 마이바티스를 사용한다. 4장에서 사용하는 mybatis_web 프로젝트는 다음과 같은 과정을 거쳐 프로젝트를 생성했다.
>
>     이클립스를 사용해 웹 애플리케이션을 작성하려면 먼저 이클립스의 웹 프로젝트를 생성해야 한다.
>
>
>
> 그림 4.1 이클립스 생성 마법사

그림 4.1은 자바 웹 프로젝트를 생성하는 이클립스 마법사 화면이다. Ctrl 키와 알파벳 N 키를 동시에 누르거나 메뉴에서 File › New를 선택하면 그림 4.1 화면이 나타난다. 그림 4.1은 Wizards 바로 아래 입력란에 Web을 입력했기 때문에 아래 부분에 한정된 항목이 나오지만, 아무런 값도 입력하지 않았을 경우에는 다양한 타입이 나오는 것을 볼 수 있다. 타입 중에서 Dynamic Web Project를 선택하고 Next 버튼을 클릭한다.

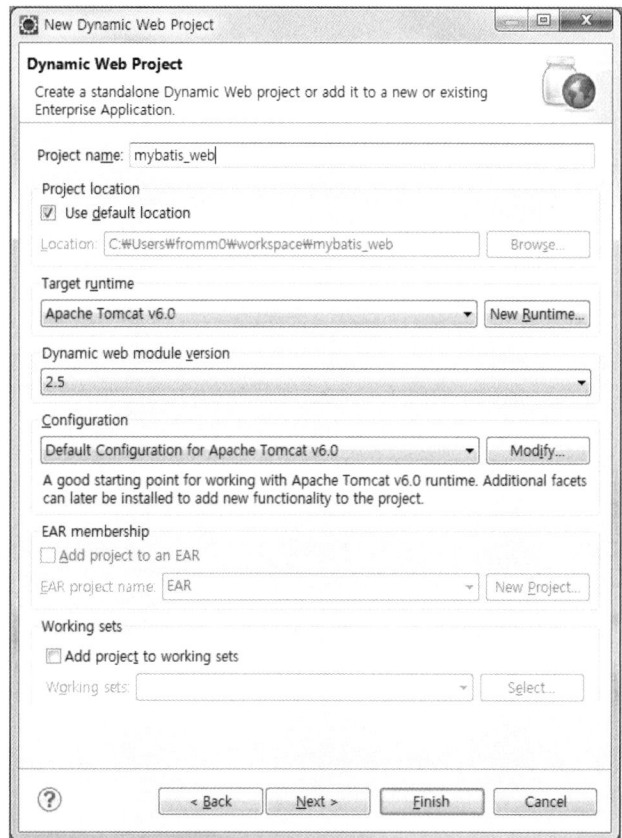

그림 4.2 웹 프로젝트 생성 마법사

그림 4.2는 자바 웹 프로젝트를 생성하는 화면으로, 프로젝트명과 위치, 웹 애플리케이션 서버를 선택하면 된다. 그림 4.2에서는 프로젝트명을 mybatis_web으로 지정했고, Tomcat 6.0을 사용하게 설정했다.

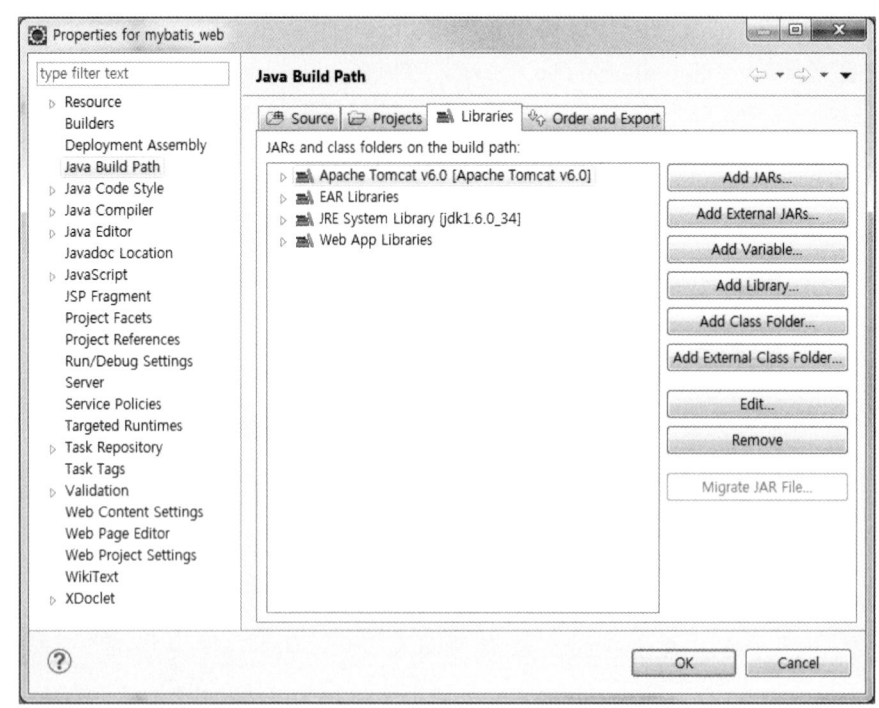

그림 4.3 이클립스 프로젝트 설정 화면

웹 애플리케이션은 사용할 jar 파일을 WEB-INF 아래의 lib 디렉터리에 둬야 한다. 웹 애플리케이션이라고 하더라도 2장에서 살펴봤던 자바 프로젝트가 사용하는 jar 파일과 다르지 않기 때문에 마이바티스 홈페이지에서 받은 압축 파일에서 mybatis-3.x.x.jar 파일과 lib 디렉터리(또는 optional 디렉터리)에 있는 jar 파일, 그리고 JDBC 드라이버의 jar 파일을 모두 복사해 WEB-INF/lib 밑에 둔다. 이클립스의 웹 프로젝트는 WEB-INF/lib 아래 둔 jar 파일들을 Web App Libraries라는 이름으로 관리하기 때문에 자동으로 jar 파일들을 인식해 설정된다.

WEB-INF/lib 밑에 두었던 jar 파일들은 그림 4.4처럼 이클립스가 Web App Libraries라는 이름으로 등록해서 설정된 것을 알 수 있다.

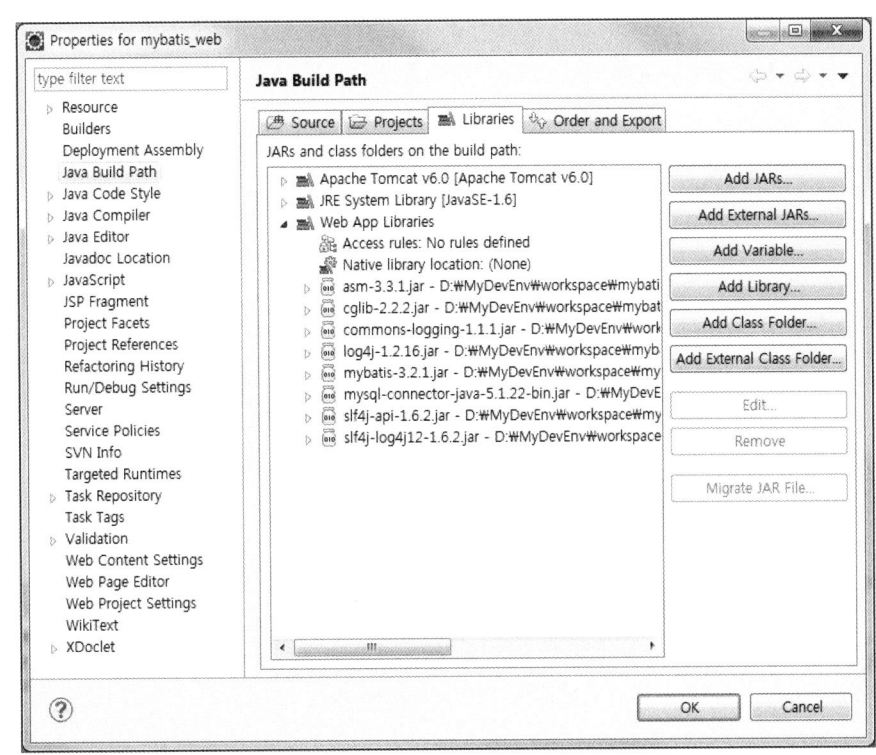

그림 4.4 이클립스 프로젝트 설정 완료

이클립스에 설치한 톰캣을 사용해 웹 애플리케이션을 실행하기 위해서는 웹 애플리케이션을 등록해야 한다. 톰캣에 웹 애플리케이션을 등록하기 위해서는 그림 2.28 화면의 추가된 톰캣을 더블클릭해 그림 4.5 설정 화면을 나오게 한다.

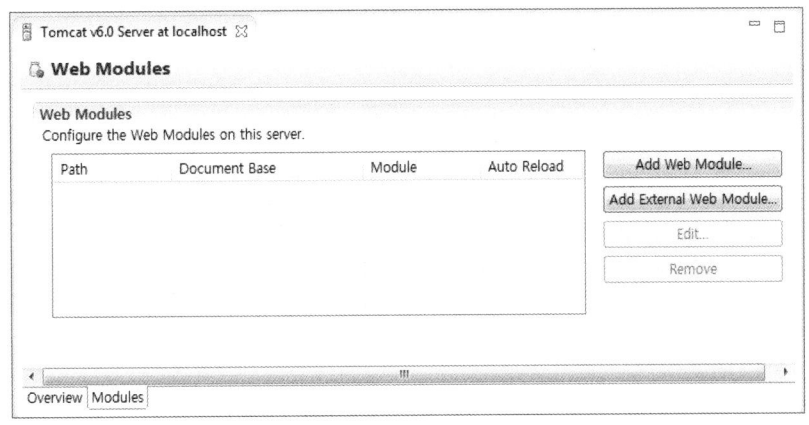

그림 4.5 톰캣에 웹 애플리케이션 등록하기

설정 화면 하단의 Modules 탭을 클릭한 후 Add Web Module를 선택한다. 그림 4.6처럼 톰캣에 등록할 웹 애플리케이션을 선택하면 끝난다.

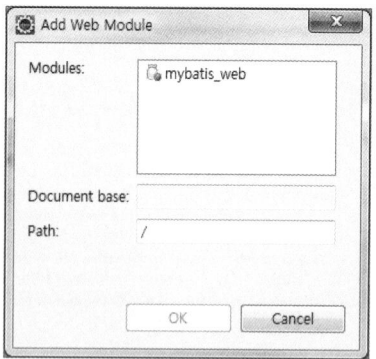

그림 4.6 등록할 웹 애플리케이션 선택하기

그림 4.7은 JSP가 사용자의 요청을 받아 처리하는 mybatis_web 프로젝트의 전반적인 소스 구조다. 각 디렉터리와 설정 파일에 대해 알아보자.

mybatis_web 프로젝트에서 자바 소스와 설정 파일은 src 아래 있다. 자바 소스의 하위 패키지별로 그 특징을 살펴보면 표 4.1과 같다.

표 4.1 패키지별 특징

| 패키지 | 특징 |
| --- | --- |
| model | 데이터를 갖는 모델 클래스가 위치한다. 대부분 테이블의 구조를 그대로 갖고 있으며, 중요한 모델 클래스는 2장에서 ERD와 함께 살펴봤다. |
| repository | 데이터베이스와 직접 연동하는 리파지토리 클래스가 있다. 즉, 마이바티스를 사용하는 실제 코드가 이 패키지의 클래스들이라고 보면 된다. |
| service | JSP와 repository 패키지 내의 클래스들을 이어주는 역할을 하는 서비스 클래스가 위치한다. |
| common | 나머지 클래스들이 위치한다. |

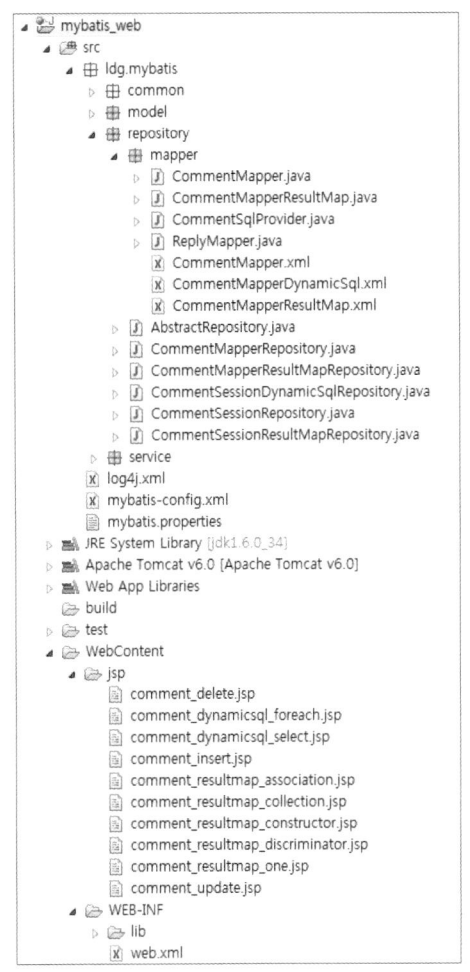

그림 4.7 마이바티스를 사용하는 예제 웹 애플리케이션 구조

설정 파일별로 그 특징을 살펴보면 표 4.2와 같다.

표 4.2 설정 파일 종류

| 설정 파일 | 특징 |
| --- | --- |
| 매퍼 XML | 매퍼 XML은 모두 3개로 ldg/mybatis/repository/mapper 디렉터리 아래에서 볼 수 있다. |
| log4j.xml | 애플리케이션에서 출력하는 로그를 설정한다. 로그를 적절히 출력하기 위해 여기서는 log4j를 사용한다. |
| mybatis-config.xml | 마이바티스 설정 파일이다. |

설정 파일 중에서는 주로 마이바티스 설정과 매퍼 XML 위주로 계속 설명하겠다.

코드를 보는 방법은 하나의 JSP를 지정해 호출 관계를 따라가면 된다. 호출 흐름은 JSP → Service 객체 → Repository 객체 순이지만 결과 화면을 보기 위해 JSP를 가장 나중에 살펴본다.

코드 4.1 한 개의 댓글 데이터를 가져오는 서비스 클래스

```
package ldg.mybatis.service;

import ldg.mybatis.model.Comment;
import ldg.mybatis.model.CommentUser;
import ldg.mybatis.repository.CommentSessionResultMapRepository;

public class CommentResultMapService {
    public Comment selectByPrimaryKey(Long commentNo) {
        CommentSessionResultMapRepository commentRepository = new
                CommentSessionResultMapRepository();
        return commentRepository.selectCommentByPrimaryKey(commentNo);
    }
}
```

코드 4.1은 JSP에 받은 URL 파라미터를 그대로 사용해서 데이터를 조회하는 리파지토리 객체의 메소드를 호출한다. 코드 4.1이 사용하는 리파지토리 클래스는 CommentSessionResultMapRepository이며 코드 4.2에서 세부 내용을 볼 수 있다.

코드 4.2 한 개의 댓글 데이터를 가져오는 리파지토리 클래스

```
package ldg.mybatis.repository;

import ldg.mybatis.model.Comment;
import ldg.mybatis.model.CommentUser;
import org.apache.ibatis.session.SqlSession;

public class CommentSessionResultMapRepository extends
```

```
AbstractRepository {
    private final String namespace =
            "ldg.mybatis.repository.mapper.CommentMapperResultMap";

    public Comment selectCommentByPrimaryKey(Long commentNo) {
        SqlSession sqlSession = getSqlSessionFactory().openSession();
        try {
            String statement = namespace + ".selectCommentByPrimaryKey";
            return (Comment)sqlSession.selectOne(statement, commentNo);
        } finally {
            sqlSession.close();
        }
    }
}
```

코드 4.2는 ldg.mybatis.repository.mapper.CommentMapperResultMap 네임스페이스에 있는 selectCommentByPrimaryKey 매핑 구문을 사용해 댓글 데이터를 가져온다. 코드 4.3은 selectCommentByPrimaryKey 매핑 구문으로 댓글 번호를 받아 해당 댓글을 조회하는 구문이다.

코드 4.3  selectCommentByPrimaryKey 매핑 구문

```
<select id="selectCommentByPrimaryKey" parameterType="long"
        resultMap="constructorResultMap">
    SELECT
        comment_no,
        user_id,
        comment_content,
        reg_date
    FROM comment
    WHERE comment_no = #{commentNo}
</select>
```

코드 4.3의 resultMap이 constructorResultMap으로 지정돼 있는데, 4.4절의 결과 매핑을 설명하면서 좀더 상세히 다룬다.

코드 4.4는 댓글 내용을 출력하는 JSP다.

코드 4.4 댓글 내용을 출력하는 JSP(comment_resultmap_one.jsp)

```jsp
<%@page import="java.io.*,java.util.*, ldg.mybatis.service.*,
    ldg.mybatis.model.*" contentType="text/html; charset=utf8"%>

<!DOCTYPE html PUBLIC "-//W3C//DTD HTML 4.01 Transitional//EN"
    "http://www.w3.org/TR/html4/loose.dtd">
<html><head><meta http-equiv="Content-Type" content="text/html;
    charset=utf8"></head>

<body>
    <%
    Long commentNo = Long.parseLong(request.getParameter("commentNo"));
    CommentResultMapService commentResultMapService = new
        CommentResultMapService();
    Comment comment =
        commentResultMapService.selectByPrimaryKey(commentNo);
    %>
    댓글번호 : <%= comment.getCommentNo() %><br>
    작성자아이디 : <%= comment.getUserId() %><br>
    작성일시 : <%= comment.getRegDate() %><br>
    댓글내용 : <%= comment.getCommentContent() %><br>
</body>

</html>
```

코드 4.4는 앞서 살펴본 `CommentResultMapService` 객체를 생성하고 댓글 정보를 가져오기 위해 `selectByPrimaryKey` 메소드를 사용한다. 출력되는 화면은 그림 4.8에서 볼 수 있다. 그림 4.8에서 사용한 호출 URL은 http://localhost:8080/jsp/comment_resultmap_one.jsp?commentNo=1이다.

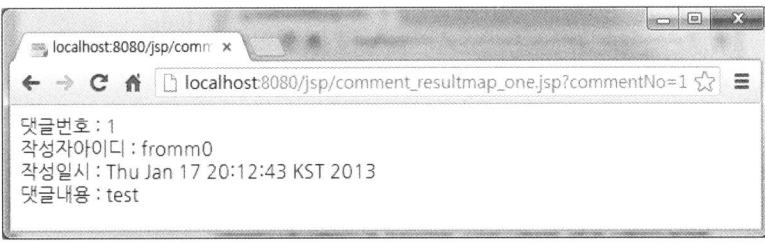

그림 4.8 댓글 정보를 출력한 화면

마이바티스를 사용해 웹 프로젝트를 구성했기 때문에 JSP를 사용해서 결과를 화면에 출력하는 것을 제외하면 마이바티스를 사용하는 코드 자체는 2장과 3장에서 본 것과 별반 다르지 않다. 웹 프로젝트는 이 정도에서 정리하고 마이바티스를 활용하는 추가적인 세부 내용 각각을 살펴보자.

## 4.2 매퍼 XML과 매퍼 인터페이스

3장에서 CRUD 작업별로 SQL을 XML로 옮겼다. 이렇게 SQL을 XML에 옮기고 나서 XML에 정의된 각각의 SQL을 포함한 XML 엘리먼트들을 XML 형태의 매핑 구문이라고 한다. 그리고 이 XML 파일을 매퍼 XML이라고 부른다. 아이바티스에서는 매핑 구문을 XML에만 정의할 수 있었다. 하지만 마이바티스는 XML과 인터페이스에서 애노테이션을 사용하는 두 가지 방식을 지원한다. XML과 인터페이스 두 가지 방식을 지원하다 보니 실제 사용하는 형태는 3가지가 존재하는 셈이다.

1. XML만 사용
2. 인터페이스만 사용
3. XML과 인터페이스를 함께 사용

매핑 구문을 정의함에 있어 XML은 특별한 제약이 없지만, 인터페이스 내의 애노테이션을 사용하는 방법에는 몇 가지 제약이 있기 때문에 장단점을 따져 선택하면 된다.

### 4.2.1 XML만 사용

3장에서 매퍼 XML을 사용하는 방법에 대해 살펴봤다. 3장에서 봤던 매핑 구문들을 기억에서 다시 꺼내보거나 매핑 구문 예제(3장에서 매핑 구문은 코드 3.7, 코드 3.12, 코드 3.17, 코드 3.22이다)만을 다시 한 번 살펴보는 것도 좋다. 4장에는 3장에서 설명한 매핑 구문에서 계속 설명할 것이기 때문이다. XML 방식은 아이바티스에서도 동일하게 제공하던 방식이므로 아이바티스를 사용해본 사람이라면 익히는 데 어렵지 않다. 엘리먼트 이름과 동적 SQL의 변경 사항 정도를 제외하면 기존과 거의 동일하기 때문이다. 코드 3.7의 매핑 구문과 함께 동적 SQL을 사용하는 예제를 추가해서 다시 살펴보자.

코드 4.5  동적 SQL을 사용하는 매퍼 XML

```xml
<mapper namespace="ldg.mybatis.repository.mapper.CommentMapper">
    <select id="selectCommentByPrimaryKey" parameterType="long"
        resultType=" Comment">
        SELECT
            comment_no AS commentNo,
            user_id AS userId,
            comment_content AS commentContent,
            reg_date AS regDate
        FROM COMMENT
        WHERE comment_no = #{commentNo}
    </select>
    <select id="selectCommentByCondition" parameterType="hashmap"
        resultType="Comment">
        SELECT
            comment_no,
            user_id,
            comment_content,
            reg_date
        FROM COMMENT
        <where>
            <if test="commentNo != null">
                comment_no = #{commentNo}
            </if>
```

```
        </where>
    </select>
</mapper>
```

코드 4.5에는 매핑 구문이 두 개 있다. `selectCommentByPrimaryKey` 매핑 구문은 3장에서 이미 살펴본 매핑 구문이다. `selectCommentByCondition` 매핑 구문은 댓글 번호인 `commentNo` 파라미터가 값을 가졌는지의 여부에 따라 조회 조건을 사용할지 결정하는 동적 SQL이다. `if`로 시작하는 XML 엘리먼트는 jsp를 작성할 때 사용하는 jstl을 생각하면 된다. `if` 엘리먼트를 사용하고 `test` 속성 안에 표현식을 사용하면 된다. `if` 엘리먼트를 감싸는 `where` 엘리먼트는 하위 엘리먼트가 생성하는 내용이 있으면 자동으로 WHERE를 붙여주는 역할을 한다. 즉, `where`와 `if` 엘리먼트를 사용해서 댓글 번호의 값이 있다면 그 댓글 번호에 해당되는 데이터를 조회하는 SQL이 만들어지는 것이다. 댓글 번호가 1이라면 SQL의 조건문은 'WHERE commentNo=1'로 만들어진다. 동적 SQL을 처리하기 위해 마이바티스가 제공하는 XML 엘리먼트가 더 있다. `if`, `choose(when, otherwise)`, `trim`, `foreach` 등의 동적 SQL을 처리하기 위한 엘리먼트에 대해서는 8장에서 상세히 다룬다.

코드 4.5에 나온 두 개의 매핑 구문을 사용하려면 네임스페이스를 붙여 매핑 구문 아이디를 사용하면 된다.

1. `selectCommentByPrimaryKey` 매핑 구문
   - `sqlSession.selectOne("ldg.mybatis.repository.mapper.CommentMapper.selectCommentByPrimaryKey", 1L);`
2. `selectCommentByCondition` 매핑 구문
   - `sqlSession.selectList("ldg.mybatis.repository.mapper.CommentMapper.selectCommentByCondition", new HashMap<String, Object>());`

> **팁**
> 마이바티스의 if 엘리먼트는 jstl의 if 태그와 사용법은 유사하다. jstl의 if 태그와 비교해보자.
>
> ```
> <%@ taglib uri="http://java.sun.com/jsp/jstl/core" prefix="c" %>
> <c:if test="${commentNo != null }">test</c:if>
> ```

## 4.2.2 인터페이스만 사용하는 경우

XML로 정의했던 selectCommentByPrimaryKey, selectCommentByCondition을 인터페이스에서 애노테이션으로 정의하도록 변경해보자.

코드 4.6 애노테이션을 사용한 매핑 구문

```java
public interface CommentMapper {
    @Select({
        "SELECT ",
        "comment_no, user_id, comment_content, reg_date ",
        "FROM COMMENT ",
        "WHERE comment_no = #{commentNo}"
    })
    Comment selectCommentByPrimaryKey(Long commentNo);
}
```

XML 매핑 구문을 인터페이스 내의 애노테이션으로 정의한 매핑 구문으로 변경할 때는 다음과 같은 몇 가지 규칙만 알면 된다.

- 매핑 구문의 네임스페이스 → 인터페이스의 패키지명과 인터페이스명
- 매핑 구문 아이디 → 애노테이션을 가진 메소드명
- 매핑 구문의 결과 데이터 타입(resultType 속성) → 애노테이션을 가진 메소드의 반환 타입
- 매핑 구문의 파라미터 타입(parameterType 속성) → 애노테이션을 가진 메소드의 파라미터 타입

매퍼 XML에 정의했던 selectCommentByPrimaryKey 매핑 구문의 네임스페이스는 ldg.mybatis.repository.mapper.CommentMapper다. 인터페이스를 사용하려면 CommentMapper 인터페이스가 ldg.mybatis.repository.mapper 패키지에 위치하게 하면 된다. 즉, 패키지명과 인터페이스 이름을 합친 문자열이 네임스페이스와 같다는 점이 중요하다. selectCommentByPrimaryKey 매핑 구문 아이디를 메소드명으로 그대로 사용하면 된다. selectCommentByPrimaryKey 매핑 구문의 반환 타입인 댓글 객체(Comment)가 메소드의 반환 타입이 되고, 파라미터 타입인 Long이 메소드의 파라미터가 된다. 그리고 XML에 옮겼던 SQL을 그대로 애노테이션 안에 써주면 된다. 코드 4.6에서는 SQL을 보기 편하게 하기 위해 문자열들을 잘라서 배열 형태로 정의했지만, @Select("SELECT comment_no, user_id, comment_content, reg_date FROM COMMENT WHERE comment_no = #{commentNo}")처럼 붙인 것과 차이는 없다. 파라미터 표기법은 XML이나 애노테이션이나 동일하게 처리하면 된다.

애노테이션에 SQL을 적을 때 조건에 따른 분기 처리를 할 방법이 없다. 따라서 애노테이션에 SQL을 명시할 때 단점은 동적 SQL을 작성하기가 어렵다는 점이다. 하지만 마이바티스는 애노테이션의 이러한 단점을 극복하기 위해 Provider로 끝나는 애노테이션(이하 Provider 애노테이션)을 추가로 제공한다.

1. @SelectProvider
2. @InsertProvider
3. @UpdateProvider
4. @DeleteProvider

Provider 애노테이션을 사용해 동적 SQL을 만드는 다른 클래스와 메소드를 지정할 수 있다. 코드 4.7은 @SelectProvider 애노테이션을 사용한다.

코드 4.7 Provider 애노테이션을 사용하는 매퍼 인터페이스

```
public interface CommentMapper {
   @SelectProvider(type=CommentSqlProvider.class,
        method="selectCommentByCondition")
   List<Comment> selectCommentByCondition(Map<String, Object>
```

```
            condition);
}
```

　　동적 SQL을 만드는 자바 클래스는 `CommentSqlProvider.class`이고 `CommentSqlProvider` 클래스의 `selectCommentByCondition` 메소드를 실행한 결과물로 만들어지는 SQL을 사용하도록 한다. 이 메소드에서는 JDBC 코드를 작성할 때와 유사한 형태로 동적 SQL을 만들 수도 있지만, 마이바티스에서는 SQL을 작성할 때 SQL 예약어들을 자동으로 처리해주는 구문 빌더 API를 사용할 수도 있다. 코드 4.8에서 사용하는 `BEGIN`, `SELECT`, `FROM` 등이 대표적이다.

코드 4.8 구문 빌더 API를 사용하는 동적 SQL 처리

```java
public String selectCommentByCondition(Map<String, Object> condition) {
    BEGIN();
    SELECT("comment_no ");
    SELECT("user_id ");
    SELECT("comment_content ");
    SELECT("reg_date");
    FROM("comment");

    if (condition.get("commentNo") != null ) {
        WHERE("comment_no = #{commentNo}");
    }
    return SQL();
}
```

　　이 구문 빌더 API는 SQL에서 사용하는 각종 예약어를 대신한다고 보면 된다. 따라서 코드 4.8의 결과물은 다음과 같다.

```
SELECT comment_no,
user_id,
comment_content,
reg_date
FROM comment
WHERE comment_no = #{commentNo}
```

Provider로 끝나는 애노테이션과 동적 SQL은 그 내용이 많아 8장에서 좀더 자세히 다룬다.

인터페이스에서 애노테이션을 정의한 매핑 구문을 사용하려면 매핑 XML을 사용할 때와 조금 다르다. XML 매핑 구문을 사용할 때는 SqlSession 객체가 제공하는 메소드를 사용했지만, 애노테이션 매핑 구문을 사용할 때는 SqlSession 객체가 제공하는 getMapper 메소드를 사용해 인터페이스가 제공하는 메소드를 그대로 사용하면 된다. 코드 4.7을 보면 애노테이션 매핑 구문은 CommentMapper 인터페이스의 selectCommentByCondition 메소드다. 이런 경우에는 다음과 같이 호출할 수 있다.

```
Map<String, Object> condition = new HashMap<String, Object>();
condition.put("commentNo", 1L);
sqlSession.getMapper(CommentMapper.class).selectCommentByCondition(condition);
```

getMapper 메소드의 파라미터로 매퍼 인터페이스의 클래스 타입을 지정하고 인터페이스에 선언된 메소드를 그대로 사용하면 애노테이션 매핑 구문을 그대로 사용하게 된다.

### 4.2.3 XML과 인터페이스를 함께 사용하는 경우

XML만 사용하는 경우와 인터페이스만을 사용하는 경우 두 가지를 살펴봤다. 사람마다 다르겠지만 구문을 정의하는 방법은 XML이 좀더 편하거나 일관성이 있다. 하지만 매핑 구문을 호출하는 방법에는 애노테이션 매핑 구문을 사용하는 것이 좀더 직관적이라고 생각할 수 있다. XML과 인터페이스를 혼용하는 방법은 이러한 취지에서 사용 가능한 방법이라고 보면 된다. 방법은 지극히 간단한데, XML 매핑 구문은 그대로 작성하고 그에 대응하는 매퍼 인터페이스를 만든다. 그리고 인터페이스의 메소드에 애노테이션으로 SQL을 선언하지 않으면 된다. 단, 여기서 주의할 점은 XML 매핑 구문을 애노테이션 매핑 구문으로 변경하는 규칙들을 맞춰줘야 한다는 점이다. XML 매핑 구문의 네임스페이스와 인터페이스의 이름과 패키지가 동일하고, 메소드 이름과 XML 매핑 구문의 아이디가 같고 반환 타입과 파라미터 타입도 동일해야 한다. 그렇게만 해주면 마이바티스가 자동으로 연결을 해주게 돼 있다. 같은 매핑 구문 아이디를 사용해 XML 매핑 구문과 애노테이션 매핑 구문을 모두 정의하면 애플리케이션이 구동되는 동안 에러가 발생하면서 정상적으로 실행

되지 않는다.

코드 4.9와 같은 selectCommentByPrimaryKey의 XML 매핑 구문이 있다.

코드 4.9  selectCommentByPrimaryKey 매핑 구문만 남긴 매퍼 XML

```xml
<?xml version="1.0" encoding="UTF-8"?>
<!DOCTYPE mapper PUBLIC "-//mybatis.org//DTD Mapper 3.0//EN"
    "http://mybatis.org/dtd/mybatis-3-mapper.dtd">

<mapper namespace="ldg.mybatis.repository.mapper.CommentMapper">
    <select id="selectCommentByPrimaryKey" parameterType="long"
        resultType=" Comment">
    SELECT
        comment_no AS commentNo,
        user_id AS userId,
        comment_content AS commentContent,
        reg_date AS regDate
    FROM COMMENT
    WHERE comment_no = #{commentNo}
    </select>
</mapper>
```

이 매핑 구문을 실제 사용할 때의 전체 매핑 구문 아이디는 ldg.mybatis.repository.mapper.CommentMapper.selectCommentByPrimaryKey다. 이와 동일하게 코드 4.10에서는 ldg.mybatis.repository.mapper 패키지의 CommentMapper 인터페이스에서 selectCommentByPrimaryKey 메소드는 애노테이션으로 SQL을 선언하지 않고 메소드만 정의했다. 매핑 구문 아이디와 반환 타입과 파라미터 타입은 인터페이스의 메소드와 동일하다.

코드 4.10  애노테이션으로 SQL을 정의하지 않고 메소드만 선언한 매퍼 인터페이스

```
Package ldg.mybatis.repository.mapper.CommentMapper;

public interface CommentMapper {
    Comment selectCommentByPrimaryKey(Long commentNo);
}
```

애노테이션 매핑 구문을 사용할 때처럼 getMapper 메소드를 사용해서 XML 매핑 구문을 호출할 수 있게 된다.

```
sqlSession.getMapper(CommentMapper.class).selectCommentByPrimaryKey(
    commentNo);
```

XML 매핑 구문을 사용할 때처럼 매핑 구문의 아이디를 넣어주는 방식은 오타 발생의 여지가 있는 편이다. 이렇게 매퍼 인터페이스를 사용해 처리할 경우 메소드의 시그니처가 분명하기 때문에 좀더 명확한 개발이 가능하다. XML 매핑 구문도 정의하고 매퍼 인터페이스도 선언하면 아무래도 코드를 좀더 작성해야 하는 불편함이 있을 수도 있지만, 분명한 것을 선호한다면 이런 사소한 불편은 감수할 수 있으리라 생각한다.

매퍼를 정의하는 3가지 방법의 장단점은 표 4.3과 같다.

표 4.3 매퍼 정의 방법에 따른 장단점

| 정의 방법 | 장점 | 단점 |
| --- | --- | --- |
| XML만 사용 | 매퍼의 모든 기능을 사용할 수 있다. 아이바티스를 사용하던 개발자는 거의 그대로 활용 가능하다. | 매핑 구문의 아이디를 문자열 형태로 선언해야 하기 때문에 오타로 인한 버그의 가능성이 높다. 범용적인 API 특성상 타입 변환이 필요하고 타입 변환 오류 발생 가능성이 있다. |
| 인터페이스만 사용 | 매핑 구문을 사용할 때 인터페이스의 메소드를 그대로 사용하기 때문에 매핑 구문을 잘못 적는 경우가 없고 타입 변환이 필요 없다. | 애노테이션 특성상 동적 SQL을 작성하기 위해서는 별도 클래스를 사용해야 한다. 결과 매핑에 제약이 있다. |
| XML과 인터페이스 사용 | 매핑 구문을 사용할 때 인터페이스의 메소드를 그대로 사용하기 때문에 매핑 구문을 잘못 적는 경우가 없고, 타입 변환이 필요 없다. 매퍼의 모든 기능을 사용할 수 있다. 아이바티스를 사용하던 개발자는 거의 그대로 활용 가능하다. | 인터페이스와 매퍼 XML을 모두 작성해야 하기 때문에 코드 작성에 시간이 좀더 든다. |

매퍼 XML과 매퍼 인터페이스를 사용하기 위해 다양한 XML 엘리먼트와 애노테이션을 제공한다. XML 엘리먼트와 애노테이션에 대한 세부적인 내용은 7장에서 설명한다.

## 4.3 트랜잭션 관리

마이바티스를 사용할 때 중요한 객체는 SqlSessionFactory 객체이고, 각각의 세부 작업은 SqlSessionFactory에서 만들어지는 SqlSession 객체가 담당한다. SqlSession 객체를 생성하는 시점에 트랜잭션에 관련한 속성을 설정한다. 따라서 트랜잭션을 처리하는 방법을 보기 전에 SqlSession 객체를 생성할 때 사용하는 메소드 시그니처를 살펴볼 필요가 있다.

### 4.3.1 SqlSessionFactory

먼저 SqlSession 객체를 생성하는 SqlSessionFactory의 메소드를 살펴보자.
SqlSessionFactory 클래스가 제공하는 openSession 메소드는 표 4.4에서 볼 수 있다.

표 4.4 SqlSessionFactory 클래스가 제공하는 openSession 메소드

| 메소드명 | 설명 |
|---|---|
| openSession() | 마이바티스 설정 파일의 설정을 그대로 사용하는 마이바티스 객체를 생성한다. |
| openSession(boolean autoCommit) | 마이바티스 설정을 그대로 사용하되 자동 커밋 여부를 변경해서 마이바티스 객체를 생성한다. 설정 파일에서는 자동 커밋을 활성화하더라도 이 메소드를 사용할 때 파라미터를 false로 하면 자동 커밋이 되지 않는다. |
| openSession(Connection connection) | 데이터베이스 연결 정보를 갖는 java.sql.Connection 타입의 객체를 파라미터로 전달해서 마이바티스 객체를 생성한다. 데이터베이스 연결 객체를 파라미터로 사용하는 만큼 연결 객체가 갖는 여러 가지 정보를 객체 생성 시점에 설정할 수 있다. 연결 정보를 직접 사용하기 때문에 마이바티스와 별개로 트랜잭션도 별도 제어가 가능하다. |

(이어짐)

| 메소드명 | 설명 |
| --- | --- |
| openSession(TransactionIsolationLevel level) | 트랜잭션의 격리 레벨을 지정해서 마이바티스 객체를 생성한다. 격리 레벨은 트랜잭션 내에서 수정 중인 데이터를 다른 사용자가 동시에 읽기 요청을 할 때 데이터를 얼마나 격리해서 보여줄지 결정하는 수준이다. 격리 레벨은 마이바티스 설정 파일에서 environments 엘리먼트를 다루는 6.8절에서 다룬다. |
| openSession(ExecutorType execType, TransactionIsolationLevel level) | 마이바티스 객체를 생성할 때 격리 레벨과 함께 실행 타입을 결정한다. 실행 타입은 매번 구문 객체를 생성하는 SIMPLE과 구문 객체를 재사용하는 REUSE, 그리고 작업을 한 번에 처리하는 BATCH 3가지를 제공한다. |
| openSession(ExecutorType execType) | 마이바티스 객체를 생성할 때 실행 타입을 결정한다. |
| openSession(ExecutorType execType, boolean autoCommit) | 마이바티스 객체를 생성할 때 실행 타입과 자동 커밋 여부를 결정한다. |
| openSession(ExecutorType execType, Connection connection) | 마이바티스 객체를 생성할 때 실행 타입과 연결 객체를 설정한다. |

`SqlSessionFactory`가 제공하는 메소드가 이렇게 많긴 하지만 대부분 `openSession`만 사용해서 처리할 수 있다. `openSession` 메소드를 사용하면 마이바티스 설정을 그대로 사용한다. 그 외의 파라미터를 가진 `openSession` 메소드를 사용하면 마이바티스의 설정을 그대로 사용하지 않거나 디폴트 설정이 아닌 다른 설정을 사용하는 것이다. 실제 개발 과정에서 그러한 경우가 많지 않다.

`openSession` 메소드를 사용해 `SqlSession` 객체를 생성하면 생성된 객체는 다음과 같은 몇 가지 공통적인 특성을 가진다.

- 객체를 생성할 때마다 트랜잭션을 시작한다.
- 마이바티스 설정 파일의 데이터 소스를 사용한다.
- 트랜잭션에 관련한 격리 레벨이나 전파 설정은 설정한 값을 사용해 설정한다.
- `PreparedStatement`는 재사용되지 않고 배치 형태로 처리하지 않는다.

`openSession` 메소드에서 파라미터를 갖는 다른 메소드들은 이러한 공통적인 속성을 변경해서 처리하기 위해 사용한다. 파라미터 명칭만 봐도 짐작 가능하겠지

만, 대부분 자동 커밋 여부, 데이터베이스 연결, 트랜잭션 격리 레벨 등이다.

## 4.3.2 트랜잭션 처리

트랜잭션은 데이터베이스를 사용함에 있어 가장 흔히 만나는 개념이다. 데이터베이스에서 데이터를 조작하는 각종 작업을 처리할 때 실제 데이터베이스는 매번 작업마다 물리적으로 적용하지 않는다. 대부분 메모리 영역에 그 작업들을 저장하고 특정 시점에 물리적으로 완전히 적용하거나 취소하게 되는데, 이때 작업 내용을 적용하는 것을 커밋이라 부르고, 취소하는 것을 롤백이라고 부른다. 커밋과 롤백을 처리하기 위해 JDBC 드라이버는 필요한 메소드를 제공하고, 마이바티스는 그 JDBC 메소드를 사용하는 별도의 메소드를 추가로 제공한다.

트랜잭션을 처리하는 메소드들은 표 4.5에서 볼 수 있다.

표 4.5 트랜잭션을 처리하는 메소드

| 메소드명 | 설명 |
| --- | --- |
| commit() | 트랜잭션을 커밋해서 직전까지 데이터를 입력하거나 수정, 삭제한 내용을 데이터베이스에 물리적으로 반영한다. 마이바티스가 내부적으로 데이터를 변경한 적이 있다고 판단한 경우에만 내부적으로 처리한다. |
| commit(boolean force) | 트랜잭션을 커밋해서 직전까지 데이터를 입력하거나 수정, 삭제한 내용을 데이터베이스에 물리적으로 반영한다. 마이바티스가 내부적으로 데이터를 변경한 적이 있는지 판단하지 않고 무조건 처리한다. |
| rollback() | 트랜잭션을 롤백해서 직전까지 데이터를 입력하거나 수정, 삭제한 내용을 데이터베이스에 물리적으로 반영하지 않고 무시한다. 마이바티스가 내부적으로 데이터를 변경한 적이 있다고 판단한 경우에만 내부적으로 처리한다. |
| rollback(boolean force) | 트랜잭션을 롤백해서 직전까지 데이터를 입력하거나 수정, 삭제한 내용을 데이터베이스에 물리적으로 반영하지 않고 무시한다. 마이바티스가 내부적으로 데이터를 변경한 적이 있는지 판단하지 않고 무조건 처리한다. |

트랜잭션을 처리하는 코드의 예는 코드 4.11에서 볼 수 있다.

코드 4.11 트랜잭션을 처리하는 예제 코드

```
public Integer insertComment(Comment comment) {
    SqlSession sqlSession = getSqlSessionFactory().openSession();
    try {
        String statement = namespace + ".insertComment";
        int result = sqlSession.insert(statement, comment);
        if (result > 0) {
            sqlSession.commit();
        } else {
            sqlSession.rollback();
        }
        return result;
    } finally {
        sqlSession.close();
    }
}
```

트랜잭션 구간

마이바티스를 사용할 때 트랜잭션을 명시적으로 시작하는 메소드는 없다. 마이바티스 객체를 생성하는 `openSession` 메소드를 호출하면 트랜잭션이 이와 동시에 명시적으로 시작된다. 데이터를 조회하기만 하면 트랜잭션을 커밋하거나 롤백할 필요가 없지만, 데이터를 입력하거나 수정, 삭제하면 데이터베이스에 명시적으로 적용하기 위해 트랜잭션을 제어하는 메소드를 호출해야 한다. 데이터 변경이 적용된 것을 확인하기 위해서는 대개 API의 반환 값을 사용해서 확인할 수 있다. 코드 4.11을 보면 데이터를 입력하고 반환된 값이 0보다 크면 커밋을 하고, 0이면 롤백을 한다. `insert` 메소드는 입력한 레코드의 숫자를 반환한다. `openSession` 메소드를 사용함으로써 명시적으로 시작된 트랜잭션은 `commit`이나 `rollback` 메소드를 호출하는 것과 동시에 트랜잭션이 종료된다.

스프링을 사용하지 않고 마이바티스를 사용할 때는 `SqlSession` 클래스가 제공하는 `commit`과 `rollback` 메소드를 사용하면 된다. 하지만 스프링과 연동해 스프링 연동 모듈을 사용하면 트랜잭션에 대한 제어는 마이바티스가 담당하지 않고 그 역할을 스프링에 위임한다. 스프링과 연동하기 위해 스프링 연동 모듈을 사용해 트랜잭션을 처리하는 방법은 5장에서 다시 다룬다.

## 4.4 조회 결과를 자바 객체에 설정(결과 매핑)

데이터베이스를 사용하는 애플리케이션은 데이터베이스에서 데이터를 조회하고 그 결과를 객체에 담아 사용한다. 웹 애플리케이션이라면 결과 데이터를 화면에 노출하기 위해 jsp를 사용한다. 물론 다른 형태의 애플리케이션이라면 웹 페이지가 아니더라도 다른 형태로 그 값을 노출하거나 다른 시스템과 연계하기 위해 그 값을 사용한다. 하나의 테이블을 대상으로 데이터를 가져오고, 그에 대응하는 모델 클래스가 있거나 여러 개의 테이블을 대상으로 데이터를 가져오고, 한꺼번에 여러 개의 모델 클래스에 값을 설정해야 하는 다양한 상황이 발생한다. 이렇게 데이터베이스에서 데이터를 가져온 후 자바 객체에 값을 설정하기 위해 마이바티스는 결과 매핑이라는 기법을 제공한다. 그 결과 매핑을 처리하기 위해 매핑 구문을 정의할 때처럼 XML 엘리먼트나 애노테이션을 사용할 수 있다. 결과 매핑을 처리할 때 좀더 부가적으로 편의성을 높이기 위해 제공하는 `mapUnderscoreToCamelCase` 설정도 함께 살펴보자.

데이터베이스의 테이블 관계는 정규화와 반정규화를 통해 1:1이나 1:N이 된다. 한 개의 테이블에 데이터를 조회하는 것처럼 관계가 없는 경우도 있다. 마이바티스의 결과 매핑은 칼럼명과 자바 모델 클래스의 필드명 혹은 `setter` 메소드가 설정하고자 하는 값과 일치하면 자동으로 값을 설정해준다. 앞서 3장에서 데이터를 조회하는 코드를 살펴보면서 볼 수 있었다. 하지만 칼럼명과 일치하지 않는다면 별도로 값을 설정하는 규칙을 정의해야만 정확히 값을 설정할 수 있다. 이렇게 일치하지 않는 경우에 값을 설정해주기 위해 제공하는 XML 엘리먼트를 먼저 알아보자.

- `resultMap` 결과 매핑을 사용하기 위한 가장 상위 엘리먼트다. 결과 매핑을 구분하기 위한 `id` 속성과, 매핑하는 대상 클래스를 정의하는 `type` 속성을 사용한다.
- `id` 기본 키에 해당되는 값을 설정한다.
- `result` 기본 키가 아닌 나머지 칼럼에 대해 매핑한다.
- `constructor` `setter` 메소드나 리플렉션을 통해 값을 설정하지 않고 생성자를 통해 값을 설정할 때 사용한다.
- `association` 1:1 관계를 처리한다.

- `collection` 1:N 관계를 처리한다.
- `discriminator` 매핑 과정에서 조건을 지정해서 값을 설정할 때 사용한다.

> **주의**
> 결과 매핑 내용에서 설명하는 결과 데이터는 다음 SQL을 실행하면 동일한 형태로 볼 수 있다.
>
> ```
> DELETE FROM `comment`;
> DELETE FROM `reply`;
> DELETE FROM `user`;
> INSERT INTO `comment` VALUES (1,'fromm0','test','2013-01-17 20:12:43');
> INSERT INTO `comment` VALUES (2,'user1','test','2013-01-17 14:46:20');
> INSERT INTO `reply` VALUES (1,1,'user1','댓글1_1','2012-04-13 15:05:49');
> INSERT INTO `reply` VALUES (2,1,'user1','댓글1_2','2012-04-13 15:05:52');
> INSERT INTO `reply` VALUES (3,1,'user1','댓글1_3','2012-04-13 15:05:54');
> INSERT INTO `reply` VALUES (4,1,'user1','댓글1_4','2012-04-13 15:05:55');
> INSERT INTO `reply` VALUES (5,2,'user1','댓글1_5','2012-04-13 15:06:03');
> INSERT INTO `user` VALUES ('user1','사용자1');
> INSERT INTO `user` VALUES ('fromm0','이동국');
> ```

## 4.4.1 한 개의 테이블을 사용하는 결과 매핑

테이블을 한 개만 사용하는 가장 간단한 상황부터 알아보자.

코드 4.12는 댓글 테이블만을 조회하는 매핑 구문이다.

코드 4.12 매핑 규칙 정의를 설명하기 위한 간단한 매핑 구문

```xml
<select id="selectCommentByPrimaryKey" parameterType="long"
        resultMap="BaseResultMap">
    SELECT
        comment_no,
        user_id,
        comment_content,
        reg_date
```

```
        FROM COMMENT
        WHERE comment_no = #{commentNo}
</select>
```

 코드 4.12를 코드 3.7과 비교하면 두 가지 차이점이 있다. 코드 3.7은 결과 타입을 지정할 때 resultType 속성을 사용했지만, 코드 4.12는 resultMap을 사용한다. 그리고 코드 3.7은 각 칼럼에 대해 별칭을 사용했지만, 이 매핑 구문에서는 별칭을 사용하지 않는다. 코드 4.12에서 댓글 번호에 해당하는 comment_no 칼럼의 값을 모델 객체에 자동으로 설정하기 위해서는 대상 모델 클래스가 comment_no 이름의 필드를 갖거나 setComment_no 이름의 setter 메소드를 가져야만 한다. 하지만 여기서 칼럼과 모델 클래스의 필드와 메소드는 이름이 다르기 때문에 자동으로 값을 설정할 수 없다. 즉, comment_no 칼럼의 값을 commentNo 필드나 setCommentNo 이름의 setter 메소드를 사용하게 규칙을 정의해줘야 하는 상황이 되는 셈이다. 그렇다면 comment_no 칼럼의 값을 commentNo 필드에 설정하기 위한 결과 매핑을 설정해보자. 코드 4.13은 resultMap 엘리먼트를 사용해 결과 매핑을 정의한다.

코드 4.13 댓글 모델 클래스를 사용하는 결과 매핑 정의

```
<resultMap id="BaseResultMap" type="ldg.mybatis.model.Comment">
    <id column="comment_no" jdbcType="BIGINT" property="commentNo" />
    <result column="user_id" jdbcType="VARCHAR" property="userId" />
    <result column="reg_date" jdbcType="TIMESTAMP" property="regDate" />
    <result column="comment_content" jdbcType="VARCHAR"
            property="commentContent" />
</resultMap>
```

 코드 4.13은 댓글을 조회하는 SQL에서 별칭을 사용하지 않는 칼럼 값을 모델 객체에 설정하는 결과 매핑 설정이다. 결과 매핑을 정의하는 resultMap 엘리먼트 하위에 둔 각각의 엘리먼트에서 대상 칼럼명은 column 속성에 선언하고, 모델 클래스에서 설정하고자 하는 필드명은 property 속성에 선언하면 된다. 각각의 엘리먼트에 대해 하나씩 살펴보자.

- 결과 매핑의 아이디는 BaseResultMap이고, 코드 4.13의 resultMap 속성에서 사용한다. 대상 클래스의 타입은 ldg.mybatis.model.Comment다. 이 결과 매핑을 사용해 반환되는 타입은 댓글 또는 댓글을 갖는 List 객체다.

- id 엘리먼트는 기본 키의 칼럼을 지정할 때 사용한다. 댓글 테이블의 기본 키는 댓글 번호인 comment_no 칼럼이다.

- comment_no 칼럼은 property 속성을 commentNo로 했기 때문에 댓글 객체의 commentNo 필드에 리플렉션으로 값을 설정하거나 setCommentNo 메소드를 사용해서 값을 설정한다.

- comment_no 칼럼에서 jdbcType 속성에 정의한 bigint 값을 보고 JDBC가 내부적으로 값을 처리할 때 값의 타입을 bigint로 인식한다. JDBC 타입의 종류는 java.sql.Types 클래스를 보면 된다.

- result 엘리먼트를 사용한 user_id 칼럼은 property 속성을 userId로 설정했기 때문에 댓글 객체의 userId 필드에 리플렉션으로 값을 설정하거나 setUserId 메소드를 사용해서 값을 설정한다.

- reg_date 칼럼은 property 속성을 regDate로 설정했기 때문에 댓글 객체의 regDate 필드에 리플렉션으로 값을 설정하거나 setRegDate 메소드를 사용해서 값을 설정한다.

- comment_content 칼럼은 property 속성을 commentContent로 설정했기 때문에 댓글 객체의 commentContent 필드에 리플렉션으로 값을 설정하거나 setCommentContent 메소드를 사용해서 값을 설정한다.

이렇게 resultMap 엘리먼트에 칼럼과 대상 필드 및 setter 메소드의 규칙을 정의해주면 칼럼명과 필드명이 다르더라도 값을 설정할 수 있다. 이번 경우에는 칼럼명과 필드명의 명명 규칙 차이가 일관적이었다. 칼럼명은 전통적인 데이터베이스가 선택하는 _(언더 바) 방식을 사용했고 모델 클래스는 자바가 사용하는 낙타표기법을 사용했다. 마이바티스에서는 이러한 전통적인 명명 규칙 간의 차이를 쉽게 해결하기 위해 별도로 mapUnderscoreToCamelCase 설정을 제공한다. 다시 결과 매핑을 사용하지 않는다고 가정해보자. 코드 4.12의 각 칼럼과 setter 메소드를 생각해보면 다음과 같다.

- comment_no → setComment_no()

- user_id → setUser_id()
- comment_content → setComment_content()
- reg_date → setReg_date()

마이바티스 설정 파일의 mapUnderscoreToCamelCase 설정을 true로 설정하면 마이바티스는 다음과 같은 규칙을 자동으로 적용한다.

- comment_no → setCommentNo()
- user_id → setUserId()
- comment_content → setCommentContent()
- reg_date → setRegDate()

이렇게 할 수 있는 배경은 전통적인 데이터베이스의 명명 규칙과 자바의 낙타표 기법이 오랫동안 지속돼 왔고 일관적이라는 점에서 가능한 기능이다. 결과 매핑을 별도로 XML에 정의하는 것은 매핑 구문이 많아질수록 귀찮은 작업이 될 수 있다. 대부분의 경우 mapUnderscoreToCamelCase 설정을 사용해서 많은 부분을 자동으로 처리할 수 있다. 하지만 mapUnderscoreToCamelCase 설정을 사용할 때 별칭이 너무 길면 오류가 발생한다는 것을 들은 적이 있다.

mapUnderscoreToCamelCase 설정을 프로젝트 전반에 사용할지는 약간의 테스트를 진행해서 판단하는 게 좋다. mapUnderscoreToCamelCase를 포함한 마이바티스 세부 설정에 대해서는 6장에서 다시 다룬다.

코드 4.13의 결과 데이터를 화면에 출력하기 위한 호출 URL은 http://localhost:8080/jsp/xml/comment_resultmap_one.jsp?commentNo=1이고 그림 4.9는 결과 화면이다.

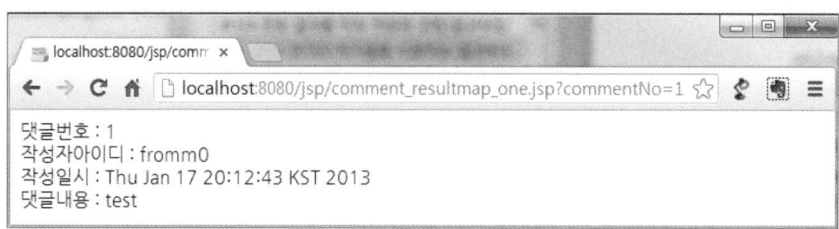

그림 4.9 코드 4.13의 결과 데이터를 출력한 화면

## 4.4.2 생성자를 통한 객체 생성(constructor 엘리먼트)

id나 result 엘리먼트를 사용해 설정하는 과정은 대부분 setter 메소드나 자바의 리플렉션을 사용해 값을 설정한다. 최근에는 자바 개발을 할 때 코드의 품질을 높이기 위해 여러 가지 디자인 패턴을 적용하는 경우가 많다. 그러한 디자인 패턴 중에 불변 패턴immutable pattern이 있다. 이 불변 패턴에서는 주로 불변 객체immutable object를 사용한다. 불변 객체는 한 번 설정하면 그 상태를 변경할 수 없기 때문에 생성자를 사용해서 객체를 생성할 때 값을 설정한다. 마이바티스에서는 생성자를 사용해서 객체를 생성하고 값을 설정하기 위해 constructor 엘리먼트를 제공한다.

코드 4.14는 댓글을 나타내는 불변 클래스다.

코드 4.14 댓글의 불변 클래스

```java
public class Comment implements Serializable {
    private final Long commentNo;
    private final String userId;
    private final Date regDate;
    private final String commentContent;

    public Comment(Long commentNo, String userId, Date regDate,
            String commentContent) {
        this.commentNo = commentNo;
        this.userId = userId;
        this.regDate = regDate;
        this.commentContent = commentContent;
    }

    public Long getCommentNo() {
        return commentNo;
    }

    public String getUserId() {
        return userId;
    }

    public Date getRegDate() {
        return regDate;
    }
```

```
    public String getCommentContent() {
        return commentContent;
    }
}
```

코드 4.14에는 필드에 값을 설정하기 위해 필드를 모두 갖는 생성자가 있다. 그 외에는 각 필드의 값을 가져가기 위해 사용할 getter 메소드만 있다. 단, 객체가 생성되고 나면 바꿀 수 없기 때문에 setter 메소드가 없다.

코드 4.15는 코드 4.14의 불변 클래스를 사용하는 결과 매핑 설정이다.

코드 4.15  생성자를 사용해서 값을 설정하는 결과 매핑 설정

```
<resultMap id="ConstructorResultMap" type="ldg.mybatis.model.Comment">
    <constructor>
        <idArg column="comment_no" javaType="long" />
        <arg column="user_id" javaType="string" />
        <arg column="reg_date" javaType="date" />
        <arg column="comment_content" javaType="string" />
    </constructor>
</resultMap>
```

클래스가 필드마다 setter 메소드를 가진다면 각각의 setter 메소드를 사용하게 id와 result 엘리먼트를 사용하면 되지만, 생성자를 사용하는 경우에는 setter 메소드를 사용하는 엘리먼트를 사용할 수 없다. constructor 엘리먼트를 사용해 결과 매핑을 설정할 때는 클래스의 생성자처럼 설정하고자 하는 칼럼을 순서대로 적어주면 된다. 생성자의 파라미터를 설정하기 위해 idArg와 arg 엘리먼트를 사용한다. idArg와 arg 엘리먼트를 선언하는 순서는 생성자 파라미터의 순서와 동일해야 하고, 조회 결과에서 가져올 값을 선택하기 위해 칼럼명을 column 속성에 적어준다. constructor 엘리먼트의 하위 엘리먼트인 idArg와 arg는 resultMap 엘리먼트의 하위 엘리먼트인 id나 result와 거의 동일한 역할을 한다. idArg는 기본 키이고, arg는 그 외의 칼럼을 처리한다.

코드 4.16처럼 생성자와 setter 메소드를 함께 사용할 수도 있다.

코드 4.16 생성자와 setter 메소드를 함께 사용해서 값을 설정하는 결과 매핑 설정

```xml
<resultMap id="ConstructorResultMap" type="ldg.mybatis.model.Comment">

    <constructor>
        <idArg column="comment_no" javaType="long" />
        <arg column="user_id" javaType="string" />
    </constructor>

    <result column="reg_date" jdbcType="TIMESTAMP" property="regDate" />
    <result column="comment_content" jdbcType="VARCHAR"
            property="commentContent" />

</resultMap>
```

constructor 엘리먼트에는 생성자의 파라미터들을 처리하고 result 엘리먼트를 사용해서 setter 메소드를 호출하면 된다. 코드 4.15와 코드 4.16은 설정만 다를 뿐 같은 결과를 만든다. 코드 4.14의 결과 데이터를 화면에 출력하기 위한 호출 URL은 'http://localhost:8080/jsp/xml/comment_resultmap_constructor.jsp?commentNo=1'이고, 결과 화면은 그림 4.10과 같다.

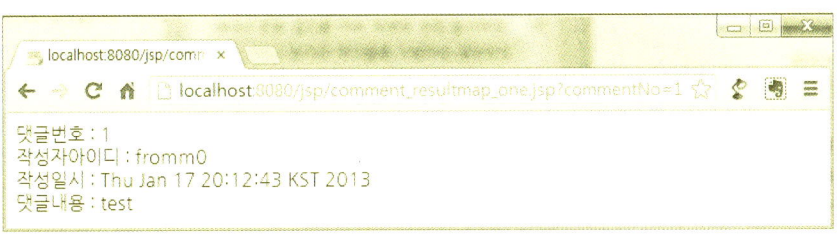

그림 4.10 코드 4.14의 결과 데이터를 출력한 화면

### 4.4.3 1:1 관계를 처리하는 association 엘리먼트

1:1 관계인 테이블들에 대해 데이터를 조회할 때는 각각의 테이블에 데이터를 조회하기도 하고, 간단하게 조인 구문을 사용해서 한꺼번에 데이터를 가져오기도 한다.

> **팁**
> 데이터베이스에서 1:1 관계는 관계를 맺는 테이블끼리 데이터가 한 건씩 연결되는 것을 뜻한다. 예를 들면 한 개의 댓글은 한 명의 작성자 정보를 가진다. 댓글의 작성자는 2명 이상이 될 수 없고, 없을 수도 없다. 이렇게 가져오는 데이터마다 관계를 맺는 다른 테이블의 데이터가 한 개씩 존재하는 관계의 형태를 1:1 관계라고 한다.

데이터가 설정되는 객체의 형태를 볼 때 댓글 클래스에 작성자 정보의 클래스 필드를 추가하는 방법과, 댓글 정보와 작성자 정보를 나타내는 각각의 클래스 필드를 갖는 또 다른 클래스를 생성해서 사용하는 방법이 있을 것이다. 먼저 댓글 클래스에 작성자 정보의 클래스 필드를 추가하는 방법을 살펴보자. 코드 4.12는 댓글 객체이면서 작성자 정보에 해당하는 클래스 변수를 갖고 있다.

코드 4.17 작성자 정보를 갖는 댓글 객체

```
public class Comment implements Serializable {
    private Long commentNo;
    private String userId;
    private Date regDate;
    private String commentContent;

    private User user;

    ... 생략

    public User getUser() {
        return user;
    }

    public void setUser(User user) {
        this.user = user;
    }
}
```

코드 4.17의 댓글 클래스는 댓글 정보인 댓글 번호, 작성자 아이디, 등록 일시, 댓글 내용 외에 다음과 같은 작성자 정보 객체를 추가로 가진다.

```
private User user
```

그러면 댓글과 작성자 정보를 한꺼번에 가져오게 SQL을 작성해보자. 댓글과 작성자 정보를 한 번에 조회하기 위해 코드 4.18과 같이 조인을 사용한다.

코드 4.18 댓글과 작성자를 함께 가져오는 조인 SQL

```
SELECT
    c.comment_no,
    c.user_id,
    c.comment_content,
    c.reg_date,
    u.user_name
FROM comment c, user u
WHERE c.user_id = u.user_id
AND c.comment_no = #{commentNo}
```

코드 4.18은 댓글과 작성자를 함께 가져오기 위해 조인을 사용하는 SQL이다. 데이터를 갖는 자바 모델 클래스와 SQL이 준비됐다. 결과 매핑 설정을 보기 전에 JDBC 코드가 어떻게 될지 생각해보자. 마이바티스의 결과 매핑 설정은 XML 엘리먼트만 알고 있다면 JDBC 코드를 그대로 XML로 표현한 것과 같기 때문에 JDBC 코드를 생각해보는 것이 크게 도움이 된다. 조회 결과를 자바 객체에 설정하는 자바 코드를 생각해보자.

```
Comment comment;
User user;
if ( rs.next() ){
    comment = new Comment();
    comment.setCommentContent(rs.getString("comment_content"));
    comment.setCommentNo(rs.getLong("comment_no"))
    comment.setRegDate(rs.getDate("reg_date"))
    comment.setUserId(rs.getString("user_id"))

    user = new User();
    user.setUserId(rs.getString("user_id"));
    user.setUserName(rs.getString("user_name"));
    comment.setUser(user);
```

```
    }
    return comment;
```

조회 결과를 자바 객체에 설정하는 자바 코드를 코드 4.19와 같이 XML에 그대로 옮긴다고 생각해보자.

코드 4.19 댓글과 작성자 정보를 설정하는 결과 매핑

```xml
<resultMap id="associationResultMap" type="Comment">
    <id column="comment_no" jdbcType="BIGINT" property="commentNo" />
    <result column="user_id" jdbcType="VARCHAR" property="userId" />
    <result column="reg_date" jdbcType="TIMESTAMP" property="regDate" />
    <result column="comment_content" jdbcType="VARCHAR"
            property="commentContent" />
    <association property="user" column="user_id" javaType="User">
        <id property="userId" column="user_id" />
        <result property="userName" column="user_name" />
    </association>
</resultMap>
```

댓글 테이블의 comment_no, user_id, reg_date, comment_content 칼럼에 대한 매핑 설정은 이미 살펴본 내용이므로 설명을 생략하고 association 엘리먼트에 대해서만 설명한다. 코드 4.19에서는 association 엘리먼트를 사용해서 작성자 정보를 설정한다.

- **association 엘리먼트의 property 속성** 대상 객체의 setter 메소드명을 지정한다. 여기서는 user라는 클래스 필드에 설정해야 하기 때문에 setUser 메소드를 호출한다. 단, setUser 메소드를 호출하기 전에 setUser 메소드의 파라미터인 작성자 객체를 생성한다. 작성자 객체를 생성하기 위해서 association 엘리먼트의 하위 엘리먼트인 id와 result 엘리먼트를 사용해서 작성자의 세부 정보를 설정한다. id와 result 엘리먼트를 칼럼별로 값을 설정하기 위해 사용하고, id는 기본 키에 해당되는 칼럼으로 지정해주고 기본 키가 아닌 칼럼은 result 엘리먼트를 사용해서 지정해주면 된다.

- **association 엘리먼트의 column 속성** 두 테이블의 관계를 이어주는 참조 키에 해당되는 칼럼을 지정한다. 여기서는 댓글과 작성자 테이블 간의 연결 고리인 작성자 아이디의 `user_id` 칼럼을 사용한다.
- **association 엘리먼트의 javaType 속성** 설정하는 대상 객체의 타입을 명시한다. 작성자 정보에 대한 타입 별칭을 사용하기 때문에 `User`로 설정한다.

작성자 객체 정보를 세부적으로 채우기 위해 작성자 테이블의 기본 키인 `user_id`와 일반 칼럼인 `user_name` 칼럼에 대해 `id`와 `result` 엘리먼트를 사용해서 설정한다.

코드 4.19는 association 엘리먼트를 사용한 것을 제외하면 지금까지 살펴본 매핑 결과 설정과 특별히 달라 보이지 않는다. 1:1 관계의 객체 타입 필드를 설정하기 위해 association 엘리먼트와 댓글 클래스에 작성자 정보의 클래스 필드를 추가하는 방법을 살펴봤다.

그렇다면 이제는 두 번째 방법인 댓글 정보와 작성자 정보를 나타내는 각각의 클래스 필드를 갖는 또 다른 클래스를 사용해보자.

코드 4.20 댓글 모델과 작성자 모델 정보를 갖는 클래스

```java
public class CommentUser implements Serializable {
    private Comment comment;
    private User user;

    public Comment getComment() {
        return comment;
    }

    public void setComment(Comment comment) {
        this.comment = comment;
    }

    public User getUser() {
        return user;
    }

    public void setUser(User user) {
        this.user = user;
```

```
        }
    }
```

코드 4.20은 앞서 살펴본 코드 4.17처럼 댓글과 작성자 정보를 모두 가진다는 점에서는 동일하다. 하지만 클래스 구조가 약간 다르다. 코드 4.20의 클래스는 댓글과 작성자 정보를 각각 갖는 클래스 필드 두 개만 가진다. 여기서는 이 클래스를 댓글 작성자 클래스라고 지정해보자. 코드 4.17보다는 코드가 좀더 직관적으로 보이기도 한다. 이러한 형태의 객체에 값을 설정해보자. 클래스가 준비됐지만 결과매핑 설정을 살펴봐야 한다. 하지만 그 전에 이 객체에 값을 설정하기 위한 다음과 같은 자바 코드를 그려보자.

```
CommentUser commentUser;
Comment comment;
User user;
if ( rs.next() ){
    comment = new Comment();
    comment.setCommentContent(rs.getString("comment_content"));
    comment.setCommentNo(rs.getLong("comment_no"))
    comment.setRegDate(rs.getDate("reg_date"))
    comment.setUserId(rs.getString("user_id"))

    user = new User();
    user.setUserId(rs.getString("user_id"));
    user.setUserName(rs.getString("user_name"));

    commentUser.setComment(comment);
    commentUser.setUser(user);
}

return commentUser;
```

조회 결과의 데이터가 있으면 댓글 객체와 작성자 객체를 먼저 생성하고 값을 설정한다. 이 각각의 객체를 댓글 작성자 객체에 설정한다.

사용하는 클래스의 형태가 조금 다르지만 이 객체에 값을 설정하기 위해 association 엘리먼트를 사용한다. association 엘리먼트를 설정하고자 하는 객체의 개수만큼 선언을 해야 하는데, 설정하는 객체가 두 개이므로 association 엘리먼트도 두 번 선언한다.

코드 4.21에서는 댓글과 작성자를 설정하게 association 엘리먼트를 두 번 사용한다.

코드 4.21 association 엘리먼트를 두 개 이상 사용해 정의한 결과 매핑

```xml
<resultMap id="associationResultMap2" type="CommentUser">
    <association property="comment" column="comment_no"
            javaType="Comment">
        <id column="comment_no" jdbcType="BIGINT" property="commentNo" />
❶       <result column="user_id" jdbcType="VARCHAR" property="userId" />
        <result column="reg_date" jdbcType="TIMESTAMP"
                property="regDate" />
        <result column="comment_content" jdbcType="VARCHAR"
                property="commentContent" />
    </association>

    <association property="user" column="user_id" javaType="User">
❷       <id property="userId" column="user_id" />
        <result property="userName" column="user_name" />
    </association>
</resultMap>
```

❶ 댓글 정보를 설정하는 association 엘리먼트

첫 번째 association 엘리먼트는 댓글 정보를 설정한다. 하위 엘리먼트를 사용해서 댓글의 세부 정보를 채우고 property 속성에 지정한 comment를 사용해서 setComment 메소드를 호출하게 한다. javaType 속성에 지정한 Comment는 setComment 메소드를 호출할 때 파라미터의 타입을 지정하기 때문에 댓글인 Comment 클래스 타입이다. 댓글 정보는 comment_no, user_id, reg_date, comment_content 칼럼의 값을 사용하며, 각각 setCommentNo, setUserId, setRegDate, setCommentContent 메소드를 사용해서 설정한다.

❷ 작성자 정보를 설정하는 association 엘리먼트

두 번째 association 엘리먼트는 작성자 정보를 설정한다. 하위 엘리먼트를 사용해서 작성자 정보를 채우고 property 속성에 지정한 user를 사용해서 setUser 메소드를 호출하게 한다. javaType 속성에 의해 setUser 메소드를 호출할 때 파라미터의 타입은 작성자인 User 클래스 타입이다. 작성자 정보는 user_id, user_name 칼럼의 값을 사용하며, 각각 setUserId, setUserName 메소드를 사용해서 설정한다.

각 객체를 대표하는 결과 매핑 설정은 한 번만 정의하고 다른 결과 매핑 설정에서 재사용할 수 있다. 실무에서는 다양한 칼럼 조합으로 결과 매핑을 정의하거나 조인을 사용해서 여러 가지 테이블을 한 번에 처리하는 결과 매핑 설정이 많이 나올 수밖에 없다. 따라서 가급적이면 테이블이나 모델 클래스별로 결과 매핑을 설정하고 재사용하는 방법이 좋다. 결과 매핑을 재사용하는 것은 모델 클래스를 여러 군데 사용하는 것과 같은 역할을 한다. 코드 4.22는 미리 정의해둔 결과 매핑을 다른 결과 매핑에서 재사용하는 결과 매핑이다. association 엘리먼트에서 다른 결과 매핑을 재사용하기 위해서는 association 엘리먼트의 resultMap 속성을 사용한다. resultMap 속성에 사용할 결과 매핑의 아이디를 적어주면 된다. 코드 4.22에서는 baseResultMap 결과 매핑을 별도로 설정하고, associationResultMap2 결과 매핑에서 baseResultMap 결과 매핑을 사용하는 것을 볼 수 있다. 결과 매핑을 재사용하기 때문에 설정이 다르게 보일 수 있지만 코드 4.22는 코드 4.21과 같은 설정이다.

코드 4.22  결과 매핑을 재사용해 정의한 결과 매핑

```xml
<resultMap id="baseResultMap" type="Comment">
    <id column="comment_no" jdbcType="BIGINT" property="commentNo" />
    <result column="user_id" jdbcType="VARCHAR" property="userId" />
    <result column="reg_date" jdbcType="TIMESTAMP" property="regDate" />
    <result column="comment_content" jdbcType="VARCHAR"
            property="commentContent" />
</resultMap>
<resultMap id="associationResultMap2" type="Comment User">
    <association property="comment" column="comment_no"
```

```xml
            javaType="Comment" resultMap="baseResultMap" />
    <association property="user" column="user_id" javaType="User">
        <id property="userId" column="user_id" />
        <result property="userName" column="user_name" />
    </association>
</resultMap>
```

코드 4.23  1:1 관계의 댓글과 작성자를 출력하는 JSP

```jsp
<%@page import="java.io.*,java.util.*,
    ldg.mybatis.service.*,ldg.mybatis.model.*"
    contentType="text/html; charset=utf8"%>

<%
Long commentNo = Long.parseLong(request.getParameter("commentNo"));
CommentResultMapService commentService = new CommentResultMapService();
CommentUser commentUser =
commentService.selectCommentByPrimaryKeyAssociation(commentNo);
%>

댓글번호 : <%= commentUser.getComment().getCommentNo() %><br>
댓글작성자 : <%= commentUser.getComment().getUserId() %><br>
댓글작성일시 : <%= commentUser.getComment().getRegDate() %><br>
댓글내용 : <%= commentUser.getComment().getCommentContent() %><br>

댓글작성자 : <%= commentUser.getUser().getUserId() %><br>
댓글작성자명 : <%= commentUser.getUser().getUserName() %><br>
```

코드 4.23은 1:1 관계의 결과 매핑을 사용하는 서비스 객체의 메소드인 selectCommentByPrimaryKeyAssociation을 사용한다. 1:1 관계이기 때문에 댓글과 작성의 정보를 한 개씩 있으며, 각 정보를 출력하게 처리돼 있다.

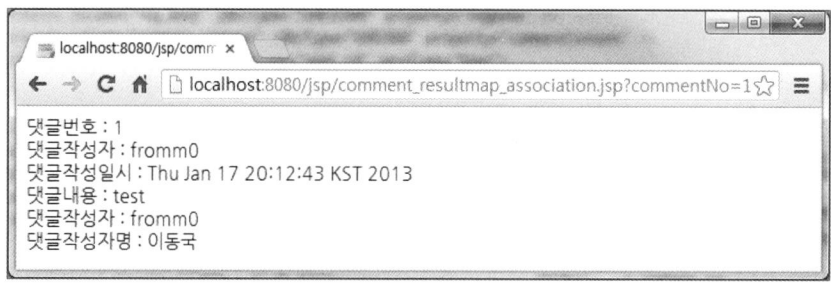

그림 4.11  1:1 관계의 댓글과 작성자를 출력하는 화면

그림 4.11은 댓글과 작성자 정보를 출력하는 화면이다. 먼저 댓글의 정보를 하나씩 출력하고 작성자의 정보를 출력한다. 그림 4.11에서 사용하는 호출 URL은 http://localhost:8080/jsp/xml/comment_resultmap_association.jsp?commentNo=1 이다.

> **팁**
>
> 조인 구문에서 동일한 테이블을 두 번 이상 사용할 경우에는 결과 매핑을 한 번만 설정하고 재사용이 가능하다. 이 기능은 마이바티스 3.1에서 추가된 기능이다.

```xml
<resultMap id="columnPrefixResultMap"
     type="ldg.mybatis.model.CommentColumnPrefix">
  <association property="comment1" resultMap="constructorResultMap"
       columnPrefix="c1_"></association>
  <association property="comment2" resultMap="constructorResultMap"
       columnPrefix="c2_"></association>
</resultMap>

<resultMap id="constructorResultMap" type="Comment">
  <constructor>
     <idArg column="comment_no" javaType="long" />
     <arg column="user_id" javaType="string" />
     <arg column="reg_date" javaType="date" />
     <arg column="comment_content" javaType="string" />
  </constructor>
</resultMap>

<select id="selectColumnPrefix" resultMap="columnPrefixResultMap">
  SELECT
```

```xml
        c1.comment_no AS c1_comment_no,
        c1.user_id AS c1_user_id,
        c1.comment_content AS c1_comment_content,
        c1.reg_date AS c1_reg_date,
        c2.comment_no AS c2_comment_no,
        c2.user_id AS c2_user_id,
        c2.comment_content AS c2_comment_content,
        c2.reg_date AS c2_reg_date,
        r.reply_content,
        r.reg_date    AS reg_date2
   FROM COMMENT c1,
        COMMENT c2,
        reply r
  WHERE c1.comment_no = r.comment_no
    AND c1.comment_no = c2.comment_no
    AND c1.comment_no = #{commentNo}
</select>
```

## 4.4.4 1:N 관계를 처리하는 collection 엘리먼트

1:1 관계를 처리하는 결과 매핑을 살펴봤으므로 이제는 1:N 관계를 처리하는 결과 매핑을 살펴보자.

> **팁**
>
> 데이터베이스에서 1:N 관계는 관계를 맺는 테이블끼리 기준이 되는 데이터가 관계를 맺는 테이블의 데이터를 여러 개 가진다는 것을 나타낸다. 예를 들면 한 개의 댓글은 여러 개의 답글을 가진다. 댓글별로 답글이 없을 수도 있고, 다수의 답글을 가질 수도 있다. 이렇게 가져오는 데이터마다 관계를 맺는 다른 테이블의 데이터가 여러 개 존재하는 관계의 형태를 1:N 관계라고 한다.

1:N 관계를 나타내는 모델 클래스는 대개 `List` 타입의 객체 변수를 가진다. 답글 목록을 가진 댓글 클래스를 생각해보자. 자바 모델 클래스는 답글 타입의 객체 목록을 가진다.

코드 4.24 답글 목록을 갖는 댓글 클래스

```
public class Comment implements Serializable {
    private Long commentNo;
    private String userId;
    private Date regDate;
    private String commentContent;

    private List<Reply> replies;

    ... 생략

    public List<Reply> getReplies() {
        return replies;
    }

    public void setReplies(List<Reply> replies) {
        this.replies = replies;
    }
}
```

코드 4.17에서 살펴본 작성자 정보를 갖는 댓글 객체와 비교해보면 코드 4.24는 다음과 같이 답글 목록을 갖는 List 타입의 필드를 가진 것이 다르다.

private List<Reply> replies;

이 필드로 인해 이 클래스는 데이터베이스의 1:N 관계를 처리하는 모델 클래스가 되는 셈이다.

데이터를 담을 모델 클래스를 살펴봤으니 이제는 사용할 SQL을 살펴보자. 코드 4.25는 조인을 사용했으며, 댓글과 답글 목록을 한꺼번에 가져온다.

코드 4.25 댓글과 답글을 함께 가져오는 SQL

```
SELECT
    c.comment_no,
    c.user_id,
    c.comment_content,
    c.reg_date,
```

```
    r.reply_content,
    r.reg_date AS reg_date2
FROM comment c, reply r
WHERE c.comment_no = r.comment_no
AND c.comment_no = #{commentNo}
```

모델 클래스와 SQL을 살펴봤다. 이 두 가지를 사용할 JDBC 코드를 살펴봐야 한다. JDBC 코드를 보면 결과 매핑을 쉽게 유추할 수 있다. JDBC 코드를 보면 조회한 결과물에서 답글의 목록을 만든다. 그리고 마지막에 댓글의 정보를 설정하고 반환하는 것으로 끝난다. 코드 4.25에서는 댓글 번호를 조회 조건으로 사용했기 때문에 댓글은 한 개만 나올 것이고, 그 댓글에 등록된 답글만 목록으로 가져올 수 있다.

```
Comment comment = new Comment();
List<Reply> replies = new ArrayList<Reply>();

while ( rs.next() ){
    reply = new Reply();
    reply.setCommentNo(rs.getLong("comment_no"));
    reply.setRegDate(rs.getDate("reg_date"));
    reply.setReplyContent(rs.getString("reply_content"));
    reply.setReplyNo(rs.getLong("reply_no"));
    reply.setUserId(rs.getString("user_id"));
    replies.add(reply);
}

comment.setCommentContent(rs.getString("comment_content"));
comment.setCommentNo(rs.getLong("comment_no"))
comment.setRegDate(rs.getDate("reg_date"))
comment.setUserId(rs.getString("user_id"))
comment.setReplies(replies);

return comment;
```

모델 클래스와 SQL, 그리고 JDBC 코드를 이해했다면 association 엘리먼트를 사용할 때와 크게 다르지 않다. 1:N 관계를 처리함에 있어서의 차이점은 설정하고자 하는 객체의 타입이 List이고 이러한 타입을 처리하기 위해 collection 엘리먼트를 사용한다는 점을 알아두면 된다. List 타입을 처리하기 위해 사용할 결과 매핑 설정을 알아보자.

코드 4.26 댓글과 답글 목록을 설정하는 결과 매핑

```
<resultMap id="collectionResultMap" type="Comment">
    <id column="comment_no" jdbcType="BIGINT" property="commentNo" />
    <result column="user_id" jdbcType="VARCHAR" property="userId" />
    <result column="reg_date" jdbcType="TIMESTAMP" property="regDate" />
    <result column="comment_content" jdbcType="VARCHAR"
            property="commentContent" />
    <collection property="replies" ofType="Reply">
        <id property="replyId" column="reply_id" />
        <result property="userId" column="user_id" />
        <result property="replyContent" column="reply_content" />
        <result property="regDate" column="reg_date2" />
    </collection>
</resultMap>
```

코드 4.26은 1:N 관계를 처리하는 결과 매핑이고, 댓글마다 여러 개의 답글 목록을 설정한다. 이미 설명한 것처럼 답글 목록을 설정하기 위해 collection 엘리먼트를 사용한다. 코드 4.26에서 사용한 collection 엘리먼트의 속성들에 대해 살펴보면 다음과 같다.

- property 속성을 사용해서 setter 메소드의 이름이나 설정될 필드명을 선택한다. 답글 목록을 설정하기 위해 setReplies 메소드를 사용하거나 replies 필드에 설정하게 한다.

- ofType 속성을 사용해서 목록을 구성하는 객체의 타입을 지정한다. ofType 속성이 Reply로 설정됨에 따라 실제 반환 타입은 List<Reply>임을 알 수 있다.

- collection 엘리먼트의 하위 엘리먼트인 id, result 엘리먼트를 사용해서 reply_id, user_id, reply_content, reg_date2 값을 각각 setReplyId, setUserId, setReplyContent, setRegDate 메소드를 사용해서 설정한다. 이

하위 엘리먼트는 답글의 세부 정보를 설정할 때 사용한다.

코드 4.27  1:N 관계의 댓글과 답글 목록을 출력하는 JSP

```jsp
<%@page import="java.io.*,java.util.*,ldg.mybatis.service.*,
    ldg.mybatis.model.*" contentType="text/html; charset=utf8"%>

<%
Long commentNo = Long.parseLong(request.getParameter("commentNo"));
CommentResultMapService commentService = new CommentResultMapService();
Comment comment =
commentService.selectCommentByPrimaryKeyCollection(commentNo);
%>

댓글번호 : <%= comment.getCommentNo() %><br>
댓글작성자 : <%= comment.getUserId() %><br>
댓글작성일시 : <%= comment.getRegDate() %><br>
댓글내용 : <%= comment.getCommentContent() %><br>

+++ 여기부터 답글 목록 +++
<% for( Reply reply : comment.getReplies() ){ %>
답글번호 : <%= reply.getReplyNo() %><br>
답글작성자 : <%= reply.getUserId() %><br>
답글작성일시 : <%= reply.getRegDate() %><br>
답글내용 : <%= reply.getReplyContent() %><br>
<% } %>
```

코드 4.27은 1:N 관계의 결과 매핑을 사용하는 서비스 객체의 메소드인 selectCommentByPrimaryKeyCollection을 사용한다. 1:N 관계이기 때문에 댓글을 출력하고 답글 목록을 하나씩 출력하게 처리돼 있다.

그림 4.12는 댓글과 답글 목록을 출력하는 화면이다.

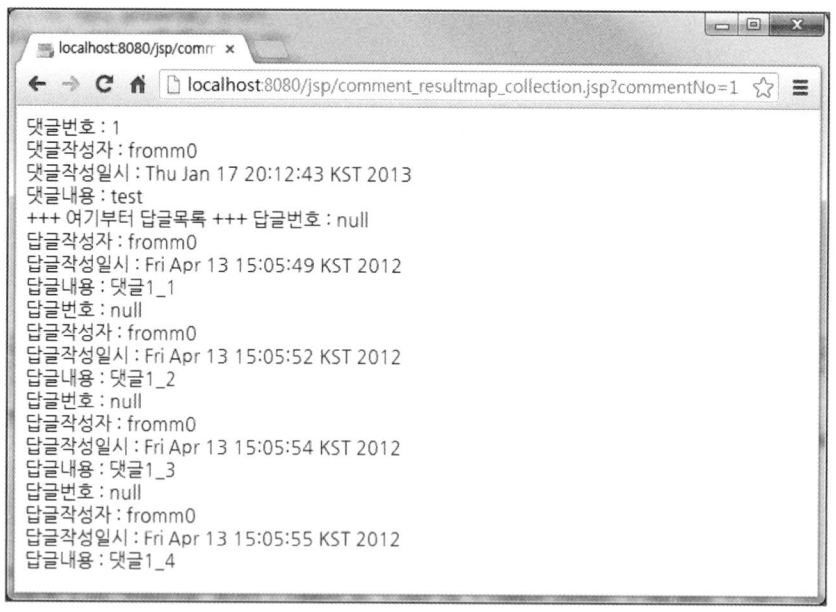

그림 4.12  1:N 관계의 댓글과 답글 목록을 출력하는 화면

그림 4.12는 먼저 댓글의 정보를 출력하고 답글 목록에서 각각을 출력하고 있다. 그림 4.12에서 사용하는 호출 URL은 http://localhost:8080/jsp/xml/comment_resultmap_collection.jsp?commentNo=1이다.

데이터베이스에서 테이블의 관계는 대부분 1:1과 1:N으로 표현한다.

> 주의
> 가끔 1:1이나 1:N이 아닌 N:M 관계가 나오는 경우가 있긴 하다. 하지만 이런 경우에는 데이터베이스를 잘 아는 사람을 통해 반드시 1:N 관계로 정규화를 진행하고 개발하도록 한다.

1:1 관계는 association 엘리먼트를 사용하고, 1:N 관계는 collection 엘리먼트를 사용하면 처리할 수 있다. 그리고 각각의 결과 매핑은 다른 결과 매핑에서도 재사용할 수 있다.

## 4.4.5 동적으로 결과 매핑을 선택하는 discriminator 엘리먼트

마이바티스 설정에서 SQL을 설정할 때는 데이터를 설정하는 대상 클래스나 대상 결과 매핑을 한 개만 선택할 수 있다.

자바 API를 사용해서 SQL을 실행하기 위해서는 매핑 구문 아이디는 선택해서 호출해야 하고, 매핑 구문 아이디별로 결과 매핑은 고정돼 있다. 하지만 개발을 하다 보면 결과를 매핑하는 과정에 세부 타입이 정해지는 경우가 있다. 예를 들면 자바의 상속을 적용해서 댓글 객체를 상속하는 관리자 댓글, 사용자 댓글이 있고, 매핑 구문은 동일하지만 동적으로 결과 매핑을 선택해야 하는 상황이라고 생각해 보자.

마이바티스는 매핑 구문별로 결과 매핑을 한 개만 지정할 수 있기 때문에 상황에 따라 동적으로 결과 매핑을 선택하기 위해서는 또 다른 방법이 제공돼야 한다. 이런 경우처럼 동적으로 결과 매핑을 선택해야 할 경우 discriminator 엘리먼트를 사용하면 된다. discriminator 엘리먼트는 매핑 과정에서 동적으로 결과 매핑을 선택하는 기능을 제공한다. 이해를 돕기 위해 예제를 살펴보자.

코드 4.28 discriminator 엘리먼트를 사용해 동적으로 결과 매핑을 선택

```
<resultMap id="discriminatorResultMap" type="Comment">
    <id column="comment_no" jdbcType="BIGINT" property="commentNo" />
    <result column="user_id" jdbcType="VARCHAR" property="userId" />
    <result column="reg_date" jdbcType="TIMESTAMP" property="regDate" />
    <result column="comment_content" jdbcType="VARCHAR"
            property="commentContent" />
    <discriminator javaType="string" column="user_id">
        <case value="fromm0" resultMap="userCommentResultMap" />
        <case value="manager" resultMap="managerCommentResultMap" />
    </discriminator>
</resultMap>
```

코드 4.28은 결과를 매핑하는 과정에서 타입을 선택하기 위해 discriminator 엘리먼트를 사용한다. 여기서는 다음과 같은 discriminator 엘리먼트의 두 가지 속성을 사용한다.

1. **javaType** 대상 칼럼의 자바 타입을 지정한다. 마이바티스 내부에서 값을 비교하기 때문에 정확한 값 비교를 위해 타입을 지정해줘야 한다.
2. **column** discriminator 엘리먼트는 특정 칼럼의 값을 비교 대상으로 하는데, 그 대상이 되는 칼럼을 지정한다. 즉, 여기서는 user_id 칼럼의 값이 fromm0이면 일반 사용자 댓글의 결과 매핑을 사용하고, user_id 칼럼의 값이 manager이면 관리자 댓글의 결과 매핑을 사용한다.

discriminator 엘리먼트가 없다면 어떻게 처리해야 할까? 마이바티스가 매핑 구문 아이디별로 결과 매핑을 한 개만 지정 가능하다는 점 때문에 일단은 먼저 데이터를 가져와서 자바 코드에서 다시 값을 설정하는 과정을 거쳐야 한다. 즉, discriminator 엘리먼트가 없다면 한 번 더 설정하는 과정을 거쳐야 한다.

동적으로 매핑을 선택해야 하는 애플리케이션이라면 그만큼 코드도 길어지고 복잡도가 높아지게 될 것이다.

코드 4.28의 결과 데이터를 화면에 출력하기 위한 호출 URL은 http://localhost:8080/jsp/xml/comment_resultmap_discriminator.jsp?commentNo=1이고, 그림 4.13은 결과 화면이다.

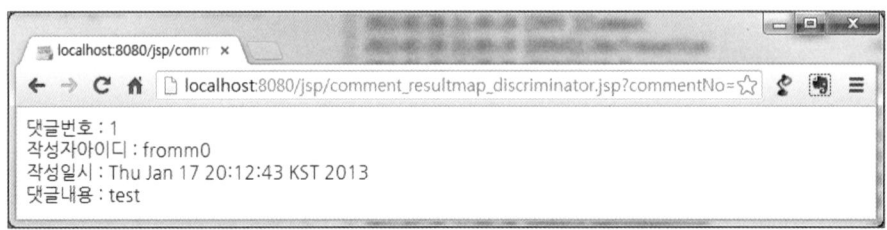

그림 4.13 코드 4.28의 결과 데이터를 출력한 화면

> ●● 아이바티스에서는
>
> mapUnderscoreToCamelCase 설정은 마이바티스에서 추가된 설정이라 아이바티스에서는 제공하지 않았다. 따라서 아이바티스를 사용할 때 mapUnderscoreToCamelCase와 같은 효과를 내기 위해서는 별도의 결과 매핑을 사용하거나 조회할 때마다 칼럼에 별칭을 부여해야 했다.

1:1 관계를 처리하거나 1:N 관계를 처리하기 또는 동적으로 결과 매핑을 선택하는 기능 또한 아이바티스에서도 지원한 기능이다. 하지만 discriminator 엘리먼트를 제외하고는 모두 엘리먼트와 그 방법을 변경했다.

앞서 살펴본 코드 4.21과 코드 4.26을 아이바티스 설정을 사용해서 정의를 해보면 다음과 같다.

```xml
<!-- 코드 4.21 -->
<resultMap id="baseResultMap" class="Comment">

    <result column="comment_no" jdbcType="BIGINT" property="commentNo" />
    <result column="user_id" jdbcType="VARCHAR" property="userId" />
    <result column="reg_date" jdbcType="TIMESTAMP" property="regDate" />
    <result column="comment_content" jdbcType="VARCHAR"
            property="commentContent" />

</resultMap>

<resultMap id="userResultMap" class="User">

    <result property="userId" column="user_id" />
    <result property="userName" column="user_name" />

</resultMap>

<resultMap id="associationResultMap2" class="CommentUser">

    <result property="comment" resultMap="baseResultMap" />
    <result property="user" resultMap="userResultMap" />

</resultMap>

<!-- 코드 4.26 -->
<resultMap id="replyResultMap" class="Reply">

    <id property="replyId" column="reply_id" />
    <result property="userId" column="user_id" />
    <result property="replyContent" column="reply_content" />
    <result property="regDate" column="reg_date2" />

</resultMap>
```

```xml
<resultMap id="collectionResultMap" class="Comment" groupBy="reply_id">
    <result column="comment_no" jdbcType="BIGINT" property="commentNo" />
    <result column="user_id" jdbcType="VARCHAR" property="userId" />
    <result column="reg_date" jdbcType="TIMESTAMP" property="regDate" />
    <result column="comment_content" jdbcType="VARCHAR"
            property="commentContent" />
    <result property="replies" resultMap="replyResultMap" />
</resultMap>
```

아이바티스에는 association 엘리먼트 대신 result 엘리먼트에서 재사용할 결과 매핑을 resultMap 속성에 정의하면 된다.

그리고 collection 엘리먼트 대신에 아이바티스에서는 resultMap에서 기준이 되는 칼럼을 groupBy 속성에 정의하고, result 엘리먼트에서 재사용할 결과 매핑을 resultMap 속성에 정의하면 된다.

아이바티스에서는 관계를 처리하기 위해 별도로 XML 엘리먼트를 제공하지 않았지만, 마이바티스에서는 명확한 의미 전달을 위해 별도의 XML 엘리먼트를 제공하는 것으로 이해하면 된다.

## 4.5 정리

4장에서는 마이바티스를 사용해 애플리케이션을 작성할 때 세부적으로 필요한 내용을 알아봤다. 그리고 이러한 기능을 알아보기 위해 웹 애플리케이션 형태로 예제를 작성했다.

마이바티스에서 선택 가능한 매퍼 설정 방식에 대해서 살펴봤다.

- XML만 사용
- 인터페이스만 사용
- XML과 인터페이스를 함께 사용

매퍼 설정 방식을 살펴보고 나서 트랜잭션을 관리하는 방법을 살펴봤다. 트랜잭션을 처리하는 방법은 commit/rollback 메소드를 사용하면 되지만, 이에 앞서 마이바티스를 이해하기 위해 SqlSessionFactory와 SqlSession에 대해 살펴봤다.

데이터베이스의 테이블 간에는 다양한 관계가 존재한다. 데이터베이스에서 테이블들은 1:1과 1:N 관계를 갖는데, SQL을 사용해 데이터를 가져온 후 자바 객체에 설정할 때 관계에 따른 설정 방법을 살펴봤다. 이 매핑 방법을 사용하면 자바 코드로 설정하는 방법에 비해 쉽게 결과 데이터를 만들 수 있다.

5장에서는 최근 가장 많이 사용하는 스프링과 마이바티스를 연동해서 애플리케이션을 개발하는 과정을 알아본다.

# 5장
# 마이바티스와 스프링 웹 애플리케이션 연동

4장에서는 웹 애플리케이션을 사용해서 마이바티스의 세부적인 기능을 살펴봤다.

마이바티스의 이전 버전인 아이바티스에서는 매핑 구문을 정의하기 위해 XML만 사용 가능했지만, 마이바티스에서는 XML과 인터페이스를 사용할 수 있다. 아이바티스처럼 XML만 사용하거나 마이바티스에서 추가된 인터페이스만을 사용할 수도 있지만, 두 가지 장점을 모두 가질 수 있게 XML과 인터페이스를 혼용해서 사용하는 방법까지 볼 수 있었다.

마이바티스에서 트랜잭션을 처리하기 전에 마이바티스의 `SqlSessionFactory` 클래스의 메소드들을 살펴봤다. 그리고 이 클래스를 사용해 트랜잭션을 처리하는 `commit`과 `rollback` 메소드를 함께 살펴봤다.

마지막으로 조회 결과를 자바 객체에 매핑하는 다음과 같은 XML 엘리먼트도 살펴봤다.

- `association`
- `collection`
- `discriminator`

5장에서는 최근 많이 사용하는 스프링과 마이바티스의 연동 모듈을 사용해 웹 애플리케이션을 작성하는 방법을 살펴본다. 최근 웹 애플리케이션에서는 마이바티스만 사용하기보다는 스프링과 함께 사용하는 경우가 많다.

## 5.1 마이바티스 라이브러리

사용할 라이브러리는 마이바티스만을 사용해서 구성할 때와 별반 다르지 않다. 한 가지 차이점은 마이바티스와 스프링을 연동하는 모듈을 마이바티스에서 별도로 제공하기 때문에 추가로 연동 모듈을 다운로드해야 한다.

> ●● 아이바티스에서는
>
> 마이바티스와 달리 아이바티스는 스프링과 연동하기 위해 별도로 모듈을 다운로드할 필요가 없다. 스프링에서 기본으로 제공하는 API를 사용하면 된다. 스프링의 org.springframework. orm.ibatis 패키지에 아이바티스와 연동하기 위한 API가 존재한다. 스프링은 1.x 버전부터 이 API를 제공한다.

### 5.1.1 마이바티스 스프링 연동 모듈 복사

마이바티스 스프링 연동 모듈을 사용하기 위해서는 당연히 마이바티스 라이브러리도 필요하다. 마이바티스 라이브러리를 복사하는 방법은 2.3절에서 살펴봤다. 여기서는 마이바티스 라이브러리는 이미 복사했고 스프링 연동 모듈만을 추가로 복사하는 방법을 다룬다.

그림 5.1처럼 마이바티스의 스프링 연동 모듈 페이지인 http://code.google.com/p/mybatis/downloads/list?can=3&q=Product%3DSpring에서 스프링 연동 모듈 패키지(mybatis-spring-x.x.x-bundle.zip)를 다운로드한다.

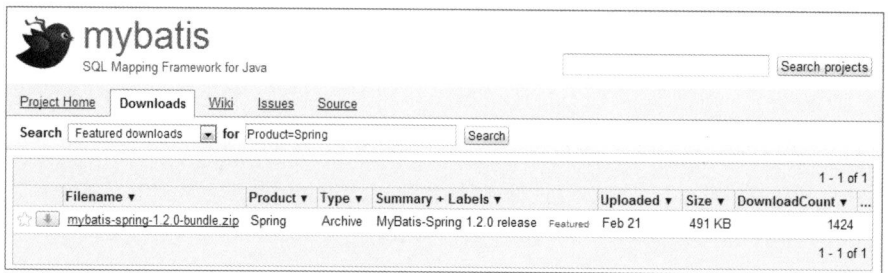

그림 5.1 스프링 연동 모듈 패키지 다운로드

다운로드한 스프링 연동 모듈 압축 파일을 풀어 보면 디렉터리와 파일들이 있다. 그림 5.2는 압축 파일을 풀면 볼 수 있는 파일과 디렉터리 목록이다.

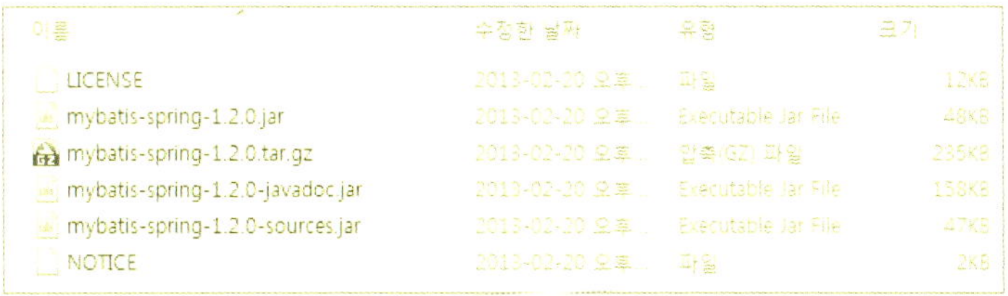

| 이름 | 수정한 날짜 | 유형 | 크기 |
|---|---|---|---|
| LICENSE | 2013-02-20 오후... | 파일 | 12KB |
| mybatis-spring-1.2.0.jar | 2013-02-20 오후... | Executable Jar File | 48KB |
| mybatis-spring-1.2.0.tar.gz | 2013-02-20 오후... | 압축(GZ) 파일 | 235KB |
| mybatis-spring-1.2.0-javadoc.jar | 2013-02-20 오후... | Executable Jar File | 158KB |
| mybatis-spring-1.2.0-sources.jar | 2013-02-20 오후... | Executable Jar File | 47KB |
| NOTICE | 2013-02-20 오후... | 파일 | 2KB |

그림 5.2 마이바티스 스프링 연동 모듈의 압축된 파일과 디렉터리 목록

파일과 디렉터리 목록의 내용을 알아보면 다음과 같다.

- **mybatis-spring-1.2.0.jar** 마이바티스 스프링 연동 모듈 API를 가진 jar 파일이다. 스프링과 연동해서 스프링 빈을 생성하기 위해 필요하다.
- **mybatis-spring-1.2.0-javadoc.jar** 마이바티스 스프링 연동 모듈 API를 설명하는 javadoc다. API 설명이 필요하면 이 파일의 압축을 풀어 index.html을 웹 브라우저로 살펴보면 된다.
- **mybatis-spring-1.2.0-source.jar** 마이바티스는 오픈소스이기 때문에 소스를 공개하고 있다. 압축 파일을 풀어 보면 마이바티스 스프링 연동 모듈 소스코드가 나온다.

### 5.1.2 메이븐으로 스프링 연동 모듈 관리

메이븐은 라이브러리의 groupId와 artifactId를 명시해주면 해당 라이브러리뿐 아니라 추가로 필요한 라이브러리를 모두 자동으로 가져온다. 마이바티스의 groupId는 org.mybatis이고, artifactId는 mybatis다. 그리고 마이바티스 스프링 연동 모듈의 groupId는 org.mybatis이고, artifactId는 mybatis-spring이다. 마이바티스의 최신 버전은 3.2.1이고, 마이바티스 스프링 연동 모듈의 최신 버전은 1.2.0이다.

```
<dependency>
    <groupId>org.mybatis</groupId>
    <artifactId>mybatis</artifactId>
    <version>3.2.1</version>
```

```
</dependency>

<dependency>
    <groupId>org.mybatis</groupId>
    <artifactId>mybatis-spring</artifactId>
    <version>1.2.0</version>
</dependency>
```

## 5.2 스프링을 사용하는 자바 웹 프로젝트 생성

스프링을 사용하기 위해서는 스프링 다운로드 페이지인 http://www.springsource.org/download/community에 접속한다.

그림 5.3과 같은 입력 폼이 나타난다.

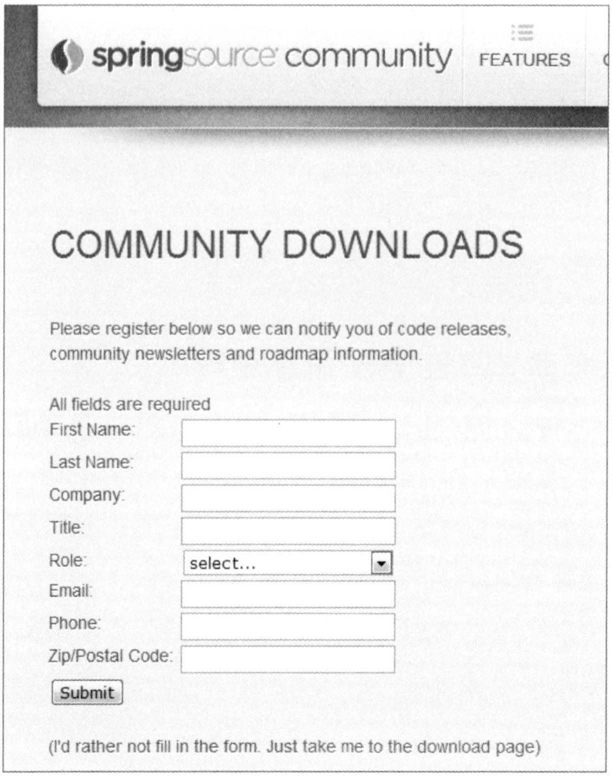

그림 5.3 스프링 다운로드 페이지

입력 폼을 모두 채워도 되고, 귀찮다면 화면 아래 tak me to the download page 링크를 클릭해서 다운로드 링크가 나오는 그림 5.4로 바로 이동해도 된다.

그림 5.4  스프링 다운로드 링크

그림 5.4를 보면 다운로드 링크는 두 가지를 제공한다. 두 가지 모두 라이브러리 jar 파일을 포함하고 있기 때문에 아무거나 받아도 된다. 단, pdf와 같은 스프링 레퍼런스 파일이 필요하다면 -with-docs.zip 파일을 다운로드하자.

스프링은 모듈별로 jar 파일을 제공한다. 따라서 그림 5.4의 파일을 다운로드해서 압축을 푼 뒤에 dist 디렉토리를 살펴보면 20개 이상의 jar 파일이 들어있는 것을 알 수 있다.

마이바티스와 스프링 라이브러리 외에도 몇 가지 더 필요한 라이브러리가 있다. 실제 세부적으로 필요한 라이브러리 목록은 그림 5.5를 보면 알 수 있다.

마이바티스와 스프링을 제외한 나머지는 각기 http://aopalliance.sourceforge.net/, http://commons.apache.org/dbcp/, http://commons.apache.org/proper/commons-logging/, http://commons.apache.org/pool/, http://logging.apache.org/log4j/1.2/에서 받을 수 있다. 그리고 스프링에서 필요한 라이브러리 목록도 그림 5.5를 참고해서 복사한다.

그림 5.5는 마이바티스와 마이바티스 스프링 연동 모듈, 그리고 스프링과 데이터베이스 연결풀을 위한 라이브러리를 모두 설정한 프로젝트 정보다.

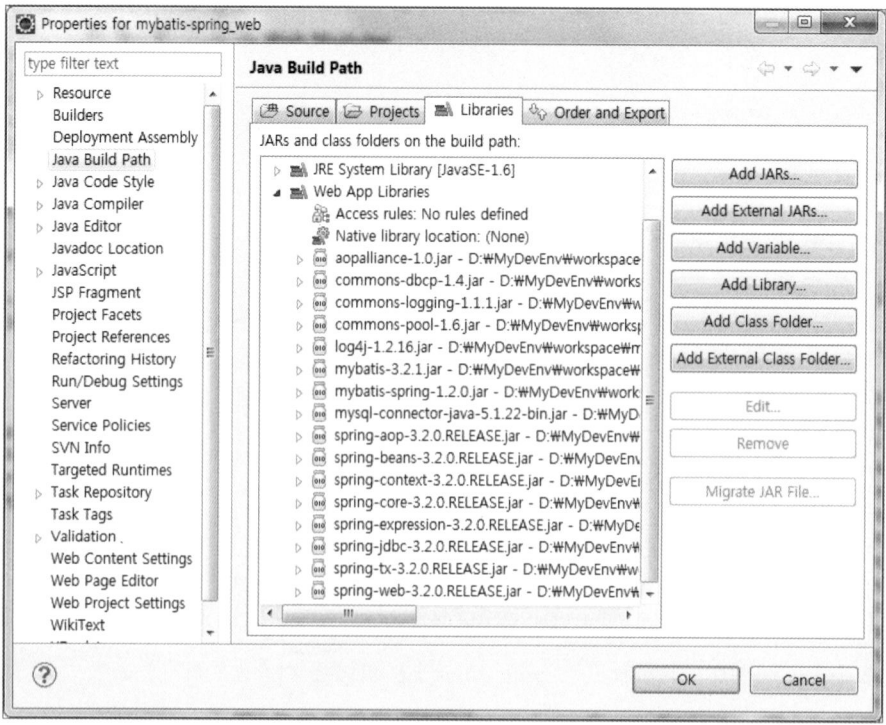

그림 5.5 이클립스 프로젝트 설정 완료

그림 5.6은 마이바티스와 스프링을 연동하는 웹 애플리케이션 구조다.

그림 5.6 마이바티스와 스프링을 연동하는 예제 웹 애플리케이션 구조

그림 5.6은 4장에서 살펴본 웹 애플리케이션 구조와 동일하다. 데이터를 조회하고 입력, 삭제하는 코드는 jsp 파일 중에서 comment_delete.jsp, comment_insert.jsp, comment_select.jsp 3가지를 보면 된다. 스프링 JDBC와 함께 사용하는 코드는 comment_springjdbc.jsp를 보면 된다.

## 5.3 스프링 설정

스프링은 기업용 애플리케이션을 만들기 위한 다양한 기능을 제공하는 프레임워크이다. JEE(Java Enterprise Edition)가 제공하는 기능들을 대신 제공하며, 다양한 기능과 특유의 편의성으로 인해 현재는 자바에서 가장 표준적인 프레임워크로 자리 잡았다. JEE의 다양한 기능을 제공하면서도 EJB가 제시하던 어려운 개발 방식이 아닌 일반적인 자바 객체(POJO, Plain Old Java Object)를 사용한다.

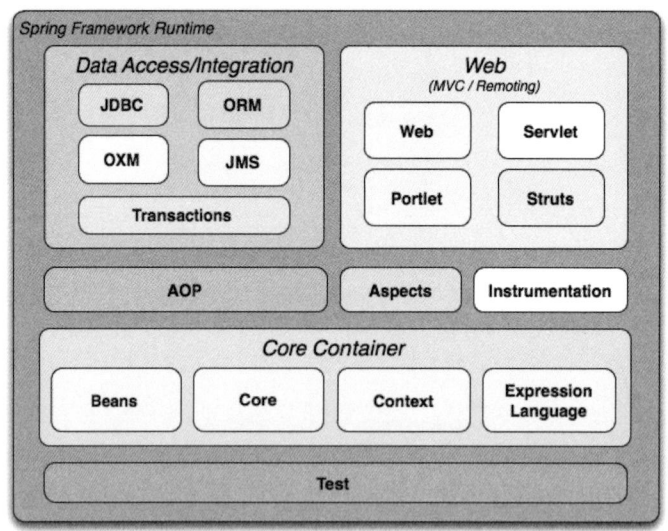

그림 5.7 스프링의 구성 요소

그림 5.7은 스프링의 공식 레퍼런스 문서에 들어있는 이미지로, 스프링의 구성 요소를 가장 간단하게 설명하고 있다. 스프링을 구성하는 구성 요소는 다음과 같은 몇 가지 그룹으로 나눌 수 있다.

- 코어 컨테이너
- 데이터 접근/통합
- 웹
- AOP관점지향 프로그래밍
- 테스트

코어 컨테이너는 스프링에서 사용하는 빈이라는 객체를 다루는 핵심적인 기능을 담당한다. 스프링은 스프링 컨테이너라는 메모리 내의 특정 영역에 스프링 빈(이하 빈) 객체를 두고 필요할 때 사용한다. 이어서 볼 스프링 설정은 대부분 이 스프링 컨테이너에 둘 빈들에 대한 설정이다. 데이터 접근/통합은 JDBC, 하이버네이트와 아이바티스로 대표되는 ORM, XML을 다루는 다양한 기술의 OXM, JMS, 그리고 트랜잭션 등을 처리한다. 웹은 스프링이 제공하는 스프링 MVC, 서블릿, 웹 프레임워크의 오랜 역사인 스트럿츠, 그리고 포틀릿 등을 다룬다. AOP는 자바를 대체하기보다는 자바의 기능을 보완하는 개발 방법으로, 자바 애플리케이션이 작동하는 특정 시점에 추가적인 행위를 부여하는 기능을 제공한다. 테스트는 자바의 단위 테스트를 처리하는 JUnit이나 TestNG 등을 지원한다. 스프링에서 코어 컨테이너의 빈을 사용해 테스트하는 것을 편하게 할 수 있게 해준다.

스프링의 구성 요소만 보더라도 스프링이 제공하는 많은 기능을 짐작할 수 있다. 최근 자바에서 사용하는 많은 기능을 스프링에서 제공하기 때문에 스프링을 사용하면 대부분의 개발에서 편의성이 늘고 생산성이 높아진다.

스프링을 구성하는 다양한 기능을 여기서 세부적으로 살펴보는 것은 어려울 듯하다. 하지만 스프링을 잘 설명하는 몇 가지 책이 있다. 그 중 하나를 선택해 살펴볼 것을 권한다. 다양한 서적에서 한 권의 책을 선정하기 어렵다면 에이콘 출판사의 『토비의 스프링 3.1』을 권한다. 5장에서 다루는 내용 외에도 최근에는 스프링을 많이 사용하기 때문에 다양한 경험을 위해서도 스프링에 대해 공부하는 것이 좋다.

마이바티스 설정은 앞서 2장부터 4장까지 다양하게 살펴봤으니 5장에서는 스프링 설정 위주로 살펴본다. 스프링 설정은 대부분 컨테이너가 사용할 빈을 설정한다.

> **팁**
> 빈의 중요한 특징 중 하나는 기본적으로 싱글턴 객체로 생성한다는 점이다. 싱글턴 객체는 자바 가상 머신 내의 객체를 한 번만 생성하게 한다. 싱글턴 객체를 사용하는 것은 전역(static) 클래스를 사용하는 것과 비슷한 효과를 내기도 하지만, 가상 머신 내의 객체를 한 개만 생성하다보니 객체를 매번 생성하고 없애는 부하를 감소시켜 성능상 좋은 결과를 내기도 한다. 빈을 싱글턴이 아닌 매번 객체를 생성하게 할 수도 있지만 그러기 위해서는 설정에 속성을 별도로 지정해줘야 한다.

## 5.3.1 스프링의 데이터베이스 관련 설정

마이바티스와 스프링을 함께 사용할 때는 마이바티스의 데이터베이스 설정 일부는 생략하고 스프링에 그 설정을 추가한다. 결과적으로 스프링을 사용하면 스프링 설정이 마이바티스 설정의 일부를 대체하는 셈이다. 먼저 스프링에서 사용할 데이터베이스 관련 설정부터 살펴보자.

코드 5.1  스프링의 데이터베이스 관련 설정

```xml
<?xml version="1.0" encoding="UTF-8"?>

<beans xmlns="http://www.springframework.org/schema/beans"
    xmlns:xsi="http://www.w3.org/2001/XMLSchema-instance"
    xmlns:context="http://www.springframework.org/schema/context"
    xmlns:tx="http://www.springframework.org/schema/tx"
    xsi:schemaLocation="http://www.springframework.org/schema/beans
    http://www.springframework.org/schema/beans/spring-beans-3.1.xsd
    http://www.springframework.org/schema/tx
    http://www.springframework.org/schema/tx/spring-tx-3.1.xsd
    http://www.springframework.org/schema/context
    http://www.springframework.org/schema/context/spring-context-3.1.xsd">

    <!-- 1. dataSource -->
    <bean id="dataSource"
          class="org.apache.commons.dbcp.BasicDataSource">

        <property name="driverClassName" value="com.mysql.jdbc.Driver" />
        <property name="url"
                  value="jdbc:mysql://localhost:3306/mybatis_example" />
        <property name="username" value="mybatis" />
        <property name="password" value="mybatis" />

    </bean>

    <!-- 2. 트랜잭션 관리자 -->
    <bean id="transactionManager"
          class="org.springframework.jdbc.datasource.
          DataSourceTransactionManager">
        <property name="dataSource" ref="dataSource" />
    </bean>

    <!-- 3. Annotation 을 사용한 트랜잭션 사용시 활성화 -->
    <tx:annotation-driven transaction-manager="transactionManager" />
    <context:component-scan base-package="ldg.mybatis">
        <context:exclude-filter type="annotation"
                expression="org.springframework.stereotype.Controller" />
    </context:component-scan>
```

```
        <context:annotation-config />
</beans>
```

> **팁**
>
> 스프링을 처음 사용한다면 스프링 설정 파일이 다소 생소할 것이다. 공통적으로 사용하는 XML 엘리먼트를 대상으로 간단히 살펴보자.
>
>     스프링이 사용하는 영역인 스프링 컨테이너에는 스프링이 사용할 빈을 생성해야 한다. 빈은 대개의 경우 한 개만 생성해서 계속 재사용하게 되는데, 이 빈을 설정하기 위해서 bean 엘리먼트를 사용한다.
>
>     객체를 생성할 때는 객체의 속성을 정의하는데, 대개 객체를 생성하는 시점에 생성자를 사용해서 값을 설정하고, 객체를 생성하거나 객체를 생성 후 setter 메소드를 사용해서 속성을 정의하곤 한다. 이렇게 생성자를 사용할 때 생성자의 파라미터를 전달하려면 constructor-arg 엘리먼트를 사용하고, setter 메소드를 사용해서 값을 설정할 때는 property 엘리먼트를 사용한다.
>
>     스프링에서는 bean, constructor-arg, property 엘리먼트를 사용하는 것이 굉장히 많은 부분을 차지하기 때문에 이 3가지 엘리먼트만 알아도 대부분의 설정 내용을 이해할 수 있다.

코드 5.1에 설정한 각각의 빈을 하나씩 살펴보자. 이 설정은 대부분의 환경에서도 공통적으로 사용할 수 있기 때문에 사용하는 데이터베이스만 동일하다면 그대로 사용해도 된다. 단, 데이터베이스의 URL이나 계정에 관련한 정보만 본인의 환경에 맞게 수정하면 된다.

- **dataSource** dataSource 아이디를 가진 빈은 데이터베이스 연결 정보를 가진 객체다. 마이바티스와 스프링을 연동하면 데이터베이스 설정과 트랜잭션 처리는 스프링에서 관리한다. 따라서 스프링과 연동하면 마이바티스 설정에는 더 이상 데이터베이스 연결 정보에 대한 설정이 필요 없다. 최근에는 데이터베이스 연결풀링을 위해 아파치 DBCP 프로젝트 같은 구현체를 많이 사용하는데, 코드 5.1에서도 그대로 사용했다. driverClassName 프로퍼티에는 JDBC 드라이버의 클래스명을 적어준다. 예제가 사용하는 데이터베이스가 MySQL이므로

com.mysql.jdbc.Driver로 설정했다. url은 데이터베이스 연결을 위한 URL 이다. 데이터베이스별로 설정하는 값이 다르다. 주로 사용하는 데이터베이스의 설정 값이 있다. 다음 3개의 데이터베이스가 아닌 다른 데이터베이스를 사용한 다면 데이터베이스의 JDBC 드라이버 문서를 보고 설정한다.

1. 오라클
    - 드라이버 클래스명  `oracle.jdbc.driver.OracleDriver`
    - JDBC URL  `jdbc:oracle:thin:@[서버 주소]:[포트]:[데이터베이스명]`

2. MySQL
    - 드라이버 클래스명  `com.mysql.jdbc.Driver`
    - JDBC URL  `jdbc:mysql://[서버 주소]:[포트]/[데이터베이스명]`

3. SQL 서버
    - 드라이버 클래스명  `com.microsoft.SQL Server.jdbc.SQL ServerDriver`
    - JDBC URL  `jdbc:SQL Server://[서버 주소]:[포트];databasename=[데이터베이스명]`

username과 password는 데이터베이스 연결을 위한 계정의 아이디와 패스워드다. 데이터 소스를 담당하는 `dataSource` 빈은 자바 코드에서 직접 사용하기보다는 트랜잭션을 관리하는 빈에서 사용한다. 트랜잭션을 관리하는 빈은 `transactionManager` 빈이다.

- **`transactionManager`** `transactionManager` 아이디를 가진 빈은 트랜잭션을 관리하는 객체다. 마이바티스는 다른 ORM 제품과 달리 JDBC를 그대로 사용하기 때문에 `DataSourceTransactionManager` 타입의 빈을 사용한다. 스프링에는 `DataSourceTransactionManager` 외에도 하이버네이트나 JDO, JMS, JPA 등을 위한 다양한 트랜잭션 관리자를 제공한다. `transactionManager` 빈 설정의 하위 엘리먼트인 `property` 엘리먼트를 사용해서 먼저 정의했던 데이터 소스 빈을 사용한다.

- **`tx:annotation-driven`** 스프링이 제공하는 트랜잭션 관리 방법이 몇 가지 있다. 직접 코드로 처리할 수도 있고 AOP<sup>Aspect Oriented Programming</sup>(기존 비즈니스 로직에 영향을 주지 않고 필요한 추가 처리를 곳곳에 넣을 수 있는 개발 기법이다. 주로 인증이나 로깅 등을 적용할 때 많이 사용하지만 더 다양한 곳에도 적용할 수 있다)를 통해 처리할 수도

있으며, 또한 애노테이션을 사용해서도 처리가 가능하다. 여기서는 간단히 애노테이션으로 처리하는 방식을 선택했다. 애노테이션을 처리할 경우에는 트랜잭션을 적용하고자 하는 메소드나 클래스에 `@Transactional` 애노테이션을 적어주기만 하면 된다.

- `context:component-scan` 스프링 빈을 매번 XML에 설정하지 않고 자동으로 검색해서 스프링 빈으로 등록할 수 있다. 스프링 빈으로 등록되는 대상은 클래스명 위에 `@Component`, `@Repository`, `@Service`, `@Controller` 애노테이션을 선언한 클래스가 대상이 된다. `base-package` 속성에 자동 검색할 클래스들이 모여 있는 패키지를 지정해주면 된다.

## 5.3.2 스프링 연동 설정

마이바티스와 스프링을 함께 사용할 때 사용하는 클래스들에는 다음과 같은 것들이 있다.

- `org.mybatis.spring.SqlSessionFactoryBean`
- `org.mybatis.spring.SqlSessionTemplate`

> **팁**
>
> 마이바티스와 스프링을 연동할 때 사용하는 두 개의 클래스는 자바의 디자인 패턴에서 팩토리 패턴과 템플릿 패턴을 사용한다. 디자인 패턴은 자바와 같은 개발 언어를 오랜 기간 사용하면서 개발자들이 좋은 코드 구조를 고민하고 공유하면서 쌓아온 좋은 코드들의 형태를 말한다. 이런 좋은 코드들의 형태 중 팩토리 패턴과 템플릿 패턴이라는 두 가지 형태를 사용한 것으로, 클래스명을 보더라도 사용한 패턴을 종류를 간단하게 짐작할 수 있다.
>
> SqlSessionFactoryBean은 팩토리 패턴을 사용한다. 자바는 new를 사용해서 객체를 생성할 수 있지만, new를 사용한 객체 생성 방법은 나중에 객체를 생성하는 규칙이 변경될 경우 변경이 쉽지 않다. 하지만 팩토리 패턴은 객체를 생성하기 위한 별도의 클래스와 메소드를 선언해서 처리하게 한다. 별도로 정의한 메소드를 나중에 일부 수정하는 것은 부담이 적고 new를 사용해서 객체를 생성하는 것보다는 좀더 로직을 분리할 수 있어 유연하다고 할 수 있다. 스프링은 객체를 생성하기 위해 getObject 메소드를 기본으로 사용한다. 스프링에서 팩토리 패턴을 굉장히 많은 부분에서 사용

한다. 스프링의 JAVA API 문서를 보더라도 FactoryBean으로 끝나는 클래스는 굉장히 많다.

SqlSessionTemplate은 템플릿 패턴을 사용한다. 개발을 하다 보면 몇 가지 메소드들이 처리 로직은 동일하지만 상황에 따라 극히 일부분만 다른 경우가 있다. 따라서 공통적인 로직은 별도로 분리하고 상황마다 다른 로직만 별도의 템플릿 형태의 메소드에 정의하게 할 수 있다. 스프링이 ORM을 지원하는 org.springframework.orm 패키지의 하위 패키지를 보면 하이버네이트, 아이바티스, JPA 각각에 대해 HibernateTemplate, SqlMapClientTemplate, JpaTemplate를 제공하고 있다. 이런 클래스들은 데이터베이스를 사용한다는 점에서는 동일하지만, 실제 데이터베이스를 사용해서 세부적인 처리를 할 때는 약간씩 차이가 있기 때문에 템플릿 패턴을 적용하기에 적절한 종류라고 생각할 수 있다.

스프링은 팩토리 패턴과 템플릿 패턴을 사용해서 코드의 구조적인 부분이 잘 설계돼 있다. 좋은 코드를 공부할 때 스프링 코드를 그 대상으로 선정하는 사람들도 있다. 이렇게 잘 작성된 코드로 인해 스프링은 코드를 쉽게 변경하거나 추가할 수 있다.

이 두 개의 클래스는 모두 스프링 연동 모듈에 포함돼 있다. 두 클래스 모두 스프링이 사용하는 클래스 명명 규칙을 사용해서 이름이 지어졌으며, 마이바티스와 스프링을 연동하기 위해서는 반드시 사용해야 한다. 코드 5.2는 이 두 개의 클래스를 사용해서 마이바티스와 스프링을 연동하기 위한 설정이다.

코드 5.2 스프링 연동 설정

```xml
<?xml version="1.0" encoding="UTF-8"?>
<beans xmlns="http://www.springframework.org/schema/beans"
    xmlns:xsi="http://www.w3.org/2001/XMLSchema-instance"
    xmlns:context="http://www.springframework.org/schema/context"
    xmlns:tx="http://www.springframework.org/schema/tx"
    xsi:schemaLocation="http://www.springframework.org/schema/beans
    http://www.springframework.org/schema/beans/spring-beans-3.1.xsd
    http://www.springframework.org/schema/tx
    http://www.springframework.org/schema/tx/spring-tx-3.1.xsd
    http://www.springframework.org/schema/context
    http://www.springframework.org/schema/context/spring-context-3.1.xsd">
```

```xml
<!-- 마이바티스 설정 // -->
<bean id="sqlSessionFactoryBean"
      class="org.mybatis.spring.SqlSessionFactoryBean">
    <property name="typeAliasesPackage" value="ldg.mybatis.model" />
    <property name="dataSource" ref="dataSource" />
    <property name="configLocation"
        value="classpath:/mybatis-config.xml" />
    <property name="mapperLocations">
        <array>
            <value>classpath*:/ldg/mybatis/repository/mapper/**/*.xml</value>
        </array>
    </property>
</bean>
<bean id="sqlSessionTemplate"
      class="org.mybatis.spring.SqlSessionTemplate">
    <constructor-arg name="sqlSessionFactory"
        ref="sqlSessionFactoryBean" />
</bean>
<bean id="mapperScannerConfigurer"
      class="org.mybatis.spring.mapper.MapperScannerConfigurer">
    <property name="basePackage" value="ldg.mybatis.repository" />
</bean>
<!-- // 마이바티스 설정 -->
</beans>
```

각 클래스를 살펴보면 다음과 같다.

- **sqlSessionFactoryBean** SqlSessionFactory를 생성하기 위해 FactoryBean 설정이다. 이 빈을 사용해서 스프링은 SqlSessionFactory 객체를 한 번만 생성한다. 그리고 마이바티스를 사용할 때마다 SqlSessionFactory를 이용해서 마이바티스 객체를 매번 생성한다. 코드 5.2에서는 이 빈을 설정할 때 5개의 프로퍼티를 설정했지만, 실제로 사용할 때는 dataSource와 configLocation 두 가지만 설정하더라도 잘 동작한다. 마이바티스 설정의 대부분은 데이터베이스 설정이고 스프링에서 동일한 설정이 가능하기 때문에 마이바티스 설정 파일에서 environments, mappers, typeAliases 엘리먼트만 사용했었다면 마이

바티스 설정 파일의 위치를 지정하는 `configLocation`도 생략할 수 있다. SqlSessionFactoryBean 클래스가 제공하는 다양한 메소드를 사용해서 마이바티스 설정을 대부분 그대로 적용할 수 있다는 것을 알 수 있다.

```
setConfigLocation(Resource)
setConfigurationProperties(Properties)
setDatabaseIdProvider(DatabaseIdProvider)
setDataSource(DataSource)
setEnvironment(String)
setFailFast(boolean)
setMapperLocations(Resource[])
setPlugins(Interceptor[])
setSqlSessionFactoryBuilder(SqlSessionFactoryBuilder)
setTransactionFactory(TransactionFactory)
setTypeAliases(Class<?>[])
setTypeAliasesPackage(String)
setTypeHandlers(TypeHandler<?>[])
setTypeHandlersPackage(String)
```

- **sqlSessionTemplate** `sqlSessionTemplate`은 마이바티스의 `SqlSession`과 같은 역할을 담당하지만 트랜잭션을 처리하는 방법에서 약간의 차이점이 있다. 마이바티스의 `SqlSession`은 트랜잭션 처리를 위해 `commit/rollback` 메소드를 명시적으로 호출해야 하지만, `SqlSessionTemplate`은 스프링이 트랜잭션을 대신 처리하게 구조화돼 있기 때문에 `commit/rollback` 메소드를 명시적으로 호출할 수 없다. 그리고 `SqlSession`의 메소드에서 던지는 예외 타입이 `org.apache.ibatis.exceptions.PersistenceException`이지만 `SqlSessionTemplate`은 스프링의 `DataAccessException`을 던진다.

- **mapperScannerConfigurer** 매퍼 인터페이스를 자동 검색해서 등록한다. 매퍼 인터페이스의 패키지 중 가장 상위 패키지를 지정해주면 그 하위에 있는 매퍼 인터페이스를 모두 등록한다. 예를 들어 매퍼 인터페이스가 `ldg.mybatis.repository.mapper1`과 `ldg.mybatis.repository.mapper2`에 있다면 `ldg.mybatis.repository`로 설정하면 된다. 세부적으로 하위 패키지별로 지정하고자 할 때는 구분자를 사용해서 여러 개의 패키지를 지정하면 된다. 이때 사용하는 구분자는 ,(쉼표)와 ;(세미콜론) 둘 중 한 가지를 사용하면 된다. 단, 메소드를

한 개 이상 갖는 인터페이스만이 대상이며, 클래스는 대상에서 제외한다.

mapperScannerConfigurer를 사용해서 자동으로 매퍼를 검색하는 것도 좋지만 명시적으로 설정하고 싶을 수 있다. 이렇게 명시적으로 설정하고자 할 때는 mapperLocations에 매퍼 위치를 모두 나열할 수 있는데, 매퍼 XML 파일마다 <value> 엘리먼트를 사용해서 다음과 같이 여러 개를 적어주면 된다.

```xml
<property name="mapperLocations">
    <array>
        <value>
            classpath:/ldg/mybatis/repository/mapper/CommentMapper.xml
        </value>
        <value>
            classpath:/ldg/mybatis/repository/mapper/ReplyMapper.xml
        </value>
    </array>
</property>
```

매퍼 인터페이스 위치를 지정할 때 mapperScannerConfigurer 빈을 설정하는 것 외에도 코드 5.3처럼 org.mybatis.spring.mapper.MapperFactoryBean을 사용해서 매퍼마다 빈을 설정하는 방법을 사용할 수도 있다.

코드 5.3 매퍼 인터페이스를 직접 설정한 스프링 빈 설정

```xml
<bean id="commentMapper"
      class="org.mybatis.spring.mapper.MapperFactoryBean">
    <property name="mapperInterface"
        value="ldg.mybatis.repository.mapper.CommentMapper" />
    <property name="sqlSessionFactory" ref="sqlSessionFactory" />
</bean>
```

코드 5.3에서 설정한 commentMapper 빈은 스프링의 의존성 삽입을 통해 빈을 설정하고 사용하면 된다. 코드 5.4는 스프링 빈인 commentMapper 빈을 setCommentManager 메소드를 사용해서 설정하는 방법을 보여준다.

코드 5.4 setter 메소드를 통해 빈을 삽입한 뒤 매퍼를 사용하는 코드

```
public class CommentService {
    private CommentMapper commentMapper;

    public void setCommentMapper(CommentMapper commentMapper) {
        this.commentMapper = commentMapper;
    }

    public List<Comment> selectComment(Long commentNo) {
        return this.commentMapper.selectComment(commentNo);
    }
}
```

> 팁

스프링을 사용할 때 클래스에서 스프링의 빈을 사용하고자 할 때는 빈을 설정하는 과정을 거쳐야 한다. 대부분은 setter 메소드나 생성자의 파라미터를 사용해서 빈을 설정할 수 있다. setter 메소드를 하나하나 선언하기 어렵거나 생성자를 사용해서 설정하는 방법이 불편하다면 스프링이 제공하는 @Autowired 애노테이션을 사용해 자동으로 빈을 설정할 수도 있다. 이렇게 객체를 사용하는 시점에 스프링 빈을 설정하는 것을 스프링에서는 의존성 삽입(DI, Dependency Injection)이라고 한다.

마이바티스와 스프링을 사용하기 위해 필요한 설정 파일을 살펴봤다. 코드 5.1의 스프링 설정은 component-scan의 base-package와 데이터베이스 설정을 빼면 대부분 그대로 사용해도 된다. 코드 5.2의 연동 설정에서도 매퍼 XML이나 매퍼 인터페이스의 위치를 지정하는 것 외에는 대부분 그대로 사용해도 된다. 설정에 대해서는 살펴봤으므로 이어서 코드를 하나씩 살펴보자.

데이터베이스 설정과 연동 설정을 합쳐서 보면 다음과 같다. 설정의 일부분을 보는 것은 각각의 개념을 파악하는 데는 도움이 되지만 전체적인 구조를 보는 데는 조금 길더라도 전체 설정을 봐주는 게 좋다. 코드 5.5는 앞서 봤던 설정을 모두 합친 전체 설정 파일의 내용이다.

코드 5.5  코드 5.1과 코드 5.2의 설정을 합친 전체 설정 내용

```xml
<?xml version="1.0" encoding="UTF-8"?>

<beans xmlns="http://www.springframework.org/schema/beans"
    xmlns:xsi="http://www.w3.org/2001/XMLSchema-instance"
    xmlns:context="http://www.springframework.org/schema/context"
    xmlns:tx="http://www.springframework.org/schema/tx"
    xsi:schemaLocation="http://www.springframework.org/schema/beans
    http://www.springframework.org/schema/beans/spring-beans-3.1.xsd
    http://www.springframework.org/schema/tx
    http://www.springframework.org/schema/tx/spring-tx-3.1.xsd
    http://www.springframework.org/schema/context
    http://www.springframework.org/schema/context/spring-context-3.1.xsd">

    <bean id="dataSource"
          class="org.apache.commons.dbcp.BasicDataSource">
        <property name="driverClassName" value="com.mysql.jdbc.Driver" />
        <property name="url"
            value="jdbc:mysql://localhost:3306/mybatis_example" />
        <property name="username" value="mybatis" />
        <property name="password" value="mybatis" />
    </bean>

    <bean id="transactionManager"
        class="org.springframework.jdbc.datasource.
            DataSourceTransactionManager">
        <property name="dataSource" ref="dataSource" />
    </bean>

    <bean id="sqlSessionFactoryBean"
          class="org.mybatis.spring.SqlSessionFactoryBean">

        <property name="typeAliasesPackage" value="ldg.mybatis.model" />
        <property name="dataSource" ref="dataSource" />
        <property name="configLocation"
            value="classpath:/mybatis-config.xml" />

        <property name="mapperLocations">

            <array>
```

```xml
                <value>
                    classpath*:/ldg/mybatis/repository/mapper/**/*.xml
                </value>
            </array>
        </property>
    </bean>
    <bean id="sqlSessionTemplate"
          class="org.mybatis.spring.SqlSessionTemplate">
        <constructor-arg name="sqlSessionFactory"
            ref="sqlSessionFactoryBean" />
    </bean>
    <bean id="mapperScannerConfigurer"
          class="org.mybatis.spring.mapper.MapperScannerConfigurer">
        <property name="basePackage" value="ldg.mybatis.repository" />
    </bean>

    <tx:annotation-driven transaction-manager="transactionManager" />

    <context:component-scan base-package="ldg.mybatis">
        <context:exclude-filter type="annotation"
            expression="org.springframework.stereotype.Controller" />
    </context:component-scan>

    <context:annotation-config />
</beans>
```

## 5.4 레이어별 예제

웹 애플리케이션을 작성할 때 MVC 패턴은 보편적으로 사용하는 디자인 패턴이다. 마이바티스나 스프링처럼 프레임워크에 관심을 가진 개발자들은 대부분 해당 프레임워크와 함께 MVC 패턴을 사용하고 있을 것이다. MVC 패턴을 구성하는 레이어별 클래스에 대해 명명하는 방식은 개발자나 회사마다 다르겠지만, 지금까지 경험으로는 대개 다음과 같은 두 가지 방식을 사용한다.

1. xxxAction, xxxBo, xxxDao
2. xxxController, xxxService, xxxRepository

1번의 Action으로 시작하는 명명 규칙은 스트럿츠 프레임워크가 명명하던 방식이다. 2번의 방식은 대부분 스프링을 도입하면서 사용하는 명명 규칙인데, 여기서는 2번 형태인 Controller, Service, Repository를 사용해서 설명한다. 명명 규칙을 선정하는 데는 다양한 이유가 있겠지만, 스프링에서는 빈 등록 시 각각 @Controller, @Service, @Repository를 사용하고 있어서 명명 규칙을 이 애노테이션 명칭과 맞추는 데 있기도 하다. 여기서는 Controller 클래스를 별도로 만들지 않고 JSP → Service 객체 → Repository 객체 형태로 처리 형태를 취하며, JSP는 화면을 보여줘야 해서 마지막에 보여주겠다.

> **팁**
> MVC 패턴은 웹 애플리케이션을 작성할 때 가장 보편적으로 사용하는 디자인 패턴이다. MVC 패턴에서는 모델(M, Model), 뷰(V, View), 컨트롤러(C, Controller)로 3가지 레이어로 나눠서 코드의 각 역할을 나눠서 처리한다. 컨트롤러는 사용자의 입력을 받아 처리하는 작업을 담당하고, 모델은 비즈니스 로직을 처리하거나 데이터를 다루는 작업을 처리한다. 그리고 뷰는 사용자에게 데이터를 보여주는 화면 처리를 대부분 처리한다. 과거 이 모든 처리를 jsp 하나로 처리했던 것과 비교하면 각각의 처리가 어느 정도 모듈화돼 가독성이 높아지거나 유지 보수 시 대상을 선정하기 쉬워지는 장점을 갖게 된다.

## 5.4.1 CommentService

코드 5.6은 댓글을 가져오거나 입력하는 메소드를 가진다.

코드 5.6 댓글 목록을 가져오거나 입력하는 서비스 클래스

```
@Service
public class CommentService {
    @Autowired
    private CommentMapperRepository commentRepository;
```

```java
    public List<Comment> selectComment(Long commentNo) {
        Map<String, Object> condition = new HashMap<String, Object>();
        condition.put("commentNo", commentNo);

        return commentRepository.selectCommentByCondition(condition);
    }

    @Transactional
    public Integer insertComment(Comment comment) {
        return commentRepository.insertComment(comment);
    }
}
```

코드 5.6는 일반 객체인 POJO로 작성돼 있어 코드를 이해하는 데는 어려움이 없으므로 스프링에 특화된 애노테이션 위주로 알아보겠다.

1. **@Service** 웹 애플리케이션을 작성해보면 사용자의 입력을 받는 컨트롤러 클래스와 데이터베이스를 처리하는 클래스 사이에 비즈니스 로직이나 트랜잭션을 처리하는 클래스를 둔다. 스프링은 이 역할을 담당하는 클래스를 서비스 클래스로 정의하고 @Service 애노테이션을 사용해서 선언한다. 스프링은 『Core J2EE patterns』 책의 비즈니스 서비스 퍼사드<sup>Business Service Facade</sup> 패턴을 표시하기 위해 @Service 애노테이션으로 명명했다. @Service 애노테이션을 선언한 클래스는 @Controller 애노테이션을 선언한 클래스처럼 자동 빈 검색을 통해 빈으로 자동 등록한다.

2. **@Transactional** 서비스 클래스가 주로 담당하는 역할은 비즈니스 로직을 처리하거나 트랜잭션을 처리하는 것이다. 스프링은 트랜잭션을 처리하기 위해 코드를 사용해 처리하는 방법도 제공하지만, 좀더 편하게 처리하기 위해 애노테이션만 지정하면 자동으로 트랜잭션을 제어하게 기능을 제공한다. 이렇게 애노테이션을 사용해서 트랜잭션을 처리할 때 사용하는 것이 @Transactional 애노테이션이다. 트랜잭션의 전파 레벨에 따라 작동 방식이 조금 다르긴 하지만 대부분 메소드의 시작 직전에 트랜잭션을 시작하거나 이미 시작된 트랜잭션을 그대로 사용한다. 메소드가 끝나기 직전에 커밋을 하고 트랜잭션을 닫는다. 하지만 메소드에서 런타임 예외가 발생하면 롤백 후 트랜잭션을 닫는다.

코드만을 단순히 보면 데이터베이스 연결과 트랜잭션에 관련한 코드가 없지만, 코드 5.1의 스프링 설정에 의해 스프링이 자동으로 데이터베이스 연결을 하고 트랜잭션 처리를 한다.

## 5.4.2 CommentRepository

코드 5.7도 코드 5.6처럼 댓글을 가져오거나 입력하는 메소드를 가진다.

코드 5.7  목록을 가져오거나 입력하는 리파지토리 클래스

```
@Repository
public class CommentSessionRepository {
    @Autowired
    private SqlSessionTemplate sqlSession;

    private final String namespace =
            "ldg.mybatis.repository.mapper.CommentMapper";

    public List<Comment> selectCommentByCondition(Map<String,
            Object> condition) {
        return sqlSession.selectList(String.format(
                "%s.selectCommentByCondition", namespace), condition);
    }

    public Integer insertComment(Comment comment) {
        int result = sqlSession.insert(String.format("%s.insertComment",
                namespace), comment);
        return result;
    }
}
```

컨트롤러 클래스와 서비스 클래스처럼 애노테이션 위주로만 살펴본다.

1. **@Repository** 리파지토리 클래스는 데이터 접근 객체[DAO, Data Access Object]의 역할을 담당하기 때문에 데이터베이스와 연동해서 데이터를 가져오거나 입력, 수정한다. 스프링을 사용할 때 가장 큰 장점은 실질적으로 데이터를 다루는 작업에만 집중할 수 있게 해준다. 설정 파일을 통해 개발자가 매번 데이터베이

스 설정을 사용해서 연결을 가져오거나 트랜잭션을 관리하지 않아도 되게 내부에서 알아서 처리해준다. 그렇기 때문에 스프링을 사용할 때의 코드는 데이터를 다루는 코드를 제외하면 연결을 가져오거나 트랜잭션을 다루는 등의 매번 중복되는 코드를 찾아볼 수 없다. 그런 점으로 인해 개발자는 좀더 데이터를 다루는 데만 집중할 수 있고 코드도 간결해진다. `@Repository` 애노테이션도 컨트롤러와 서비스 클래스에서 사용한 `@Controller`, `@Service` 애노테이션처럼 빈으로 등록하기 위해 사용한다.

2. **SqlSessionTemplate 타입의 빈** SqlSessionTemplate 빈은 스프링과 연동한 마이바티스 객체다. 마이바티스 기능을 사용하기 위해서는 리파지토리 클래스에서 SqlSessionTemplate 빈을 반드시 선언하고 사용해야 한다. 코드 5.8은 SqlSessionTemplate 빈을 설정하기 위해 `@Autowired` 애노테이션을 사용해서 자동으로 설정했다. SqlSessionTemplate 빈은 마이바티스가 제공하는 메소드를 그대로 제공하기 때문에 마이바티스만 사용할 때와 동일하게 처리하면 된다. SqlSessionTemplate 빈은 코드 5.2의 스프링 연동 설정을 사용해서 객체를 설정한다.

마이바티스와 스프링을 연동해서 개발하는 코드를 살펴봤다. 코드 5.7의 리파지토리 클래스를 제외하면 마이바티스와는 직접적인 관련이 없기도 하다. 하지만 프레임워크를 업무에 활용함에 있어서 사용자 입력에 대한 전반적인 처리 과정을 살펴보는 것은 마이바티스를 활용하는 데에도 적잖이 도움이 될 수 있다. 마이바티스가 제공하는 일부 메소드만 예제로 보긴 했지만 마이바티스가 제공하는 메소드가 많지 않고 메소드의 파라미터의 종류와 파라미터 각각의 의미는 메소드마다 대부분 동일하기 때문에 코드 5.6에서 살펴본 `selectComment` 메소드나 `insertComment` 메소드 정도의 예제만으로도 다른 메소드를 사용함에 어려움을 없을 듯하다.

### 5.4.3 데이터를 출력하는 JSP

댓글 정보를 가져오는 JSP는 코드 5.8에서 볼 수 있다.

코드 5.8 댓글 정보를 가져오는 JSP

```
<%@page import="java.io.*,java.util.*,ldg.mybatis.service.*,
```

```
    ldg.mybatis.model.*,org.springframework.context.*,
    org.springframework.context.support.*" contentType="text/html;
    charset=utf8"%>
<%
ApplicationContext applicationContext = new
      ClassPathXmlApplicationContext("applicationContext.xml");

Long commentNo = Long.parseLong(request.getParameter("commentNo"));
CommentService commentService =
      (CommentService)applicationContext.getBean("commentService");
List<Comment> result = commentService.selectComment(commentNo);
%>

<% for( Comment comment : result ) { %>
댓글번호 : <%= comment.getCommentNo() %><br>
작성자아이디 : <%= comment.getUserId() %><br>
작성일시 : <%= comment.getRegDate() %><br>
댓글내용 : <%= comment.getCommentContent() %><br>
<% } %>
```

코드 5.8의 각 라인별로 알아보자.

- `ApplicationContext applicationContext = new ClassPathXmlApplicationContext("applicationContext.xml");`

  스프링은 각 객체를 컨테이너에 저장한다. 컨테이너에서 빈을 가져오기 위해서는 ApplicationContext 타입의 객체를 생성해야 한다. 이 객체를 생성할 때 빈 설정이 들어있는 XML 파일을 파라미터로 설정한다.

- `CommentService commentService = (CommentService)applicationContext.getBean("commentService");`

  앞서 생성한 애플리케이션 컨텍스트 객체에서 commentService 빈을 가져온다. CommentService 객체는 마이바티스를 사용해서 각종 데이터베이스 연동을 하는 서비스 객체다.

- `List<Comment> result = commentService.selectComment(commentNo);`

  CommentService 객체에서 해당되는 댓글 번호의 댓글 정보를 가져온다.

코드 5.8의 jsp를 사용해서 댓글의 정보를 출력하면 그림 5.8과 같다. 댓글의 정보를 출력하기 위해서는 http://localhost:8080/jsp/comment_select.jsp?commentNo=2 같은 형태의 URL 요청을 하면 된다.

그림 5.8 댓글 정보를 출력하는 화면

## 5.5 마이바티스와 스프링 JDBC를 함께 사용

마이바티스가 아닌 다른 ORM은 그 제품만의 연결 정보나 트랜잭션 객체를 사용한다. 따라서 순수한 JDBC와 ORM은 함께 사용하기 어렵다. 하지만 마이바티스는 JDBC의 연결 정보와 트랜잭션을 그대로 사용하기 때문에 순수한 JDBC와 함께 사용할 수 있다. 스프링은 마이바티스처럼 JDBC를 좀더 쉽게 사용할 수 있게 해주는 스프링 JDBC를 제공한다. 스프링은 자바에서 다양한 부분을 처리하면서 각각의 기능을 적절히 관리하기 위해 개별 모듈로 배포하고 있다. 실제로 스프링 홈페이지에서 스프링 압축 파일을 다운로드해서 압축을 풀어보면 각 모듈별로 jar 파일이 존재한다. 스프링 JDBC는 사용하기 편한 점과 제공하는 기능을 생각하면 스프링 안에 포함된 작은 퍼시스턴스 프레임워크라고 볼 수 있다. JDBC를 편하게 사용하게 해준다는 기본 취지가 동일하기 때문에 마이바티스와 스프링 JDBC는 꽤 많은 공통점이 있다. 덕분에 마이바티스와 스프링 JDBC는 함께 사용할 수 있고 한 개의 트랜잭션에서 작동하게 할 수도 있다.

먼저 스프링 JDBC에 대해 살펴보자. 스프링 JDBC가 과연 어떤 작업을 처리해주는지 살펴보면 스프링 JDBC를 좀더 이해할 수 있다.

표 5.1 스프링 JDBC를 사용할 때 스프링이 해주는 것과 개발자가 해야 할 것

| 행위 | 스프링 | 개발자 |
| --- | --- | --- |
| 데이터베이스 연결 파라미터 정의 |  | X |
| 연결 열기 | X |  |
| sql 명시 |  | X |
| 파라미터를 선언하고 파라미터 값을 설정 |  | X |
| PreparedStatement 객체를 만들고 실행 | X |  |
| 결과 데이터 목록으로 반복문 처리 | X |  |
| 반복문 내에서 별도 처리 |  | X |
| 예외 처리 | X |  |
| 트랜잭션 처리 | X |  |
| 데이터베이스 자원 해제 | X |  |

표 5.1에서 스프링 JDBC가 담당하는 역할을 보면 개발자가 해야 하는 역할이 마이바티스와 비슷하다는 것을 알 수 있다. 코드를 보기 전에 먼저 차이점을 설명하자면 스프링 JDBC는 SQL을 외부 XML에 정의하지 않고 자바 코드에 정의하는 정도만 있다. 물론 사용할 API도 다르긴 하다. 코드 5.1의 데이터베이스 설정이나 트랜잭션 관리자 설정은 스프링 JDBC를 사용할 때 그대로 사용하면 된다. 마이바티스를 이미 사용 중이라면 특별히 추가할 설정은 없다. 데이터 소스와 트랜잭션 관리자는 마이바티스와 스프링 JDBC가 함께 사용할 수 있다. 추가로 정의할 설정이 없으니 코드를 보면서 하나씩 알아보자.

## 5.5.1 스프링 JDBC 객체 생성

스프링 JDBC가 제공하는 API를 살펴보자. 먼저 스프링 JDBC를 사용하기 위해 필요한 객체를 생성해야 한다.

코드 5.9 스프링 JDBC를 사용하는 리파지토리 클래스

```
@Repository
public class CommentJdbcRepository {
```

```
    protected NamedParameterJdbcTemplate jdbcTemplate;

    @Autowired
    public void setDataSource(DataSource dataSource) {
        this.jdbcTemplate = new NamedParameterJdbcTemplate(dataSource);
    }
}
```

스프링 JDBC를 사용하려면 org.springframework.jdbc.core.JdbcTemplate 의 객체가 필요하다. 이 객체를 생성하려면 데이터 소스가 필요하다. 코드 5.9에서는 JdbcTemplate 대신에 org.springframework.jdbc.core.namedparam. NamedParameterJdbcTemplate을 사용한다. JdbcTemplate 클래스가 스프링 JDBC에서 중심이 되는 클래스이긴 하지만, JdbcTemplate에서 좀더 편한 기능을 추가해서 제공하는 클래스가 있다. NamedParameterJdbcTemplate이 그 중 하나다. NamedParameterJdbcTemplate은 JDBC 코드의 파라미터 처리 방식인 ? 대신에 명명 파라미터named parameter 기능을 제공하는 클래스다. 파라미터를 설정할 때 편한 점이 있다. 이 외에도 스프링 JDBC를 사용하기 위해 org.springframework.jdbc.core.simple.SimpleJdbcTemplate 클래스를 제공하기도 한다.

## 5.5.2 스프링 JDBC 사용

스프링 JDBC를 사용하기 위해 NamedParameterJdbcTemplate 객체를 생성했으니 이제 다음과 같은 나머지 3가지 작업을 하면 된다.

1. SQL 작성
2. 파라미터를 선언하고 파라미터 값을 설정
3. 반복문 내에서 별도 처리

이런 3가지 작업을 처리하는 코드를 살펴보자.

코드 5.10  스프링 JDBC를 사용해서 데이터 조회하기

```java
public Comment selectCommentByPrimaryKey(Long commentNo) {
    StringBuilder sql = new StringBuilder("");
    sql.append("SELECT comment_no AS commentNo, user_id AS userId, "
            + "comment_content AS commentContent, reg_date AS regDate FROM "
            + "COMMENT WHERE comment_no = :commentNo ");

    Map<String, Object> condition = new HashMap<String, Object>();
    condition.put("commentNo", commentNo);
    SqlParameterSource namedParameters = new
            MapSqlParameterSource(condition);
    RowMapper<Comment> rowMapper =
            ParameterizedBeanPropertyRowMapper.newInstance(Comment.class);
    List<Comment> result = this.jdbcTemplate.query(sql.toString(),
            namedParameters, rowMapper);

    if (!CollectionUtils.isEmpty(result)) {
        return result.get(0);
    }
    return null;
}
```

코드 5.10은 JDBC 코드보다는 좀더 단순하고 마이바티스 코드보다는 좀더 복잡하게 보인다. 하지만 SQL을 별도의 XML에 정의하지 않는 점을 고려하면 마이바티스 코드보다 복잡하다고 보기는 힘들만한 수준이다.

`StringBuilder` 객체를 생성해서 SQL을 만드는 작업에는 별다른 설명이 필요 없을 듯하다. 코드 5.10은 SQL에서 조회 조건에 동적으로 값을 설정하기 위해 `MapSqlParameterSource` 객체를 사용한다. 이 객체는 Map을 사용하는 스프링 JDBC의 파라미터 객체다. SQL에서 ':Map의 키' 형태로 표현식을 사용하면 Map의 키와 일치하는 값을 자동으로 설정해주는 기능을 한다. 여기서는 댓글 번호인 `:commentNo`가 설정 대상이다. 스프링 JDBC는 `MapSqlParameterSource` 외에도 Map이 아닌 자바빈을 사용할 수 있게 `BeanPropertySqlParameterSource`도 제공한다. SQL의 파라미터 객체를 Map과 자바빈의 사용 여부에 따라 선택해서 사용하면 된다. `MapSqlParameterSource`를 사용해서 SQL에 파라미터를 설정했다면

SQL을 실행하고 결과를 자바 객체에 설정해야 한다. 스프링 JDBC는 결과를 자바 객체에 설정하기 위해 RowMapper를 제공한다. 코드 5.10은 RowMapper 중에서 자바빈에 결과를 설정하는 ParameterizedBeanPropertyRowMapper를 사용한다. ParameterizedBeanPropertyRowMapper는 칼럼명에 해당되는 setter 메소드를 사용해서 자동으로 값을 설정한 후 객체를 반환하는 역할을 한다. 칼럼명과 setter 메소드의 이름이 동일한 규칙으로 지정돼 있다면 추가로 할 작업은 없으며, 칼럼명이 _(언더 바) 명명 규칙을 사용할 때는 낙타표기법을 사용해 칼럼 별칭을 지정해주면 편하게 작업할 수 있다. 이처럼 스프링 JDBC를 사용하면 SQL을 생성하는 작업을 제외하고 단순히 JDBC를 사용할 때의 파라미터 반복 설정이나 조회 결과를 객체에 설정하는 작업들은 대부분 자동화가 가능해서 코드가 굉장히 간단해진다.

코드 5.11 스프링 JDBC를 사용해서 데이터 입력하기

```
public Integer insertComment(Comment comment) {
    StringBuilder sql = new StringBuilder("");
    sql.append("INSERT INTO COMMENT(comment_no, user_id,
        comment_content, reg_date) ");
    sql.append("VALUES (:commentNo, :userId, :commentContent, :regDate) ");

    SqlParameterSource namedParameters = new
        BeanPropertySqlParameterSource(comment);
    return this.jdbcTemplate.update(sql.toString(), namedParameters);
}
```

코드 5.11은 스프링 JDBC를 사용해서 데이터를 입력하는 코드다. StringBuilder 객체를 사용해서 사용할 SQL을 만든다. 그 다음 SQL에 파라미터를 설정한다. 코드 5.11은 자바빈 형태로 파라미터를 설정하기 때문에 BeanPropertySqlParameterSource 객체를 사용한다. 데이터를 입력하는 작업은 조회처럼 조회 결과를 객체에 설정할 필요가 없기 때문에 더 이상의 코드는 없다.

JDBC에서 데이터를 변경하는 작업인 입력/수정/삭제는 코드의 형태를 볼 때 호출하는 메소드의 이름만 다를 뿐 반환 값이나 파라미터가 대부분 동일하다. 데이

터를 입력하는 작업만 보더라도 그 외의 수정과 삭제에 관련한 코드는 쉽게 짐작할 수 있다.

스프링 JDBC 코드를 살펴봤으니 그 다음으로 마이바티스와 스프링 JDBC를 함께 사용하는 코드를 살펴보자.

코드 5.12 마이바티스와 스프링 JDBC를 함께 사용하는 서비스 클래스

```java
@Service
public class CommentService {
    @Autowired
    private CommentMapperRepository commentRepository;
    @Autowired
    private CommentJdbcRepository commentJdbcRepository;

    @Transactional
    public Integer mybatisNJdbc(Comment comment) {
        Long commentNo = comment.getCommentNo();

        commentJdbcRepository.selectCommentByPrimaryKey(commentNo);
        commentJdbcRepository.deleteComment(commentNo);

        if (true) {
            throw new IllegalStateException("rollback test");
        }

        return commentRepository.insertComment(comment);
    }
}
```

코드 5.12는 마이바티스와 스프링 JDBC를 사용하는 두 개의 리파지토리 클래스를 가진다. 마이바티스 클래스는 CommentMapperRepository이고, 스프링 JDBC 클래스는 CommentJdbcRepository다. 코드 5.12에서 마이바티스와 스프링 JDBC를 함께 사용할 수 있고 구현체가 다르더라도 트랜잭션을 함께 걸어줄 수 있다는 것을 보여주기 위해 다음과 같은 몇 가지 작업을 처리한다.

1. 스프링 JDBC 클래스를 사용해서 데이터 조회
2. 스프링 JDBC 클래스를 사용해서 댓글 삭제

3. 마이바티스 클래스를 사용해서 댓글 입력

이 작업들을 통해 확인할 사항은 작업 모두 정상적으로 처리돼야 하며, 2번에서 댓글 삭제 후 3번에서 댓글을 입력할 때 예외가 발생하면 댓글 삭제까지 모두 롤백이 돼야 한다. 실행 로그를 통해 롤백이 정상적으로 이뤄짐을 확인할 수 있다.

```
Executing prepared SQL update
Executing prepared SQL statement [DELETE FROM comment WHERE comment_no = ? ]
Setting SQL statement parameter value: column index 1, parameter value [1],
value class [java.lang.Long], SQL type unknown
SQL update affected 1 rows
Initiating transaction rollback
Rolling back JDBC transaction on Connection
[jdbc:mysql://localhost:3306/mybatis_example, UserName=mybatis@localhost,
MySQL-AB JDBC Driver]
Releasing JDBC Connection [jdbc:mysql://localhost:3306/mybatis_example,
UserName=mybatis@localhost, MySQL-AB JDBC Driver] after transaction
Returning JDBC Connection to DataSource
```

## 5.6 정리

5장은 마이바티스와 스프링을 연동해서 사용하기 위해 연동 모듈을 설치하고 설정하는 방법을 설명했다. 연동 모듈 설치는 마이바티스를 단독으로 사용할 때와 유사하게 수동으로 다운로드 후 설치하거나 메이븐을 사용해서 할 수 있다.

마이바티스와 스프링을 함께 사용하려면 데이터베이스를 사용하기 위해 스프링이 제공하는 데이터 소스와 트랜잭션 관리자 빈을 설정해야 한다. 그리고 이 두 개의 빈을 사용해 마이바티스 빈을 설정해야 한다.

- 데이터 소스 빈
- 트랜잭션 관리자 빈
- SqlSessionFactoryBean 빈
- SqlSessionTemplate 빈

설정 파일을 살펴본 후 MVC 패턴의 각 레이어 코드를 살펴봤다. 사용자 입력을 받아서 처리하는 컨트롤러 클래스와 데이터베이스를 다루는 리파지토리 클래스, 그리고 이 두 개의 클래스를 연결해서 비즈니스 로직을 처리하거나 트랜잭션을 제어하는 서비스 클래스가 있었다. 스프링과 연동해서 처리하는 만큼 스프링이 제공하는 다양한 애노테이션으로 간단한 코드를 볼 수 있었다.

JDBC 연결을 그대로 사용하는 마이바티스와 스프링을 함께 사용할 때 부가적으로 스프링 JDBC를 함께 사용해봤다. 마이바티스와 비교해서 스프링 JDBC도 나름대로의 장점이 많기 때문에 간단한 데이터 처리는 오히려 별도의 XML에 SQL을 분리하는 마이바티스보다 스프링 JDBC가 좀더 편한 경우가 생길 수 있다. 이런 때를 고려해서 마이바티스와 스프링 JDBC를 함께 사용할 수 있다는 점은 좀더 개발을 편하게 할 수 있는 시너지 효과를 줄 수 있다.

6장에서는 마이바티스 설정 파일에 대해 자세히 알아본다.

# 6장

# 마이바티스 설정 파일

2장부터 5장까지 마이바티스에 대해 많은 것을 알아봤다. 2장과 3장은 마이바티스를 처음 시작하기 위해 알아야 할 내용을 다뤘고, 4장은 여러 가지 활용 방법을 하나씩 살펴봤다. 5장은 마이바티스와 스프링을 함께 사용하는 내용을 다뤘다. 프레임워크의 기능이 많지만 실무에서는 일부 기능만을 사용한다.

6장은 주로 사용하는 기능보다는 오히려 사용하지 않을 수도 있는 마이바티스 세부 설정에 대해 다룬다. 마이바티스가 이렇게 사용하지 않을 수도 있는 부분까지 설정으로 제공하는 것은, 모든 사람의 개발 환경이 다를 수 있고 일부 개발자는 어찌 보면 독특할 수 있다는 가정에서 나왔을 수 있다. 대개의 프레임워크는 범용적인 환경을 처리할 수 있게 만들어진다고 보면 된다.

6장에서는 개발 환경이 특이하거나 데이터베이스가 널리 알려져 있지 않은 경우에 알아야 할 내용으로 구성했다. 몇 가지 설정은 알아두면 마이바티스를 좀더 편하게 사용하게 도와주는 기능도 있으므로 마이바티스가 익숙해지는 시점에 다시 한 번 6장을 살펴보는 것도 좋을 것이다.

마이바티스 설정 파일에서 사용 가능한 XML 엘리먼트는 11개 정도다.

6장에서는 실무에서 주로 사용하는 엘리먼트는 자세히 설명하고, 실무에서 거의 사용하지 않는 엘리먼트는 간단히 설명하거나 설명 자체를 생략한다.

## 6.1 복잡한 마이바티스 설정 파일

코드 2.2에서 살펴본 마이바티스 설정보다 좀더 많은 내용을 갖고 있는 설정 파일을 살펴보자. 코드 2.2는 필수 설정에 해당하는 environments 엘리먼트와

mappers 엘리먼트를 사용했다. 코드 6.1은 코드 2.2보다 좀더 많은 내용을 가진 마이바티스 설정이다.

코드 6.1 다양한 설정이 들어간 마이바티스 설정

```xml
<?xml version="1.0" encoding="UTF-8"?>
<!DOCTYPE configuration
    PUBLIC "-//mybatis.org//DTD Config 3.0//EN"
    "http://mybatis.org/dtd/mybatis-3-config.dtd">
<configuration>
    <properties resource="mybatis.properties">
        <property name="jdbc.driver" value="com.mysql.jdbc.Driver" />
        <property name="jdbc.username" value="mybatis" />
        <property name="jdbc.password" value="mybatis" />
    </properties>

    <settings>
        <setting name="cacheEnabled" value="false" />
        <setting name="useGeneratedKeys" value="true" />
        <setting name="mapUnderscoreToCamelCase" value="true" />
    </settings>

    <typeAliases>
        <typeAlias type="ldg.mybatis.model.Comment" alias="Comment" />
    </typeAliases>

    <environments default="development">
        <environment id="development">
            <transactionManager type="JDBC" />
            <dataSource type="POOLED">
                <property name="driver" value="${jdbc.driver}" />
                <property name="url" value="${jdbc.url}" />
                <property name="username" value="${jdbc.username}" />
                <property name="password" value="${jdbc.password}" />
            </dataSource>
        </environment>
        <environment id="release">
            <transactionManager type="JDBC" />
            <dataSource type="POOLED">
```

```xml
            <property name="driver" value="${jdbc.driver}" />
            <property name="url" value="${jdbc.url}" />
            <property name="username" value="${jdbc.username}" />
            <property name="password" value="${jdbc.password}" />
        </dataSource>
    </environment>
</environments>

<mappers>
    <mapper
        resource="ldg/mybatis/repository/mapper/CommentMapper.xml" />
</mappers>
</configuration>
```

마이바티스 설정에서 설정 가능한 엘리먼트를 파악하기 위한 가장 간단한 방법은 DTD를 보는 것이다. XML 스키마가 좋은 방법이긴 하지만, 마이바티스는 이전 버전부터 계속 DTD를 고수하고 있다. 물론 세부적인 설명은 문서를 살펴보는 게 가장 좋지만 문서는 장황한 면이 있고, 사실 마이바티스의 문서가 잘 돼 있는 편은 아니므로 함께 보는 방법이 가장 좋다. 어떤 엘리먼트가 있고 각 엘리먼트에서 사용 가능한 속성과 하위 엘리먼트를 최대한 빨리 파악하기에는 DTD가 편하다. DTD는 http://mybatis.org/dtd/mybatis-3-config.dtd에서 볼 수 있다.

가장 상위 레벨에서 설정 가능한 엘리먼트는 11개다. 각 엘리먼트를 하나씩 살펴보자.

> **주의**
> 마이바티스는 기능을 추가할 때 설정 파일의 엘리먼트를 추가할 수 있다. 현재는 11개지만, 나중에는 이 개수가 늘어날 수도 있고 다시 줄어들 수도 있다.

## 6.2 properties 엘리먼트

설정 파일에서 공통적인 속성을 정의하거나 외부 파일에서 값을 가져와서 사용해야 하는 경우가 있다. 프로젝트에서는 개발 장비와 운영 장비로 구분해서 사용하는 경우가 많다. 이런 경우 서버 구분없이 동일한 값은 그대로 설정 파일에 설정해서 사용하고, 서버별로 다른 값은 외부 프로퍼티 파일로 분리한 후 서버별로 프로퍼티 파일을 선택해서 배포하는 형태를 주로 택한다. 마이바티스의 properties 엘리먼트는 공통적인 환경 값을 정의해서 설정 파일에서 그 환경 값을 사용한다. 그리고 외부 프로퍼티 파일에 환경 값을 설정하고 설정 파일에서 그 환경 값을 사용할 수 있게 한다.

그럼 설정 예제를 살펴보자. 코드 6.2는 서버별 설정을 갖는 외부 프로퍼티 파일이고, 파일명은 mybatis.properties로 정했다.

코드 6.2 외부 프로퍼티 파일 설정 예제

```
jdbc.url=jdbc:mysql://localhost:3306/mybatis_example
jdbc.driver= com.mysql.jdbc.Driver
jdbc.username=mybatis
jdbc.password=mybatis
```

외부 프로퍼티 파일을 읽기 위해서는 properties 엘리먼트의 resource 속성에 위치를 지정하면 된다. resource 속성은 다음과 같이 클래스패스 기준으로 프로퍼티 파일을 찾는다.

```
<properties resource="mybatis.properties"></properties>
```

서버별로 다른 값이 아닌 공통 속성은 외부 파일에 두지 않고 다음과 같이 하위 엘리먼트인 property 엘리먼트를 이용해 선언할 수 있다.

```
<properties resource="mybatis.properties">
    <property name="jdbc.driver" value="com.mysql.jdbc.Driver" />
    <property name="jdbc.username" value="mybatis" />
    <property name="jdbc.password" value="mybatis" />
</properties>
```

프로퍼티 파일을 클래스패스 기준이 아닌 절대 경로로 잡아야 한다면 다음과 같이 url 속성을 사용하면 된다.

```
<properties url="file:d:\mybatis.properties"></properties>
```

이렇게 설정한 후 값을 사용할 때는 ${key} 형태로 사용하면 된다. 코드 6.2의 프로퍼티 파일 내용을 다음과 같이 ${key} 형태로 사용해보자.

```
<property name="url" value="${jdbc.url}" />
```

마이바티스는 데이터베이스를 다루는 프레임워크이기 때문에 이러한 환경설정의 대부분은 데이터베이스의 정보와 관련돼 있다.

## 6.3 settings 엘리먼트

settings 엘리먼트를 사용해서 설정하는 각종 값은 SqlSessionFactory 객체가 SqlSession 객체를 만들 때 생성할 객체의 특성을 결정한다. settings 엘리먼트의 하위 엘리먼트들은 대부분 디폴트 값을 가진다. 별도로 설정하지 않으면 디폴트 값을 사용하는데, 특별한 경우가 아니면 디폴트 값을 사용해도 문제없이 잘 작동한다. 마이바티스가 업그레이드할 때마다 추가되거나 변경되는 속성들이 있다. 그리고 다음과 같은 몇 가지 속성은 JDBC 드라이버에 따라 지원되지 않는 것도 있다.

1. **cacheEnabled** 캐시를 기본으로 사용할지를 결정한다. 디폴트 값이 true이기 때문에 캐시를 기본으로 사용한다. 매퍼별로 캐시를 사용하지 않게 설정하거나 전체적으로 캐시를 사용하지 않기 위해서는 이 값을 false로 설정해야 한다. 마이바티스의 기본 캐시는 분산 캐시가 아니라 로컬 캐시라 서버가 여러 대인 경우 데이터 변경에 대해 전체 서버에 캐시를 반영하기 어려운 문제가 있다. 물론 한 대의 서버만 운영하거나 여러 대의 서버라 하더라도 캐시 데이터의 동일성이 반드시 이뤄지지는 않아도 된다면 문제가 되지 않는다. Cacheonix와 같은 분산 캐시가 있지만, 마이바티스의 기본 캐시가 아니므로 캐시는 신중히 결정해야 한다.

2. **lazyLoadingEnabled** 성능 개선을 위해 많이 사용하는 늦은 로딩Lazy Loading 사용 여부에 대한 옵션이다. 늦은 로딩을 사용하면 데이터를 한 번에 다 가져오는 것이 아니라 관련된 데이터를 필요한 시점에 가져오게 동작하기 때문에 시스템의 부하가 한 번에 몰리지 않고 분산하는 결과를 줘서 성능에 좋은 영향을 준다. 특히 기본 키를 기준으로 데이터를 가져오는 경우 늦은 로딩이 아닌 것처럼 데이터를 가져올 때 빠르기 때문에 유용하다. 디폴트는 true다.

3. **aggressiveLazyLoading** 이 옵션을 활성화 상태로 두면 늦은 로딩을 하는 객체는 호출에 따라 점진적으로 로드될 것이다. 반면 늦은 로딩을 하지 않는 객체는 요청할 때 한 번에 모두 로드된다. 디폴트는 true다.

4. **multipleResultSetsEnabled** 한 개의 구문에서 여러 개의 결과 셋 허용 여부에 대한 옵션이다. 데이터베이스에 따라 여러 개의 결과 셋을 한 번에 사용하는 기능을 제공하기도 하다. SQL 서버에서는 다중 결과 집합이라는 용어를 사용하는데, 간단한 예제는 http://technet.microsoft.com/ko-kr/library/ms378758.aspx를 보면 이해하는 데 도움이 될 것이다. 단, 드라이버에 따라 지원 여부를 확인해서 사용해야 한다. 디폴트는 true다.

5. **useColumnLabel** 칼럼 이름 대신 칼럼 라벨을 사용할지 여부에 대한 옵션이다. 드라이버마다 칼럼 라벨을 다른 관점으로 보기 때문에 사용할 때는 확인을 해야 한다. 디폴트는 true다.

6. **useGeneratedKeys** 생성 키 사용 여부를 결정한다. MySQL은 auto_increment, 오라클은 sequence, SQL 서버는 identify를 생성 키로 제공한다. 디폴트는 false다.

7. **autoMappingBehavior** 조회 결과의 칼럼별 값을 자바 객체에 설정할 때 자동으로 설정하는 방법을 결정한다. 선택 가능한 값은 NONE, PARTIAL, FULL인데, 디폴트는 PARTIAL이다. NONE을 사용하면 마이바티스가 객체에 값을 자동으로 설정하지 않는다. 따라서 NONE을 사용할 때는 결과 매핑을 반드시 설정해야 한다. PARTIAL은 결과 매핑 설정이 없더라도 자동으로 객체에 값을 설정해 준다. 단, 중첩된 처리를 하지 않는다. FULL은 자동으로 매핑을 하면서 중첩된 처리도 모두 해준다. FULL을 사용하기 위해서는 데이터베이스 쿼리에서 칼럼별 별칭을 둘 때 comment.comment_no처럼 .(마침표) 구분자를 사용할 수 있어야 한다.

8. **defaultExecutorType** 디폴트 실행 타입을 결정한다. 선택 가능한 값은 Statement 객체를 재사용하지 않는 SIMPLE, PreparedStatement 객체를 재사용하는 REUSE, Statement를 재사용하고 작업을 한 번에 일괄 처리하는 BATCH가 있다. 디폴트는 SIMPLE이다.

9. **defaultStatementTimeout** 데이터베이스 요청을 처리하는 도중에 처리가 오래 걸릴 때 자동으로 중지하는 타임아웃 설정이다. 대부분의 JDBC 드라이버는 데이터베이스의 특성에 따라 적절한 타임아웃 설정을 갖고 있기 때문에 드라이버별로 정해진 값보다 짧게 가져가야 할 경우 사용하면 된다. 양수로 설정해야 하고 초 단위다. 디폴트는 JDBC 드라이버가 자체적으로 가진 값을 그대로 사용한다.

10. **mapUnderscoreToCamelCase** 전통적으로 데이터베이스의 테이블 칼럼명은 언더 바를 통해 구분하고, 자바의 코딩 규칙은 낙타표현식을 사용한다. 명명 규칙의 차이점이 있기 때문에 자동으로 매핑할 때는 대상을 찾기 어렵다. 하지만 데이터베이스와 자바는 사용하는 명명 규칙이 명확한 편이기 때문에 일정한 규칙을 부여하면 값을 매핑하는 데 어렵지 않다. 이런 경우를 위해 언더 바 형태를 낙타표현식으로 자동 매핑할지에 대한 옵션이다. 이 옵션을 사용하지 않으면서 테이블의 칼럼명은 언더 바로 구분하고 자바 모델 클래스는 낙타 표기법을 사용할 경우 쿼리문에 칼럼별로 별칭을 사용하거나 별도의 결과 매핑을 사용해야 한다. 디폴트는 false이고 자동으로 매핑하지 않는다.

11. **localCacheScope** 캐시의 저장 범위를 정한다. SqlSession 객체를 기준으로 캐시할 때는 SESSION, 구문별로 캐시할 때는 STATEMENT를 선택하면 된다. 디폴트는 SESSION이다.

defaultStatementTimeout을 제외하면 대부분 디폴트 값을 갖고 있다. defaultStatementTimeout도 JDBC 드라이버가 디폴트 값을 갖고 있는 터라 사실상 대부분의 옵션은 디폴트 값을 갖고 있어서 설정하지 않고도 문제가 없다면 그대로 사용하면 된다. 변경이 필요한 옵션만 설정하면 되는데, 보통의 경우에는 3개 정도 수정해서 쓰면 대부분 애플리케이션의 요구 사항을 만족할 것으로 생각한다.

```
<settings>
   <setting name="cacheEnabled" value="false" />
   <setting name="useGeneratedKeys" value="true" />
   <setting name="mapUnderscoreToCamelCase" value="true" />
</settings>
```

## 6.4 typeAliases 엘리먼트

대부분의 자바 모델 클래스는 패키지 경로를 함께 사용하면 굉장히 긴 문자열이 된다. 예제에서 사용한 Comment 클래스는 패키지 경로까지 모두 표기하면 ldg.mybatis.model.Comment이다. 매핑 구문의 파라미터나 결과 타입을 작성하려고 보면 굉장히 긴 문자열이라 종종 오타가 날수도 있고, 문자열 자체가 길다보니 일일히 전부 적어주는 것은 귀찮은 작업이다.

이런 불편함을 해결하기 위해 타입별 별칭을 설정할 수 있다. 별칭을 사용하면 ldg.mybatis.model.Comment로 입력해야 할 항목을 Comment로 줄일 수 있다.

```
<typeAliases>
   <typeAlias type="ldg.mybatis.model.Comment" alias="Comment" />
</typeAliases>
```

typeAlias 엘리먼트를 사용해서 별칭을 설정하고 매핑 구문에서 파라미터 타입이나 결과 타입에 Comment를 사용하면 ldg.mybatis.model.Comment로 인식한다.

XML에서 설정하는 방식에 더해 마이바티스는 애노테이션으로 설정하는 방법을 추가로 제공한다. 코드 6.3은 클래스 선언 위에 @Alias 애노테이션을 선언했다. 방법만 다를 뿐 XML로 타입 별칭을 설정한 것과 동일하다.

코드 6.3 애노테이션을 사용해 설정한 타입 별칭

```
package ldg.mybatis.model.Comment;

@Alias("Comment")
public class Comment {
}
```

> ●● **아이바티스에서는**
>
> 타입 별칭을 설정하는 방법에 있어서 아이바티스는 XML에서만 설정할 수 있다. 애노테이션을 사용하는 방식은 마이바티스에 추가된 방식이다.

원시 타입이나 흔하게 사용되는 자바 타입에 대해서는 마이바티스 내부에 미리 정의된 별칭이 있다. 표 6.1은 마이바티스 내부에 미리 정의된 타입 별칭을 보여주며, 이런 별칭들은 별도로 별칭을 설정하지 않아도 된다.

표 6.1 마이바티스가 미리 정의한 타입 별칭

| 별칭 | 매핑된 타입 |
| --- | --- |
| _byte | byte |
| _long | long |
| _short | short |
| _int | int |
| _integer | int |
| _double | double |
| _float | float |
| _boolean | boolean |
| string | String |
| byte | Byte |
| long | Long |
| short | Short |
| int | Integer |
| integer | Integer |
| double | Double |
| float | Float |
| boolean | Boolean |

(이어짐)

| 별칭 | 매핑된 타입 |
|---|---|
| date | Date |
| decimal | BigDecimal |
| bigdecimal | BigDecimal |
| object | Object |
| map | Map |
| hashmap | HashMap |
| list | List |
| arraylist | ArrayList |
| collection | Collection |
| iterator | Iterator |

## 6.5 typeHandlers 엘리먼트

PreparedStatement에서 파라미터를 설정하거나 결과 셋을 가져올 때 테이블 칼럼 각각의 값을 자바의 적절한 타입으로 설정해서 가져오기 위해 타입 핸들러를 사용한다. 표 6.2는 마이바티스가 미리 정의한 타입 핸들러이고, 지원하는 자바 타입을 보면 자바가 제공하는 대부분의 타입을 지원한다. 이렇게 마이바티스가 정의해둔 타입 핸들러가 있기 때문에 대부분의 경우에는 개발자가 별도로 타입 핸들러를 만들 필요가 없다.

표 6.2 마이바티스가 미리 정의한 타입 핸들러

| 타입 핸들러 | 자바 타입 | JDBC 타입 |
|---|---|---|
| BooleanTypeHandler | java.lang.Boolean, boolean | BOOLEAN과 호환이 가능한 타입 |
| ByteTypeHandler | java.lang.Byte, byte | NUMERIC과 호환이 가능한 타입 또는 BYTE |
| ShortTypeHandler | java.lang.Short, short | NUMERIC과 호환이 가능한 타입 또는 SHORT INTEGER |

(이어짐)

| 타입 핸들러 | 자바 타입 | JDBC 타입 |
| --- | --- | --- |
| IntegerTypeHandler | java.lang.Integer, int | NUMERIC과 호환이 가능한 타입 또는 INTEGER |
| LongTypeHandler | java.lang.Long, long | NUMERIC과 호환이 가능한 타입 또는 LONG INTEGER |
| FloatTypeHandler | java.lang.Float, float | NUMERIC과 호환이 가능한 타입 또는 FLOAT |
| DoubleTypeHandler | java.lang.Double, double | NUMERIC과 호환이 가능한 타입 또는 DOUBLE |
| BigDecimalTypeHandler | java.math.BigDecimal | NUMERIC과 호환이 가능한 타입 또는 DECIMAL |
| StringTypeHandler | java.lang.String | CHAR, VARCHAR |
| ClobTypeHandler | java.lang.String | CLOB, LONGVARCHAR |
| NStringTypeHandler | java.lang.String | NVARCHAR, NCHAR |
| NClobTypeHandler | java.lang.String | NCLOB |
| ByteArrayTypeHandler | byte[] | byte 스트림 타입과 호환이 가능한 타입 |
| BlobTypeHandler | byte[] | BLOB, LONGVARBINARY |
| DateTypeHandler | java.util.Date | TIMESTAMP |
| DateOnlyTypeHandler | java.util.Date | DATE |
| TimeOnlyTypeHandler | java.util.Date | TIME |
| SqlTimestampTypeHandler | java.sql.Timestamp | TIMESTAMP |
| SqlDateTypeHandler | java.sql.Date | DATE |
| SqlTimeTypeHandler | java.sql.Time | TIME |
| ObjectTypeHandler | Any | OTHER 또는 명시하지 않는 경우 |
| EnumTypeHandler | Enumeration Type | VARCHAR – 문자열 호환 타입 |
| EnumOrdinalTypeHandler | Enumeration Type | 위치가 저장된 것과 같은 NUMERIC과 호환이 가능한 타입 또는 DOUBLE |

자바가 제공하는 타입은 API 문서를 보면 종류가 정해져 있지만, 데이터베이스가 제공하는 데이터 타입은 데이터베이스마다 약간씩 차이가 있다. 따라서 데이터베이스가 제공하는 데이터 타입은 대개 호환 가능한 형태로 적절히 판단해서 자바의 데이터 타입을 선택해야 한다. 데이터베이스의 데이터 타입 중 자바에서 일치하는 타입이 없다면 별도의 타입 핸들러를 정의해야만 마이바티스는 값을 제대로 설정할 수 있다. 별도의 타입 핸들러를 만들기 위해서는 코드 6.4처럼 org.apache.ibatis.type.BaseTypeHandler<T>를 확장할 수 있다.

코드 6.4 타입 핸들러 구현 예제

```
@MappedJdbcTypes(JdbcType.VARCHAR)
public class ExampleTypeHandler extends BaseTypeHandler<String> {

    @Override
    public void setNonNullParameter(PreparedStatement ps, int i,
            String parameter, JdbcType jdbcType) throws SQLException {
        ps.setString(i, parameter);
    }

    @Override
    public String getNullableResult(ResultSet rs, String columnName)
            throws SQLException {
        return rs.getString(columnName);
    }

    @Override
    public String getNullableResult(ResultSet rs, int columnIndex)
            throws SQLException {
        return rs.getString(columnIndex);
    }

    @Override
    public String getNullableResult(CallableStatement cs,
            int columnIndex) throws SQLException {
        return cs.getString(columnIndex);
    }
}
```

코드 6.4처럼 구현체를 만든 후 이 구현체를 사용하게 설정해줘야 한다. 설정 파일에 타입 핸들러를 명시하는 방법은 두 가지다. typeHandler 엘리먼트를 사용하는 방법과 package 엘리먼트를 통해 해당 패키지에서 타입 핸들러를 자동 검색하는 방법이다. package 엘리먼트를 사용해 자동 검색을 하면 하위 패키지를 모두 검색하기 때문에 구현체를 모두 갖는 상위 패키지를 다음과 같이 지정해줘야 한다.

```
<typeHandlers>
    <typeHandler handler="ldg.mybatis.ExampleTypeHandler"/>
    <package name="ldg.mybatis"/>
</typeHandlers>
```

타입 핸들러를 사용해서 특별한 타입을 처리할 수 있기 때문에 데이터베이스에 저장된 코드를 자바의 이넘(enum)으로 변환하거나 암호화/복호화를 처리하는 데 사용하면 유용하다.

## 6.6 objectFactory 엘리먼트

대개의 경우 결과 셋으로 사용하는 모델을 만들 때는 칼럼명(또는 칼럼 별칭)에 매핑하는 setter 메소드를 호출해서 모델 객체를 만든다. 물론 마이바티스는 setter 메소드가 없으면 자바의 리플렉션을 사용해서 값을 설정한다. 테이블 간의 관계가 복잡하거나 단순히 setter 메소드를 호출하는 것 이상의 과정을 거쳐야 할 일이 많아 보이지는 않지만, 간혹 있을 수 있다. 결과 데이터를 설정할 때 별도의 과정을 추가로 거쳐야 하면 ObjectFactory를 사용할 수 있다.

org.apache.ibatis.reflection.factory.ObjectFactory 인터페이스를 구현하거나 코드 6.5처럼 org.apache.ibatis.reflection.factory.DefaultObjectFactory 클래스를 확장해서 구현체를 만들 수 있다.

코드 6.5 ObjectFactory 구현 예제

```
public class ExampleObjectFactory extends DefaultObjectFactory {
    public Object create(Class type) {
        return super.create(type);
    }
```

```
    public Object create(Class type, List<Class> constructorArgTypes,
        List<Object> constructorArgs) {
      return super.create(type, constructorArgTypes, constructorArgs);
    }

    public void setProperties(Properties properties) {
      super.setProperties(properties);
    }
}
```

구현체를 만들어서 사용하려면 설정 파일에 정의해야 하는데, objectFactory 엘리먼트를 사용해서 정의할 수 있다. 특별한 프로퍼티가 없다면 objectFactory 엘리먼트의 type 속성만을 사용해 정의하면 된다. 구현체가 사용할 값을 설정하기 위해서는 objectFactory 엘리먼트의 하위 엘리먼트인 property 엘리먼트를 사용한다.

```xml
<objectFactory type="ldg.mybatis.ExampleObjectFactory">
    <property name="property" value="100"/>
</objectFactory>
```

## 6.7 plugins 엘리먼트

마이바티스가 매핑 구문을 실행하는 과정에서 특정 시점의 처리를 가로채 부가적인 작업을 처리할 수 있다. 로그를 찍어 줄 수도 있고 파라미터에 대해 공통적으로 타입 체크 또는 결과 셋에 대한 처리를 추가할 수도 있을 것이다. 기능으로만 보면 마치 AOP나 인터셉터와 비슷하게 볼 수 있다. 이러한 부가적인 기능 처리를 위해서는 먼저 구현체를 만들어야 한다. 구현체를 만들기 위해 org.apache.ibatis.plugin.Interceptor 인터페이스를 구현하면 된다. 구현체를 사용하고 구현체의 타입을 결정하기 위해 org.apache.ibatis.plugin.Intercepts 애노테이션을 정의한다. 플러그인이 작동하는 시점과 대상 객체를 지정하려면 @Intercepts 애노테이션에 @Signature 애노테이션을 사용해서 설정해야 한다. 대상 객체와 작동하는 시점의 목록은 다음과 같다.

1. Executor(update, query, flushStatements, commit, rollback, getTransaction, close, isClosed)
2. ParameterHandler(getParameterObject, setParameters)
3. ResultSetHandler(handleResultSets, handleOutputParameters)
4. StatementHandler(prepare, parameterize, batch, update, query)

데이터를 조회할 때 필요한 부가 정보를 출력하는 구현체를 만들어보자.

코드 6.6  매핑 구문 아이디를 출력하는 플러그인 예제

```java
@Intercepts({@Signature(
    type = Executor.class,
    method = "query",
    args = {MappedStatement.class, Object.class, RowBounds.class,
            ResultHandler.class}
)})
public class ExecutorPlugin implements Interceptor {
    private static final Logger LOGGER =
            LoggerFactory.getLogger(ExecutorPlugin.class);

    private final int mappedStatementIndex = 0;
    private final int parameterIndex = 1;
    private final int rowboundsIndex = 2;

    // private final int resultHandlerIndex = 3;

    @Override
    public Object intercept(Invocation invocation) throws Throwable {
        MappedStatement mappedStatement = (MappedStatement)
                invocation.getArgs()[mappedStatementIndex];
        LOGGER.info("+> 매핑구문 아이디 : {}", mappedStatement.getId());

        Object parameter = invocation.getArgs()[parameterIndex];
        LOGGER.info("+> 파라미터 : {}", parameter);

        RowBounds rowBounds = (RowBounds)
                invocation.getArgs()[rowboundsIndex];
```

```
            LOGGER.info("+> RowBounds : limit - {}, offset - {}",
                    rowBounds.getLimit(), rowBounds.getOffset());

        return invocation.proceed();
    }

    @Override
    public Object plugin(Object target) {
        return Plugin.wrap(target, this);
    }

    @Override
    public void setProperties(Properties properties) {
        LOGGER.info("{}", properties.getProperty("property"));
    }
}
```

코드 6.6은 데이터를 조회할 때 실행되게 @Signature 애노테이션의 속성 중 method를 query로 지정했다. @Signature 애노테이션의 args 속성은 org.apache.ibatis.executor.Executor 인터페이스의 query 메소드 파라미터를 그대로 사용하면 된다. ExecutorPlugin 클래스에 있는 intercept 메소드의 파라미터인 Invocation 객체는 SQL 형태에 따라 다소 다른 데이터를 주지만, 대개 매핑 구문과 파라미터, 그리고 결과 객체에 대한 정보를 얻을 수 있다. 매핑 구문의 아이디는 매핑 구문 객체에서 가져올 수 있다. 이 외에도 마이바티스를 사용하면서 편의성을 위해 얻고자 하는 정보는 다른 객체에서도 얻을 수 있기 때문에 이를 활용하면 마이바티스를 사용하기 좋아진다.

구현체를 만든 뒤 애플리케이션 실행 중에 플러그인이 실행되게 설정 파일에 구현체를 설정한다. 구현체 정의는 plugins 엘리먼트에 각각을 지정해준다. 구현체 각각은 plugin 엘리먼트의 interceptor 속성에 정의한다.

```
<plugins>
    <plugin interceptor="ldg.mybatis.common.plugin.ExecutorPlugin">
        <property name="property" value="plugin test"/>
    </plugin>
</plugins>
```

## 6.8 environments 엘리먼트

마이바티스를 사용해서 데이터베이스와 연동할 때 주로 필요한 설정은 데이터베이스 연결 정보다. environments 엘리먼트를 사용해서 마이바티스의 트랜잭션 관리자와 데이터 소스 두 가지를 설정할 수 있다. 트랜잭션 관리자와 데이터 소스는 마이바티스만 사용할 때 필요하며, 스프링 연동 모듈을 사용할 경우에는 필요 없다. 5장에서 설명한 것처럼 스프링 연동 모듈을 사용하면 트랜잭션과 데이터 소스 설정을 스프링에서 가져가기 때문이다. 마이바티스와 스프링을 함께 사용하면 마이바티스 설정의 많은 부분이 생략된다.

environments 엘리먼트의 하위 엘리먼트인 environment 엘리먼트를 구성하는 두 가지 엘리먼트를 알아보자.

### 6.8.1 트랜잭션 관리자

transactionManager 엘리먼트는 트랜잭션 관리자 클래스를 설정한다. 트랜잭션 관리자는 트랜잭션을 어떻게 처리할지 결정하는 객체다. transactionManager 엘리먼트에서 설정해야 할 값은 type 속성과 각종 프로퍼티다.

type 속성으로 선택 가능한 값은 JDBC와 MANAGED이다.

1. **JDBC** 마이바티스 API에서 제공하는 commit, rollback 메소드 등을 사용해서 트랜잭션을 관리하는 방식이다.
2. **MANAGED** 마이바티스 API보다는 컨테이너가 직접 트랜잭션을 관리하는 방식이다.

### 6.8.2 데이터 소스

dataSource 엘리먼트는 데이터 소스를 설정한다. 데이터 소스는 데이터베이스의 정보를 갖는 객체다. 데이터 소스에서 설정해야 할 값은 type 속성과 각종 프로퍼티다.

type 속성에서 선택 가능한 값은 UNPOOLED, POOLED, JNDI이다.

## 1. UNPOOLED

데이터베이스에 요청할 때마다 데이터베이스 연결을 새롭게 생성하고 처리 후 완전히 해제한다. 데이터베이스 연결을 매번 생성하는 것이 성능상 좋지 않기 때문에 간단한 테스트용 애플리케이션을 제외하고 실제 운영하는 애플리케이션에는 사용하지 않는다. 이 타입에서 선택 가능한 프로퍼티는 다음과 같이 5개다.

- **driver** JDBC 드라이버의 클래스명. 패키지까지 모두 명시해야 한다.
- **url** 데이터베이스 연결을 위한 URL 정보다.
- **username** 데이터베이스 연결을 위한 계정의 아이디다.
- **password** 데이터베이스 연결을 위한 계정의 패스워드다.
- **defaultTransactionIsolationLevel** 디폴트 트랜잭션 격리 레벨, 마이바티스의 격리 레벨은 org.apache.ibatis.session.TransactionIsolationLevel 이넘<sup>enum</sup>의 상수를 사용할 수 있다.

데이터베이스는 4가지의 격리 레벨을 제공한다. 격리 레벨은 트랜잭션 내에서 수정 중인 데이터를 다른 사용자가 동시에 읽기 요청을 할 때 데이터를 얼마나 격리해서 보여줄지 결정하는 수준이다. 격리 레벨이 낮으면 데이터의 일관성이 떨어지게 되고, 격리 레벨이 높으면 데이터의 일관성은 좋지만 트랜잭션의 동시 작업이 어려워지는 결과를 낳는다.

- **READ_COMMITTED** 다른 트랜잭션에 의해 커밋된 데이터를 읽을 수 있다. 현재 트랜잭션에서 읽고 있는 동안 다른 트랜잭션에서는 읽거나 쓰기가 가능하다. 커밋하지 않는 트랜잭션에서 데이터를 쓰면 같은 데이터에 접근하는 모든 트랜잭션은 블록된다.
- **READ_UNCOMMITTED** 다른 트랜잭션에서 커밋하지 않은 데이터를 읽을 수 있다. 현재 트랜잭션에서 커밋하지 않더라도 수정한 데이터를 다른 트랜잭션에서 읽을 수 있다.
- **REPEATABLE_READ** 처음에 읽은 데이터와 이후 읽은 데이터가 동일하다. 읽기 트랜잭션은 같은 데이터에 대한 수정을 모두 블록한다. 같은 데이터에 대한 읽기는 가능하다. 새로운 데이터 추가는 가능하다.

- **SERIALIZABLE** 같은 데이터에 대해 동시에 두 개 이상의 트랜잭션이 수행될 수 없다. 트랜잭션이 진행되는 동안 다른 트랜잭션에서 데이터를 추가할 수 없다.

## 2. POOLED

일정 수의 데이터베이스 연결을 풀이라는 메모리 영역에 넣어 두고 필요할 때마다 가져다가 사용하고, 사용하고 나면 다시 풀에 넣는다. 대부분 서버를 시작할 때 애플리케이션이 올라가면서 설정된 수만큼의 데이터베이스 연결을 만들어둔다. 매번 데이터베이스 연결을 새로 생성하지 않기 때문에 대부분의 웹 애플리케이션에서 기본적으로 사용한다. 앞서 살펴본 `UNPOOLED`에서 설정 가능한 프로퍼티에 더해 추가로 프로퍼티를 지정할 수 있다.

- `poolMaximumActiveConnections` 설정한 시간동안 존재할 수 있는 연결의 수다. 이 연결들은 활성화된(사용 중인) 상태다. 디폴트 값은 10이다.
- `poolMaximumIdleConnections` 주어진 시간에 존재할 수 있는 유휴 연결의 수다.
- `poolMaximumCheckoutTime` 강제로 반환되기 전에 풀에서 '체크아웃'될 수 있는 연결의 시간. 디폴트는 20000ms(20초)다.
- `poolTimeToWait` 풀이 로그 상태를 출력하고 비정상적으로 긴 경우 연결을 다시 얻으려고 시도하는 로우레벨 설정이다. 디폴트는 20000ms(20초)다.
- `poolPingQuery` 연결이 작업하기 좋은 상태이고 요청을 받아서 처리할 준비가 됐는지 체크하기 위해 데이터베이스에 던지는 핑 쿼리Ping Query를 지정한다. 디폴트는 상태를 체크하는 쿼리가 없다. 이 설정은 대부분의 데이터베이스에서 에러 메시지를 보게 할 수도 있다.
- `poolPingEnabled` 연결 상태를 체크하는 핑 쿼리의 사용 여부를 결정한다. 사용한다면 오류가 없고 빠른 SQL을 사용해서 `poolPingQuery` 프로퍼티를 설정해야 한다. 디폴트는 `false`다.
- `poolPingConnectionsNotUsedFor` `poolPingQuery`를 얼마나 자주 사용할 지 설정한다. 필요 이상의 핑을 피하기 위해 데이터베이스의 타임아웃 값과 같을 수 있다. 디폴트는 0이다. 디폴트 값은 `poolPingEnabled`가 `true`일 경우에

만 모든 연결이 매번 핑을 던지는 값이다.

## 3. JNDI

컨테이너의 JNDI 컨텍스트를 참조한다. JNDI$^{\text{Java Naming and Directory Interface}}$는 디렉터리 서비스를 위해 자바가 제공하는 인터페이스다. 디렉터리 서비스는 전화번호부처럼 산재된 정보를 쉽게 찾을 수 있도록 해주는 서비스로 이해할 수 있는데, 여기서는 데이터 소스를 찾는다. JNDI 설정은 톰캣과 같은 대부분의 웹 애플리케이션 서버가 제공한다.

```
<Resource name="jdbc/mybatis_example" auth="Container"
    type="javax.sql.DataSource"
    driverClassName="com.mysql.jdbc.Driver"
    url="jdbc:mysql://localhost:3306/mybatis_example"
    username="mybatis"
    password="mybatis" />
```

JNDI에서 디렉터리를 찾기 위해서는 대개 InitialContext 객체를 생성하고 lookup 메소드를 사용해서 대상을 찾는 게 일반적이다. lookup 메소드에서는 'java:comp/env/[Resource엘리먼트의 name 속성 값]'을 적어주면 된다.

```
Context ctx = new InitialContext();
Object datasourceRef = ctx.lookup("java:comp/env/jdbc/mybatis_example");
DataSource ds = (Datasource)datasourceRef;
```

UNPOOLED와 POOLED의 두 가지 타입이 연결풀을 사용할지에 대한 여부로 나눠지지만 JNDI는 연결풀의 사용 여부와는 상관이 없다. 데이터 소스를 관리하는 주체가 자바 코드가 아니라 컨테이너를 갖는 서버라는 점에서 확연히 다르다. JNDI를 사용할 때 설정 가능한 프로퍼티는 다음과 같이 2개가 있다.

- `initial_context` 이 프로퍼티는 InitialContext에서 컨텍스트를 찾기 위해 사용한다. 대개 InitialContext에서 컨텍스트를 찾기 위해서는 initialContext.lookup(initial_context) 형태로 메소드를 호출한다. 이 설정을 생략하면 InitialContext가 data_source 프로퍼티의 값을 사용해서 찾을 것이다. 프로퍼티의 값으로 java:comp/env를 적어줄 수 있다.

- **data_source** 데이터 소스를 찾을 수 있는 컨텍스트 경로다. `initial_context` 프로퍼티를 `java:comp/env`로 설정하면 `data_source` 프로퍼티는 `jdbc/mybatis_example`로 적어주면 되고, `initial_context` 프로퍼티를 생략하면 `java:comp/env/jdbc/mybatis_example`를 모두 적어줘야 한다.

> **아이바티스에서는**
>
> 아이바티스는 설정 파일에서 데이터베이스 설정을 한 개만 할 수 있다. 하지만 마이바티스는 설정 파일에 여러 개의 데이터베이스를 설정하고 SqlSessionFactory 객체를 생성하는 시점에 특정 데이터베이스를 선택할 수 있게 했다. 개발자들의 개발 환경을 살펴보면 서버마다 대부분 동일하고 지극히 일부 값만 다르다. 아마도 대부분은 JDBC URL 정도만 다를 것이고 경우에 따라 계정 정보만 다른 경우가 많다. 설정 파일에 여러 개의 데이터베이스 설정을 두는 방식보다는 데이터베이스 설정 값을 가진 프로퍼티 파일을 서버별로 두는 방식을 많이 사용한다. 서버별로 프로퍼티 파일을 두거나 마이바티스의 environment 엘리먼트를 여러 개 설정하고 필요할 때 선택하는 방법 모두 사용해도 된다. 어쨌든 사용자는 두 가지 방법 중 하나를 선택하면 되므로 서버별 설정 적용에는 도움이 되는 방법이다.

## 6.9 mappers 엘리먼트

마이바티스에서 가장 중요한 매퍼를 지정하는 엘리먼트다. 매퍼는 매핑 구문과 파라미터나 결과 타입 등을 지정하는 역할을 한다.

매퍼 위치를 지정하는 방법은 다음과 같은 네 가지가 있다. 개발자는 네 가지 방법 중에서 한 가지를 사용해도 되고, 두 가지 이상을 복합적으로 사용해도 된다. 하지만 매퍼에서 매핑 구문별로 네임스페이스와 구문 아이디를 합친 값이 중복되지는 않아야 한다.

1. 클래스패스에 위치한 XML 매퍼 파일 지정(resource 속성)
2. URL을 사용한 XML 매퍼 파일 지정(url 속성)
3. 매퍼 인터페이스를 사용하는 인터페이스 위치 지정(class 속성)
4. 패키지 지정으로 패키지 내 자동으로 매퍼 검색(name 속성)

코드 6.7은 매퍼의 위치를 설정하는 예를 보여준다.

코드 6.7 mappers 엘리먼트 설정 예제

```
<mappers>
    <mapper resource="
            ldg/mybatis/repository/mapper/CommentMapper.xml"/>
    <mapper
            url="file:///ldg/mybatis/repository/mapper/AuthorMapper.xml"/>
    <mapper class="ldg.mybatis.repository.mapper.CommentMapper"/>
    <package name="ldg.mybatis"/>
</mappers>
```

코드 6.7은 매퍼를 설정하는 네 가지 방식을 모두 사용한 설정이다. 클래스패스를 기준으로 해서 같은 네임스페이스를 사용하는 경우 resource와 class 속성 간에는 생략이 가능하다. 코드 6.7에서 resource와 class 속성의 설정 값이 동일한 경로에 있기 때문에 한 개는 생략해도 동일하게 작동한다.

스프링 연동 모듈을 사용하면 mapperLocations 프로퍼티를 사용해 매퍼 위치를 지정할 수 있기 때문에 mappers 엘리먼트를 사용하지 않을 수도 있다.

여기에서 대부분의 프로젝트를 작성할 때 공통적으로 사용하는 엘리먼트는 properties, settings, typeAliases, environments, mappers 다섯 가지다. 이 엘리먼트들은 명칭이나 그 역할이 조금 달라지긴 했지만 이전 버전인 아이바티스에도 거의 동일하게 있었다. 그 외에 추가된 엘리먼트는 마이바티스의 스펙을 결정하면서 도움이 되리라 생각되고, 실제 일부 사용자들이 요청해서 생긴 것들이다. 단, 공통적으로 사용할 만한 기능이 아닌 게 많으므로 사용 시 원하는 요구 사항에 충분히 맞는지 확인한 후 사용해야 한다.

●● 아이바티스에서는

아이바티스와 비교해서 설정 파일에 몇 가지 변경 사항이 있다.

1. properties 엘리먼트
   아이바티스에서는 properties의 하위 엘리먼트인 property가 없었다.

2. settings 엘리먼트

   아이바티스에서 마이바티스로 버전이 올라가면서 settings 엘리먼트에서 몇 가지 변경 사항이 있다. 아이바티스는 대부분의 설정을 settings 엘리먼트의 속성으로 정의를 했지만, 마이바티스는 하위 엘리먼트를 사용하는 형태로 변경됐다. 설정할 수 있는 값이 많을 경우 속성보다는 하위 엘리먼트 형태가 직관적인 경우가 많다. 그리고 마이바티스에서 좋아진 점은 mapUnderscoreToCamelCase의 도입이다. 이전에는 언더 바를 주로 사용하는 테이블 칼럼명과 낙타표현식을 주로 사용하는 자바 모델 간의 매핑을 위해서 쿼리문에 칼럼 별칭을 사용하거나 결과 매핑 설정을 반드시 가져가야 하는 귀찮은 점이 있었다. 마이바티스는 mapUnderscoreToCamelCase 프로퍼티를 제공함으로써 결과 매핑이 한결 편리해졌다. 그 외 네임스페이스가 아이바티스에서는 선택이었지만 마이바티스에서는 필수이므로 아이바티스의 useStatementNamespaces 속성이 사라졌다.

3. typeAliases 엘리먼트

   아이바티스는 typeAlias를 감싸는 상위 엘리먼트가 없었다. 가장 상위 엘리먼트인 sqlMapConfig 아래에 typeAlias 엘리먼트를 다수 선언해서 처리한다. 그리고 애노테이션 방식은 마이바티스에서 추가된 방식이다.

4. typeHandlers 엘리먼트

   아이바티스는 typeHandlers라는 상위 엘리먼트가 없었다. 가장 상위 엘리먼트인 sqlMapConfig 아래에 typeHandler 엘리먼트를 다수 선언해서 처리한다.

5. objectFactory 엘리먼트

   아이바티스는 resultObjectFactory 엘리먼트를 제공했다. 즉, 엘리먼트의 이름을 변경했다.

6. plugins 엘리먼트

   마이바티스에서 추가한 엘리먼트다.

7. environments 엘리먼트

   마이바티스에서 추가한 엘리먼트다.

8. mappers 엘리먼트

   아이바티스에서는 매퍼를 지정하기 위해 resource, url의 두 가지 방식만 가능했다. 즉, 매퍼 인터페이스나 자동 검색 기능은 마이바티스에서 추가된 기능이다.

## 6.10 정리

6장에서는 마이바티스 설정 파일에서 사용 가능한 다음과 같은 XML 엘리먼트에 대해 살펴봤다.

- `properties` 엘리먼트   설정 내부에서 사용하는 각종 설정 값을 외부 파일에서 추출한다.
- `settings` 엘리먼트   마이바티스 전반에 영향을 끼치는 설정을 할 수 있다.
- `typeAliases` 엘리먼트   파라미터 타입이나 결과 매핑 타입을 짧게 작성할 수 있게 해주는 타입 별칭을 지정한다.
- `typeHandlers` 엘리먼트   칼럼 타입과 자바 타입별로 처리를 담당하는 타입 핸들러를 정의한다.
- `objectFactory` 엘리먼트   결과 데이터를 만들 때 처리 과정을 담당하는 객체 팩토리<sup>Object Factory</sup>들을 정의한다.
- `plugins` 엘리먼트   마이바티스가 처리하는 시점별로 부가적인 작업을 처리할 수 있게 해주는 플러그인을 정의한다.
- `environments` 엘리먼트   데이터베이스 연결 정보와 트랜잭션 관리자를 설정한다.
- `mappers` 엘리먼트   매핑 구문을 갖는 매퍼 위치를 설정한다.

7장에서는 매퍼를 정의하는 다양한 방법을 살펴본다.

7장

# 매퍼 XML과 매퍼 인터페이스

6장에서는 마이바티스 설정 파일에서 사용 가능한 각종 XML 엘리먼트에 대해 설명했다. 마이바티스 설정 파일에서 11개의 엘리먼트를 사용할 수 있지만 모든 엘리먼트를 항상 사용하는 것은 아니다. 주로 사용하는 XML 엘리먼트에는 다음과 같은 다섯 가지가 있다.

- properties 엘리먼트
- settings 엘리먼트
- typeAliases 엘리먼트
- environments 엘리먼트
- mappers 엘리먼트

위와 같은 다섯 가지 엘리먼트 외에도 상황에 따라 유용하게 사용할 수 있을 만한 XML 엘리먼트에는 다음과 같은 세 가지 엘리먼트가 있다.

- typeHandlers 엘리먼트
- objectFactory 엘리먼트
- plugins 엘리먼트

7장에서는 매퍼를 정의하는 방법을 살펴본다. 매퍼를 정의하기 위해서는 XML이나 인터페이스를 선택할 수 있다. 이미 4장에서 조회 결과를 자바 객체에 설정하는 방법을 살펴보면서 매퍼 정의 방법을 몇 가지 살펴보기도 했다. 매퍼 XML에서 사용할 수 있는 각종 XML 엘리먼트와 엘리먼트의 속성에 대해 알아본다.

매퍼를 정의하기 위한 또 다른 방법인 인터페이스도 살펴본다. 매퍼 XML의 각 XML 엘리먼트와 동일하게 처리하는 각각의 애노테이션들을 제공한다. 각각의 애노테이션에 대해 살펴보자.

## 7.1 매퍼 XML

매퍼 XML은 아이바티스도 제공하던 방법이다. 매퍼 XML은 지금까지 설명을 위해 사용한 코드에서 계속 사용했기 때문에 눈에 익었을 것이다. 매퍼 XML은 기존 아이바티스와 거의 동일하다. 하지만 동적 SQL은 아이바티스의 XML 엘리먼트가 너무 많았기 때문에 동적 SQL을 처리하는 엘리먼트를 많이 줄였다. 7장에서는 매퍼 XML을 구성할 수 있는 각 엘리먼트를 알아본다.

### 7.1.1 cache-ref, cache 엘리먼트

`cache-ref`와 `cache` 엘리먼트는 캐시를 설정하는 엘리먼트다. 캐시는 매핑 구문과 파라미터에 따라 사용 여부를 결정한다. 매핑 구문과 파라미터에 따라 결정되기 때문에 사용자가 작성하는 메소드 단위가 아니라 마이바티스에서 제공하는 `SqlSession` 객체의 API 호출 단위라는 점을 유념해야 한다.

다음과 같이 캐시의 디폴트 설정을 사용한다면 설정은 간단하다.

```
<cache/>
```

이 디폴트 설정은 다음과 같은 몇 가지 규칙대로 작동하고, 이 규칙은 네임스페이스별로 처리한다.

- 매퍼 XML의 모든 `select` 구문의 결과를 캐시한다.
- 매퍼 XML의 `insert, update, delete`는 모두 캐시를 지운다.
- 가장 오랫동안 사용하지 않은 캐시를 지우는 알고리즘[LRU, Least Recently Used]을 사용한다.
- 애플리케이션이 실행되는 동안 캐시를 유지한다. 특정 시점에 사라지거나 하지 않는다.
- 캐시는 최대 1,024개까지 저장한다.

- 캐시는 읽기/쓰기가 모두 가능하다.

디폴트 설정이 아닌 몇 가지 속성을 다음과 같이 변경해보자.

```
<cache
  eviction="FIFO"
  flushInterval="60000"
  size="512"
  readOnly="true"/>
```

각 속성에 대해 알아보자.

- `eviction` 캐시 알고리즘 속성이다. 디폴트 설정은 LRU이고, 그 외의 선택 가능한 값이 3개 더 있다.
    - `LRU`<sup>Least Recently Used</sup> 가장 오랫동안 사용하지 않은 캐시를 교체한다.
    - `FIFO`<sup>First In First Out</sup> 캐시에 들어온 순서대로 캐시를 교체한다.
    - `SOFT`<sup>Soft Reference</sup> 가비지 컬렉터의 상태와 강하지 않은 참조<sup>Soft References</sup>(자바 가상 머신에서 메모리 공간이 넉넉하지 않을 때 가비지 컬렉터 대상이 됨)의 규칙에 기초해 캐시를 교체한다.
    - `WEAK`<sup>Weak Reference</sup> 가비지 컬렉터의 상태와 약한 참조<sup>Weak References</sup>(자바 가상 머신에서 객체가 Weak Reference만 가질 경우 가비지 컬렉터 대상이 됨)의 규칙에 기초해 점진적으로 캐시를 교체한다.
- `flushInterval` 설정된 캐시를 얼마 동안 유지할지 설정한다. 밀리초 단위로 설정해야 하며 양수 값이어야 한다. 즉, 1000으로 설정하면 1초 뒤 캐시가 지워지고, 60000으로 설정하면 1분 뒤 캐시가 지워진다. 단, 특정 시각을 지정해 캐시를 지우지는 못한다.
- `size` 캐시에 저장할 객체의 수를 지정한다. 디폴트 값은 1024다. 값을 크게 잡는 것은 문제가 되지 않지만 그만큼 메모리를 사용하기 때문에 메모리가 충분한지에 대해서는 측정 후 사용해야 한다.
- `readOnly` 캐시 데이터를 읽기만 가능하게 할지 설정한다. 읽기만 가능할 경우 캐시 데이터에 대한 변경이 되지 않으므로 캐시 데이터를 반환할 때도 원본을 반환한다. 하지만 읽기/쓰기가 모두 가능한 경우에는 반환된 캐시 데이터에 대

한 변경이 가능해서 캐시의 복사본을 반환하게 된다. 즉, 단순히 읽기만 사용한다면 `readOnly` 설정이 빠르다.

캐시는 매퍼의 네임스페이스별로 설정한다. 다른 네임스페이스 내에서 캐시 설정을 그대로 사용하고자 할 때는 `cache-ref` 엘리먼트를 사용하면 된다.

마이바티스가 제공하는 캐시는 설정이 쉽고 간단하지만 다음과 같은 몇 가지 제약 사항이 있다.

- 로컬 캐시인 만큼 서버를 여러 대 두고 서비스하는 경우 서버마다 캐시 내용이 다를 수 있다. 서버마다 캐시 내용을 동일하게 맞추기 위해서는 분산 캐시를 사용해야 한다.
- `flushInterval`를 설정한 얼마 후 캐시를 지우는 작업은 가능하지만 스케줄링 형태로 매시마다 또는 매분마다 캐시는 지우는 것처럼 스케줄링 기능이 약하다.

이러한 제약 사항을 해결하기 위해 다른 캐시 제품을 사용할 수 있다. 다른 캐시 제품에는 Cacheonix, Ehcache, Hazelcast, OsCache가 있다.

- Cacheonix는 마이바티스를 위한 분산 캐시 제품이고, 설정과 사용 방법은 http://wiki.cacheonix.com/display/CCHNX20/Configuring+Distributed+MyBatis+Cache를 보면 된다.
- Ehcache, Hazelcast 두 제품도 분산 캐시를 위한 기능을 제공하고 있기 때문에 분산 캐시가 필요할 경우 사용을 고려해볼 만한다.
- OsCache는 분산 캐시를 지원하지 않지만 유닉스 크론 형태의 스케줄링을 지원한다. 캐시 제품별 특징에 대해 세부적으로 조사해서 용도에 맞게 캐시 제품을 사용하면 된다.

위와 같은 캐시 중에서는 최근에도 계속 업데이트가 되고 있는 EhCache가 인기가 많다.

그러면 이 캐시들을 선택하기 위해 필요한 설정을 한 번 살펴보자.

### 1. EhCache

EhCache 연동 모듈을 설치하기 위해 필요한 메이븐 설정이다.

```
<dependency>
    <groupId>org.mybatis</groupId>
    <artifactId>mybatis-ehcache</artifactId>
    <version>1.0.0</version>
</dependency>
```

매퍼 XML에서 캐시 엘리먼트에는 다음과 같이 org.mybatis.caches.ehcache.EhcacheCache나 org.mybatis.caches.ehcache.LoggingEhcacheCache를 사용하면 된다.

```
<cache type="org.mybatis.caches.ehcache.EhcacheCache"/>
<cache type="org.mybatis.caches.ehcache.LoggingEhcacheCache"/>
```

2. OsCache

OsCache 연동 모듈을 설치하기 위해 필요한 메이븐 설정이다.

```
<dependency>
    <groupId>org.mybatis</groupId>
    <artifactId>mybatis-oscache</artifactId>
    <version>1.0.0</version>
</dependency>
```

매퍼 XML에서 캐시 엘리먼트에는 org.mybatis.caches.oscache.OSCache나 org.mybatis.caches.oscache.LoggingOSCache를 다음과 같이 사용하면 된다.

```
<cache type="org.mybatis.caches.oscache.OSCache"/>
<cache type="org.mybatis.caches.oscache.LoggingOSCache"/>
```

3. Hazelcast

Hazelcast 연동 모듈을 설치하기 위해 필요한 메이븐 설정이다.

```
<dependency>
    <groupId>org.mybatis</groupId>
    <artifactId>mybatis-hazelcast</artifactId>
    <version>1.0.0</version>
```

```
</dependency>
```

매퍼 XML에서 캐시 엘리먼트에는 `org.mybatis.caches.hazelcast.HazelcastCache`나 `org.mybatis.caches.hazelcast.LoggingHazelcastCache`를 사용하면 된다.

```
<cache type="org.mybatis.caches.hazelcast.HazelcastCache"/>
<cache type="org.mybatis.caches.hazelcast.LoggingHazelcastCache"/>
```

EhCache, OsCache, Hazelcast 외에도 직접 개발해서 사용하는 것도 가능하다. 직접 캐시 구현체를 개발해서 사용하려면 `org.apache.ibatis.cache.Cache` 인터페이스를 구현하면 된다. 하지만 캐시 구현체를 만드는 일은 굉장히 어려운 일 중 하나다. 가급적이면 이미 만들어진 구현체 중 요구 사항에 맞는 제품을 선정해서 사용하는 게 좋다.

## 7.1.2 resultMap 엘리먼트

`resultMap` 엘리먼트는 다음과 같은 세 가지 속성을 설정할 수 있다.

- **id** 매핑 구문에서 결과 매핑을 사용할 때 구분하기 위한 아이디다.
- **type** 결과 매핑을 적용하는 대상 객체 타입이다. 매핑 구문의 결과 데이터를 갖는 자바 타입을 지정한다. 대개는 `Map`이나 자바 모델 클래스를 지정한다.
- **extends** 자바의 상속처럼 공통 속성을 가진 결과 매핑을 정의하고 대상 객체마다 다른 속성만을 가진 결과 매핑을 선언할 수 있다. 이때 공통 속성을 가진 결과 매핑의 아이디를 지정한다.

`resultMap` 엘리먼트는 다음과 같은 하위 엘리먼트를 가진다. 각각의 하위 엘리먼트는 4.4절에서 조회 결과를 자바 객체에 설정하는 내용을 다루면서 대부분 설명했다.

- `constructor`
- `id`
- `result`

- association
- collection
- discriminator

### 7.1.3 sql 엘리먼트

sql 엘리먼트는 각각의 매핑 구문에서 공통으로 사용할 수 있는 SQL 문자열의 일부를 정의하고 재사용하기 위해 사용한다. sql 엘리먼트에 SQL에서 사용하는 문자열의 일부를 넣어보자. 이렇게 별도로 빼둔 SQL의 일부는 각각의 매핑 구문에서 include 엘리먼트를 사용해서 사용할 수 있다. sql 엘리먼트를 사용한 매핑의 예는 코드 7.1에서 볼 수 있다.

코드 7.1 sql 엘리먼트를 사용한 매핑 구문

```
<sql id="columns">
    comment_no AS commentNo,
    user_id AS userId,
    comment_content AS commentContent,
    reg_date AS regDate
</sql>

<select id="selectCommentByPrimaryKey" parameterType="long"
        resultType=" Comment">
    SELECT
    <include refid="columns" />
    FROM COMMENT
    WHERE comment_no = #{commentNo}
</select>
```

코드 7.1은 SELECT 구문에서 칼럼 목록을 별도의 sql 엘리먼트에 정의했다. 그리고 selectCommentByPrimaryKey 매핑 구문에서 sql에 정의한 칼럼 목록을 사용한다. 결과적으로 생성되는 SQL 구문만 생각하면 코드 7.1은 코드 7.2와 동일하다.

코드 7.2  sql 엘리먼트를 사용하지 않은 매핑 구문

```
<select id="selectCommentByPrimaryKey" parameterType="long"
    resultType=" Comment">
  SELECT
      comment_no AS commentNo,
      user_id AS userId,
      comment_content AS commentContent,
      reg_date AS regDate
  FROM COMMENT
  WHERE comment_no = #{commentNo}
</select>
```

sql 엘리먼트에는 코드 7.1처럼 정적인 내용뿐 아니라 동적 SQL도 넣을 수 있다.

## 7.1.4 insert, update, delete 엘리먼트

insert, update, delete 엘리먼트는 SQL에서 각각 입력, 수정, 삭제를 위해 사용하는 엘리먼트다. 각각의 엘리먼트가 사용하는 속성은 대부분 동일하지만 insert 엘리먼트는 좀더 많은 속성을 정의할 수 있다.

코드 7.3  insert, update, delete 엘리먼트를 사용한 매핑 구문

```
<insert id="insertComment" parameterType="Comment">
   INSERT INTO comment(comment_no, user_id, comment_content, reg_date)
   VALUES (#{commentNo}, #{userId}, #{commentContent}, #{regDate})
</insert>

<update id="updateComment" parameterType="Comment">
   UPDATE comment SET
      comment_content = #{commentContent},
      reg_date = #{regDate}
   WHERE comment_no = #{commentNo};
</update>
```

```xml
<delete id="deleteComment" parameterType="long">
    DELETE FROM comment WHERE comment_no = #{commentNo}
</delete>
```

코드 7.3은 insert, update, delete 엘리먼트를 사용해서 정의한 매핑 구문이다. insertComment 구문은 댓글을 입력하는 매핑 구문이다. updateComment 구문은 댓글을 수정하는 매핑 구문이다. deleteComment 구문은 댓글을 삭제하는 매핑 구문이다.

표 7.1은 insert, update, delete 엘리먼트가 사용하는 속성들이다.

표 7.1 insert, update, delete 엘리먼트가 사용하는 속성

| 속성 | 설명 |
| --- | --- |
| Id | 매핑 구문을 구분하는 아이디다. id 속성에 지정한 값은 SqlSession 객체의 구문 아이디 파라미터로 사용한다. 같은 네임스페이스 내에서는 유일해야 한다. |
| parameterType | 파라미터 객체의 타입이다. 원시 타입과 자바의 래퍼 객체에 대해서는 이미 정의된 별칭이 있으므로 별칭을 사용하면 되고, 개발자가 별도로 정의한 객체를 설정할 수도 있다. 개발자가 정의한 객체는 패키지를 포함한 전체 클래스명을 적어주거나 타입 별칭을 사용할 수 있다. |
| flushCache | 매핑 구문을 실행할 때 캐시를 지울지 여부를 설정한다. boolean(true, false) 타입의 값으로 지정해야 한다. |
| timeout | SQL을 실행한 후 응답을 기다리는 최대 시간이다. 대개는 설정하지 않고 JDBC 드라이버 자체의 타임아웃 값을 그대로 사용한다. |
| statementType | JDBC의 구문 타입을 지정한다. STATEMENT, PREPARED, CALLABLE 중 하나를 선택할 수 있다. 디폴트는 PREPARED다. |

update, delete 엘리먼트와 달리 insert 엘리먼트는 몇 가지 속성을 추가로 설정할 수 있다. insert 엘리먼트에서 추가로 설정 가능한 속성은 대부분 생성 키에 관련된 속성들이다. 생성 키는 MySQL의 auto_increment, SQL 서버의 Serial, 그리고 오라클의 Sequence처럼 관계형 데이터베이스의 자동 증가 필드를 말한다.

표 7.2는 insert 엘리먼트가 사용하는 생성 키에 관련된 속성들을 보여준다.

표 7.2 insert엘리먼트만 추가로 사용하는 속성

| 속성 | 설명 |
|---|---|
| useGeneratedKeys | 생성 키 값을 만들기 위해 JDBC의 getGeneratedKeys 메소드를 호출할지 여부를 설정한다. 디폴트 값은 false다. |
| keyProperty | JDBC의 getGeneratedKeys 메소드가 반환한 값이나 insert 구문의 하위 엘리먼트인 selectKey 엘리먼트에 의해 반환된 값을 설정할 프로퍼티를 지정한다. 디폴트는 설정하지 않는 것이다. |
| keyColumn | 생성 키를 가진 테이블의 칼럼명을 설정한다. PostgreSQL처럼 키 칼럼이 테이블의 첫 번째 칼럼이 아닌 데이터베이스에서만 필요하다. |

## 7.1.5 selectKey 엘리먼트

selectKey 엘리먼트는 자동 생성 키의 값을 가져오기 위해 사용한다. 자동 생성 키는 MySQL의 auto_increment 속성과 SQL 서버의 IDENTITY 속성을 사용해 데이터를 입력할 때마다 증가된 값을 설정할 수 있다. 댓글 테이블에서 댓글 번호에 해당하는 comment_no 칼럼에 auto_increment 속성을 사용한다고 가정해보자. 대개 이런 경우 테이블 정보를 보면 다음과 같이 AUTO_INCREMENT로 지정된 것을 알 수 있다.

```
comment_no bigint(19) NOT NULL AUTO_INCREMENT,
```

auto_increment 속성의 시작 값이 1일 때 데이터를 입력하는 SQL을 다음과 같이 실행해보자.

```
INSERT INTO COMMENT(user_id, comment_content, reg_date)
VALUES ('fromm0', 'selectKey 확인', '2012-10-08 12:00:00')
```

SQL에 댓글 번호인 comment_no 칼럼에 값을 지정하지 않았음에도 불구하고 1이 자동으로 설정된다. 이렇게 SQL을 실행하면 방금 입력한 댓글 번호를 알아내기가 어렵다. 경우에 따라 적절한 조회 조건을 사용해서 쿼리를 실행해야 하지만, 방금 입력한 자동 생성 키가 무슨 값인지 입력과 동시에 알아내기 위한 기능이 selectKey의 기능이다.

코드 7.4처럼 데이터를 입력하는 매핑 구문에 selectKey를 설정해보자.

코드 7.4 selectKey 엘리먼트를 사용한 매핑 구문

```
<insert id="insert" parameterType="ldg.mybatis.model.Comment">
    <selectKey resultType="java.lang.Long" keyProperty="commentNo"
            order="AFTER">
        SELECT LAST_INSERT_ID()
    </selectKey>

    insert into comment (user_id, comment_content, reg_date)
    values (#{userId}, #{commentContent}, #{regDate})
</insert>
```

코드 7.4의 매핑 구문을 실행하는 코드를 작성하고 반환 타입을 댓글 객체로 지정한다. 코드 7.4의 selectKey 엘리먼트 내부에서 사용한 LAST_INSERT_ID 함수는 auto_increment 속성이 지정된 칼럼에 최근에 입력된 값을 반환하는 함수로, MySQL에서 제공한다. 매핑 구문이 준비됐다면 데이터를 입력하는 매핑 구문을 실행하고 반환된 객체의 정보를 출력해서 로그를 살펴본다.

```
Comment result =
        sqlSession.getMapper(CommentMapper.class).insertComment(comment);
LOGGER.info("댓글객체 : {}", comment);
```

방금 SQL에서도 댓글 번호를 지정하지 않고 파라미터로 전달한 객체에도 댓글 번호를 지정하지 않았음에도 불구하고 출력된 로그를 보면 자동 생성 키의 값이 그대로 노출되는 것을 알 수 있다. 출력된 댓글 번호는 74이고, SQL을 실행하기 전에 어디서도 설정하지 않았고 selectKey 엘리먼트가 작동하면서 자동으로 설정된 값이다.

```
댓글객체 : ldg.mybatis.model.Comment@a084f8[
    commentNo=74
    userId=fromm0
    regDate=Thu May 31 09:08:06 KST 2012
    commentContent=test
    user=<null>
    replies=<null>
]
```

표 7.3은 `selectKey` 엘리먼트가 제공하는 속성을 설명한다.

표 7.3 selectKey 엘리먼트가 사용하는 속성

| 속성 | 설명 |
| --- | --- |
| keyProperty | selectKey 구문의 결과를 설정할 대상 프로퍼티다. |
| resultType | 결과 타입을 지정한다. |
| order | 생성 키를 가져오는 시점을 결정한다. BEFORE 또는 AFTER를 설정할 수 있는데, BEFORE로 설정하면 키를 먼저 조회하고 그 값을 keyProperty에 설정한 후 insert 구문을 실행한다. AFTER로 설정하면 insert 구문을 실행한 후 selectKey 구문을 실행한다. |
| statementType | 마이바티스는 Statement, PreparedStatement, CallableStatement를 매핑하기 위해 STATEMENT, PREPARED, CALLABLE 구문 타입을 지원한다. Statement는 정적인 SQL을 실행하는 구문 객체다. PreparedStatement는 Statement와 비슷하기는 하지만 SQL 파싱과 같은 일부 단계를 거친 정보가 저장돼 있어 재사용 시 SQL을 실행함에 있어 몇 가지 단계가 생략되기 때문에 Statement에 비해 좀더 빠르다. 대개는 Statement보다는 PreparedStatement를 주로 사용한다. CallableStatement는 저장 프로시저를 실행하기 위해 제공하는 구문 객체다. |

> ●● 아이바티스에서는
>
> 마이바티스는 자동 생성 키를 가져오는 방법을 변경했다. 아이바티스에서 자동 생성 키를 가져오기 위해서는 아이바티스 API에서 insert 메소드의 반환 값을 그대로 사용하면 된다. 자동 생성 키를 사용할 경우 마이바티스에서 insert 메소드는 JDBC API의 반환 값을 그대로 반환하고, 자동 생성 키는 파라미터로 받은 객체에 설정하는 형태로 처리한다. 아이바티스에서는 JDBC API의 반환 값은 무시하고 자동 생성 키를 반환한다.

### 7.1.6 select 엘리먼트

sql 엘리먼트를 설명하기 위해 살펴본 select 예제를 다시 한 번 살펴보자.

코드 7.5 select 엘리먼트를 사용한 매핑 구문

```
<select id="selectCommentByPrimaryKey" parameterType="long"
    resultType=" Comment">
  SELECT
    comment_no AS commentNo,
    user_id AS userId,
    comment_content AS commentContent,
    reg_date AS regDate
  FROM COMMENT
  WHERE comment_no = #{commentNo}
</select>
```

코드 7.5는 select 엘리먼트를 사용하는 매핑 구문이다. 코드 7.5가 id, parameterType, resultType의 3개 속성을 사용했지만 추가로 설정할 수 있는 속성은 더 있다.

표 7.4는 추가로 설정할 수 있는 select 엘리먼트의 속성을 보여준다.

표 7.4 select 엘리먼트가 사용하는 속성

| 속성 | 설명 |
|---|---|
| id | 매핑 구문을 구분하는 아이디다. id 속성에 지정한 값은 SqlSession 객체의 구문 아이디 파라미터로 사용한다. 같은 네임스페이스 내에서는 유일해야 한다. |
| parameterType | 파라미터 객체의 타입이다. 원시 타입과 자바의 래퍼 객체에 대해서는 이미 정의된 별칭이 있으므로 별칭을 사용하면 되고, 개발자가 정의한 객체를 설정할 수도 있다. 개발자가 정의한 객체의 경우 패키지를 포함한 전체 클래스명을 적어줘야 한다. |
| resultType | 매핑 구문의 결과 타입이다. 타입 별칭을 사용하지 않는다면 패키지 경로까지 모두 명시해야 한다. 결과 형태가 collection이면 collection을 구성하는 타입을 명시해야 한다. |
| resultMap | 결과 매핑은 4.4절의 결과 매핑에서 주로 다뤘다. |

(이어짐)

| 속성 | 설명 |
| --- | --- |
| flushCache | 구문을 호출할 때마다 캐시를 지울지 여부를 설정한다. boolean(true, false) 타입의 값으로 지정해야 한다. |
| useCache | 이 값을 true로 설정하면 구문의 결과를 캐시한다. 디폴트는 true다. |
| timeout | 데이터베이스에 구문을 실행하고 응답을 기다리는 최대 시간이다. 대개는 설정하지 않고 JDBC 드라이버 자체의 타임아웃 값을 그대로 사용한다. |
| fetchSize | 지정된 수만큼의 결과를 반환하게 하는 드라이버 힌트 형태의 값이다. 디폴트는 설정하지 않는 것이고 일부 드라이버는 지원하지 않는다. |
| statementType | JDBC의 구문 타입을 지정한다. STATEMENT, PREPARED, CALLABLE 중 하나를 선택할 수 있다. 디폴트는 PREPARED다. |
| resultSetType | 데이터베이스 조회 결과의 데이터들을 하나씩 사용할 때 커서를 사용한다. JDBC를 사용하다 보면 ResultSet 객체에서 next 메소드를 사용해서 다음 데이터의 존재 여부를 판단하거나 다음 데이터를 가져오는데, 이 메소드는 커서를 다음 데이터의 위치로 이동시키는 역할을 한다. 즉, 데이터베이스에서 커서는 데이터의 위치를 가리키는 수단이라고 볼 수 있는데, resultSetType 속성에서 지정하는 값은 이 커서의 이동을 어떻게 할지 규칙을 정하는 것이다. 속성으로 설정할 수 있는 값은 FORWARD_ONLY|SCROLL_SENSITIVE|SCROLL_INSENSITIVE 중 하나를 선택한다. FORWARD_ONLY는 커서가 앞으로만 이동한다. SCROLL_SENSITIVE는 커서가 앞뒤로 이동할 수 있고, ResultSet 객체 생성 후 추가 및 삭제된 데이터도 볼 수 있다. 마지막으로 SCROLL_INSENSITIVE는 앞뒤로 이동할 수 있고, ResultSet 객체 생성 후 추가, 삭제된 데이터는 볼 수 없다. 디폴트는 설정하지 않는 것이고, 일부 드라이버는 지원하지 않는다. |
| databaseId | 마이바티스는 데이터베이스 벤더에 따른 다양한 구문을 실행하게 지원한다. 특정 데이터베이스별로 구문을 선택해서 사용하고자 할 때 사용하면 된다. 먼저 마이바티스 설정의 databaseIdProvider를 설정해야 하며, databaseId 속성이 없다면 모두 사용한다. |

## 7.2 매퍼 인터페이스

마이바티스는 매퍼 인터페이스를 사용해서 매핑 구문과 결과 매핑 등을 정의할 수 있다. 매퍼 인터페이스의 패키지와 인터페이스명은 매퍼의 네임스페이스가 되고, 매퍼 인터페이스에 선언한 메소드는 매핑 구문 아이디로 사용한다. 매핑 구문에서 사용하는 SQL은 애노테이션을 사용해서 정의한다.

## 7.2.1 간단한 CRUD를 처리하기 위한 매퍼 인터페이스

3장에서 매퍼 XML을 사용해서 데이터 CRUD를 처리하는 내용을 살펴봤다. 매퍼 XML을 사용해서 데이터 CRUD를 처리하던 코드를 매퍼 인터페이스로 처리해보자. 코드 7.6은 CRUD를 처리하는 매퍼 인터페이스다.

코드 7.6 데이터 CRUD를 처리하는 매퍼 인터페이스

```java
public interface CommentMapper {
    @Select({
        "select comment_no, user_id, reg_date, comment_content",
        "from comment",
        "where comment_no = #{commentNo,jdbcType=BIGINT}"
    })
    @Results({
        @Result(column="comment_no", property="commentNo",
            jdbcType=JdbcType.BIGINT, id=true),
        @Result(column="user_id", property="userId",
            jdbcType=JdbcType.VARCHAR),
        @Result(column="reg_date", property="regDate",
            jdbcType=JdbcType.TIMESTAMP),
        @Result(column="comment_content", property="commentContent",
            jdbcType=JdbcType.LONGVARCHAR)
    })
    Comment selectByPrimaryKey(Long commentNo);

    @Insert({
        "insert into comment (user_id, reg_date, comment_content)",
        "values (#{userId,jdbcType=VARCHAR},",
            "#{regDate,jdbcType=TIMESTAMP},",
            "#{commentContent,jdbcType=LONGVARCHAR})"
    })
    @SelectKey(statement="SELECT LAST_INSERT_ID()",
        keyProperty="commentNo", before=false, resultType=Long.class)
    int insert(Comment record);
```

```
    @Update({
        "update comment set",
        "user_id = #{userId,jdbcType=VARCHAR},",
        "reg_date = #{regDate,jdbcType=TIMESTAMP},",
        "comment_content = #{commentContent,jdbcType=LONGVARCHAR}",
        "where comment_no = #{commentNo,jdbcType=BIGINT}"
    })
    int updateByPrimaryKeyWithBLOBs(Comment record);

    @Delete({
        "delete from comment",
        "where comment_no = #{commentNo,jdbcType=BIGINT}"
    })
    int deleteByPrimaryKey(Long commentNo);
}
```

코드 7.6은 매퍼 XML에서 매핑 구문의 엘리먼트마다 SQL을 정의하던 것을 애노테이션의 파라미터로 정의했다. 패키지와 인터페이스명을 네임스페이스로 사용하고, 메소드명은 매핑 구문 아이디가 된다. 메소드의 파라미터는 매핑 구문의 파라미터 타입이 되는 것이고, 메소드의 반환 타입은 매핑 구문의 반환 타입이 된다. 매퍼 XML을 구성하는 각 엘리먼트가 매퍼 인터페이스에서는 무엇으로 바뀌는지만 알면 매퍼 인터페이스의 역할을 짐작하는 데 어렵지 않다. 코드 7.6에서 @Results 애노테이션은 결과 매핑을 처리하는 resultMap 엘리먼트를 대체한다. 4장에서 조회 결과를 자바 객체에 설정하는 방법을 보면서 살펴봤던 코드 4.13의 결과 매핑 설정을 다시 살펴보자. 코드 7.7은 코드 4.13에서 살펴본 XML 형태의 결과 매핑이다.

코드 7.7 코드 4.13에서 사용한 XML 형태의 결과 매핑

```
<resultMap id="BaseResultMap" type="ldg.mybatis.model.Comment">
    <id column="comment_no" jdbcType="BIGINT" property="commentNo" />
    <result column="user_id" jdbcType="VARCHAR" property="userId" />
    <result column="reg_date" jdbcType="TIMESTAMP" property="regDate" />
```

```xml
    <result column="comment_content" jdbcType="VARCHAR"
            property="commentContent" />
</resultMap>
```

코드 7.6에서 애노테이션을 사용한 결과 매핑 부분만 가져오면 코드 7.8과 같다.

코드 7.8 애노테이션을 사용한 결과 매핑

```java
@Results({
    @Result(column="comment_no", property="commentNo",
            jdbcType=JdbcType.BIGINT, id=true),
    @Result(column="user_id", property="userId",
            jdbcType=JdbcType.VARCHAR),
    @Result(column="reg_date", property="regDate",
            jdbcType=JdbcType.TIMESTAMP),
    @Result(column="comment_content", property="commentContent",
            jdbcType=JdbcType.LONGVARCHAR)
})
```

XML 결과 매핑과 애노테이션 결과 매핑 사이에 몇 가지 공통점을 발견할 수 있다. XML 결과 매핑이 resultMap 엘리먼트와 그 하위로 id와 result 엘리먼트를 사용하는 것처럼 애노테이션 결과 매핑도 @Results 애노테이션과 그 하위로 @Result 애노테이션을 사용한다. XML 결과 매핑의 id와 result 엘리먼트의 속성들은 애노테이션 결과 매핑의 @Result 애노테이션에도 동일한 속성을 갖고 있다. 즉, 이러한 사실만 모아 보면 작성 규칙은 XML 결과 매핑과 애노테이션 결과 매핑이 유사하고, 다음과 같이 각각을 대체하는 것들이 있다는 점을 알 수 있다.

- @Results 애노테이션은 resultMap 엘리먼트를 대체한다.
- @Result 애노테이션은 result 엘리먼트를 대체한다.
- id 속성이 true인 @Result 애노테이션은 id 엘리먼트를 대체한다.
- id 속성이 false인 @Result 애노테이션은 result 엘리먼트를 대체한다.

- @Result 애노테이션은 id와 result 엘리먼트의 속성을 대부분 그대로 가진다.

여기서 애노테이션 결과 매핑이 갖는 중요한 차이점이 두 가지 있다.

- XML 결과 매핑의 타입은 type 속성을 사용해서 정의했지만 애노테이션 결과 매핑은 메소드의 반환 타입을 사용한다.
- 애노테이션 결과 매핑은 다른 결과 매핑에서 재사용할 수 없다. 따라서 XML 결과 매핑에서 제공하는 id 속성도 제공하지 않는다.

방금 간단한 CRUD를 처리하는 매퍼 인터페이스에 대해 살펴봤으니 매퍼 인터페이스를 사용하는 방법을 알아보자. 매퍼 인터페이스를 사용하기 위해서는 다음과 같이 sqlSession 객체의 getMapper 메소드를 사용해야 한다.

<T> T getMapper(Class<T> type)

getMapper 메소드의 파라미터로 매퍼 인터페이스를 지정해주면 된다. 매퍼 인터페이스를 사용하면 매퍼 인터페이스의 패키지 경로와 인터페이스명이 네임스페이스가 되고, 메소드명은 구문 아이디가 된다. CommentMapper 인터페이스를 사용하는 코드다.

코드 7.9 매퍼 인터페이스를 사용하는 리파지토리 클래스

```java
public class CommentMapperRepository extends AbstractRepository {
    public Comment selectByPrimaryKey(Long commentNo) {
        SqlSession sqlSession = getSqlSessionFactory().openSession();
        return sqlSession.getMapper(CommentMapper.class).
                selectByPrimaryKey(commentNo);
    }

    public Integer insertComment(Comment comment) {
        SqlSession sqlSession = getSqlSessionFactory().openSession();
        Integer result =
                sqlSession.getMapper(CommentMapper.class).insert(comment);

        return result;
```

```
    }
    public Integer updateComment(Comment comment) {
        SqlSession sqlSession = getSqlSessionFactory().openSession();
        Integer result = sqlSession.getMapper(CommentMapper.class).
                updateByPrimaryKeyWithBLOBs(comment);

        return result;
    }
    public Integer deleteComment(Long commentNo) {
        SqlSession sqlSession = getSqlSessionFactory().openSession();
        Integer result = sqlSession.getMapper(CommentMapper.class).
                deleteByPrimaryKey(commentNo);

        return result;
    }
}
```

getMapper 메소드를 사용해서 매퍼를 가져온 후 매퍼 인터페이스에서 정의한 메소드를 그대로 사용하면 된다.

## 7.2.2 다양한 애노테이션 결과 매핑 살펴보기

4.4절에서 매퍼 XML을 사용해서 결과 매핑을 정의하는 방법을 살펴봤다. 생성자를 사용해서 결과 데이터를 만들거나 1:1 관계를 처리해서 결과 데이터를 만드는 방법, 그리고 1:N 관계를 처리해서 결과 데이터를 만드는 방법 등을 순서대로 살펴봤다. XML에서 처리했던 것처럼 애노테이션을 사용해서도 정의가 가능하다. 하지만 자바 애노테이션이 제공하는 기능의 한계가 있기 때문에 매퍼 XML보다는 기능적인 제약이 있다.

### 1. 생성자를 통한 객체 생성

4장에서 살펴본 XML 결과 매핑을 다시 살펴보자.

코드 7.10  코드 4.15에서의 생성자를 사용하는 XML 결과 매핑

```xml
<resultMap id="ConstructorResultMap" type="ldg.mybatis.model.Comment">
    <constructor>
        <idArg column="comment_no" javaType="long" />
        <arg column="user_id" javaType="string" />
        <arg column="reg_date" javaType="date" />
        <arg column="comment_content" javaType="string" />
    </constructor>
</resultMap>
```

코드 7.10은 코드 4.15에서 다룬 XML 결과 매핑으로 생성자를 사용해서 데이터를 설정한다. XML 결과 매핑에 대해서는 충분한 설명을 했으므로 설명을 생략하고 바로 이와 동일한 애노테이션 결과 매핑을 살펴보자.

코드 7.11  생성자를 사용하는 애노테이션 결과 매핑

```java
@ConstructorArgs({@Arg(column = "comment_no", javaType = Long.class,
        jdbcType = JdbcType.BIGINT, id = true),
    @Arg(column = "user_id", javaType = String.class, jdbcType =
            JdbcType.VARCHAR),
    @Arg(column = "reg_date", javaType = Date.class, jdbcType =
            JdbcType.TIMESTAMP),
    @Arg(column = "comment_content", javaType = String.class, jdbcType =
            JdbcType.LONGVARCHAR) })
Comment selectCommentByPrimaryKeyConstructor2(Long commentNo);
```

코드 7.11은 코드 7.10의 XML 결과 매핑을 애노테이션 결과 매핑으로 그대로 변환한 것이다. setter 메소드를 사용하는 XML 결과 매핑과 애노테이션 결과 매핑에서 본 것과 동일하게 여기에도 다음과 같은 비슷한 규칙이 있다.

- @ConstructorArgs 애노테이션은 resultMap 엘리먼트와 constructor 엘리먼트를 대체한다.
- @Arg 애노테이션은 arg 엘리먼트를 대체한다.
- id 속성이 true인 @Arg 애노테이션은 idArg 엘리먼트를 대체한다.

- id 속성이 false인 @Arg 애노테이션은 arg 엘리먼트를 대체한다.
- @Arg 애노테이션은 idArg 엘리먼트와 arg 엘리먼트가 가진 대부분의 속성을 그대로 가진다.
- @ConstructorArgs 애노테이션을 사용한 결과 매핑도 다른 결과 매핑에서 재사용하기 위한 id 속성을 제공하지 않는다.
- @ConstructorArgs 애노테이션을 사용한 결과 매핑의 타입은 메소드의 반환 타입이다.

## 2. 1:1 관계 결과 매핑

4장에서 1:1 관계를 표현하는 몇 가지 결과 매핑을 살펴봤다. 그 중에서 객체 타입 필드별로 association 엘리먼트를 사용한 코드를 다시 살펴보자.

코드 7.12 코드 4.21의 association 엘리먼트를 사용하는 XML 결과 매핑

```xml
<resultMap id="associationResultMap2" type="Comment User">
    <association property="comment" column="comment_no"
            javaType="Comment">
        <id column="comment_no" jdbcType="BIGINT" property="commentNo" />
        <result column="user_id" jdbcType="VARCHAR" property="userId" />
        <result column="reg_date" jdbcType="TIMESTAMP"
                property="regDate" />
        <result column="comment_content" jdbcType="VARCHAR"
                property="commentContent" />
    </association>

    <association property="user" column="user_id" javaType="User">
        <id property="userId" column="user_id" />
        <result property="userName" column="user_name" />
    </association>
</resultMap>
```

코드 7.12는 1:1 관계를 처리하는 XML 결과 매핑이다. 1:1 관계를 처리하기 위해 association 엘리먼트를 사용했다.

코드 7.13  1:1 관계를 처리하는 애노테이션 결과 매핑

```
@Results({
    @Result(column="comment_no", property="comment.commentNo",
            id=true),
    @Result(column="user_id", property="comment.userId"),
    @Result(column="reg_date", property="comment.regDate",
            jdbcType=JdbcType.TIMESTAMP),
    @Result(column="comment_content",
            property="comment.commentContent"),
    @Result(column="user_id", property="user.userId"),
    @Result(column="user_name", property="user.userName")
})
```

코드 7.13은 코드 7.12의 XML 결과 매핑을 애노테이션 결과 매핑으로 그대로 변환한 것이다. 매퍼 XML에서는 association 엘리먼트를 사용했지만, 코드 7.13의 애노테이션 결과 매핑에서는 특별히 달라 보이는 것이 없다. property 속성에서 [객체 타입 필드명.필드명] 형태로 값을 설정한 점이 지금까지 살펴본 결과 매핑들과의 차이점이다. 애노테이션을 사용할 때 1:1 관계는 property 속성의 표현식을 적절히 사용하는 것으로 처리가 가능하다.

마이바티스가 제공하는 애노테이션 중에 @One 애노테이션이 있다. @One 애노테이션은 XML과 달리 조인 매핑을 처리하기 위해 제공하는 것이 아니라 결과 매핑으로 값을 설정하는 도중에 다른 매핑 구문을 실행해서 값을 설정하기 위해 사용한다. 댓글 객체에 작성자 객체를 설정해보자. @Result 애노테이션의 one 속성에 @One 애노테이션을 사용해서 다른 매핑 구문을 사용하면 작성자 정보를 설정하는 setUser 메소드 호출 시 ldg.mybatis.repository.mapper.UserMapper 네임스페이스의 selectUser 매핑 구문을 실행시킨 결과를 작성자 정보로 설정하는 것이다.

```
@Results({
    @Result(column="comment_no", property="commentNo", id=true),
    @Result(column="user_id", property="userId"),
    @Result(column="reg_date", property="regDate"),
    @Result(column="comment_content", property="commentContent"),
    @Result(column="user", property="user", one=@One(select =
```

```
            "ldg.mybatis.repository.mapper.UserMapper.selectUser"))
})
```

@One 애노테이션이 XML에서 살펴봤던 association 엘리먼트와 비슷한 것으로 오해할 수 있지만 조인 매핑에서 사용할 수 없다는 점 때문에 주의해서 사용해야 한다.

## 3. 1:N 관계 결과 매핑

애노테이션 결과 매핑으로는 1:N 관계를 처리할 수 없다. 1:N 관계를 처리하기 위해서는 XML 결과 매핑을 사용해야 한다. 이러한 제약 사항은 마이바티스의 제약 사항이라기보다는 자바 애노테이션의 제약 사항으로 인한 것이다. 1:N 관계를 처리할 때는 @Many 애노테이션을 제공하지만 @One 애노테이션처럼 매핑 구문만을 지정해줄 수 있다. 댓글 객체에 답글 객체의 목록을 설정해보자. @Result 애노테이션의 many 속성에 @Many 애노테이션을 사용해서 다른 매핑 구문을 사용하면 답글 목록을 설정하는 setReplies 메소드 호출 시 ldg.mybatis.repository.mapper.ReplyMapper 네임스페이스의 selectReply 매핑 구문을 실행시킨 결과를 답글 목록으로 설정하는 것이다.

```
@Results({
    @Result(column="comment_no", property="commentNo", id=true),
    @Result(column="user_id", property="userId"),
    @Result(column="reg_date", property="regDate"),
    @Result(column="comment_content", property="commentContent"),
    @Result(column = "replies", property = "replies", many = @Many(select
        = "ldg.mybatis.repository.mapper.ReplyMapper.selectReply"))})
})
```

@Many 애노테이션이 XML에서 살펴봤던 collection 엘리먼트와 비슷한 것으로 오해할 수 있지만 조인 매핑에서 사용할 수 없다는 점 때문에 주의해서 사용해야 한다.

## 4. 동적으로 결과 매핑 선택

4.4절에서 동적으로 결과 매핑을 선택하는 discriminator 엘리먼트를 살펴봤다. 데이터베이스를 사용해서 자바 객체에 값을 설정하다 보면 조회 결과에 따라 다른 자바 객체나 다른 결과 매핑 규칙을 적용해야 하는 경우가 생긴다. 매퍼 XML을 사용하면 discriminator 엘리먼트를 사용하지만 매퍼 애노테이션을 사용할 때는 @TypeDiscriminator 애노테이션을 사용한다.

4.4절에서 이미 살펴봤던 discriminator 엘리먼트를 사용하는 예제 코드를 다시 살펴보자.

코드 7.14  코드 4.28의 discriminator 엘리먼트를 사용하는 XML 결과 매핑

```xml
<resultMap id="discriminatorResultMap" type="Comment">
   <id column="comment_no" jdbcType="BIGINT" property="commentNo" />
   <result column="user_id" jdbcType="VARCHAR" property="userId" />
   <result column="reg_date" jdbcType="TIMESTAMP" property="regDate" />
   <result column="comment_content" jdbcType="VARCHAR"
         property="commentContent" />

   <discriminator javaType="string" column="user_id">
      <case value="fromm0" resultMap="baseResultMap" />
      <case value="manager" resultMap="constructorResultMap" />
   </discriminator>
</resultMap>
```

코드 7.14는 결과 매핑을 동적으로 선택하기 위해 discriminator 엘리먼트를 사용하는 XML 결과 매핑이다. 결과 매핑을 동적으로 선택하기 위해 discriminator 엘리먼트를 사용했다. 코드 7.15는 discriminator 엘리먼트를 대체하는 @TypeDiscriminator 애노테이션을 사용한 애노테이션 결과 매핑이다.

코드 7.15 @TypeDiscriminator 애노테이션을 사용하는 애노테이션 결과 매핑

```
@TypeDiscriminator(column="user_id", javaType=String.class, cases={
   @Case(value="fromm0", type=Comment.class, results={
      @Result(column="comment_no", property="commentNo", id=true),
      @Result(column="user_id", property="userId"),
      @Result(column="reg_date", property="regDate",
          jdbcType=JdbcType.TIMESTAMP),
      @Result(column="comment_content", property="commentContent")}),
   @Case(value="manager", type=Comment.class, constructArgs={
      @Arg(column = "comment_no", javaType = Long.class, jdbcType =
          JdbcType.BIGINT, id = true),
      @Arg(column = "user_id", javaType = String.class, jdbcType =
          JdbcType.VARCHAR),
      @Arg(column = "reg_date", javaType = Date.class, jdbcType =
          JdbcType.TIMESTAMP),
      @Arg(column = "comment_content", javaType = String.class, jdbcType
          = JdbcType.LONGVARCHAR)})
})
```

4.4절에서 discriminator 엘리먼트를 다뤘던 것을 기억해보자. 동적으로 결과 매핑을 선택하기 때문에 조건을 만족하는 경우마다 선택하는 결과 매핑을 지정해준다. 코드 7.15는 String 타입의 작성자 아이디인 user_id 칼럼이 값으로 분기 처리를 하고 있다. 작성자 아이디가 두 가지 경우(fromm0일 때와 manager인 두 가지 경우)에 따라 @Case 애노테이션에서 결과 매핑을 달리 선택할 수 있게 설정했다. discriminator 엘리먼트와 @TypeDiscriminator 애노테이션은 목적이 같기 때문에 사용 방법이나 형태가 상당히 유사하다. discriminator 엘리먼트와 @TypeDiscriminator 애노테이션의 특징을 알아보자.

- @TypeDiscriminator 애노테이션은 resultMap 엘리먼트와 discriminator 엘리먼트를 대체한다.
- @TypeDiscriminator 애노테이션은 discriminator 엘리먼트가 제공하는 속성을 대부분 제공한다.

- @Case 애노테이션은 case 엘리먼트를 대체한다.
- @Case 애노테이션은 case 엘리먼트가 제공하는 속성을 대부분 제공한다.

## 7.2.3 매퍼 인터페이스에서 사용 가능한 애노테이션

애노테이션 결과 매핑을 살펴보면 마이바티스가 제공하는 애노테이션들은 대개 XML 엘리먼트들을 상당 부분 대체한다. 따라서 XML엘리먼트가 제공하는 많은 속성들은 애노테이션에서도 대부분 그대로 제공한다. 애노테이션을 사용하기 위해서 매퍼 XML의 각 엘리먼트를 이해하는 것이 중요하다. 애노테이션은 대부분 XML 엘리먼트에서 만들어졌고 애노테이션만으로는 어느 정도 제약이 있기 때문이다. 그러면 각 애노테이션을 마지막으로 다시 정리해보자. 표 7.5는 마이바티스가 제공하는 애노테이션을 정리했다. 애노테이션별로 해당 애노테이션을 선언하는 위치와 매퍼 XML을 사용할 때 대체 가능한 엘리먼트, 그리고 애노테이션의 역할과 사용 가능한 속성들을 설명한다.

표 7.5 매퍼 인터페이스의 애노테이션 종류와 적용 대상 및 설명

| 애노테이션 | 위치 | XML 엘리먼트 | 설명 |
| --- | --- | --- | --- |
| @CacheNamespace | 클래스 | ⟨cache⟩ | 네임스페이스가 되는 인터페이스별로 캐시를 설정한다.<br>사용 가능한 속성은 implementation, eviction, flushInterval, size, 그리고 readWrite 등이 있다. 매퍼 XML을 다뤘던 7.1절에서 cache-ref, cache 엘리먼트의 속성에 대해 설명했다. |
| @CacheNamespaceRef | 클래스 | ⟨cacheRef⟩ | 다른 네임스페이스의 캐시 설정을 그대로 사용하기 위해 사용할 캐시 설정이 담긴 네임스페이스를 지정한다.<br>사용 가능한 속성은 네임스페이스의 이름을 적어주는 value 한 개다.<br>매퍼 XML을 다뤘던 7.1절에서 cache-ref, cache 엘리먼트의 속성에 대해 설명했다. |

(이어짐)

| 애노테이션 | 위치 | XML 엘리먼트 | 설명 |
|---|---|---|---|
| @ConstructorArgs | 메소드 | ⟨constructor⟩ | 조회 결과를 자바 객체에 설정할 때 생성자를 사용해서 처리한다.<br>사용 가능한 속성은 생성자의 파라미터 각각을 설정하는 @Arg 애노테이션의 배열을 갖는 value다.<br>4.4절의 생성자를 사용하는 결과 매핑에서 다뤘다. |
| @Arg | 메소드 | ⟨arg⟩<br>⟨idArg⟩ | @ConstructorArgs 애노테이션의 내용을 구성한다. 생성자의 파라미터 하나 하나를 지정하는 데 사용한다.<br>사용 가능한 속성들은 id, column, javaType, jdbcType, typeHandler, select, resultMap 등이 있다.<br>id 속성은 기본 키인지 아닌지를 비교하기 위해 사용되는 값이다. id 속성에 따라 매퍼 XML의 idArg, arg 두 가지 엘리먼트와 유사하다.<br>4.4절의 생성자를 사용하는 결과 매핑에서 다뤘다. |
| @TypeDiscriminator | 메소드 | ⟨discriminator⟩ | 결과 매핑을 할 때 동적으로 결과 매핑을 선택한다.<br>사용 가능한 속성들은 column, javaType, jdbcType, typeHandler, cases 등이 있다. cases 속성은 비교하는 조건을 배열 형태로 정의한다.<br>4.4절에서 동적으로 결과 매핑을 선택하는 내용을 다루면서 설명했다. |
| @Case | 메소드 | ⟨case⟩ | @TypeDiscriminator 애노테이션에서 비교하고자 하는 조건을 명시할 때 사용한다.<br>사용 가능한 속성들은 value, type, results 등이 있다.<br>results 속성은 @Result 애노테이션의 배열이다.<br>4.4절에서 동적으로 결과 매핑을 선택하는 내용을 다루면서 설명했다. |
| @Results | 메소드 | ⟨resultMap⟩ | 결과 매핑의 세부 설정을 다룬다.<br>사용 가능한 속성들은 결과 매핑을 구성하는 클래스 필드 각각을 지정하는 @Result 애노테이션의 배열을 갖는 value다. |

(이어짐)

| 애노테이션 | 위치 | XML 엘리먼트 | 설명 |
|---|---|---|---|
| @Result | 메소드 | ⟨result⟩<br>⟨id⟩ | 결과 매핑에서 클래스 필드 각각을 지정한다.<br>사용 가능한 속성들은 id, column, property, javaType, jdbcType, typeHandler, one, many 등이다.<br>id 속성은 기본 키인지 아닌지 나타내는 boolean 값이고, id 값에 따라 매퍼 XML에서 id, result 엘리먼트와 유사하다. |
| @One | 메소드 | ⟨association⟩ | 테이블 간 관계를 나타낼 때 1:1 관계의 객체를 설정할 때 사용한다.<br>사용 가능한 속성들은 매핑 구문을 지정하는 select다.<br>매퍼 XML과 달리 조인 결과 매핑에는 사용할 수 없다. 조인 매핑은 애노테이션 API를 통해서는 지원되지 않는다는 것을 알아야 한다. 순환(circular) 참조를 허용하지 않는 자바 애노테이션의 제약 사항 때문이다. |
| @Many | 메소드 | ⟨collection⟩ | 테이블 간 관계를 나타낼 때 1:N 관계의 객체를 설정할 때 사용한다.<br>사용 가능한 속성들은 매핑 구문을 지정하는 select다.<br>사용 가능한 속성들은 매핑 구문을 지정하는 select다.<br>매퍼 XML과 달리 조인 결과 매핑에는 사용할 수 없다. 조인 매핑은 애노테이션 API를 통해서는 지원되지 않는다는 것을 알아야 한다. 순환(circular) 참조를 허용하지 않는 자바 애노테이션의 제약 사항 때문이다. |
| @MapKey | 메소드 | | 반환 타입이 Map인 메소드에서 사용한다. 대개 여러 개의 조회 결과가 나올 때 List 타입을 사용하긴 하지만, 조회 결과를 Map에 넣고 값을 가져올 때 특정 프로퍼티(또는 칼럼) 값을 기준으로 Map에서 가져오고자 할 때 사용한다. @MapKey 애노테이션에서 지정한 프로퍼티를 사용해서 조회 결과를 가져올 수 있다. |

(이어짐)

| 애노테이션 | 위치 | XML 엘리먼트 | 설명 |
|---|---|---|---|
| @Options | 메소드 | 매핑 구문의 속성들 | 매핑 구문에 부가적으로 필요한 다양한 설정을 할 수 있다. 매핑 구문의 속성을 다양하게 적으면 아무래도 보기 불편하기 때문에 @Options 애노테이션으로 별도로 정의하면 보기 편하다. 사용 가능한 속성들은 useCache= true, flushCache=false, resultSetType= FORWARD_ONLY, statementType= PREPARED, fetchSize=-1, timeout=-1, useGeneratedKeys= false, keyProperty="id", keyColumn="" 등이 있다.<br>자바 애노테이션은 null을 설정할 수 없어서 @Options 애노테이션으로 지정하는 옵션들은 디폴트 값을 사용한다. @Options 애노테이션이 제공하는 다양한 속성의 디폴트 값이 의도하는 것과 다를 수 있다. 그래서 사용하는 경우에 맞는지 반드시 확인을 해야 한다.<br>keyColumn은 키 칼럼이 테이블의 첫 번째 칼럼이 아닌 PostgreSQL과 같은 데이터베이스에서만 필요하다. |
| @Insert<br>@Update<br>@Delete<br>@Select | 메소드 | ⟨insert⟩<br>⟨update⟩<br>⟨delete⟩<br>⟨select⟩ | 애노테이션의 명칭처럼 각각의 애노테이션은 명칭에 맞는 SQL을 처리한다. @Insert 구문은 INSERT 구문을 처리하고 @Update 애노테이션은 UPDATE 구문을 처리한다. @Delete 애노테이션은 DELETE 구문을 처리하고 @Select 애노테이션은 SELECT 구문을 처리한다.<br>사용 가능한 속성은 SQL 구문을 적는 value다. 설정할 값은 실행할 SQL 문장 전체를 한 번에 넣어도 되고, SQL 문장을 조각조각 나눠서 배열 형태로 적어줘도 된다. 이렇게 배열 형태로 적어주면 마이바티스가 SQL 문장으로 합칠 때 각각의 조각 사이에 공백을 채워서 합쳐준다. 이렇게 공백을 채워주는 것은 SQL을 작성할 때 개발자가 공백으로 누락해서 발생하는 SQL 문법 에러를 쉽게 해결해준다. |

(이어짐)

| 애노테이션 | 위치 | XML 엘리먼트 | 설명 |
|---|---|---|---|
| @InsertProvider<br>@UpdateProvider<br>@DeleteProvider<br>@SelectProvider | 메소드 | ⟨insert⟩<br>⟨update⟩<br>⟨delete⟩<br>⟨select⟩<br>동적 SQL 생성을 허용 | 애노테이션으로 SQL을 적을 때 동적 SQL을 처리하기 힘들다. 동적 SQL을 만드는 외부 클래스와 메소드를 정의하기 위해 사용한다.<br>사용 가능한 속성들은 type, method다. 매핑 구문을 실행할 때 type 속성에 지정한 클래스의 인스턴스를 만들고 method 속성에 지정한 메소드를 실행한다. 메소드는 파라미터 객체를 받을 수도 있다.<br>type 속성에 클래스명을 적어줄 때는 클래스의 패키지 경로까지 다 적어야 한다. |
| @Param | 파라미터 | 대체 가능한 XML 엘리먼트가 없다. | 매퍼 인터페이스의 메소드가 여러 개의 파라미터를 가진다면 파라미터 이름은 애노테이션에 정의한 SQL의 파라미터 표기법의 명칭과 일치해야 한다. 하지만 경우에 따라 메소드 파라미터의 이름과 애노테이션에 정의한 SQL에 파라미터 표기법을 적용한 명칭이 다를 수 있다. 이런 경우처럼 메소드 파라미터와 파라미터 표기법의 명칭을 맞춰주기 위해 사용한다.<br>예를 들어 메소드의 파라미터로 @Param("person") String personCode를 지정하면 파라미터 표기법에서 #{person}으로 지정하더라도 personCode 파라미터의 값을 사용한다. |

(이어짐)

| 애노테이션 | 위치 | XML 엘리먼트 | 설명 |
|---|---|---|---|
| @SelectKey | 메소드 | ⟨selectKey⟩ | @Insert 애노테이션과 @InsertProvider 애노테이션을 사용할 때 자동 생성 키를 가져온다.<br>사용 가능한 속성들은 자동 생성 키를 조회하는 SQL의 전체 문장이거나 SQL 조각들이 배열이다.<br>keyProperty 속성은 자동 생성 키를 설정할 객체의 프로퍼티이고 resultType은 이 프로퍼티의 타입이다.<br>before 속성은 자동 생성 키를 조회하는 SQL을 데이터를 입력하기 전에 실행할지 입력 후에 실행할지를 결정한다. 데이터를 입력하기 전에 실행하려면 true로 설정하고, 데이터를 입력하고 실행하려면 false로 설정한다.<br>statementType 속성은 구문 형태를 정하는데, 구문 객체를 재사용하지 않는 STATEMENT, 구문 객체를 재사용하는 PREPARED, 그리고 프로시저를 호출할 때 사용하는 CALLABLE 중에 하나를 선택할 수 있다. 이 구문 타입의 각각은 Statement, PreparedStatement, 그리고 CallableStatement를 나타낸다. 디폴트는 PREPARED다. |
| @ResultMap | 메소드 | 대체 가능한 XML 엘리먼트가 없다. | 매퍼 XML과 매퍼 인터페이스를 사용할 때 매퍼 인터페이스에서 매퍼 XML에 정의한 결과 매핑을 사용할 수 있다. @ResultMap 애노테이션은 매퍼 XML에 정의한 결과 매핑을 사용하기 위해 제공한다. @Select 애노테이션과 @SelectProvider 애노테이션을 사용할 때 사용 가능하다. @Results 애노테이션이나 @ConstructorArgs 애노테이션과 함께 사용하면 @ResultMap 애노테이션이 다른 설정보다 우선시 된다. |

자바 애노테이션의 장점에도 불구하고 제약 사항이 있다. 마이바티스에서 제공하는 다양한 매핑은 XML에서 대부분 제공한다. 애노테이션은 보조적인 역할을 담당하게 사용하는 편이 좋다.

## 7.3 SqlSession API

매퍼 XML을 사용하면 자바에서 제공하는 타입들(예를 들면 Collection 객체, 자바빈, 원시 타입 등)을 처리하기 위해 API가 다소 범용적일 수밖에 없다. 이 말은 작성자, 댓글, 답글 등과 같은 세부 타입에 대해서는 API 처리 후 타입 변환이 필수 과정임을 뜻한다. 타입 변환은 애플리케이션 실행 시 ClassCastException 같은 에러 발생의 여지가 있고, 반환 타입이 명확하지 않아서 개발자가 API를 볼 때 직관적이지 않다.

표 7.6 SqlSession의 중요 메소드

| 반환 타입 | 메소드 시그니처 | 설명 |
| --- | --- | --- |
| int | delete(String statement) | 데이터를 삭제하는 매핑 구문을 호출한다. 단, 파라미터가 없기 때문에 조건을 만들지 않는다. |
| int | delete(String statement, Object parameter) | 데이터를 삭제하는 매핑 구문을 호출한다. 삭제할 데이터를 한정하기 위해 파라미터를 사용해서 조건을 만든다. |
| int | insert(String statement) | 데이터를 입력하는 매핑 구문을 호출한다. |
| int | insert(String statement, Object parameter) | 데이터를 입력하는 매핑 구문을 호출한다. 파라미터에 설정한 값을 사용해서 데이터를 입력한다. |
| void | select(String statement, Object parameter, ResultHandler handler) | 데이터를 조회하는 매핑 구문을 호출한다. 파라미터를 사용해서 조회 조건을 만들 수 있고, 핸들러를 사용해서 조회 결과에 대해 처리를 추가할 수 있다. |
| void | select(String statement, Object parameter, RowBounds rowBounds, ResultHandler handler) | 데이터를 조회하는 매핑 구문을 호출한다. 파라미터를 사용해서 조회 조건을 만들 수 있고, 로우바운드를 사용해서 데이터 개수도 한정할 수 있다. 핸들러를 사용해서 조회 결과에 대해 처리를 추가할 수 있다. |
| void | select(String statement, ResultHandler handler) | 데이터를 조회하는 매핑 구문을 호출한다. 핸들러를 사용해서 조회 결과에 대해 처리를 추가할 수 있다. |
| List | selectList(String statement) | 데이터를 조회하는 매핑 구문을 호출해서 List 타입으로 반환한다. |

(이어짐)

| 반환 타입 | 메소드 시그니처 | 설명 |
|---|---|---|
| List | selectList(String statement, Object parameter) | 데이터를 조회하는 매핑 구문을 호출해서 List 타입으로 반환한다. 파라미터를 사용해서 조회 조건을 만들 수 있다. |
| List | selectList(String statement, Object parameter, RowBounds rowBounds) | 데이터를 조회하는 매핑 구문을 호출해서 List 타입으로 반환한다. 파라미터를 사용해서 조회 조건을 만들 수 있고, 로우바운드를 사용해서 데이터 개수도 한정할 수 있다. |
| Map | selectMap(String statement, Object parameter, String mapKey) | 데이터를 조회하는 매핑 구문을 호출해서 Map 타입으로 반환한다. 파라미터를 사용해서 조회 조건을 만들 수 있고 mapKey 파라미터를 사용해서 Map의 키에 해당하는 프로퍼티를 정할 수 있다. |
| Map | selectMap(String statement, Object parameter, String mapKey, RowBounds rowBounds) | 데이터를 조회하는 매핑 구문을 호출해서 List 타입으로 반환한다. 파라미터를 사용해서 조회 조건을 만들 수 있고, mapKey 파라미터를 사용해서 Map의 키에 해당하는 프로퍼티를 정할 수 있다. 로우바운드를 사용해서 데이터 개수도 한정할 수 있다. |
| Map | selectMap(String statement, String mapKey) | 데이터를 조회하는 매핑 구문을 호출해서 Map 타입으로 반환한다. mapKey 파라미터를 사용해서 Map의 키에 해당하는 프로퍼티를 정할 수 있다. |
| Object | selectOne(String statement) | 데이터를 조회하는 매핑 구문을 호출해서 객체로 반환한다. 조회 조건이 없고 데이터 개수가 2개 이상이면 예외를 발생시킨다. |
| Object | selectOne(String statement, Object parameter) | 데이터를 조회하는 매핑 구문을 호출해서 객체로 반환한다. 파라미터를 사용해서 조회 조건을 만들고, 데이터가 개수가 2개 이상이면 예외를 발생시킨다. |
| int | update(String statement) | 데이터를 수정하는 매핑 구문을 호출한다. 조회 조건이 없다. |
| int | update(String statement, Object parameter) | 데이터를 수정하는 매핑 구문을 호출한다. 조회 조건이 있다. |

표 7.6은 SqlSession 클래스가 제공하는 메소드들이다. 메소드의 개수가 많은 것처럼 보이긴 하지만 시그니처의 종류가 조금 다를 뿐 메소드를 7가지로 요약할 수 있다. 입력/수정/삭제에 대해서 각기 한 가지 메소드를 제공하고, 조회를 위해 4가지 메소드를 제공한다. 조회의 경우에는 반환 타입에 따라 메소드가 달리 제공

된다. 반환 타입이 Map일 때는 selectMap, 조회 결과의 개수가 여러 개여서 반환 타입이 List일 때는 selectList, 조회 결과가 한 개일 때는 selectOne을 사용한다. 독특하게 select 메소드는 반환 타입이 없고 파라미터로 전달한 ResultHandler로 결과 데이터를 처리한다.

1. delete
2. insert
3. select
4. selectList
5. selectMap
6. selectOne
7. update

## 7.4 정리

7장은 매퍼를 정의하는 매퍼 XML과 매퍼 인터페이스를 다뤘다. 매퍼 XML에서 사용할 수 있는 XML 엘리먼트에는 다음과 같은 것들이 있다.

- cache-ref
- cache
- resultMap
- parameterMap
- sql
- insert
- update
- delete
- select

매퍼 XML과 동일한 처리를 하도록 매퍼 인터페이스에서 사용 가능한 애노테이션에는 다음과 같은 것들이 있다.

- Arg
- CacheNamespace
- CacheNamespaceRef
- Case
- ConstructorArgs
- Delete
- DeleteProvider
- Insert
- InsertProvider
- Many
- MapKey
- One
- Options
- Param
- Result
- ResultMap
- Results
- Select
- SelectKey
- SelectProvider
- TypeDiscriminator
- Update
- UpdateProvider

하지만 조인 같은 복잡한 SQL에 결과를 매핑하기 위해 사용했던 association 엘리먼트나 collection 엘리먼트와 동일한 기능을 처리하기에는 자바 애노테이션의 제약 사항이 있기 때문에 매퍼 XML처럼 완벽하게 결과 매핑을 처리할 수 없다. 조인 구문이 많고 각각의 조인 구문에서 1:1 또는 1:N 관계를 나타내는 결과 매핑을 사용하기 위해서는 매퍼 XML을 사용한다. 매퍼는 SQL을 XML과 애노테이션을 사용해 별도 파일에 정의할 수 있게 해준다. 매퍼는 SQL을 분리하고 결과 매핑을 사용해서 조회 결과를 자동으로 설정한다.

XML은 아이바티스에서부터 제공하던 기능이고, 사용하기 편하면서 다양한 작업을 처리해준다. 아이바티스는 매퍼 인터페이스, 즉 애노테이션을 사용해서 매핑 구문을 정의하는 방법을 제공하지 않았다. 마이바티스는 매퍼 인터페이스를 추가로 제공한다. 최근 자바에서 애노테이션을 사용한 개발 방식을 많이 사용하며, 그로 인한 편리성도 많이 알려졌다. 하지만 아직은 제약 사항이 존재하므로 방식에 대해서는 구성원 간에 충분히 논의한 후 결정해야 한다.

# 8장

# 동적 SQL

7장에서는 매퍼 XML과 매퍼 인터페이스를 사용하기 위해 각종 XML 엘리먼트와 애노테이션을 살펴봤다. 매퍼 XML은 다음과 같이 기능별로 몇 가지 XML 엘리먼트를 제공한다.

- 캐시 처리 `cache-ref, cache`
- 결과 매핑 `resultMap, id, result, association, collection, discriminator`
- 매핑 구문 정의 `sql, insert, update, delete, select`

매퍼 인터페이스도 매퍼의 기능을 처리하기 위해 다음과 같은 다수의 애노테이션을 제공한다.

- 캐시 `CacheNamespace, CacheNamespaceRef`
- 결과 매핑 `Arg, TypeDiscriminator, Case, Result, ResultMap, Results, Many, One, ConstructorArgs, MapKey, Options`
- 매핑 구문 `Delete, DeleteProvider, Insert, InsertProvider, Param, Select, SelectKey, SelectProvider, Update, UpdateProvider`

8장은 동적 SQL을 다룬다. 데이터를 다루다보면 여러 가지 분기 처리에 의해 SQL을 동적으로 만드는 작업은 빈번하다. 자바 코드를 사용해서 동적 SQL을 만드는 일은 쉽지만, 분기 처리가 많아지면 가독성이 떨어진다는 문제가 있다. 가독성이 떨어지는 것은 오타가 발생할 확률이 높아지고, 버그로 이어지는 결과를 낳기도 한다. 따라서 동적 SQL을 많이 다루는 것이 코드를 유지 보수하는 데 어려움을 주기도 한다.

마이바티스는 동적 SQL을 처리하기 위해 다음과 같은 세 가지 방법을 사용할 수 있다.

1. XML에서 동적 SQL을 위한 엘리먼트를 사용해 생성
2. 마이바티스의 구문 빌더 API를 사용해 생성
3. JDBC를 사용할 때처럼 자바 코드로 SQL을 만드는 문자열 처리

## 8.1 XML에서 동적 SQL을 위한 엘리먼트를 사용

매퍼 XML을 사용한다면 SQL을 XML에 정의한다. 매핑 구문을 처리하기 위해 몇 가지 엘리먼트를 제공한 것처럼 동적 SQL을 처리하기 위해 또 다른 엘리먼트를 제공한다. 동적 SQL을 만들기 위해 마이바티스가 제공하는 XML 엘리먼트를 살펴보자.

1. `if`
2. `choose(when, otherwise)`
3. `trim(where, set)`
4. `foreach`

마이바티스가 동적 SQL을 처리하기 위해 제공하는 엘리먼트는 4개다. 마이바티스는 XML 엘리먼트를 줄이고 다양한 조건을 처리하기 위해 OGNL 표현식을 사용한다. jsp에서 주로 사용하는 JSTL의 표현식이 OGNL이기 때문에 기존 JSTL을 사용하던 개발자는 그 기억을 그대로 바이바티스의 조건문에 적용하면 된다.

그럼 이제부터 OGNL의 기본 문법을 살펴보고 나서 각각의 XML 엘리먼트를 살펴보자.

> ●● 아이바티스에서는
> 
> 아이바티스는 동적 SQL을 만들기 위해 매퍼 XML만 사용했다. 아이바티스가 제공하는 엘리먼트는 마이바티스에 비해 많아서 아이바티스를 사용하는 개발자는 대부분 모두 사용하

기보다는 그 중 일부 주로 사용하는 엘리먼트만 계속 사용했다. XML 엘리먼트를 사용해서 동적 SQL을 처리하다보니 오히려 XML에 동적 SQL을 처리하기 위한 분기가 많아지는 경향이 자주 발견된다. 자바에서 분기 처리도 코드의 가독성을 해치지만, XML의 동적 SQL은 더 가독성이 떨어지는 것을 자주 경험했다. 따라서 마이바티스는 동적 SQL 처리를 위한 XML 엘리먼트의 종류를 많이 줄였다. 아이바티스는 10개 이상의 XML 엘리먼트를 제공한다. 개수가 많은 만큼 역할이 중복되는 것처럼 보이는 엘리먼트가 많았다. 10개 이상의 XML 엘리먼트를 마이바티스는 4개의 엘리먼트로 줄였다. 수가 줄어든 만큼 사용할 XML 엘리먼트를 선택하는 데 들어가는 시간은 많이 줄어들 것이다.

## 8.1.1 OGNL의 기본 문법

동적 SQL을 처리하기 위해 제공하는 `if`, `choose`, `trim`, `foreach` 엘리먼트를 살펴보기 전에 이 엘리먼트들이 사용하는 OGNL 표현식에 대해 알아볼 필요가 있다. OGNL<sup>Object Graph Navigation Language</sup>은 프로퍼티의 값을 가져오거나 설정하기 위한 언어다. OGNL를 사용했던 곳은 오픈심포니의 웹워크<sup>Webwork</sup>와 JSTL 등이 있고, JSTL의 `core` 라이브러리에서 `if` 태그의 조건문을 표현할 때 가장 많이 사용한다. 다음 코드는 그 예다.

```
<%@ taglib prefix = "c" uri = "http://java.sun.com/jsp/jstl/core" %>

<c:if test="${obj.val != null}" >
<c:if test="${obj.val == 0}" >
<c:if test="${obj.val != 0}" >
<c:if test="${obj.val < 0}" >
<c:if test="${obj.val > 0}" >
<c:if test="${obj.val == 0 && obj.val2 == 1}" >
<c:if test="${obj.val == 0 || obj.val2 == 1}" >
```

분기 처리를 위한 표현식에 OGNL을 많이 사용하기 때문에 OGNL 자체가 생소하지는 않을 것이다. OGNL의 전체 표현식은 적지 않지만 반드시 알아야 하는 일부 내용만 다뤄보겠다. 기본 문법부터 살펴보자.

OGNL의 문법은 표 8.1과 같이 3가지로 나눌 수 있다.

표 8.1 OGNL의 기본 문법

| 문법 타입 | 예제 |
|---|---|
| comment 객체의 userId 필드 | comment.userId |
| 현재 객체의 hashcode() 메소드 호출 | hashCode() |
| 댓글 배열(comments)의 첫 번째 인덱스 값 | comments[0] |

표 8.1은 OGNL의 기본 문법 3가지를 보여준다. 대개는 첫 번째 문법인 특정 객체의 특정 필드 값을 가져오거나 설정하는 문법을 가장 많이 사용한다. OGNL 문법은 JSTL을 사용하는 자바 개발자에게 익숙한 표현식이다. 객체의 필드 값을 가져올 때는 객체와 필드명 사이를 .(마침표)로 구분해주면 된다. 배열에서 특정 인덱스의 값을 가져오기 위해서는 '배열 객체[인덱스]' 형태로 처리하면 된다.

OGNL은 객체의 타입마다 프로퍼티를 가져오는 방식이 조금씩 다르다. Map에서는 프로퍼티를 가져오기 위해 지정한 프로퍼티명을 Map의 키로 사용한다. List나 배열에서는 프로퍼티명을 배열의 인덱스로 지정한다. 그 외에 자바의 일반적인 객체는 프로퍼티명을 필드명을 사용해서 처리한다.

OGNL의 기본 문법만 사용하면 대부분의 동적 SQL 처리가 가능하다.

## 8.1.2 if 엘리먼트

if는 자바에만 한정하지 않고 대부분의 개발자가 친숙한 단어다. if 엘리먼트를 사용하면 모든 조건에 대해 처리하고 만족하는 조건의 결과를 모두 적용한다. 코드 8.1에서 if 엘리먼트의 예를 살펴보자.

코드 8.1 if 엘리먼트를 사용하는 매핑 구문

```
<select id="selectCommentByCondition" parameterType="hashmap"
      resultType="Comment">
   SELECT
      comment_no,
      user_id,
      comment_content,
      reg_date
```

```
    FROM COMMENT
    <if test="commentNo != null">
    WHERE comment_no = #{commentNo}
    </if>
</select>
```

코드 8.1은 if 엘리먼트를 사용하는 매핑 구문이다. 매핑 구문의 파라미터 타입은 HashMap이다. 코드 8.1의 if 엘리먼트에서 사용한 표현식은 자바 코드로도 그대로 표현할 수 있다. 다음 코드는 자바 코드로 표현한 것이다.

```
if( hashmap.get("commentNo") != null )
```

코드 8.1의 매핑 구문은 HashMap 객체에 commentNo 키의 값이 있다면 commentNo 키의 값에 해당하는 댓글 번호의 댓글을 가져오지만, commentNo 키의 값이 없다면 조회 조건이 추가되지 않기 때문에 모든 댓글의 목록을 가져온다.

### 아이바티스에서는

코드 8.1의 분기 처리 부분을 아이바티스를 사용해서 처리한다고 해보자. 아이바티스는 isNotNull이나 isNotEmpty 중 하나를 선택해야 한다. XML 엘리먼트의 이름만으로는 그 역할을 명확히 알 수 없기 때문에 XML 엘리먼트를 사용할 때 고민을 많이 하게 된다.

```
<isNotNull property="commentNo">
    comment_no = #{commentNo}
</isNotNull>
```

또는

```
<isNotEmpty property="commentNo">
    comment_no = #{commentNo}
</isNotEmpty>
```

HashMap 타입의 파라미터 객체에 다음과 같이 작성자 정보를 추가해보자.

```
User user = new User();
user.setUserId("fromm0");
condition.put("user", user);
```

매핑 구문에서 작성자 정보인 User 객체를 사용하면 표현식을 코드 8.2처럼 처리할 수 있다.

코드 8.2 if 엘리먼트에서 작성자 정보를 조건으로 하는 매핑 구문

```
<select id="selectCommentByCondition" parameterType="hashmap"
    resultType="Comment">
    SELECT
        comment_no,
        user_id,
        comment_content,
        reg_date
    FROM COMMENT

    <if test="commentNo != null">
    WHERE comment_no = #{commentNo}
    </if>

    <if test="user != null and user.userId != null">
    WHERE user_id = #{user.userId}
    </if>
</select>
```

코드 8.2는 댓글 번호와 작성자 정보의 유무로 조회 조건이 결정된다. 작성자 정보의 유무를 체크하는 두 번째 if 엘리먼트에서 사용한 표현식은 다음과 같이 자바 코드로 표현할 수 있다.

```
if( hashmap.get("user") != null &&
    ((User)hashmap.get("user")).getUserId() != null )
```

HashMap 객체에 작성자 정보가 있고 작성자 아이디가 null이 아니면 해당 작성자의 댓글만 가져오는 SQL이 만들어진다.

> ●● **아이바티스에서는**
>
> 코드 8.2의 작성자 정보를 사용하는 조건문을 아이바티스로 처리한다고 해보자. 아이바티스는 각각의 엘리먼트가 한 가지 조건만 확인할 수 있기 때문에 같은 엘리먼트를 두 번 사용해서 확인해야 한다.
>
> ```
> <isNotNull property="user">
> <isNotNull property="user.userId">
> AND user_id = #{user.userId}
> </isNotNull>
> </isNotNull>
> ```

### 8.1.3 choose(when, otherwise) 엘리먼트

choose ~ when ~ other는 if와 함께 개발 언어에서 가장 공통적으로 제공하는 분기 처리 방식이다. choose 하위의 when 엘리먼트에서 만족하는 조건이 하나라도 나오면 해당 조건의 결과를 동적 SQL에 적용한다. 하지만 when 엘리먼트의 조건 중 만족하는 것이 하나도 없다면 코드 8.3과 같이 other 엘리먼트의 결과를 동적 SQL에 사용한다.

코드 8.3   choose 엘리먼트를 사용하는 매핑 구문

```xml
<select id="selectCommentByConditionChoose" parameterType="hashmap"
        resultType="Comment">
    SELECT
        comment_no,
        user_id,
        comment_content,
        reg_date
    FROM comment
    
    <choose>
        <when test="commentNo != null">
            WHERE comment_no = #{commentNo}
        </when>
        <when test="user != null and user.userId != null">
```

```
            WHERE user_id = #{user.userId}
        </when>
        <otherwise>
            WHERE comment_no = 1
            AND user_id = 'fromm0'
        </otherwise>
    </choose>
</select>
```

코드 8.3은 다음 3가지 조건 중 하나만 적용될 것이다.

1. 댓글 번호(commonNo)가 있다면 해당되는 댓글만 가져오는 동적 SQL
2. 작성자 정보가 있고 사용자 아이디가 있다면 해당되는 작성자의 댓글들만 가져오는 동적 SQL
3. 앞서 두 가지 조건 중 하나도 만족하지 못한다면 댓글 번호는 1이고 작성자 아이디는 fromm0인 댓글만 가져오는 동적 SQL

코드 8.3은 댓글 번호와 작성자 정보가 있으면 사용하고 그렇지 않은 경우에는 기본 조건을 적용한다. 데이터베이스에서 조건이 전혀 없는 SELECT는 데이터가 적을 때가 아니면 대부분 성능에 악영향을 준다. if 엘리먼트만 사용하면 아무런 조건에도 걸리지 않는 경우가 발생해서 조건 없이 전체 데이터를 가져오도록 쿼리가 작성돼 성능에 심각한 영향을 줄 수 있다. 아무런 조건이 걸리지 않을 경우를 대비해 choose를 사용하면서 other를 반드시 사용하게 구성원 간의 규칙을 두는 것도 괜찮은 방법이다.

## 8.1.4 trim(where) 엘리먼트

trim 엘리먼트는 if 엘리먼트의 단점을 보완할 수 있는 기능을 제공한다. 따라서 trim 엘리먼트를 살펴보기 전에 if 엘리먼트의 단점이 무엇인지 살펴볼 필요가 있다. if 엘리먼트 예제를 다시 한 번 살펴보자.

코드 8.4 if 엘리먼트를 사용하는 매핑 구문

```
<select id="selectCommentByCondition" parameterType="hashmap"
        resultType="Comment">
    SELECT
        comment_no,
        user_id,
        comment_content,
        reg_date
    FROM COMMENT

    <if test="commentNo != null">
    WHERE comment_no = #{commentNo}
    </if>

    <if test="user != null and user.userId != null">
    WHERE user_id = #{user.userId}
    </if>
</select>
```

if 엘리먼트를 사용하는 코드 8.4를 보자마자 의문을 가질 수 있다. if 엘리먼트를 사용하는 매핑 구문은 문제점을 하나 가진다. 댓글 번호(commentNo)와 작성자 아이디(user.userId)가 모두 있을 때의 결과를 생각해보자.

```
SELECT
    comment_no,
    user_id,
    comment_content,
    reg_date
FROM COMMENT
WHERE comment_no = #{commentNo}
WHERE user_id = #{user.userId}
```

댓글 번호와 작성자 아이디가 있을 때 만들어지는 결과 SQL은 WHERE가 두 번 나오기 때문에 실행해보면 SQL 문법 에러가 발생한다. WHERE가 두 번 나오는 에러를 피하기 위해 where 엘리먼트를 사용할 수 있다. 그럼 where 엘리먼트를 사용해서 코드 8.5와 같이 구문을 변경해보자.

코드 8.5 where 엘리먼트와 if 엘리먼트를 사용한 매핑 구문

```xml
<select id="selectCommentByConditionIf" parameterType="hashmap"
        resultType="Comment">
    SELECT
        comment_no,
        user_id,
        comment_content,
        reg_date
    FROM comment

    <where>
        <if test="commentNo != null">
            comment_no = #{commentNo}
        </if>

        <if test="user != null and user.userId != null">
            AND user_id = #{user.userId}
        </if>
    </where>
</select>
```

where 엘리먼트를 사용하면 하위 엘리먼트에서 생성한 내용이 있을 경우 앞에 WHERE를 붙여 주고 생성한 내용이 없으면 그대로 무시한다. 코드 8.5가 where 엘리먼트를 사용해서 처리했기 때문에 WHERE 구문이 두 번 붙는 문법 에러는 피한 것으로 보인다. 하지만 다시 잘 살펴보면 다른 문제가 발생할 여지가 있다. 댓글 번호(commentNo)는 없고 작성자 아이디만 있으면 생성되는 SQL은 어떤 형태일까? 다음과 같은 형태를 갖는다.

```
SELECT
    comment_no,
    user_id,
    comment_content,
    reg_date
FROM COMMENT
WHERE
AND user_id = #{user.userId}
```

언뜻 보면 WHERE 다음에 AND가 그대로 붙는 형태로 SQL이 생성될 것처럼 보인다. 하지만 where 엘리먼트의 역할은 단순히 WHERE 구문을 붙이고 생략하는 역할뿐 아니라 하위 엘리먼트에서 생성한 내용이 AND나 OR로 시작할 경우 자동으로 이 단어들을 지워준다. 즉, 실제로 생성되는 SQL은 다음과 같이 AND나 OR를 자동으로 지워준 형태를 취한다.

```
SELECT
    comment_no,
    user_id,
    comment_content,
    reg_date
FROM COMMENT
WHERE
user_id = #{user.userId}
```

조회 조건에 붙는 내용이 AND나 OR가 아니라 다른 문자로 시작한다고 할 때는 어떻게 해야 할까? where 엘리먼트가 처리하는 기능에 더해 추가로 규칙을 정의하기 위해 trim 엘리먼트를 제공한다. where 엘리먼트를 사용하는 코드 8.5를 trim 엘리먼트를 사용해서 코드 8.6처럼 처리할 수 있다.

코드 8.6 trim 엘리먼트와 if 엘리먼트를 사용한 매핑 구문

```xml
<select id="selectCommentByConditionTrim" parameterType="hashmap"
      resultType="Comment">
    SELECT
        comment_no,
        user_id,
        comment_content,
        reg_date
    FROM comment

    <trim prefix="WHERE" prefixOverrides="AND |OR ">
        <if test="commentNo != null">
        AND comment_no = #{commentNo}
        </if>

        <if test="user != null and user.userId != null">
```

```
            AND user_id = #{user.userId}
        </if>
    </trim>
</select>
```

코드 8.6은 trim 엘리먼트를 사용한다. 하위 엘리먼트가 내용을 만들면 prefix 속성에 설정한 문자인 WHERE를 붙이고, 하위 엘리먼트가 생성한 내용이 AND나 OR로 시작하면 prefixOverrides 속성에 설정한 AND나 OR를 자동으로 지워준다. 코드 8.6은 trim 엘리먼트와 if 엘리먼트를 적절히 사용해서 파라미터가 어떻게 오더라도 생성되는 SQL에는 문제가 없다.

trim 엘리먼트가 제공하는 속성은 다음과 같은 4개다.

1. **prefix** 처리 후 엘리먼트의 내용이 있으면 가장 앞에 붙여준다.
2. **prefixOverrides** 처리 후 엘리먼트 내용 중 가장 앞에 해당 문자들이 있다면 자동으로 지워준다.
3. **suffix** 처리 후 엘리먼트 내에 내용이 있으면 가장 뒤에 붙여준다.
4. **suffixOverrides** 처리 후 엘리먼트 내용 중 가장 뒤에 해당 문자들이 있다면 자동으로 지워준다.

trim 엘리먼트는 select 엘리먼트뿐만 아니라 insert, update, delete 엘리먼트에도 사용이 가능하다. 코드 8.7은 update 엘리먼트에서 if 엘리먼트를 사용하는 매핑 구문이다.

코드 8.7 update 엘리먼트에서 if 엘리먼트를 사용하는 매핑 구문

```
<update id="updateComment" parameterType="Comment">
    UPDATE comment
        <set>
        <if test="commentContent != null">comment_content =
            #{commentContent},</if>

        <if test="regDate != null">reg_date = #{regDate}</if>
```

```
        </set>
    WHERE comment_no = #{commentNo}
</update>
```

코드 8.7은 if 엘리먼트만을 사용할 때 발생하는 문제가 여전히 존재한다. 등록일(regDate)이 없는 SQL을 생각해보자. 다음과 같이 등록일이 없는 SQL을 살펴보자.

```
UPDATE comment
    SET
    comment_content = #{commentContent},
        WHERE comment_no = #{commentNo}
```

WHERE 앞에 ,(쉼표)가 없어야 하는데 쉼표가 붙기 때문에 SQL 문법 에러가 발생한다. update 엘리먼트에서 분기 처리를 할 때에도 trim 엘리먼트를 사용하면 쉽게 해결할 수 있다.

코드 8.8 trim 엘리먼트와 if 엘리먼트를 사용하는 매핑 구문

```
<update id="updateCommentTrim" parameterType="Comment">
    UPDATE comment
        <trim prefix="SET" suffixOverrides=",">

        <if test="commentContent != null">comment_content =
            #{commentContent},</if>

        <if test="regDate != null">reg_date = #{regDate}</if>

        </trim>
    WHERE comment_no = #{commentNo};
</update>
```

코드 8.8은 update 구문에서 댓글 내용이 있을 경우 수정을 하지만 trim 엘리먼트의 suffixOverrides 속성에 정의한 "," 값으로 인해 생성되는 SQL에는 문법적인 오류가 없다.

### 8.1.5 foreach 엘리먼트

SQL의 조회 조건에는 `IN` 절로 조건을 추가하는 경우가 있다. `IN`절에는 대부분 어떠한 값들을 전달하게 되는데, 코드 8.9와 같이 값을 반복해서 설정한다.

코드 8.9  foreach 엘리먼트를 사용하는 매핑 구문

```
<select id="selectCommentByConditionForeach" parameterType="hashmap"
        resultType="Comment">
    SELECT
        comment_no,
        user_id,
        comment_content,
        reg_date
    FROM comment

    <trim prefix="WHERE" prefixOverrides="AND |OR ">
        <if test="commentNos != null">
            comment_no IN
            <foreach collection="commentNos" item="commentNo"
                    index="index" open="(" close=")" separator=",">
                #{commentNo}
            </foreach>
        </if>
    </trim>
</select>
```

코드 8.9의 매핑 구문에 댓글 번호 목록인 commentNos 파라미터에 {1L, 2L, 3L}을 설정할 때 생성되는 SQL을 먼저 살펴보자.

```
SELECT
    comment_no,
    user_id,
    comment_content,
    reg_date
FROM comment
WHERE
```

```
        comment_no IN
    (1, 2, 3)
```

if 엘리먼트에서는 댓글 번호 목록이 null이 아니므로 조건을 통과하고, foreach 엘리먼트에서는 댓글 번호 목록 각각을 ,(쉼표) 구분자로 합친다. 그리고 마지막에 합친 값의 앞뒤로 (와 )를 붙이는 것이다.

코드 8.9는 여러 개의 값으로 구성된 파라미터를 설정하기 위해 foreach 엘리먼트를 사용하는 매핑 구문이다. foreach 엘리먼트는 다음과 같은 6개의 속성을 가진다.

1. **collection** 값 목록을 가진 객체를 설정하면 된다. 여기서는 댓글 번호 목록이다. 파라미터의 타입은 배열이나 List 모두 처리가 가능하다.
2. **item** 목록에서 각각의 값을 사용하고자 할 때 사용하는 속성이다.
3. **index** 몇 번째 값인지 나타내는 인덱스 값이다. 0부터 시작한다.
4. **open** 목록에서 값을 가져와서 설정할 때 가장 앞에 붙여 주는 문자를 지정한다. IN절에서는 대부분 (로 시작한다.
5. **close** 목록에서 값을 가져와서 설정할 때 가장 뒤에 붙여 주는 문자를 지정한다. IN절에서는 대부분 )로 끝난다.
6. **separator** 목록에서 값을 가져와서 설정할 때 값들 사이에 붙여 주는 문자를 지정한다. IN절에서는 값 사이에 쉼표를 붙여준다.

### 8.1.6 set 엘리먼트

지금까지 살펴본 if, choose, trim, foreach 엘리먼트는 대개 WHERE 조건에 많이 사용한다. 이 4개의 엘리먼트 외에도 set 엘리먼트가 동적 SQL을 위해 사용 가능하다. 단지 set 엘리먼트는 WHERE 조건이 아닌 update에서 마지막으로 명시된 칼럼 표기에서 쉼표를 제거하는 역할을 담당한다.

코드 8.10  set 엘리먼트를 사용하는 매핑 구문

```
<update id="updateCommentIf" parameterType="Comment">
    UPDATE comment
```

```
        <set>
        <if test="commentContent != null">comment_content =
                #{commentContent},</if>

        <if test="regDate != null">reg_date = #{regDate},</if>
        </set>
    WHERE comment_no = #{commentNo};
</update>
```

코드 8.10은 set 엘리먼트를 사용하는 매핑 구문이다. 댓글 내용이 'test'이고 등록일자가 '2012-05-16 10:04:27'이라면 생성되는 SQL에서 등록일자 뒤에 쉼표가 붙을 것으로 짐작되지만, 실제로는 다음 코드와 같이 set 엘리먼트가 마지막의 쉼표를 자동으로 제거해준다.

```
UPDATE comment SET
    comment_content = 'test',
    reg_date = '2012-05-16 10:04:27'
WHERE comment_no = 1
```

set 엘리먼트는 trim 엘리먼트로도 대체가 가능하기 때문에 실무에서는 trim 엘리먼트를 대신 사용해도 된다.

## 8.1.7 OGNL을 사용해 정적 메소드와 정적 필드에 접근

OGNL이 여러 가지 표현식을 제공하기 때문에 OGNL를 잘 활용하면 몇 가지 도움이 될 만한 기능을 사용할 수 있다. 그 중에서도 매핑 구문의 파라미터가 아닌 다른 정적 메소드나 정적 클래스 필드를 그대로 사용할 수 있다. OGNL에서 제공하는 표현식 중에서는 특정 클래스의 정적 메소드나 정적 필드에 접근하는 방법을 제공한다. 아이바티스에서는 파라미터로 받은 객체에서만 값을 가져올 수 있었기 때문에 매퍼 XML에 정의한 SQL에 값을 전달하는 방법이 제한적이었다. JDBC 코드를 작성할 때의 기억을 되살려보자. 메소드 파라미터 객체의 값을 SQL에 사용하는 경우도 있겠지만, 다른 외부 클래스나 스레드로컬 ThreadLocal(스레드 단위로 로컬 변수를 할당하는 객체, 자세한 설명은 구글에서 '자바캔 ThreadLocal'을 검색해보자)에 저장된 값을 가져와서 사용해야 할 경우가 있다. 이런 경우 아이바티스는 매핑 구문의 파라미터 타입이 Map 타입이면 Map에 항상 그 값을 넣어 줘야 했고, 자바 객체 타입이면 해당 객체에 관련 없는 필드와 메소드를 추가하는 작업을 진행해야 했다.

OGNL에서 정적 메소드를 호출하고 정적 필드의 값을 가져오는 표현식을 살펴보자. 단, 클래스명은 패키지 경로까지 모두 명시해야 한다.

- **정적 메소드**  @class@method(args)
- **정적 필드**  @class@field

정적 메소드와 정적 필드에 접근하기 위해서 코드 8.11과 같이 먼저 정적 메소드와 정적 필드를 가진 클래스를 만들었다.

코드 8.11 정적 메소드와 정적 필드를 가진 클래스

```java
package ldg.mybatis.model;

public class StaticSample {
    public static final Long[] commentNos = {1L, 2L};

    public static Long getCommentNo1() {
        return 1L;
    }
}
```

코드 8.11의 StaticSample 클래스는 정적 메소드와 정적 필드를 한 개씩 갖고 있다. 먼저 정적 필드에 접근하는 동적 매핑 구문을 살펴보자.

코드 8.12 OGNL 표현식으로 정적 메소드를 사용한 매핑 구문

```xml
<select id="selectOgnlStaticMethod" parameterType="hashmap"
     resultType="Comment">
    SELECT
        comment_no,
        user_id,
        comment_content,
        reg_date
    FROM comment
```

```
            <if test="_commentNo =
                 @ldg.mybatis.model.StaticSample@getCommentNo1()">
                WHERE comment_no = ${_commentNo}
            </if>
    </select>
```

마이바티스 파라미터 표기법에서는 ${@ldg.mybatis.model.StaticSample @getCommentNo1()} 형태로 OGNL 표현식을 사용할 수 없다. 먼저 OGNL 표현식을 사용해서 코드 8.12에서 if 엘리먼트의 test 속성에 처리한 것처럼 다른 변수에 값을 설정하고 그 변수를 파라미터 표기법을 통해 사용해야 한다. 바인딩한 값을 저장한 변수와 매핑 구문의 파라미터로 받은 객체의 프로퍼티들과 구분하기 위해 '_프로퍼티' 형태로 이름을 달리했다. 가급적이면 OGNL을 사용해서 바인딩한 값에 대해서는 별도 명명 규칙을 부여하는 것을 추천한다. 여기서는 StaticSample 클래스의 getCommentNo1 메소드를 호출하는 것이기 때문에 _commentNo에는 1L을 설정한다. 따라서 코드 8.13의 매핑 구문은 결과적으로 1번 댓글을 가져오는 SQL을 만든다.

```
SELECT
    comment_no,
    user_id,
    comment_content,
    reg_date
FROM comment
WHERE comment_no = 1
```

정적 메소드에 접근해 바인딩하는 방법을 살펴봤으니 이제는 정적 필드에 접근해 바인딩하는 방법을 살펴보자.

코드 8.13 OGNL 표현식으로 정적 필드를 사용한 매핑 구문

```
<select id="selectOgnlStaticField" parameterType="hashmap"
        resultType="Comment">
    SELECT
        comment_no,
```

```
        user_id,
        comment_content,
        reg_date
    FROM comment

    <trim prefix="WHERE" prefixOverrides="AND |OR ">
        <if test="@ldg.mybatis.model.StaticSample@commentNos != null">
            comment_no IN
            <foreach
                    collection="@ldg.mybatis.model.StaticSample@commentNos"
                    item="commentNo" index="index" open="(" close=")"
                    separator=",">
                ${commentNo}
            </foreach>
        </if>
    </trim>
</select>
```

코드 8.13은 foreach 엘리먼트의 collection 속성에서 OGNL 표현식을 사용해 정적 필드의 값을 사용한다. StaticSample 클래스의 commentNos 필드는 1과 2 두 개의 Long 타입 값을 갖는 배열이다. 코드 8.13은 배열에 대해 반복문을 처리한다. 앞서 설명한 foreach 엘리먼트를 기억해보면 1번과 2번 댓글을 조회하는 SQL을 만듦을 알 수 있다.

```
SELECT
    comment_no,
    user_id,
    comment_content,
    reg_date
FROM comment
WHERE comment_no IN (1,2)
```

방금처럼 정적 메소드와 정적 필드의 값을 바인딩해서 사용하는 방법 외에도 정적 메소드를 사용해서 값을 체크하는 방법도 가능하다.

코드 8.14 OGNL 표현식을 사용해서 정적 메소드로 값을 체크하는 매핑 구문

```xml
<select id="selectOgnlStaticMethod2" parameterType="hashmap"
        resultType="User">
    SELECT
        user_id,
        user_name
    FROM user
    <if
        test=
            "@org.apache.commons.lang.StringUtils@isNotEmpty(userId)">
        WHERE user_id = #{userId}
    </if>
</select>
```

아파치 커먼스의 Lang 프로젝트가 제공하는 `StringUtils` 클래스는 문자열을 체크하기 위한 다양한 메소드를 제공한다. 코드 8.14는 `StringUtils` 클래스가 제공하는 메소드 중에서 `isNotEmpty` 메소드는 파라미터로 받은 문자열이 `null`이 아니며, 공백도 아닌 것을 체크한다. 따라서 코드 8.14의 매핑 구문은 파라미터의 작성자 아이디가 `null`이 아니고 공백이 아니면 해당되는 작성자의 댓글 목록을 조회하는 SQL이 된다.

> **주의**
>
> 마이바티스에는 OGNL 표현식에 대한 버그가 있는 것으로 보인다. 정적 메소드와 정적 필드를 사용하는 코드를 돌려보면 #{} 파라미터 표기법으로 사용할 때는 값을 설정하지 못했다. ${} 파라미터 표기법을 사용할 때만 정상적으로 값을 설정했다. 정적 메소드와 정적 필드를 사용할 때는 반드시 파라미터 표기법에 따라 정상 작동 여부를 확인해보길 바란다.

### ●● 아이바티스에서는

아이바티스에서는 10개 이상의 XML 엘리먼트를 제공한다. 각 엘리먼트의 명칭은 그 역할을 설명하는 데 큰 어려움이 없게 명명됐지만 그 수가 많았다. 따라서 많은 개발자들이 주로 사용하는 다음과 같은 XML 엘리먼트만 계속 사용한다.

- dynamic 엘리먼트  다른 동적 SQL 처리용 엘리먼트를 감싸고 prepend, open, close 속성을 사용해서 동적으로 생성된 SQL 문자열을 제어하기 위해 사용한다.
- iterate  Collection 객체나 배열 객체에 대해 반복적으로 처리하기 위해 사용한다.
- isParameterPresent  파라미터가 존재하는지 체크한다.
- isNotParameterPresent  파라미터가 존재하지 않는지 체크한다.
- isEmpty  Collection 객체가 null이거나 크기가 0인지 체크한다. 또는 문자열이 null이거나 공백인지 체크한다.
- isNotEmpty  Collection 객체가 null이 아니고 크기가 0이 아닌지 체크한다. 또는 문자열이 null이 아니고 공백이 아닌지 체크한다.
- isNotNull  프로퍼티가 null이 아닌지 체크한다.
- isNull  프로퍼티가 null인지 체크한다.
- isNotEqual  프로퍼티가 비교하는 값 또는 다른 프로퍼티와 같지 않은지 체크한다.
- isEqual  프로퍼티가 비교하는 값 또는 다른 프로퍼티와 같은지 체크한다.
- isGreaterThan  프로퍼티가 비교하는 값 또는 다른 프로퍼티보다 큰지 체크한다.
- isGreaterEqual  프로퍼티가 비교하는 값 또는 다른 프로퍼티보다 크거나 같은지 체크한다.
- isLessThan  프로퍼티가 비교하는 값 또는 다른 프로퍼티보다 작은지 체크한다.
- isLessEqual  프로퍼티가 비교하는 값 또는 다른 프로퍼티보다 작거나 같은지 체크한다.
- isPropertyAvailable  프로퍼티가 사용 가능한 값인지 체크한다.
- isNotPropertyAvailable  프로퍼티가 사용 가능하지 않은지 체크한다.

XML에서 동적 SQL을 작성하는 방법을 살펴봤다. 마이바티스는 XML뿐 아니라 매퍼 애노테이션의 Provider 애노테이션에서 정한 클래스에서 구문 빌더 API를 사용해 동적 SQL을 작성할 수 있다. 구문 빌더 API를 사용해서 동적 SQL을 작성하는 방법을 살펴보자.

## 8.2 마이바티스의 구문 빌더 API를 사용해 생성

구문 빌더 API를 사용하기 위해서는 코드 8.15처럼 매퍼 인터페이스의 각 메소드에 구문 빌더 API를 사용한 클래스와 메소드를 선언해줘야 한다.

코드 8.15 Provider 애노테이션을 사용하는 매퍼 인터페이스

```java
public interface CommentMapper {
    @SelectProvider(type = CommentSqlProvider.class, method =
            "countByCondition")
    int countByCondition(CommentCondition condition);

    @DeleteProvider(type = CommentSqlProvider.class, method =
            "deleteByCondition")
    int deleteByCondition(CommentCondition condition);

    @InsertProvider(type = CommentSqlProvider.class, method =
            "insertSelective")
    int insertSelective(Comment record);

    @UpdateProvider(type = CommentSqlProvider.class, method =
            "updateByCondition")
    int updateByCondition(@Param("record") Comment record,
            @Param("condition") CommentCondition condition);
}
```

마이바티스에서는 동적 SQL을 만들기 위해 다음과 같은 독특한 API를 제공한다.

1. `org.apache.ibatis.jdbc.SelectBuilder`
2. `org.apache.ibatis.jdbc.SqlBuilder`

## 8.2.1 SelectBuilder

먼저 SelectBuilder를 살펴보자. 이름에서 알 수 있듯이 SelectBuilder는 select에 관련된 동적 SQL을 만든다. 메소드를 보기 전에 일반적인 select를 떠올려보자. select 구문은 대개 다음과 같은 몇 가지 절차를 거쳐 작성한다.

1. 칼럼 목록을 나열한다. 칼럼 목록은 select로 시작하고 간혹 칼럼을 명시하기 전에 distinct 구문을 명시하기도 한다.
2. 테이블 목록을 나열한다. 테이블 목록은 from으로 시작한다. 간혹 여러 개의 테이블을 join하기도 한다. join은 inner join과 outer join 두 가지가 있다.
3. 조회 조건을 나열한다. 조회 조건은 where로 시작한다. where절 내의 각종 조건에 대해서는 and와 or 조건으로 세분화한다.
4. 정렬을 위한 대상 칼럼을 나열한다. 정렬을 위해서는 order by로 시작한다.
5. 간혹 그룹 함수를 사용할 경우 group by절을 사용한다.

org.apache.ibatis.jdbc.SelectBuilder 클래스는 static으로 선언된 다음과 같은 다수의 메소드를 갖는데, 일반적인 select를 떠올렸을 때의 내용을 대부분 메소드로 제공한다.

- AND()
- BEGIN()
- FROM(String table)
- GROUP_BY(String columns)
- HAVING(String conditions)
- INNER_JOIN(String join)
- JOIN(String join)
- LEFT_OUTER_JOIN(String join)
- OR()
- ORDER_BY(String columns)

- OUTER_JOIN(String join)
- RESET()
- RIGHT_OUTER_JOIN(String join)
- SELECT_DISTINCT(String columns)
- SELECT(String columns)
- WHERE(String conditions)
- SQL()

메소드명이 대부분 SQL 문법에서 사용하는 용어와 유사해서 역할을 짐작할 수 있지만, 댓글을 조회하는 SQL을 만들어보자.

코드 8.16 댓글을 조회하기 위해 SelectBuilder를 사용한 예제

```
BEGIN();
SELECT("comment_no");
SELECT("user_id");
SELECT("comment_content");
SELECT("reg_date");
FROM("comment");
WHERE("comment_no = #{commentNo}");
WHERE("comment_content != ''");
OR();
WHERE("user_id != ''");
return SQL();
```

코드 8.16은 댓글을 조회하기 위해 SelectBuilder 클래스의 메소드를 사용한다. SelectBuilder 클래스가 제공하는 메소드의 대부분은 메소드명과 파라미터를 연이어 붙이면 결과와 비슷하게 나온다. 결과 SQL을 살펴보자.

```
SELECT comment_no, user_id, comment_content, reg_date
FROM comment
WHERE (comment_no = #{commentNo} AND comment_content != '')
OR (user_id != '')
```

이런 단순한 데이터 조회 외에도 정렬을 한다든지 조인을 하는 몇 가지 경우를 더 만들어보자. 코드 8.17과 같이 댓글 번호를 기준으로 정렬을 하되 중복된 댓글 내용을 제거한 목록을 조회한다.

코드 8.17  댓글 번호를 기준으로 정렬한 댓글 목록을 조회하는 SQL을 만드는 코드

```
BEGIN();
SELECT_DISTINCT("*");
FROM("comment");
ORDER_BY("comment_no ASC");
return SQL();
```

코드 8.17은 댓글 번호를 기준으로 정렬하기 위해 ORDER_BY 메소드를 사용했다. 실행해보면 결과는 다음과 같다.

```
SELECT DISTINCT *
FROM comment
ORDER BY comment_no ASC
```

댓글과 답글 테이블을 코드 8.18과 같이 내부 조인해 목록을 조회해보자.

코드 8.18  댓글과 답글 테이블을 내부 조인하는 SQL을 만드는 코드

```
BEGIN();
SELECT_DISTINCT("*");
FROM("comment c");
INNER_JOIN("reply r on c.comment_no = r.comment_no");
return SQL();
```

코드 8.18은 댓글과 답글 테이블을 내부 조인하기 위해 INNER_JOIN 메소드를 사용했다. 실행해보면 결과는 다음과 같다.

```
SELECT DISTINCT *
FROM COMMENT c
INNER JOIN reply r ON c.comment_no = r.comment_no
```

댓글과 답글 테이블을 코드 8.19와 같이 외부 조인해 목록을 조회해보자.

코드 8.19 댓글과 답글 테이블을 외부 조인하는 SQL을 만드는 코드

```
BEGIN();
SELECT("*");
FROM("comment c");
RIGHT_OUTER_JOIN("reply r on c.comment_no = r.comment_no");
return SQL();
```

코드 8.19는 댓글과 답글 테이블을 외부 조인하기 위해 RIGHT_OUTER_JOIN 메소드를 사용했다. 실행해보면 결과는 다음과 같다.

```
SELECT *
FROM comment c
RIGHT OUTER JOIN reply r on c.comment_no = r.comment_no
```

댓글에서 사용자별, 아이디별로 등록한 댓글 수를 조회해보자. 이런 경우에는 그룹 함수를 적절히 사용해야 한다.

코드 8.20 댓글에서 사용자별, 아이디별로 등록한 댓글 수를 조회하는 SQL을 만드는 코드

```
BEGIN();
SELECT("user_id, count(*)");
FROM("comment");
GROUP_BY("user_id");
return SQL();
```

코드 8.20은 댓글에서 사용자별, 아이디별로 등록한 댓글 수를 조회하기 위해 그룹 함수로 count를 사용하고, 사용자 아이디를 GROUP_BY 메소드에 사용했다. 실행해보면 결과는 다음과 같다.

```
SELECT user_id, count(*)
FROM comment c
GROUP BY user_id
```

SelectBuilder는 내부에서 스레드로컬^ThreadLocal(스레드 단위로 로컬 변수를 할당하는 객체, 자세한 설명은 구글에서 '자바캔 ThreadLocal'을 검색해보자)을 사용한다. 이 스레드로컬에 쿼리문을 설정하고 반환하는 형태로 작동한다. SelectBuilder를 사용할 때는 BEGIN 메소드로 시작해서 SQL 메소드로 끝난다. 이 SQL 메소드를 호출함과 동시에 스레드로컬에서 SQL을 반환하는 방식이다. SelectBuilder 클래스가 제공하는 메소드는 대부분 정적 메소드이고, 다른 클래스에 의존성이 없다.

이 외의 다양한 SQL은 SelectBuilder 클래스가 제공하는 메소드를 사용해서 SQL을 작성한 후 출력해보면서 생성되는 SQL을 검증해보는 방법을 사용하자.

SelectBuilder 클래스가 제공하는 메소드들을 알아보자. 메소드는 SQL 문법을 생각해보면 대략적인 결과물을 유추할 수 있으니 그 역할을 참고해서 사용해보면 된다. 표 8.2는 SelectBuilder 클래스가 제공하는 메소드들이다.

표 8.2 SelectBuilder의 중요 메소드

| 메소드 | 설명 |
| --- | --- |
| BEGIN() / RESET() | 마이바티스 구문 빌더는 생성할 SQL을 스레드로컬에 저장한다. BEGIN() 메소드와 RESET() 메소드는 스레드로컬의 상태를 초기화하고 새로운 구문을 추가하기 위해 준비한다. BEGIN() 메소드는 새로운 구문을 추가할 때 호출하고 RESET() 메소드는 실행 중간에 구문을 초기화할 때 호출한다. |
| SELECT(String) | SELECT를 시작하거나 추가한다. 한 번 이상 호출할 수 있고 파라미터는 SELECT 뒤에 추가된다. 파라미터는 칼럼과 칼럼 별칭의 목록이고 SELECT 메소드를 호출할 때마다 쉼표를 자동으로 붙여준다. 칼럼이 5개라면 칼럼별로 호출해도 되고 칼럼 5개를 모두 명시해서 한 번만 호출해도 된다. |
| SELECT_DISTINCT(String) | SELECT를 시작하거나 추가한다. SELECT() 메소드와 달리 'DISTINCT' 키워드를 추가한다. 그 외에는 SELECT() 메소드와 동일하다. 코드 8.17에서 다뤘다. |
| FROM(String) | FROM절을 시작하거나 추가한다. 파라미터에는 테이블명이나 테이블의 별칭을 적어준다. |
| JOIN(String)<br>INNER_JOIN(String)<br>LEFT_OUTER_JOIN(String)<br>RIGHT_OUTER_JOIN(String) | 조인 SQL을 만든다. 테이블명이나 테이블의 별칭을 적어주고 조인의 연결 고리가 되는 칼럼 조건을 적는다. 코드 8.18과 코드 8.19에서 다뤘다. |

(이어짐)

| 메소드 | 설명 |
|---|---|
| WHERE(String) | 조회 조건을 추가하기 위해 WHERE를 사용한다. WHERE() 메소드를 호출하는 코드 중간에 AND()나 OR() 메소드를 호출할 수 있다. WHERE() 메소드를 여러 번 호출하면 메소드 호출 중간에 AND를 자동으로 추가한다. 코드 8.16에서 다뤘다. |
| OR() | 조회 조건에서 조건 사이에 OR를 추가한다. 여러 번 호출할 수 있지만 생성되는 SQL을 보고 문법 에러를 확인하고 사용해야 한다. 코드 8.16에서 다뤘다. |
| AND() | 조회 조건에서 조건 사이에 AND를 추가한다. 여러 번 호출할 수 있지만 생성되는 SQL을 보고 문법 에러를 확인하고 사용해야 한다. WHERE() 메소드를 사용해서 조회 조건을 추가하면 자동으로 AND를 붙여주기 때문에 필요한 경우에만 추가로 사용하면 된다. |
| GROUP_BY(String) | GROUP BY를 추가한다. GROUP_BY() 메소드를 여러 번 호출하면 메소드 호출 중간에 쉼표를 자동으로 추가한다. 코드 8.21에서 다뤘다. |
| HAVING(String) | HAVING절의 조건을 추가한다. HAVING() 메소드를 여러 번 호출하면 메소드 호출 중간에 AND를 자동으로 추가한다. OR로 조건을 추가하려면 OR() 메소드를 사용하면 된다. |
| ORDER_BY(String) | ORDER BY절을 추가한다. ORDER_BY() 메소드를 여러 번 호출하면 메소드 호출 중간에 쉼표를 자동으로 추가한다. 코드 8.17에서 다뤘다. |
| SQL() | 생성되는 SQL을 리턴하고 구문 빌더가 사용하던 스레드로컬의 상태를 리셋(BEGIN()이나 RESET()가 호출된 것처럼)한다. 이 메소드는 한 번만 호출할 수 있다. |

## 8.2.2 SqlBuilder

SelectBuilder 클래스에 이어 이제부터는 SqlBuilder 클래스를 살펴보자. SelectBuilder 클래스는 select 구문의 동적 SQL을 처리한다. SqlBuilder 클래스는 insert/update/delete 구문의 동적 SQL을 처리한다. SqlBuilder 클래스는 SelectBuilder 클래스를 상속하지는 않지만 SelectBuilder 클래스가 제공하는 메소드와 추가로 5개의 메소드를 제공한다. 표 8.3은 SqlBuilder가 SelectBuilder에 비해 추가로 제공하는 메소드들을 보여준다.

표 8.3 SqlBuilder의 중요 메소드

| 메소드 | 설명 |
|---|---|
| DELETE_FROM(String) | 데이터를 삭제하고자 하는 테이블명을 파라미터로 적는다. 그러면 해당 테이블에 대해 삭제하는 delete 구문을 만든다. 삭제할 조건을 추가하기 위해 WHERE() 메소드를 호출한다. |
| INSERT_INTO(String) | 데이터를 입력하는 테이블명을 파라미터로 적는다. 값을 입력하는 칼럼과 값은 VALUES() 메소드를 사용해서 적어준다. 그러면 VALUES() 메소드로 지정한 칼럼에 값을 입력하는 insert 구문을 만든다. |
| SET(String) | UPDATE() 메소드와 함께 사용하며 update 구문에서 set 뒤에 지정하는 칼럼과 값의 목록을 나열한다. |
| UPDATE(String) | 데이터를 수정하는 테이블명을 파라미터로 적는다. 수정하는 대상 칼럼과 값은 SET() 메소드를 사용해서 나열한다. 수정할 조건을 추가하기 위해 WHERE() 메소드를 호출한다. |
| VALUES(String, String) | INSERT() 메소드와 함께 사용한다. 입력하는 대상 칼럼과 값을 파라미터로 적어준다. 첫 번째 파라미터는 칼럼명이고, 두 번째 파라미터는 입력할 값이다. |

표 8.3의 메소드 설명을 참고해서 코드 8.21과 같은 SQL을 만들어보자.

코드 8.21 구문 빌더를 사용한 동적 SQL 처리

```
public class CommentSqlProvider {
    public String selectByPrimaryKey(CommentExample example) {
        BEGIN();
        SELECT("*");
        FROM("comment");
        WHERE("comment_no = #{commentNo}");

        return SQL();
    }

    public String deleteByPrimaryKey(CommentExample example) {
        BEGIN();
        DELETE_FROM("comment");
        WHERE("comment_no = #{commentNo }");

        return SQL();
```

```java
    }

    public String insertSelective(Comment record) {
        BEGIN();
        INSERT_INTO("comment");

        if (record.getUserId() != null) {
            VALUES("user_id", "#{userId }");
        }

        if (record.getRegDate() != null) {
            VALUES("reg_date", "#{regDate,jdbcType=TIMESTAMP}");
        }

        if (record.getCommentContent() != null) {
            VALUES("comment_content", "#{commentContent}");
        }

        return SQL();
    }

    public String updateByPrimaryKeySelective(Comment record) {
        BEGIN();
        UPDATE("comment");

        if (record.getUserId() != null) {
            SET("user_id = #{userId }");
        }

        if (record.getRegDate() != null) {
            SET("reg_date = #{regDate }");
        }

        if (record.getCommentContent() != null) {
            SET("comment_content = #{commentContent }");
        }

        WHERE("comment_no = #{commentNo }");

        return SQL();
    }
```

```
}
```

코드 8.21은 구문 빌더 중 SqlBuilder 클래스를 사용해서 동적 SQL을 처리한다. 코드 8.21에서 insertSelective 메소드와 updateByPrimaryKeySelective 메소드는 동적 SQL이므로 파라미터에 따라 SQL이 다르게 만들어진다. selectByPrimaryKey 메소드와 deleteByPrimaryKey 메소드가 만드는 SQL을 순서대로 출력해보자.

```
SELECT *
FROM comment
WHERE (comment_no = #{commentNo})

DELETE FROM comment
WHERE (comment_no = #{commentNo })
```

구문 빌더 클래스인 SelectBuilder와 SqlBuilder가 제공하는 메소드는 대부분 SQL 예약어로 만들었다. API 문서에서 메소드별로 특별한 설명이 없지만 그 역할은 예약어를 기준으로 생각하면 된다.

SelectBuilder 클래스와 SqlBuilder 클래스가 동일한 이름으로 제공하는 메소드들이 있다. 구문 빌더 API를 사용할 때 BEEGIN 메소드와 SQL 메소드 사이에 호출하는 메소드는 동일한 클래스의 메소드를 호출해야 한다. 코드 8.21의 deleteByPrimaryKey 메소드에서 DELETE_FROM 메소드는 SqlBuilder 클래스의 메소드를 사용하고 WHERE 메소드는 SelectBuilder 클래스의 메소드를 사용하면 delete 구문은 추가되지 않고 조회 조건만 추가되는 등의 결과가 의도와 달리 생성된다.

```
WHERE (comment_no = #{commentNo })
```

## 8.3 일반적인 자바 코드 사용

Provider 애노테이션으로 SQL을 생성하는 외부 클래스와 메소드를 정의할 수 있기 때문에 꼭 구문 빌더 API를 사용하지 않더라도 JDBC를 사용할 때 흔히 사용하던 문자열 처리 방식도 그대로 사용할 수 있다. 대개는 문자열을 다루기 위한 자바 클래스(String, StringBuilder, StringBuffer 등)를 사용해서 SQL을 만든다. String 타입은 + 연산으로 SQL을 만들고, StringBuilder나 StringBuffer는 append 메소드로 문자열을 추가하는 형태로 처리한다. 칼럼이 많고 동적인 분기 처리가 많으면 문자열 처리는 오타가 많이 발생하고 버그도 많이 발생한다.

코드 8.22 StringBuilder 클래스를 사용해 SQL을 만드는 코드

```
StringBuilder sql = new StringBuilder();
sql.append("SELECT ");
sql.append(" comment_no, ");
sql.append(" user_id, ");
sql.append(" comment_content, ");
sql.append(" reg_date ");
sql.append("FROM comment ");

if (commentNo != null) {
    sql.append("WHERE comment_no = ? ");
}

if (user != null && user.getUserId() != null) {
    sql.append("WHERE user_id = ? ");
}
```

코드 8.22는 StringBuilder 클래스를 사용해서 SQL을 만든다. 댓글 번호와 작성자 정보의 여부에 따라 조회 조건을 동적으로 결정한다.

# 8.4 정리

8장은 동적 SQL을 처리하기 위해 마이바티스가 제공하는 XML 엘리먼트와 구문 빌더 API를 살펴봤다.

동적 SQL을 처리하기 위해 제공하는 XML 엘리먼트는 다음과 같은 5개가 있었다.

- `if` 엘리먼트
- `choose(when, otherwise)` 엘리먼트
- `trim(where, set)` 엘리먼트
- `foreach` 엘리먼트
- `set` 엘리먼트

각 엘리먼트를 잘못 사용하면 SQL 문법 에러를 발생시킬 수 있다는 점도 살펴 봤다. SQL 문법 에러를 발생시킬 수 있는 내용을 충분히 숙지하고 필요한 적재적 소에 사용하자.

동적 SQL을 처리하기 위해 제공하는 구문 빌더 API는 다음과 같은 2개의 클래 스를 제공한다.

- `org.apache.ibatis.jdbc.SelectBuilder`
- `org.apache.ibatis.jdbc.SqlBuilder`

이 구문 빌더 API를 사용해서 동적 SQL을 만들려면 SQL별로 메소드를 만들어 야 한다. SQL별로 만든 메소드는 매퍼 인터페이스의 각 메소드에서 다음과 같은 `Provider` 애노테이션을 사용해 클래스와 메소드를 지정하면 된다.

- `@SelectProvider`
- `@DeleteProvider`
- `@InsertProvider`
- `@UpdateProvider`

9장에서는 마이바티스에서 필요한 매퍼와 자바 모델 클래스를 자동으로 생성해 주는 마이바티스 제너레이터를 다룬다.

# 9장

# 마이바티스 제너레이터

8장은 동적 SQL을 처리하기 위해 XML 엘리먼트와 애노테이션, 그리고 구문 빌더 API를 살펴봤다. 동적 SQL은 실무에서 빈번하게 사용하는 만큼 중요하다. 마이바티스의 동적 SQL 기능은 XML로만 작성이 가능했던 아이바티스에 비해 방법이 추가돼 선택의 폭이 넓어져서 쉽게 작성할 수 있게 됐다. 또한 아이바티스와 달리 XML 엘리먼트를 많이 줄였다. XML 엘리먼트를 줄이고 JSTL에서 사용하던 OGNL 표현식을 도입해 한결 처리하기가 편해졌다. 게다가 동적 SQL을 위해 XML 엘리먼트만 제공하던 아이바티스에 비해 구문 빌더를 제공함으로써 XML보다는 자바 코드가 편한 개발자에게는 도움이 된다.

9장에서는 마이바티스를 사용할 때 필요한 매퍼와 자바 모델 클래스를 자동으로 생성해 주는 마이바티스 제너레이터를 살펴본다. 마이바티스 제너레이터는 마이바티스뿐만 아니라 아이바티스에서도 사용 가능하다.

## 9.1 마이바티스 제너레이터 소개

마이바티스 제너레이터MyBatis Generator(이하 제너레이터)는 데이터베이스 테이블을 보고 마이바티스 코드를 자동으로 생성하는 도구다. 제너레이터가 생성하는 코드는 설정에 따라 다소 다르지만 다음과 같이 마이바티스를 사용할 때 필요한 대부분의 파일을 만들어준다.

- 테이블별로 매핑하는 자바 모델 클래스
- 매퍼 XML

- 매퍼 인터페이스
- 구문 빌더를 적용한 프로바이더 클래스

마이바티스를 사용할 때 필요한 파일을 자동으로 생성해서 수작업을 많이 줄여주기 때문에 제너레이터를 사용하면 개발 효율성을 더 향상시킬 수 있다. 따라서 많은 개발자들이 제너레이터를 사용한다. 제너레이터는 테이블 정보를 보고 자동으로 파일을 만들기 때문에 개발을 할 때 처음 한 번 데이터베이스의 구조를 잡은 후 생성하고, 그 이후부터는 수동으로 수정하기도 하고 매번 데이터베이스 구조가 변경될 때마다 자동으로 생성하게 하기도 한다. 사용하는 방법은 상황에 맞춰 선택하면 된다. 제너레이터는 마이바티스가 제공하는 매퍼 방식인 XML과 인터페이스를 모두 지원한다. 게다가 아이바티스도 지원하기 때문에 기존 아이바티스 프로젝트에서도 활용할 수 있다. 제너레이터는 테이블의 구조를 파악해서 자동으로 필요한 파일을 생성해주는 만큼 오타의 가능성을 줄이고 개발자가 수동으로 처리해야 하는 작업량을 줄여준다.

제너레이터는 아이바티스에서 이미 제공하던 도구다. 2005년 어베이터$^{Abator}$에서 시작된 도구로, 2008년 아이베이터$^{iBator}$로 개명해서 제공했다. 제너레이터는 직접 실행 가능한 jar 파일뿐 아니라 앤트 테스크, 메이븐 플러그인과 이클립스 플러그인도 제공한다. 그러면 설치 방법부터 실행 방법, 그리고 세부 설정에 대해 살펴보자.

## 9.2 설치 방법과 실행 방법

제너레이터는 압축 파일을 다운로드하거나 메이븐, 이클립스 플러그인을 사용해 설치하고 실행할 수 있다.

### 9.2.1 압축 파일의 다운로드와 실행

제너레이터가 생성하는 코드는 대부분 일회성으로 생성하고 필요한 곳에 복사해서 사용하기 때문에 메이븐이나 이클립스 플러그인을 설치하는 게 귀찮을 수 있다. 필요한 파일만을 정확히 설정해서 자동으로 파일이 갱신되게 하려면 사용하는 프로젝트에 메이븐으로 설정하면 되고, 다른 위치에서 생성한 후 복사해 넣으려면 압축 파일을 다운로드해서 실행하는 것도 괜찮은 방법이다.

제너레이터 압축 파일을 다운로드해보자. 다운로드 위치는 http://code.google.com/p/mybatis/downloads/list?can=3&q=Product%3DGenerator다. 압축 파일은 문서와 몇 가지 jar 파일로 구성돼 있다. 압축을 해제하고 나서 설정 파일을 만든다. 제너레이터를 다음과 같이 실행해보자.

```
java -jar mybatis-generator-core-1.3.2.jar -configfile
\temp\generatorConfig.xml -overwrite
```

위 코드에서 각 항목들은 다음과 같은 역할을 한다.

- `-jar 파라미터` 제너레이터 jar 파일을 지정한다.
- `-configfile 파라미터` 설정 파일을 지정한다.
- `-overwrite 파라미터` 기존에 생성한 코드가 있으면 덮어쓰기를 한다.
- `-contextids 파라미터` 제너레이터는 생성하고자 하는 파일들의 나눠서 처리할 수 있다. 이 파일을 생성하는 작업들을 컨텍스트로 정의해서 특정 컨텍스트의 대상 파일만을 생성하게 할 수도 있다. 제너레이터에서는 작업별로 컨텍스트 아이디를 부여하고 실행 시 컨텍스트를 선택할 수 있다. 각각의 컨텍스트 아이디는 쉼표로 구분한다. 이 옵션을 사용하지 않으면 전체 컨텍스트가 대상이 된다.
- `-tables 파라미터` 대상 테이블을 선택할 수 있다. 대상 테이블은 쉼표로 구분하면 되고 이 옵션을 사용하지 않으면 설정한 전체 테이블이 대상이 된다.

## 9.2.2 메이븐으로 jar 파일을 다운로드하고 실행

메이븐 타입의 프로젝트 설정 후 메이븐의 의존성 관리 기능을 사용해서 jar 파일을 다운로드할 수 있다. `groupId`는 `org.mybatis.generator`이고 `artifactId`는 `mybatis-generator-maven-plugin`이다. 현재 최신 버전은 1.3.2다.

```
<build>
  ...
  <plugins>
    ...
    <plugin>
      <groupId>org.mybatis.generator</groupId>
```

```
            <artifactId>mybatis-generator-maven-plugin</artifactId>
            <version>1.3.2</version>
        </plugin>
        ...
    </plugins>
    ...
</build>

<dependencies>
    ...
    <dependency>
        <groupId>org.mybatis.generator</groupId>
        <artifactId>mybatis-generator-maven-plugin</artifactId>
        <version>1.3.2</version>
    </dependency>
    ...
</dependencies>
```

메이븐으로 jar 파일을 다운로드하고 플러그인을 실행하면 된다.

디폴트 설정 파일명은 generatorConfig.xml이지만 설정 파일명이 다르다면 -Dmybatis.generator.configurationFile 옵션을 줘서 변경할 수도 있다.

```
mvn mybatis-generator:generate
```

또는

```
mvn -Dmybatis.generator.configurationFile=${basedir}/src/mybatis-
    generator-config.xml mybatis-generator:generate
```

## 9.2.3 이클립스 플러그인 설치

제너레이터의 이클립스 플러그인을 설치하기 위해서는 이클립스의 플러그인 관리 기능을 사용하는 것이 편하다. 설치를 위해서 Help ▶ Install New Software를 클릭한 뒤 나오는 창에서 필요한 정보만 입력하면 된다. 그림 9.1은 플러그인을 설치하기 위한 메뉴다.

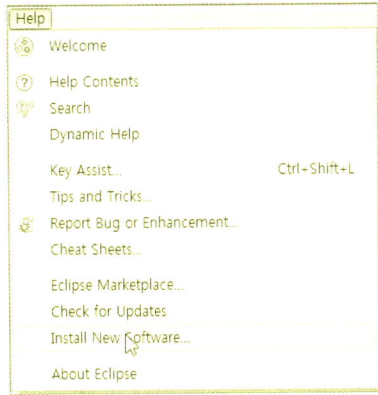

그림 9.1 이클립스에서 설치 마법사를 실행하기 위한 메뉴

그림 9.2의 창이 나타나면 Work with에 다음 URL을 넣어준다.

http://mybatis.googlecode.com/svn/sub-projects/generator/trunk/eclipse/UpdateSite/

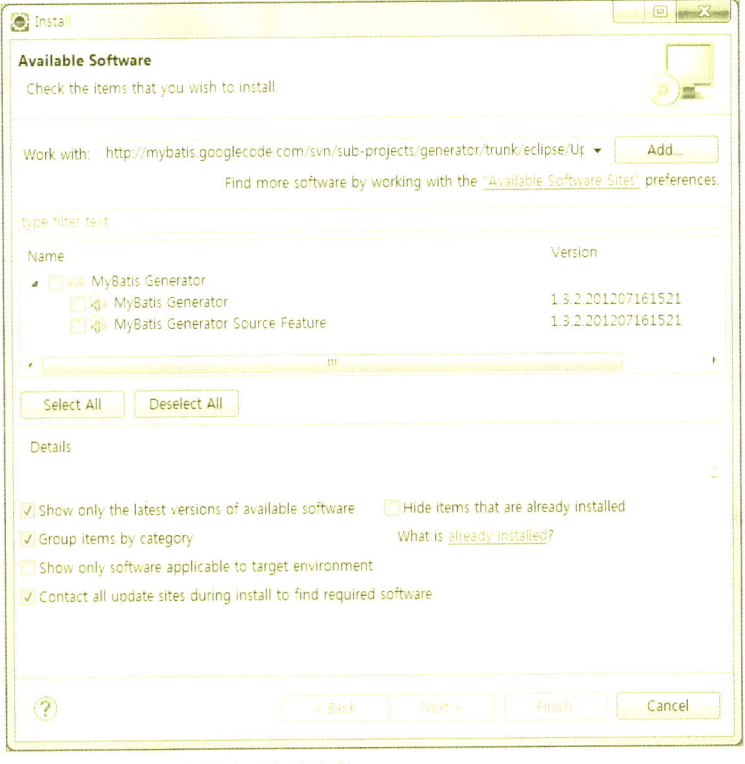

그림 9.2 이클립스의 플러그인 설치 창

마이바티스 제너레이터 **317**

URL을 입력한 후 설치할 패키지를 선택하고 Next 버튼을 클릭하면 된다.

이클립스 플러그인을 설치한 뒤 마이바티스 설정 파일에서 마우스 오른쪽 버튼을 클릭하면 그림 9.3의 메뉴가 보인다.

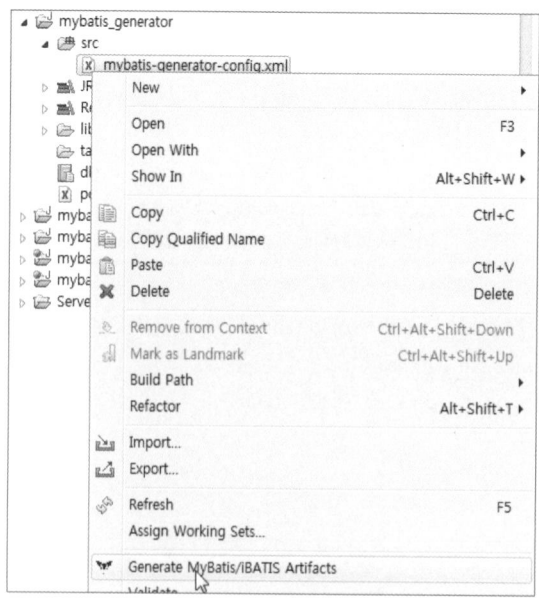

그림 9.3 이클립스의 제너레이터 실행 메뉴

Generate MyBatis/iBATis Artifaces 메뉴를 사용해서 제너레이터를 실행한다.

## 9.3 설정 파일과 설정 파일에 따른 생성 결과

제너레이터는 설정 파일을 통해 대상 데이터베이스와 테이블을 설정한다. 지원하는 데이터베이스는 대부분 자동으로 테이블의 메타 정보까지 파악해서 필요한 파일을 생성해주기 때문에 설정 파일이 가장 중요하다. 소스를 자동으로 생성해주는 도구는 대개 많은 옵션을 제공한다. 사람마다 결과물에 대한 요구 사항이 다르기 때문이다. 제너레이터의 설정을 알아보자.

코드 9.1은 제너레이터의 설정 파일이다.

코드 9.1 제너레이터 설정 예제

```xml
<?xml version="1.0" encoding="UTF-8"?>
<!DOCTYPE generatorConfiguration
    PUBLIC "-//mybatis.org//DTD MyBatis Generator Configuration 1.0//EN"
    "http://mybatis.org/dtd/mybatis-generator-config_1_0.dtd">

<generatorConfiguration>
    <classPathEntry location="MySQL-connector-java-5.1.14.jar" />

    <context id="MySQLTables" targetRuntime="MyBatis3">
        <!-- 자동으로 생성되는 주석 제거 -->
        <commentGenerator>
            <property name="suppressAllComments" value="true" />
            <property name="suppressDate" value="true" />
        </commentGenerator>

        <!-- 데이터베이스 연결 정보 -->
        <jdbcConnection driverClass="com.mysql.jdbc.Driver"
            connectionURL="jdbc:mysql://localhost:3306/mybatis_example"
            userId="mybatis"
            password="mybatis">
        </jdbcConnection>

        <!-- 자바 타입과 칼럼 타입을 맞추기 위한 부가 정보 설정 -->
        <javaTypeResolver>
            <property name="forceBigDecimals" value="false" />
        </javaTypeResolver>

        <!-- 테이블별로 만들어지는 모델 클래스에 대한 설정 -->
        <javaModelGenerator targetPackage="ldg.mybatis.model"
                targetProject="C:\MyDevEnv\workspace\mybatis_books\
                    mybatis_generator\src\main\java">
            <!--property name="constructorBased" value="true" />
            <property name="immutable" value="true" /-->
            <property name="enableSubPackages" value="true" />
            <property name="trimStrings" value="true" />
        </javaModelGenerator>

        <!-- 매퍼 XML에 대한 설정 -->
```

```xml
    <sqlMapGenerator targetPackage="ldg.mybatis.repository.mapper"
            targetProject="C:\MyDevEnv\workspace\mybatis_books\
                mybatis_generator\src\main\java">
        <property name="enableSubPackages" value="true" />
    </sqlMapGenerator>


    <!-- 매퍼 XML과 매퍼 인터페이스 방식 선택, type 값은 ANNOTATEDMAPPER,
    MIXEDMAPPER, XMLMAPPER 중 선택 -->
    <javaClientGenerator type="ANNOTATEDMAPPER"
            targetPackage="ldg.mybatis.repository.mapper"
            targetProject="C:\MyDevEnv\workspace\mybatis_books\
                mybatis_generator\src\main\java">
        <property name="enableSubPackages" value="true" />
    </javaClientGenerator>

    <!-- 생성 대상 테이블 정보 -->
    <table schema="mybatis_example" tableName="comment"
            domainObjectName="Comment">
        <property name="useActualColumnNames" value="false" />
        <generatedKey column="comment_no" sqlStatement="MySql"
                identity="true" type="post" />
        <!--columnOverride column="DATE_FIELD" property="startDate" />
        <ignoreColumn column="FRED" />
        <columnOverride column="LONG_VARCHAR_FIELD"
                jdbcType="VARCHAR" / -->
    </table>
    <table schema="mybatis_example" tableName="reply"
            domainObjectName="Reply">
        <property name="useActualColumnNames" value="false" />
        <generatedKey column="reply_no" sqlStatement="MySql"
                identity="true" type="post" />
        <!--columnOverride column="DATE_FIELD" property="startDate" />
        <ignoreColumn column="FRED" />
        <columnOverride column="LONG_VARCHAR_FIELD"
                jdbcType="VARCHAR" / -->
    </table>
```

```
    </context>
</generatorConfiguration>
```

코드 9.1의 설정 내용을 간단히 알아보자.

- 제너레이터 설정 파일의 가장 상위 엘리먼트는 generatorConfiguration이다.
- 실행 시 추가로 필요한 라이브러리를 정하기 위해 classPathEntry 엘리먼트를 사용했고, MySQL 데이터베이스의 JDBC 드라이버를 설정한다.
- 작업 단위를 설정하기 위해 context 엘리먼트를 사용했다.
- 제너레이터가 자동 생성하는 주석을 생성하지 않기 위해 commentGenerator 엘리먼트를 사용한다.
- 파일을 생성할 대상 테이블을 찾기 위한 데이터베이스 설정을 위해 jdbcConnection 엘리먼트를 사용한다. 사용할 데이터베이스는 localhost에서 3306 포트를 사용하고 mybatis_example 데이터베이스다.
- 자바 모델 클래스를 생성하기 위해 javaModelGenerator 엘리먼트를 사용하고, 패키지는 ldg.mybatis.model로 지정한다.
- 매퍼를 생성하기 위해 sqlMapGenerator 엘리먼트와 javaClientGenerator 엘리먼트를 사용하고, 매퍼 인터페이스에서 애노테이션을 사용한다. 매퍼 인터페이스의 패키지는 ldg.mybatis.repository.mapper다.
- 대상 테이블을 지정하기 위해 table 엘리먼트를 사용하며 대상 테이블은 comment, reply 두 개다.

코드 9.1의 javaClientGenerator 엘리먼트에는 type 속성을 사용해서 결과 형태를 정의할 수 있다. type 속성에 따라 어떤 결과를 내는지 알아보자.

## 9.3.1 애노테이션만 사용해 매핑 구문을 정의

설정에 따라 결과물이 조금씩 다르지만 마이바티스의 가장 중요한 기능인 매퍼 방식에 따라 생성되는 결과물을 살펴보자. 코드 9.1처럼 javaClientGenerator 엘리먼트의 type 속성을 ANNOTATEDMAPPER로 설정해서 생성해보자.

그림 9.4는 매퍼 인터페이스만을 사용할 때 생성되는 파일들이다. `ANNOTATEDMAPPER`로 설정하면 애노테이션만으로 매핑 구문을 정의하기 때문에 생성된 파일들을 보면 모델 클래스, 매퍼 인터페이스, 그리고 동적 SQL을 처리하는 `Provider` 클래스 3가지를 만든다.

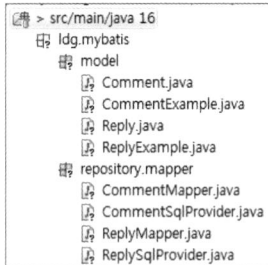

그림 9.4 애노테이션만으로 매핑 구문을 정의할때 생성되는 파일들

모델 클래스는 생략하고 매퍼 인터페이스 코드를 살펴보자.

코드 9.2 제너레이터로 생성한 매퍼 인터페이스

```java
public interface CommentMapper {
    @SelectProvider(type=CommentSqlProvider.class,
        method="countByExample")
    int countByExample(CommentExample example);

    @DeleteProvider(type=CommentSqlProvider.class,
        method="deleteByExample")
    int deleteByExample(CommentExample example);

    @Delete({
        "delete from comment",
        "where comment_no = #{commentNo,jdbcType=BIGINT}"
    })
    int deleteByPrimaryKey(Long commentNo);

    @Insert({
        "insert into comment (user_id, reg_date, ",
        "comment_content)",
        "values (#{userId,jdbcType=VARCHAR},
```

```
            #{regDate,jdbcType=TIMESTAMP}, ",
    "#{commentContent,jdbcType=LONGVARCHAR})"
})

@SelectKey(statement="SELECT LAST_INSERT_ID()",
        keyProperty="commentNo", before=false,
        resultType=Long.class)
int insert(Comment record);

@InsertProvider(type=CommentSqlProvider.class,
        method="insertSelective")
@SelectKey(statement="SELECT LAST_INSERT_ID()",
        keyProperty="commentNo", before=false,
        resultType=Long.class)
int insertSelective(Comment record);

... 중략

}
```

코드 9.2는 제너레이터로 생성한 매퍼 인터페이스다. 매퍼 인터페이스가 제공하는 각 메소드마다 매핑 구문을 정의하기 위해 한 개 이상의 애노테이션을 사용했다. 정적 SQL은 직접 SQL을 선언했지만 ByExample로 끝나는 동적 SQL은 대부분 구문 빌더 API를 사용하기 위해 Provider 애노테이션을 사용했다. 그렇다면 구문 빌더 API를 사용하는 Provider 클래스의 내용을 살펴보자.

그림 9.5는 제너레이터가 생성하는 Example 클래스를 이클립스의 아웃 라인 뷰로 본 클래스 구조다.

그림 9.5  CommentExample 클래스의 구조

Example 클래스는 동적인 조회 조건을 다루는 다양한 메소드를 제공한다. 이 클래스는 정렬 조건을 다루는 `orderByClause`를 제공하며, `null` 체크나 `between`, 그리고 동등 비교 등 조회 조건에 사용하는 다양한 조건들을 다루는 `GeneratedCriteria` 클래스를 내부 클래스로 제공한다.

코드 9.3  동적 SQL을 처리하는 Provider 클래스

```java
public class CommentSqlProvider {

    public String countByExample(CommentExample example) {
        BEGIN();
        SELECT("count(*)");
        FROM("comment");
        applyWhere(example, false);
        return SQL();
    }

    public String deleteByExample(CommentExample example) {
        BEGIN();
        DELETE_FROM("comment");
        applyWhere(example, false);
        return SQL();
    }

    ... 중략
```

```
        }
```

코드 9.3은 동적 SQL을 만들기 위해 구문 빌더 API를 사용하는 Provider 클래스다. 동적 SQL의 조건은 코드에서 보이는 CommentExample 클래스에 값을 설정한다. 동적 SQL을 처리하기 위해 8장에서 다룬 구문 빌더 API를 사용했다.

## 9.3.2 XML만 사용해 매핑 구문 정의

javaClientGenerator 엘리먼트의 type 속성을 XMLMAPPER로 설정해서 생성해 보자.

그림 9.6은 매퍼 XML만을 사용할 때 생성되는 파일들이다.

XMLMAPPER로 설정하면 매퍼 XML만을 사용하기 때문에 모델 클래스, 매퍼 인터페이스, 그리고 매퍼 XML 3가지를 만든다.

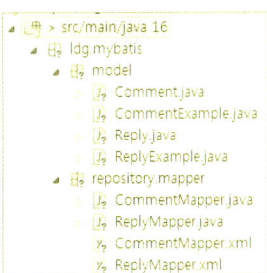

그림 9.6 매퍼 XML만을 사용할 때 생성되는 파일

여기서 매퍼 인터페이스는 애노테이션을 사용하지 않는다.

코드 9.4 애노데이션을 사용하지 않은 매퍼 인터페이스

```
public interface CommentMapper {
    int countByExample(CommentExample example);

    int deleteByExample(CommentExample example);

    int deleteByPrimaryKey(Long commentNo);

    int insert(Comment record);
```

```
    int insertSelective(Comment record);

    ... 중략

}
```

매퍼 XML만을 사용하기 때문에 코드 9.4의 인터페이스는 메소드마다 애노테이션으로 매핑 구문을 정의하지 않는다. XMLMAPPER로 설정했을 때 만들어지는 매퍼 인터페이스는 매핑 구문을 정의하지 않고 연결 고리의 역할만을 담당한다. 그렇다면 매퍼 XML을 살펴보자.

코드 9.5  제너레이터가 생성한 매퍼 XML

```
<?xml version="1.0" encoding="UTF-8" ?>
<!DOCTYPE mapper PUBLIC "-//mybatis.org//DTD Mapper 3.0//EN"
    "http://mybatis.org/dtd/mybatis-3-mapper.dtd" >
<mapper namespace="ldg.mybatis.repository.mapper.CommentMapper" >
    <resultMap id="BaseResultMap" type="ldg.mybatis.model.Comment" >
        <id column="comment_no" property="commentNo" jdbcType="BIGINT" />
        <result column="user_id" property="userId" jdbcType="VARCHAR" />
        <result column="reg_date" property="regDate"
            jdbcType="TIMESTAMP" />
    </resultMap>

    <resultMap id="ResultMapWithBLOBs" type="ldg.mybatis.model.Comment"
            extends="BaseResultMap" >
        <result column="comment_content" property="commentContent"
            jdbcType="LONGVARCHAR" />
    </resultMap>

    <sql id="Base_Column_List" >
        comment_no, user_id, reg_date
    </sql>

    <sql id="Blob_Column_List" >
        comment_content
    </sql>
```

```xml
<select id="selectByExampleWithBLOBs"
    resultMap="ResultMapWithBLOBs"
    parameterType="ldg.mybatis.model.CommentExample" >
    select

    <if test="distinct" >
        distinct
    </if>

    <include refid="Base_Column_List" />
    ,
    <include refid="Blob_Column_List" />
    from comment

    <if test="_parameter != null" >
        <include refid="Example_Where_Clause" />
    </if>

    <if test="orderByClause != null" >
        order by ${orderByClause}
    </if>
</select>

... 중략

</mapper>
```

코드 9.5는 제너레이터가 생성한 매퍼 XML이다. 매퍼 XML만 사용하게 설정해서 제너레이터를 실행했기 때문에 생성된 XML에는 동적 SQL까지 모두 정의돼 있다. 매퍼 XML은 결과 매핑과 공통적으로 사용하는 SQL의 sql 엘리먼트 정의와 각종 CRUD를 처리하는 여러 가지 매핑 구문이 정의돼 있다.

### 9.3.3 애노테이션과 XML을 함께 사용해 매핑 구문 정의

javaClientGenerator 엘리먼트의 type 속성을 MIXEDMAPPER로 설정해서 생성해보자.

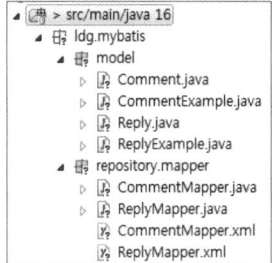

그림 9.7 매퍼 인터페이스와 XML을 함께 사용할 때 생성되는 파일

그림 9.7은 매퍼 XML과 매퍼 인터페이스를 함께 사용할 때 생성되는 파일들이다. 생성되는 파일들만 보면 XML만 사용하는 경우의 그림 9.6과 비슷하게 보인다. 하지만 파일의 내용이 조금씩 다르다. 먼저 매퍼 인터페이스를 살펴보자.

코드 9.6 동적 SQL만 애노테이션으로 정의한 매퍼 인터페이스

```java
public interface CommentMapper {
    int countByExample(CommentExample example);

    int deleteByExample(CommentExample example);

    @Delete({
        "delete from comment",
        "where comment_no = #{commentNo,jdbcType=BIGINT}"
    })
    int deleteByPrimaryKey(Long commentNo);

    @Insert({
        "insert into comment (user_id, reg_date, ",
        "comment_content)",
        "values (#{userId,jdbcType=VARCHAR}, ",
        "        #{regDate,jdbcType=TIMESTAMP}, ",
        "#{commentContent,jdbcType=LONGVARCHAR})"
    })
    @SelectKey(statement="SELECT LAST_INSERT_ID()",
        keyProperty="commentNo", before=false,
        resultType=Long.class)
    int insert(Comment record);
```

```
    int insertSelective(Comment record);

    ... 중략

}
```

코드 9.6의 인터페이스는 두 가지 형태로 나눠서 처리돼 있다. 동적 SQL을 다루기 위해 메소드명이 Example로 끝나는 메소드는 애노테이션이 선언돼 있지 않고, 그 외의 메소드들은 애노테이션을 사용해서 매핑 구문이 정의돼 있다. 제너레이터를 사용해서 매퍼 XML과 매퍼 인터페이스를 모두 사용하면 동적 SQL은 매퍼 XML에 정의되고, 나머지는 매퍼 인터페이스의 애노테이션을 정의한다.

그림 9.8을 보면 제너레이터가 생성한 매퍼 XML은 동적 SQL을 처리하는 매핑 구문만 정의돼 있다. 매퍼 XML은 이렇게 동적 SQL을 처리하는 ByExample로 끝나는 매핑 구문만을 가진다.

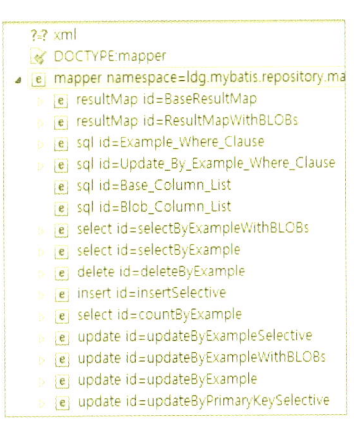

그림 9.8 동적 SQL만 가진 매퍼 XML의 구조

방금 매핑 구문을 처리하는 방식에 따라 제너레이터가 생성하는 파일 종류와 그 내용을 간단히 살펴봤다. 제너레이터는 설정에 따라 결과물이 미세하게 다르다. 세부 설정마다 결과물을 모두 설명하는 것은 조금 힘들 듯하다. 세부 설정에 대해서는 설명을 참고해서 변경해보고 결과물을 직접 확인해보자.

## 9.4 설정 파일의 세부 옵션

코드 9.1의 설정 파일이 길어 보이지만 개발자가 사용할 때 수정이 필요한 부분은 얼마 되지 않는다. 개발자가 코드 9.1의 설정을 그대로 사용한다고 가정할 때 수정이 필요한 부분을 알아보자. 간단하게는 다음과 같은 4가지 정도만 수정하면 결과물을 볼 수 있다.

- classPathEntry에서 JDBC 드라이버의 jar 파일 위치 수정
- context 엘리먼트 하위의 jdbcConnection 엘리먼트 설정 수정
- context 엘리먼트 하위의 table 엘리먼트 수정
- context 엘리먼트 하위의 javaModelGenerator, sqlMapGenerator, javaClientGenerator 엘리먼트의 targetProject 속성 수정

설정 파일을 구성하는 XML 엘리먼트와 각 엘리먼트에 대한 설정이 어떤 형태로 결과물을 만들어주는지는 설명을 참고해서 수정한 후 직접 실행해보자.

### 9.4.1 generatorConfiguration

generatorConfiguration은 제너레이터의 가장 상위 엘리먼트다. 하위 엘리먼트로는 properties, classPathEntry, context를 가질 수 있다.

### 9.4.2 properties, property

properties와 property 엘리먼트는 마이바티스 설정 파일의 properties, property와 역할이 동일하다. properties 엘리먼트는 property 엘리먼트를 여러 개 가질 수 있다. properties 엘리먼트는 resource와 url 속성을 사용해서 외부 파일을 읽을 수 있다. 표 9.1은 properties 엘리먼트가 사용하는 두 가지 속성을 보여준다.

표 9.1 properties 엘리먼트의 속성

| 속성 | 설명 |
|---|---|
| resource | 클래스패스 기준으로 상대적인 외부 프로퍼티의 파일 위치를 설정한다. |
| url | 파일 시스템 기준으로 절대 경로의 파일 위치를 설정한다. |

property 엘리먼트는 name과 value 속성을 정의할 수 있다. 표 9.2는 property 엘리먼트가 사용하는 두 가지 속성을 보여준다.

표 9.2 property 엘리먼트의 속성

| 속성 | 설명 |
|---|---|
| name | 설정 파일에서 사용할 프로퍼티의 이름이다. 설정 파일에서는 ${name} 형태로 사용한다. |
| value | 프로퍼티의 값이다. name = test라고 설정하고, 설정 파일에 ${name}로 지정하면 test로 설정된다. |

### 9.4.3 classPathEntry

classPathEntry 엘리먼트는 제너레이터를 실행할 때 필요한 라이브러리의 jar 파일을 지정할 때 사용한다. 제너레이터의 특성상 특별히 다른 jar 파일을 사용할 일은 없고 대개는 사용하는 데이터베이스의 JDBC 드라이버를 지정하기 위해 주로 사용한다. 표 9.3은 classPathEntry 엘리먼트가 사용하는 속성이다.

표 9.3 classPathEntry 엘리먼트의 속성

| 속성 | 설명 |
|---|---|
| location | 클래스패스에 추가할 jar 파일이나 zip 파일의 절대 경로를 설정한다. |

### 9.4.4 context

context 엘리먼트는 생성하고자 하는 파일들의 그룹 또는 생성하고자 하는 작업 단위로 이해하면 된다. 컨텍스트를 나누는 기준은 데이터베이스별로 해도 되고 파일의 종류별(매퍼, 자바 모델 클래스 등)로 해도 무방하다. 표 9.4는 context 엘리먼트가 사용하는 속성이다.

표 9.4 context 엘리먼트의 속성

| 속성 | 설명 |
| --- | --- |
| id | 컨텍스트 아이디다. 제너레이터를 실행할 때 컨텍스트별로 파일을 생성할 수 있다. |
| defaultModelType | 선택할 수 있는 값은 conditional, flat, hierarchical 세 가지다. 디폴트는 conditional이다.<br>conditional 타입은 기본 키가 여러 개의 칼럼으로 구성되면 기본 키 모델 클래스와 나머지 칼럼을 가진 모델 클래스를 생성한다.<br>flat 타입은 무조건 한 개의 모델 클래스를 생성한다.<br>hierarchical 타입은 기본 키를 가진 모델 클래스와 BLOB 칼럼으로 구성된 모델 클래스, 그리고 나머지 칼럼으로 구성한 모델 클래스를 생성한다. |
| targetRuntime | 선택할 수 있는 값은 MyBatis3, Ibatis2Java2, Ibatis2Java5 세 가지다. 세 가지 모두 동적인 조건문을 처리하기 위해 'by example' 형태의 메소드를 만든다. 디폴트는 MyBatis3이다.<br>MyBatis3은 JDK 1.5 이상에 마이바티스용 파일을 생성한다.<br>Ibatis2Java2는 JDK 1.4 이하에 아이바티스용 파일을 생성한다.<br>Ibatis2Java5는 JDK 1.5 이상에 아이바티스용 파일을 생성한다. |
| introspectedColumnImpl | 마이바티스는 칼럼의 메타 정보를 분석하기 위해 코드를 생성할 때 org.mybatis.generator.api.IntrospectedColumn 클래스를 사용한다. 제너레이터를 확장해서 분석 방식을 정의하고자 할 때 사용한다. |

### 9.4.5 commentGenerator

제너레이터는 파일들을 생성하면서 몇 가지 주석을 추가한다. 대부분 자바 클래스에서 필드와 메소드마다 추가한다.

```
public class Comment {
    /**
     * This field was generated by MyBatis Generator.
     * This field corresponds to the database column comment.comment_no
     *
     * @mbggenerated Tue May 08 08:46:20 KST 2012
     */
    private Long commentNo;
```

이 주석이 처음 생성할 당시에는 도움이 될지 모르겠지만 대개 필요 없는 주석이 많아서 가독성을 떨어뜨린다. `commentGenerator` 엘리먼트는 제너레이터가 파일을 생성할 때 주석을 추가하는 것에 대해 정의할 수 있다. 대부분은 주석을 달지 않기 위해 사용한다. `commentGenerator` 엘리먼트는 별도 속성은 갖지 않으며, 하위 엘리먼트인 `property` 엘리먼트를 사용해서 그 행위를 정의한다. 표 9.5는 `commentGenerator` 엘리먼트가 사용하는 속성이다.

표 9.5 commentGenerator 엘리먼트에서 설정 가능한 프로퍼티

| 프로퍼티명 | 설명 |
| --- | --- |
| suppressAllComments | 선택할 수 있는 값은 true, false 두 가지다. 디폴트는 false다.<br>false는 제너레이터가 주석을 추가한다.<br>true는 제너레이터가 주석을 추가하지 않는다. |
| suppressDate | 제너레이터가 추가하는 주석 중에 @mbggenerated로 시작하는 주석은 제너레이터가 파일을 생성한 시각이다. suppressDate는 생성 시각 주석을 제어하는 옵션이다. 선택할 수 있는 값은 true, false 두 가지다. 디폴트는 false다.<br>false는 제너레이터가 생성 시각을 추가한다.<br>true는 제너레이터가 생성 시각을 추가하지 않는다. |

## 9.4.6 jdbcConnection

제너레이터는 데이터베이스에 접속해서 테이블의 메타 정보를 파악하기 때문에 데이터베이스 연결이 필요하다. 데이터베이스 연결을 위해 연결 정보를 설정한다. 표 9.6은 `jdbcConnection` 엘리먼트가 사용하는 속성이다.

표 9.6 jdbcConnection 엘리먼트의 속성

| 속성 | 설명 |
| --- | --- |
| driverClass | 데이터베이스 연결을 위해 사용하는 JDBC 드라이버 클래스명을 적는다. |
| connectionURL | 데이터베이스 연결을 위한 JDBC 연결 URL을 적는다. |
| userId | 데이터베이스에 연결하는 사용자 아이디를 적는다. |
| password | 데이터베이스에 연결하는 사용자 패스워드를 적는다. |

## 9.4.7 javaModelGenerator

javaModelGenerator 엘리먼트는 자바 모델 클래스를 생성하기 위한 XML 엘리먼트다.

자바 모델 제너레이터는 기본 키를 위한 클래스, 기본 키를 제외한 나머지 칼럼을 위한 클래스, 그리고 동적인 조건문을 처리하기 위한 Example 클래스를 만든다. 표 9.7은 javaModelGenerator 엘리먼트가 사용하는 속성이다.

표 9.7 javaModelGenerator 엘리먼트의 속성

| 속성 | 설명 |
| --- | --- |
| targetPackage | 생성하는 자바 모델 클래스의 패키지 경로를 지정한다. |
| targetProject | 생성하는 대상 프로젝트를 지정한다. 이클립스 플러그인으로 실행할 때는 이클립스의 대상 프로젝트명을 기입하면 해당 프로젝트의 소스 디렉터리에 파일을 생성한다. 이클립스 외에는 파일 시스템에서 전체 경로를 적어주면 해당 위치에 파일을 생성한다.<br>대상 디렉터리가 없을 때 제너레이터가 디렉터리를 생성하지는 않기 때문에 제너레이터를 실행하기 전에 대상 디렉터리가 존재하는지 확인해야 한다. |

javaModelGenerator 엘리먼트는 property를 하위 엘리먼트로 사용해서 생성 규칙을 변경할 수 있다. 표 9.8은 javaModelGenerator 엘리먼트의 하위 엘리먼트를 사용해서 설정할 수 있는 프로퍼티들이다.

표 9.8 javaModelGenerator에서 설정 가능한 프로퍼티

| 프로퍼티명 | 설명 |
| --- | --- |
| constructorBased | 클래스의 전체 필드를 가진 생성자를 만들지 설정한다. 이 프로퍼티를 사용하면 각 필드에 대해 setter 메소드보다는 생성자를 사용하게 처리한다. 단, 이 프로퍼티는 마이바티스를 위한 옵션으로 아이바티스에서는 무시한다.<br>선택할 수 있는 값은 true, false 두 가지 값 중 하나이고, 디폴트 값은 false다. |

(이어짐)

| 프로퍼티명 | 설명 |
| --- | --- |
| enableSubPackages | 대상 테이블의 스키마 이름을 하위 패키지로 사용할지에 대한 옵션이다. 예를 들어 테이블명이 mytable이고 스키마를 myschema로 가정하자. targetPackage 속성을 ldg로 설정하고 이 프로퍼티를 true로 설정하면 생성된 파일들은 ldg.myschema 패키지 아래에 생성한다. 이 프로퍼티가 false라면 ldg 패키지 아래 생성한다. 디폴트 값은 false다. |
| immutable | 모델 클래스를 불변 객체로 생성할지 결정한다. 불변 객체를 자바 클래스의 필드를 가진 생성자와 각각에 대한 getter 메소드를 생성하지만 setter 메소드는 생성하지 않는다. 이 프로퍼티는 마이바티스를 위한 옵션으로 아이바티스에서는 무시한다. table 엘리먼트에서 테이블별로 이 프로퍼티를 무시할 수 있다. 디폴트 값은 false다. |
| rootClass | 모델 클래스의 가장 상위 클래스를 지정한다. 모델 클래스의 상위 클래스는 대개 equals(), toString(), hashcode() 메소드를 재정의해서 사용하기 위해 만들기도 한다. |
| trimStrings | 데이터베이스에서 가져온 값에서 앞뒤로 공백을 제거하기 위해 사용한다. 이 프로퍼티를 사용하면 데이터 조회 후 가져온 값에서 앞뒤로 공백을 제거하는 코드를 삽입한다. 디폴트 값은 false다. |

## 9.4.8 javaClientGenerator

javaClientGenerator 엘리먼트는 자바 모델 클래스와 매퍼 XML을 사용하는 자바 클라이언트 코드를 생성한다. 아이바티스와 마이바티스에 따라 생성하는 파일이 다르다.

- **아이바티스** DAO 인터페이스와 그 구현체 클래스를 생성
- **마이바티스** 매퍼 인터페이스와 구문 빌더를 사용하는 프로바이더 클래스를 생성

표 9.9는 javaClientGenerator 엘리먼트가 사용하는 속성이다.

표 9.9 javaClientGenerator 엘리먼트의 속성

| 속성 | 설명 |
|---|---|
| type | 매퍼 XML과 매퍼 애노테이션을 사용하거나 아이바티스 또는 마이바티스를 사용하는지에 따라 다른 형태의 파일들을 생성한다.<br>마이바티스를 사용하기 위해 context 엘리먼트의 targetRuntime 속성을 MyBatis3로 설정할 때 ANNOTATEDMAPPER, MIXEDMAPPER, XMLMAPPER를 선택할 수 있다.<br>ANNOTATEDMAPPER로 설정하면 매퍼 인터페이스와 프로바이더 클래스를 만든다.<br>MIXEDMAPPER로 설정하면 정적인 SQL은 매퍼 XML을 사용하고 동적인 SQL은 매퍼 인터페이스의 프로바이더 클래스를 사용해서 처리한다.<br>XMLMAPPER로 설정하면 매퍼 XML만 만든다.<br>아이바티스를 사용하기 위해 context 엘리먼트의 targetRuntime 속성을 Ibatis2Java2나 Ibatis2Java5로 설정할 때 IBATIS, GENERIC-CI, GENERIC-SI, SPRING을 선택할 수 있다.<br>IBATIS로 설정하면 더 이상 지원하지 않는 아이바티스 DAO 프레임워크를 사용한다.<br>GENERIC-CI로 설정하면 SqlMapClient를 사용한다. SqlMapClient는 생성자를 사용해서 처리하고 DAO 인터페이스와 구현체 클래스 두 가지를 만든다.<br>GENERIC-SI로 설정하면 SqlMapClient를 사용한다. SqlMapClient는 setter 메소드를 사용해서 처리한다. DAO 인터페이스와 구현체 클래스 두 가지를 만든다.<br>SPRING으로 설정하면 스프링에 맞춰서 코드를 만든다. |
| targetPackage | 생성하는 인터페이스와 구현체 클래스의 패키지 경로를 지정한다. |
| targetProject | 생성하는 대상 프로젝트를 지정한다. 이클립스 플러그인으로 실행할 때는 이클립스의 대상 프로젝트명을 기입하면 해당 프로젝트의 소스 디렉터리에 파일을 생성한다. 이클립스 외에는 파일 시스템에서 전체 경로를 적어주면 해당 위치에 파일을 생성한다.<br>대상 디렉터리가 없을 때 제너레이터가 디렉터리를 생성하지는 않기 때문에 제너레이터를 실행하기 전에 대상 디렉터리가 존재하는지 확인해야 한다. |
| implementationPackage | 구현체 클래스의 패키지 경로를 지정한다. |

## 9.4.9 sqlMapGenerator

sqlMapGenerator 엘리먼트는 매퍼 XML을 생성하기 위한 XML 엘리먼트다. 마이바티스가 대상이고 JavaClientGenerator에서 매퍼 인터페이스만 사용할 때는 작동하지 않는다.

표 9.10은 `sqlMapGenerator` 엘리먼트가 사용하는 속성이다.

표 9.10 sqlMapGenerator 엘리먼트의 속성

| 속성 | 설명 |
| --- | --- |
| targetPackage | 생성하는 인터페이스와 구현체 클래스의 패키지 경로를 지정한다. |
| targetProject | 생성하는 대상 프로젝트를 지정한다. 이클립스 플러그인으로 실행할 때는 이클립스의 대상 프로젝트명을 기입하면 해당 프로젝트의 소스 디렉터리에 파일을 생성한다. 이클립스 외에는 파일 시스템에서 전체 경로를 적어주면 해당 위치에 파일을 생성한다.<br>대상 디렉터리가 없을 때 제너레이터가 디렉터리를 생성하지는 않기 때문에 제너레이터를 실행하기 전에 대상 디렉터리가 존재하는지 확인해야 한다. |

하위 엘리먼트인 `property` 엘리먼트를 사용할 수 있다. 표 9.11은 `sqlMapGenerator` 엘리먼트의 하위 엘리먼트를 사용해서 설정할 수 있는 프로퍼티들이다.

표 9.11 sqlMapGenerator 엘리먼트에서 설정 가능한 프로퍼티

| 프로퍼티명 | 설명 |
| --- | --- |
| enableSubPackages | 대상 테이블의 스키마 이름을 하위 패키지로 사용할지에 대한 옵션이다. 예를 들어 테이블명이 mytable이고 스키마가 myschema라고 가정하자. targetPackage 속성을 ldg로 설정하고 이 프로퍼티를 true로 설정하면 생성된 파일들은 ldg.myschema 패키지 아래에 생성한다.<br>이 프로퍼티가 false라면 ldg 패키지 아래 생성한다.<br>디폴트 값은 false다. |

## 9.4.10 table

`table` 엘리먼트는 데이터베이스에서 대상 테이블을 선정할 때 사용한다. 선택한 테이블에 대응하는 파일들을 생성한다.

- 마이바티스 매퍼 XML 또는 아이바티스 SQL 맵 파일
- 테이블의 기본 키를 나타내는 자바 모델 클래스
- 기본 키와 BLOB 필드를 제외한 나머지 칼럼을 나타내는 자바 모델 클래스

- BLOB 필드를 나타내는 자바 모델 클래스
- 동적인 조건문 처리용인 'by example' 형태의 메소드(selectByExample, deleteByExample)를 위한 클래스

table 엘리먼트가 제공하는 속성은 19개로 다소 많다. 따라서 주로 사용하는 속성만 대상으로 알아보자. 표 9.12는 table 엘리먼트가 사용하는 속성이다.

표 9.12 table 엘리먼트의 속성

| 속성 | 설명 |
| --- | --- |
| tableName | 대상 테이블의 이름을 지정한다. |
| schema | 데이터베이스 스키마의 이름을 지정한다. 지정하지 않으면 디폴트 스키마를 사용한다. |
| domainObjectName | 테이블의 칼럼을 필드로 모두 갖는 자바 모델 클래스의 이름을 지정한다. 지정하지 않으면 테이블명을 그대로 자바 모델 클래스의 이름으로 사용한다. |

주로 사용하는 3개의 속성 외에 enable로 시작하는 속성들이 있다. 먼저 테이블별로 매퍼에 생성하는 매핑 구문 아이디를 살펴보자.

- countByExample
- deleteByExample
- deleteByPrimaryKey
- insert
- insertSelective
- selectByExample
- selectByExampleWithBLOBs
- selectByPrimaryKey
- updateByExample
- updateByExampleSelective
- updateByExampleWithBLOBs

- updateByPrimaryKey
- updateByPrimaryKeySelective
- updateByPrimaryKeyWithBLOBs

대부분 흔히 사용할 수 있는 SQL을 기준으로 만든다. 여기서 ByExample로 끝나는 아이디는 동적인 SQL을 만들기 위해 사용할 수 있다. 그리고 Selective로 끝나는 아이디는 칼럼에 대응하는 클래스의 필드가 null인지 확인해서 처리한다. 실제 생성해서 SQL을 보면 쉽게 이해할 수 있다. enable로 시작하는 속성들은 이런 아이디의 생성 여부를 설정하는 것들이다. 먼저 enable로 시작하는 속성들의 목록을 살펴보자.

- enableInsert
- enableSelectByPrimaryKey
- enableSelectByExample
- enableUpdateByPrimaryKey
- enableDeleteByPrimaryKey
- enableDeleteByExample
- enableCountByExample
- enableUpdateByExample

enableInsert를 false로 설정하면 입력에 관련된 SQL인 insert와 insertSelective를 생성하지 않는다. 다른 enable 속성들도 이런 맥락에서 값을 false로 설정하면 각각의 매핑 구문을 생성하지 않는다. 즉, 필요한 매핑 구문의 종류를 사전에 정의해서 필요한 매핑 구문의 유형을 제외하고 모두 false로 설정하면 필요한 매핑 구문 유형만 생성해준다.

그 외에 사용 가능한 속성이 있지만 자주 사용하지는 않을 것으로 보인다. table 엘리먼트는 하위 property 엘리먼트를 정의할 수 있다. 지정할 수 있는 프로퍼티는 11개로, 이 역시 주로 사용하는 속성만 살펴보겠다.

표 9.13은 table 엘리먼트의 하위 엘리먼트를 사용해서 설정할 수 있는 프로퍼티들이다.

표 9.13 table 엘리먼트에서 설정 가능한 프로퍼티

| 프로퍼티명 | 설명 |
| --- | --- |
| useActualColumnNames | 자바 모델 클래스에서 칼럼명에 대응하는 필드의 이름에 칼럼명을 그대로 사용할지 낙타 표기법을 사용할지를 선택한다. 선택할 수 있는 값은 true, false 두 가지이고, 디폴트는 false다. true를 설정하고 칼럼명이 start_date라면 모델 클래스의 필드명이 start_date가 되고 setter/getter 메소드는 각각 setStart_date(), getStart_date()가 된다.<br>false로 설정하고 칼럼명이 start_date라면 모델 클래스의 필드명은 startDate가 되고, setter/getter 메소드는 각각 setStartDate(), getStartDate()가 되며, 이를 설정하기 위한 결과 매핑 설정을 추가한다. |
| ignoreQualifiersAtRuntime | 생성하는 SQL의 테이블명에 스키마 이름을 붙일지 여부를 결정한다. 여러 개의 스키마를 사용해서 작업할 때 각각의 테이블이 속한 스키마를 표기하면 사용하기 편하다.<br>디폴트 값은 false로 테이블 앞에 스키마 이름을 붙인다. |
| useColumnIndexes | 칼럼명 대신 칼럼의 인덱스를 사용해서 처리한다. 성능상 미세하게 좋지만, 마이바티스는 지원하지 않고 아이바티스만 지원한다. |

## 9.4.11 generatedKey

generatedKey 엘리먼트는 자동 생성 키를 처리하는 코드를 만들지 결정한다. 자동 생성 키를 다루는 방법은 데이터베이스마다 조금씩 다르다. 표 9.14는 generatedKey 엘리먼트가 사용하는 속성이다.

표 9.14 generatedKey 엘리먼트의 속성

| 속성 | 설명 |
| --- | --- |
| column | 자동 생성 키를 적용할 대상 칼럼을 지정한다. |

(이어짐)

| 속성 | 설명 |
| --- | --- |
| sqlStatement | 대상 데이터베이스를 지정한다. 자동 생성 키는 데이터베이스마다 조금씩 다르게 처리한다.<br>다음은 선택한 데이터베이스에 따라 자동 생성 키를 처리하는 규칙이다.<br>Cloudscape: VALUES IDENTITY_VAL_LOCAL()<br>DB2: VALUES IDENTITY_VAL_LOCAL()<br>DB2_MF: SELECT IDENTITY_VAL_LOCAL() FROM SYSIBM.SYSDUMMY1<br>Derby: VALUES IDENTITY_VAL_LOCAL()<br>HSQLDB: CALL IDENTITY()<br>Informix: select dbinfo('sqlca.sqlerrd1') from systables where tabid=1<br>MySql: SELECT LAST_INSERT_ID()<br>SQL Server: SELECT SCOPE_IDENTITY()<br>SYBASE: SELECT @@IDENTITY |

지금까지 살펴본 엘리먼트 외에도 설정 파일을 구성하는 XML 엘리먼트는 다음과 같은 몇 가지가 더 있다.

- columnOverride
- columnRenamingRule
- generatedKey
- ignoreColumn
- plugin
- table
- javaTypeResolver

각 엘리먼트를 사용해서 세부적인 제어가 가능하지만 앞서 설명한 엘리먼트에 비해 많이 사용하지 않는다. 제너레이터는 테이블 한 개 정도를 대상으로 설정을 하고 각 옵션들이 제공하는 다양한 설정을 바꿔보면서 생성하는 결과물을 봐주는 게 좋다. 제너레이터가 생성하는 파일들은 단순히 개발 효율성을 높이는 데도 도움이 되지만, 마이바티스를 처음 시작하는 개발자에게 마이바티스를 쉽게 파악할 수 있게 하는 데도 큰 도움을 준다. 마이바티스를 편하게 사용하거나 마이바티스 기능을 파악하기 위해서 반드시 사용해보길 권한다.

## 9.5 제너레이터 활용 방안

제너레이터를 활용하는 방법을 생각해보자. 제너레이터로 생성한 코드를 사용하는 방법은 두 가지 정도로 볼 수 있다. 프로젝트나 데이터베이스의 복잡도 또는 기능 요건을 기준으로 삼아 두 가지 중 한 가지를 선택해서 사용한다.

### 9.5.1 제너레이터가 생성하는 코드 전체를 그대로 사용

제너레이터가 생성하는 코드는 즉시 사용 가능한 코드가 대부분이기 때문에 생성한 코드를 버전 관리하는 편이 좋다. 단, 실제 사용하는 코드만 만들기 위해서 table 엘리먼트의 enable로 시작하는 속성을 잘 설정해야 한다.

다음과 같은 적절한 규칙만 만든다면 데이터베이스 스키마 변경에도 쉽게 대응할 수 있다.

- 제너레이터 설정 파일을 버전 관리한다.
- 제너레이터 생성 코드는 변경하지 않는다. 생성한 코드에 없는 유형은 별도 파일을 만들어서 추가한다.
- 데이터베이스 스키마를 변경할 때마다 다시 실행해서 코드에 반영한다.

이렇게 하면 별도 파일에 추가한 매핑 구문들만 수동으로 스키마 반영을 하면 되기 때문에 전반적으로 스키마 변경에 대해 유연하게 대처할 수 있다.

### 9.5.2 제너레이터로 코드 생성 후 실제 사용하는 부분만 복사 후 반영

제너레이터로 생성한 코드 전체를 그대로 버전 관리하기에는 걸리는 부분이 있을 수 있다. 설정을 간단히 해서 코드를 생성하고 필요한 부분만 가져와서 직접 수정하고 싶을 수도 있고 제너레이터의 명명 규칙이 코딩 규칙과 맞지 않을 수도 있다. 여러 개발자들은 제너레이터에서 동적인 조회 조건을 위한 byExample 형태의 명명 규칙이 마음에 들지 않는 편이다. 따라서 생성한 코드를 그대로 사용하지 않고 필요한 부분만 가져와서 사용하는 경우가 많다. 일부만 사용하는 경우라면 그 대상은 본인이나 구성원이 자유롭게 판단하면 된다.

보통 다음 세 가지로 범위를 줄일 수 있다.

- 자바 모델 클래스만 사용
- 기본 키를 사용하는 SQL만 사용
- 일부 SQL만 복사해서 사용

제너레이터를 사용하면 분명히 많은 부분이 자동화되기 때문에 편한 점이 많다. 하지만 도구를 사용함에 있어서 어떻게 사용하는지를 생각해보는 건 반드시 필요한 과정이다.

## 9.6 정리

9장에서는 마이바티스 제너레이터에서 대해 살펴봤다. 제너레이터가 생성하는 파일의 종류를 다시 한 번 살펴보자.

- 매퍼 XML
- 매퍼 인터페이스와 구문 빌더를 사용하는 프로바이더 클래스
- 자바 모델 클래스

마이바티스가 다루는 영역에서 필요한 대부분의 파일을 자동으로 만들어준다. 제너레이터를 사용하더라도 다음과 같이 처리하지 못하거나 약간 아쉬운 부분도 있다.

- 두 개 이상의 테이블을 사용해 조인하는 SQL은 별도로 작성해야 한다.
- 동적인 조회 조건을 처리하기 위해 제공하는 `ByExample` 이름의 클래스와 매핑 구문의 이름을 바꾸려면 수정해야 한다.

제너레이터의 설정은 현재 수준이 적당하게 보인다. 두 개 이상의 테이블을 조인하는 경우를 처리하는 것도 가능하다면 제공할 수 있을 것이다. 하지만 설정 파일을 굉장히 복잡하게 만들 것으로 짐작된다. 복잡한 설정을 반기는 개발자도 없을 뿐만 아니라 복잡한 설정은 두 개 이상의 테이블을 처리하는 코드를 개발자가 직접 작성하는 것보다 더 어려울 것이기 때문이다.

예전에는 데이터베이스에서 데이터를 가져오기 위해 조인을 많이 사용했다. 조인을 많이 사용하는 이유로는 서버나 네트워크가 느려서 여러 번 호출하는 게 성능에 좋지 않았던 점도 한몫했다. 하지만 최근에는 서버와 네트워크가 눈부시게 발전하면서 그런 부분이 많이 감소했다. 복잡한 반복문에서 많은 SQL을 많이 실행하는 경우가 아니라면 테이블별로 단순한 SQL을 사용하는 것이 성능상 더 좋다. 물론 이를 판단하기 위해서는 다양한 변수를 놓고 판단을 해야 하지만 상황이 변한 건 분명한 사실이다.

제너레이터의 제한 사항이 분명히 있기 때문에 제너레이터를 사용해서 생산성을 높이기 위해서는 제너레이터로 생성하는 코드가 전체에서 얼마나 많은 비중을 차지할지 생각해보는 것이 좋다.

설정 파일의 다양한 옵션을 사용해서 생성한 코드를 직접 보고 어떻게 활용할지는 스스로 결정해보길 바란다.

부록A

# 아이바티스에서 마이바티스로 전환

다음 주소에서는 아이바티스 설정을 마이바티스 설정으로 변환하기 위한 스크립트를 제공한다.

> https://github.com/mybatis/ibatis2mybatis/releases

이 스크립트는 XSLT<sup>Extensible Stylesheet Language Transformations</sup>(XML을 다른 형태의 XML로 변환하는 기술)를 사용해서 XML의 문자열을 마이그레이션 규칙에 따라 바꾸는 처리를 한다. 변환 스크립트가 많은 부분을 처리해주지만 변환 과정에서 처리가 어려운 부분은 알려준다. 변환하기 위해서는 변환용 스크립트를 실행해서 1차 변환을 진행하고, 스크립트 로그의 내용과 변환 규칙을 참고해서 정리해야 한다.

그림 A.1 스크립트 실행 결과

그림 A.1은 변환 스크립트를 실행한 결과로 settings와 typeAliases에 관련된 부분에서 이상이 있음을 경고한다. 변환 규칙을 살펴보자.

## A.1 DTD 변환 규칙

마이바티스가 사용하는 XML은 설정 파일과 매퍼 XML이 있다. 두 가지 XML 파일 모두 구조가 변경됐기 때문에 DTD 또한 변경됐다.

### A.1.1 설정 파일의 DTD

설정 파일의 DTD는 아이바티스의 경우 다음과 같다.

```
<!DOCTYPE sqlMapConfig PUBLIC "-//ibatis.apache.org//DTD SQL Map Config
    2.0//EN" "http://ibatis.apache.org/dtd/sql-map-config-2.dtd">
```

마이바티스의 경우에는 다음과 같다.

```
<!DOCTYPE configuration PUBLIC "-//mybatis.org//DTD Config 3.0//EN"
        "http://mybatis.org/dtd/mybatis-3-config.dtd">
```

### A.1.2 매퍼 XML의 DTD

매퍼 XML의 DTD는 아이바티스의 경우 다음과 같다.

```
<!DOCTYPE sqlMap PUBLIC "-//ibatis.apache.org//DTD SQL Map 2.0//EN"
        "http://ibatis.apache.org/dtd/sql-map-2.dtd" >
```

마이바티스의 경우에는 다음과 같다.

```
<!DOCTYPE mapper PUBLIC "-//mybatis.org//DTD Mapper 3.0//EN"
        "http://mybatis.org/dtd/mybatis-3-mapper.dtd">
```

## A.2 설정 파일 변환 규칙

마이바티스에는 아이바티스에 없던 기능과 개념이 추가됐다. 매퍼 인터페이스가 대표적인데, 이러한 내용을 반영하기 위해 설정 파일의 용어들이 조금씩 변경됐다. 설정 파일의 변경은 추가된 기능을 설명하거나 구조를 약간 개선하는 내용이 대부분이다.

### A.2.1 최상위 엘리먼트

최상위 엘리먼트는 아이바티스의 경우 다음과 같다.

```
<sqlMapConfig>
```

마이바티스의 경우에는 다음과 같다.

```
<configuration>
```

### A.2.2 settings 엘리먼트

아이바티스의 경우 최상위 엘리먼트인 `<sqlMapConfig>` 아래 settings 엘리먼트를 여러 개 선언하는 형태였다.

```
<sqlMapConfig>
    <settings x="x" foo="bar"/>
    <settings x="y" foo="bar"/>
```

매퍼별로 정의하는 네임스페이스를 사용하는 것이 필수가 아니었기 때문에 `useStatementNamespaces` 설정을 사용해서 사용 여부를 설정했다.

마이바티스의 경우 최상위 엘리먼트인 `<configuration>` 아래 settings 엘리먼트를 두고, 그 하위에 `setting` 엘리먼트를 여러 개 선언하는 형태다.

```
<configuration>
    <settings>
        <settings x="x" foo="bar"/>
        <settings x="y" foo="bar"/>
```

마이바티스는 네임스페이스 사용이 필수이기 때문에 네임스페이스 사용 여부를 설정하던 useStatementNamespaces 속성 자체가 없어졌다.

### A.2.3 typeAlias 엘리먼트

아이바티스는 타입 별칭을 매퍼 XML에 설정한다.

마이바티스는 타입 별칭을 매퍼 XML이 아닌 설정 파일에 설정한다.

### A.2.4 transactionManager 엘리먼트와 dataSource 엘리먼트

아이바티스는 트랜잭션 관리자와 데이터 소스를 한 개씩만 설정할 수 있다.

```
<transactionManager type="JDBC" commit Required="false">
   <dataSource type="your.package.CustomDataSourceFactory" />
</transactionManager>
```

마이바티스는 트랜잭션 관리자와 데이터 소스를 여러 개 설정하고 마이바티스 객체를 생성할 때 선택할 수 있게 했다.

```
<environments default="env">
   <environment id="env">
      <transactionManager type="JDBC">
         <property name="commit Required" value="false" />
      </transactionManager>
      <dataSource type="your.package.CustomDataSourceFactory" />
   </environment>
</environments>
```

### A.2.5 매퍼 설정

아이바티스는 설정 파일에서 최상위 엘리먼트인 sqlMapConfig 아래 매퍼 XML 각각을 sqlMap 엘리먼트를 사용해서 설정했다.

```
<sqlMapConfig>
   <sqlMap resource=... />
   <sqlMap resource=... />
```

마이바티스는 설정 파일에서 최상위 엘리먼트인 configuration 아래 매퍼 XML이나 매퍼 인터페이스를 mappers 엘리먼트의 하위 엘리먼트인 mapper 엘리먼트를 사용해서 설정한다.

```
<configuration>
    <mappers>
        <mapper resource=... />
    </mappers>
```

## A.3 매퍼 XML 변환 규칙

매퍼 XML에서 가장 큰 변화는 파라미터 표기법과 중첩 결과 매핑이라고 볼 수 있다. 그 외에는 사소한 명명 규칙 변경 정도로 이해할 수 있다.

### A.3.1 XML 엘리먼트

아이바티스에서 매퍼 XML의 가장 상위 엘리먼트는 sqlMap이다.

매핑 구문을 나타내는 select, insert, update, delete 엘리먼트는 공통적으로 파라미터의 타입은 parameterClass 속성을 사용해서 정의하고, 결과 타입은 resultClass 속성을 사용해서 정의했다.

파라미터 매핑을 정의하는 parameterMap 엘리먼트는 파라미터의 타입을 나타내는 class 속성을 제공했다. 결과 매핑을 설정하는 resultMap 엘리먼트는 세부적인 결과 매핑을 처리하는 기준이 되는 groupBy 속성을 제공했다. resultMap 엘리먼트의 하위 엘리먼트인 result 엘리먼트는 칼럼명으로 데이터를 가져오는 대신 칼럼의 인덱스로 데이터를 가져올 때 사용하는 columnIndex 속성을 제공했다.

```
<resultMap id="productRM" class="product" groupBy="id">
    <result property="id" column="product_id" />
    <result property="name" column="product_name" />
    <result property="category" column="product_category" />
    <result property="subProducts" resultMap="Products.subProductsRM" />
</resultMap>
```

마이바티스에서 매퍼 XML의 가장 상위 엘리먼트는 `mapper`다.

매핑 구문을 나타내는 `select`, `insert`, `update`, `delete` 엘리먼트는 공통적으로 파라미터의 타입은 `parameterType` 속성을 사용해서 정의하고, 결과 타입은 `resultType` 속성을 사용해서 정의했다.

파라미터 매핑을 정의하는 `parameterMap` 엘리먼트는 파라미터의 타입을 나타내는 `type` 속성을 제공한다. 결과 매핑을 설정하는 `resultMap` 엘리먼트는 아이바티스에서 제공하던 `groupBy` 속성을 더 이상 제공하지 않는다. 대신 조인 매핑을 처리하기 위해 `association`과 `collection` 엘리먼트를 제공한다. `resultMap` 엘리먼트의 하위 엘리먼트인 `result` 엘리먼트는 아이바티스에서 제공하던 `columnIndex` 속성을 더 이상 제공하지 않는다.

```
<resultMap id="productRM" type="product">
    <id property="id" column="product " />
    <result property="name " column="product_name " />
    <result property="category " column="product_category " />
    <collection property="subProducts" resultMap="Products.subProductsRM" />
</resultMap>
```

## A.3.2 중첩 결과 매핑 설정

아이바티스에서는 객체에 값을 설정할 때 사용하는 `result` 엘리먼트를 중첩된 결과 매핑을 사용할 때도 그대로 사용한다. 즉, 중첩된 결과 매핑을 처리하는 별도의 엘리먼트가 존재하지 않았다. 중첩된 결과 매핑은 `result` 엘리먼트의 `resultMap` 속성을 사용해서 다른 결과 매핑을 사용하는 방식이다.

```
<resultMap ...>
    <result property="client" resultMap="Client.clientRM" />
    ...
</resultMap>
```

마이바티스에서는 객체에 값을 설정하는 엘리먼트와 별개로 중첩된 결과 매핑을 처리하기 위해 별도의 XML 엘리먼트인 `association`과 `collection`을 제공한다.

```
<resultMap ...>
```

```
        <association property="client" resultMap="Client.clientRM" />
        ...
</resultMap>
```

### A.3.3 parameterMap

아이바티스에서는 파라미터 매핑을 처리하는 `parameterMap` 엘리먼트를 제공했다.

마이바티스에서는 더 이상 `parameterMap` 엘리먼트를 제공하지 않는다. 대신 매핑 구문에서 `parameterType` 속성을 사용한다.

### A.3.4 인라인 파라미터(파라미터 표기법)

아이바티스에서는 인라인 파라미터를 다음과 같이 사용한다.

```
#value#
```

마이바티스에서는 다음과 같이 사용한다.

```
#{value}#
```

### A.3.5 jdbcType

`jdbcType`으로 제공하던 것 중에 `ORACLECURSOR`, `NUMBER`를 다른 값으로 변경했다.

아이바티스에서는 다음과 같이 사용한다.

```
jdbcType="ORACLECURSOR"
jdbcType="NUMBER"
```

마이바티스에서는 다음과 같이 사용한다.

```
jdbcType="CURSOR";
jdbcType="NUMERIC"
```

## A.3.6 저장 프로시저

아이바티스는 저장 프로시저를 처리하기 위해 별도의 XML 엘리먼트를 제공했다. 하지만 저장 프로시저도 입력과 출력을 생각하면 select와 별반 차이가 없어 select 엘리먼트로 통합했다. 저장 프로시저 구분을 위해 select 엘리먼트에 statementType 속성을 추가했다.

아이바티스에서는 다음과 같이 사용한다.

```
<procedure id="getValues" parameterMap="getValuesPM">
    { ? = call pkgExample.getValues(p_id => ?) }
</procedure>
```

마이바티스에서는 다음과 같이 사용한다.

```
<select id="getValues" parameterMap="getValuesPM" statementType="CALLABLE">
    { ? = call pkgExample.getValues(p_id => ?)}
</select>
```

## A.3.7 캐시

캐시를 설정하는 XML 엘리먼트의 이름을 변경했다. 아이바티스에서는 속성과 하위 엘리먼트를 사용해서 설정했지만, 마이바티스에서는 속성으로만 설정이 가능하다.

아이바티스에서는 다음과 같이 사용한다.

```
<cacheModel id="myCache" type="LRU">
    <flushInterval hours="24" />
    <property name="size" value="100" />
</cacheModel>
```

마이바티스에서는 다음과 같이 사용한다.

```
<cache flushInterval="86400000" eviction="LRU"/>
```

## A.3.8 동적 SQL

아이바티스에서는 동적 SQL을 처리하기 위해 많은 XML 엘리먼트를 제공했다. 그 중에서 주로 사용하는 XML 엘리먼트로 <isNotNull>를 들 수 있다. 마이바티스에서는 <if> 엘리먼트를 사용해서 동적 SQL 처리가 가능하다.

아이바티스는 다음과 같이 사용한다.

```
<isNotNull.*?property=\"(.*?)\">
</isNotNull>
```

마이바티스에서는 다음과 같이 사용한다.

```
<if test="$1 != null">
</if>
```

## A.4 자바 API

자바 API에서는 대부분 간단한 명명 규칙을 변경한 정도다.

### A.4.1 SqlMapClient

아이바티스에서 가장 기본이 되는 클래스는 `SqlMapClient`다. 마이바티스에서는 더 이상 이 클래스를 제공하지 않고 마이바티스에서는 `SqlSessionFactory`를 사용한다.

아이바티스에서는 다음과 같이 사용한다.

```
com.ibatis.sqlmap.client.SqlMapClient
```

마이바티스에서는 다음과 같이 사용한다.

```
org.apache.ibatis.session.SqlSessionFactory
```

## A.4.2 사용자 정의 타입 핸들러

커스텀 타입 핸들러를 만들기 위해 인터페이스를 변경했다. 하지만 두 인터페이스가 가진 메소드는 거의 같다.

아이바티스는 다음과 같이 사용한다.

com.ibatis.sqlmap.client.extensions.TypeHandlerCallback

마이바티스에서는 다음과 같다.

org.apache.ibatis.type.TypeHandler

# 부록B

# 마이바티스 편집기

마이바티스의 특성으로 인해 JDBC에 비해서는 코드가 단순해지긴 했지만, 매핑 구문을 작성하다 보면 처음 생각과는 달리 매핑 구문이 복잡해지는 경향이 있다. 특히 매퍼 XML에서 동적 SQL 처리를 위해 다수의 `<if>` 엘리먼트를 사용한다든지 다수의 `<include>` 엘리먼트를 사용할 때 더욱 복잡해보인다.

마이바티스 편집기MyBatis Editor는 다음 주소의 구글 코드 프로젝트 호스팅에서 진행 중인 작은 프로젝트의 결과물이다.

http://code.google.com/a/eclipselabs.org/p/mybatiseditor/

마이바티스 편집시는 설치 파일이 **44kb**밖에 되지 않을 정도로 작고 별도의 설정이 필요 없다. 매퍼 XML이나 매퍼 인터페이스는 자동으로 인식하고 아이바티스와 마이바티스를 모두 지원한다. 지원하는 기능이 많지는 않지만 사용하는 기능이 많은 도움이 될 것이다.

## B.1 설치 방법

이클립스 플러그인이므로 다음 주소의 이클립스의 설치 마법사를 사용하면 된다.

https://mybatiseditor.eclipselabs.org.codespot.com/git/org.eclipselabs.mybatiseditor.updatesite

그림 B.1은 마이바티스 편집기를 설치하는 설치 마법사 화면이다.

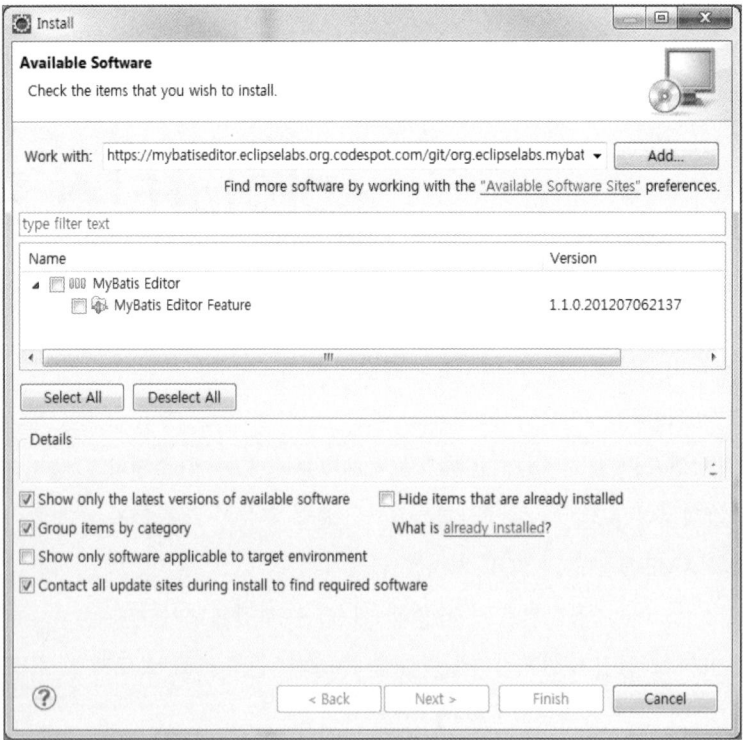

그림 B.1 마이바티스 편집기 설치 창

## B.2 제공하는 기능

마이바티스 편집기에서 제공하는 기능을 간단히 알아보자.

1. 유효성 체크를 위해 마이바티스와 아이바티스의 dtd 파일을 이클립스 XML 카탈로그에 자동으로 등록한다.

   그림 B.2는 이클립스의 XML 카탈로그에 등록된 내용을 보여준다.

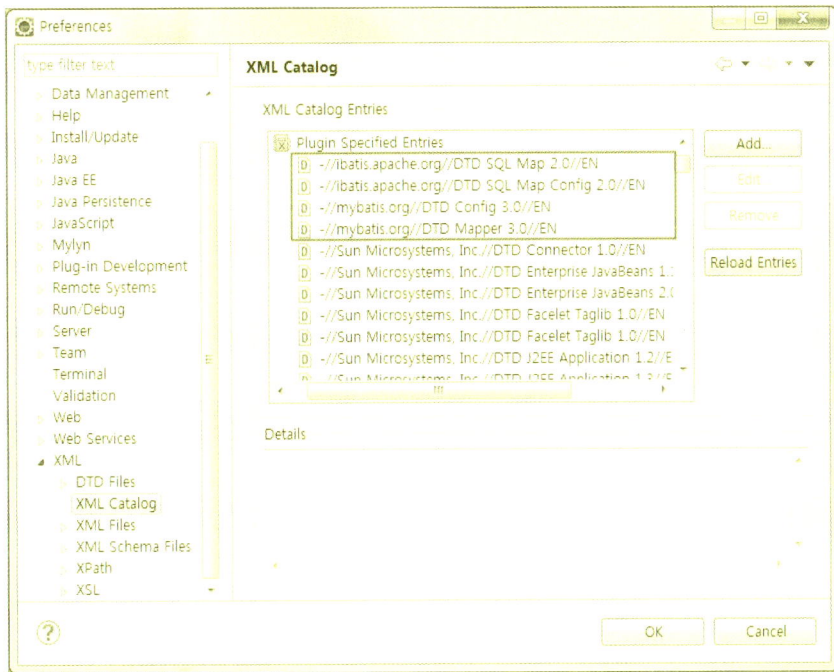

그림 B.2  이클립스의 XML 카탈로그

2. include, resultMap, parameterMap을 클릭하면 선언부로 바로 이동(Ctrl + 마우스 클릭이나 F3 이용)한다.

코드 B.1  sql, include 엘리먼트를 사용한 매퍼 XML

```
<sql id="BaseColumns">
    comment_no AS commentNo,
    user_id AS userId,
    comment_content AS commentContent,
    reg_date AS regDate
</sql>
<select id="selectCommentByPrimaryKey" parameterType="long"
    resultType="ldg.mybatis.model.Comment">
    SELECT
        <include refid="BaseColumns"/>
    FROM COMMENT
    WHERE comment_no = #{commentNo}
</select>
```

코드 B.1은 sql 엘리먼트를 사용하는 매핑 구문이다. 마이바티스를 사용하면 sql 엘리먼트를 자주 사용하게 된다.

기능 요건에 맞게 개발을 진행하다 보면 비슷한 매핑 구문이 많이 만들어진다. 따라서 보통 여러 개의 매핑 구문에서 중복되는 문자열을 모아 sql 엘리먼트에 정의하고 include 엘리먼트를 사용하게 된다. 이클립스의 XML 편집기에는 자바 소스코드 편집기처럼 참조 관계를 따져 편하게 이동하는 기능이 없기 때문에 매핑 구문에서 include 엘리먼트의 sql 엘리먼트 선언 부분으로 직접 이동하기가 쉽지 않다. refid 속성 값을 복사해서 검색하는 방법으로 찾아가곤 했는데, 다소 귀찮은 면이 있다. 마이바티스 편집기는 include를 포함해서 결과 매핑과 파라미터 매핑의 선언부로 바로 이동시켜준다. 단, 파라미터 매핑은 아이바티스에만 있기 때문에 아이바티스에서만 지원한다.

3. 선택한 매핑 구문의 SQL을 표시한다.

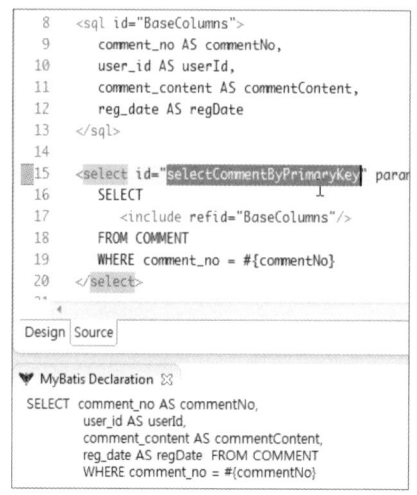

그림 B.3 include 엘리먼트 내용을 포함한 SQL 표시

그림 B.3은 sql 엘리먼트와 include 엘리먼트를 사용하는 매핑 구문의 실제 결과 SQL을 보여준다.

include 엘리먼트를 빈번하게 사용하면 XML만 볼 때 전체 SQL을 알아보기 힘든 경우가 종종 있다. 동적 SQL은 실행 시 값이 정해지기 때문에 처리가 다소 어렵지만, include는 실행 이전에 결정되는 사항이므로 적용된 SQL을 볼 수 있다.

4. 매퍼 인터페이스 내의 메소드와 매퍼 XML 간을 이동한다.

매퍼 인터페이스에서 sql을 애노테이션에 선언할 수도 있지만, 메소드만 선언하고 매핑 구문은 매퍼 XML의 내용을 사용할 수도 있다.

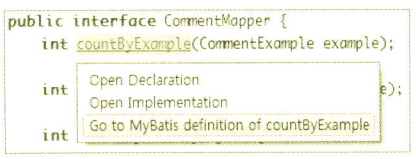

그림 B.4 매퍼 인터페이스의 메소드별 메뉴

매퍼 인터페이스에 있는 메소드에서 Ctrl 키를 누른 채 마우스 커서를 올리면 그림 B.4처럼 메뉴가 나타난다. 메소드의 특성에 따라 조금 다르긴 하지만 마지막에 Go to MyBatis definition... 으로 시작하는 메뉴를 사용하면 된다. Go to MyBatis definition... 메뉴를 클릭하면 그림 B.5처럼 매퍼 XML의 해당 매핑 구문으로 이동하고 선택한 매핑 구문이 전체 선택된다.

```
<select id="countByExample" parameterType="kr.pe.ldg.mybatis.example1.model.CommentExample"
resultType="java.lang.Integer" >
  select count(*) from comment
  <if test="_parameter != null" >
    <include refid="Example_Where_Clause" />
  </if>
</select>
```

그림 B.5 매퍼 XML의 해당 매핑 구문으로 이동한 화면

# 흔히 발생할 수 있는 에러 유형

흔히 발생할 수 있는 마이바티스의 에러 유형을 간단히 살펴보자.

C. org.apache.ibatis.type.TypeException: Could not resolve type alias 'Comment'. Cause: java.lang.ClassNotFoundException: Cannot find class: Comment

타입 별칭 설정이 돼 있지 않거나 클래스의 패키지 경로를 누락한 경우 발생한다. 매퍼 설정에 `typeAliases` 엘리먼트를 사용해서 타입 별칭 설정을 추가하거나 `resultType`, `parameterType` 클래스의 패키지까지 모두 명시해준다.

D. org.apache.ibatis.binding.BindingException: Type interface ldg.mybatis.repository.mapper.CommentMapper is not known to the MapperRegistry.

매퍼 인터페이스가 정의된 인터페이스의 위치를 설정하지 않아서 발생한다. 마이바티스 설정 파일의 매퍼 설정에 해당 인터페이스를 설정한다.

```
<mappers>
<mapper class="ldg.mybatis.repository.mapper.CommentMapper" />
</mappers>
```

E. org.apache.ibatis.cache.CacheException: Error serializing object. Cause: java.io.NotSerializableException: ldg.mybatis.model.Comment

마이바티스가 제공하는 기본 캐시는 로컬 캐시다. 캐시에 저장하기 위해서는 모델이 `Serializable`해야 한다. 이 에러를 해결하기 위한 다음과 같은 몇 가지 방법이 있다.

1. 모델 클래스에 implements Serializable을 추가한다.
2. 마이바티스 설정 파일의 cacheEnabled 설정을 false로 지정한다.
3. 매퍼 XML에서 select 엘리먼트의 useCache 속성을 false로 지정한다.
4. 매퍼 인터페이스가 선언된 메소드에 추가로 org.apache.ibatis.annotations.Options 애노테이션을 지정하고, 이 애노테이션의 속성 중 useCache를 false로 지정한다.

에러를 해결하기 위한 방법으로 4가지가 제시되긴 했지만 첫 번째는 캐시를 사용하게 하는 것이고, 나머지 3가지는 캐시를 사용하지 않게 설정하는 것이다. 캐시를 사용할 때는 분명한 목적과 제약 사항을 파악하고 사용해야 한다.

F. Error parsing Mapper XML. Cause: org.apache.ibatis.builder.BuilderException: Wrong namespace. Expected 'ldg.mybatis.repository.mapper.CommentMapper' but found 'ldg.mybatis.model.Comment'.

매퍼 XML 파일에서 네임스페이스 값은 그 파일의 패키지 경로와 동일해야 한다. 패키지 경로와 네임스페이스 값을 동일하게 설정한다.

G. java.lang.IllegalArgumentException: Mapped Statements collection already contains value for ldg.mybatis.repository.mapper.CommentMapper.selectCommentByPrimaryKey

매퍼 XML의 구문 아이디와 매퍼 인터페이스의 메소드 이름이 중복으로 정의돼 발생한다. 둘 중 하나를 제거한다.

H. java.lang.IllegalArgumentException: Mapped Statements collection does not contain value for ldg.mybatis.repository.mapper.Comment.selectCommentByPrimaryKey

매퍼 XML의 네임스페이스와 SQL ID의 조합 문자열이 구문 ID와 다를 경우 발생한다. 구문 ID와 네임스페이스 값을 붙인 문자열과 쿼리 ID를 비교해본다.

I. org.apache.ibatis.binding.BindingException: Type interface ldg.mybatis.repository.mapper.CommentMapper is already known to the MapperRegistry.

매퍼 XML과 매퍼 인터페이스를 같은 경로에 두면 매퍼 XML을 읽으면서 관련 매핑 정보를 등록한다. 이때 같은 위치에 매퍼 인터페이스가 있다면 똑같은 정보를 다시 등록하게 되기 때문에 이와 같은 에러가 발생한다. 이 경우 둘 중 하나를 설정에서 제거한다.

J. org.apache.ibatis.reflection.ReflectionException: Error instantiating class ldg.mybatis.model.Comment with invalid types() or values(). Cause: java.lang.NoSuchMethodException: ldg.mybatis.model.Comment.〈init〉()

결과 매핑에서 사용하는 클래스의 생성자 중 `constructor` 엘리먼트에 정의된 것이 없기 때문에 발생하는 에러다. 정의된 생성자가 있다면 해당 클래스에 디폴트 생성자가 있는지 확인해보자. 디폴트 생성자도 반드시 있어야 한다.

스프링 연동 모듈을 사용하는 경우의 에러 유형에는 다음과 같은 것들이 있다.

K. java.lang.UnsupportedOperationException: Manual commit is not allowed over a Spring managed SqlSession

스프링 연동 모듈을 사용할 때는 트랜잭션에 대해 스프링에 위임을 하기 때문에 `sqlSession` 객체에 대해 직접 `commit/rollback`하지 못하게 돼 있다. 트랜잭션 관리를 위한 `commit/rollback` 코드를 제거한다.

# 찾아보기

**숫자/기호**

@Alias 애노테이션  226
@Arg  269
@Arg 애노테이션  262
@Autowired 애노테이션  202
@CacheNamespace  268
@CacheNamespaceRef  268
@Case  269
@Case 애노테이션  267
@Component  197
@ConstructorArgs  269
@ConstructorArgs 애노테이션  262
@Controller  197
@Delete  271
@DeleteProvider  147, 272
@Insert  271
@InsertProvider  147, 272
@Intercepts 애노테이션  232
@Many  270
@Many 애노테이션  265
@MapKey  270
@One  270
@One 애노테이션  264
@Options  271
@Param  272
@Repository  197, 207
@Result  270
@ResultMap  273
@Results  269
@Select  271
@SelectKey  273
@SelectProvider  147, 272
@SelectProvider  272
@Service  197, 206
@Signature 애노테이션  232
@Test 애노테이션  42
@Transactional  206
@Transactional 애노테이션  197
@TypeDiscriminator  269
@TypeDiscriminator 애노테이션  266
@TypeDiscriminator 애노테이션을
　　사용하는 애노테이션 결과 매핑  267
@Update  271
@UpdateProvider  147, 272
1:1 관계  163
1:1 관계 결과 매핑  263
1:1 관계를 처리하는 association 엘리먼트  163
1:1 관계를 처리하는 애노테이션 결과 매핑  264
1:1 관계의 댓글과 작성자를 출력하는 JSP  171
1:1 관계의 댓글과 작성자를 출력하는 화면  172
1:N 관계  173
1:N 관계 결과 매핑  265
1:N 관계를 처리하는 collection 엘리먼트  173
1:N 관계의 댓글과 답글 목록을 출력하는 JSP  177
1:N 관계의 댓글과 답글 목록을 출력하는 화면  178

**ㄱ**

가비지 컬렉터  245

간단한 마이바티스 설정 파일  76
강하지 않은 참조  245
개발 환경의 구축  47
개발자 가이드 한글 문서  39
결과 데이터 타입  103
결과 데이터를 출력한 화면  160
결과 매핑  43, 156
결과 매핑을 재사용해 정의한 결과 매핑  170
결과 셋 허용 여부  224
결과 추출과 자바 객체에 설정  109
공백  299
관계형 데이터베이스  86
관점지향 프로그래밍  192
구글쥬스  37
구글쥬스 연동 모듈  37
구문 객체  31
구문 빌더 API  300
구문 빌더 API를 사용하는 동적 SQL 처리  148
구문 빌더를 사용한 동적 SQL 처리  307
기업용 애플리케이션  191

### ㄴ

낙타표기법  90
네임스페이스  101
늦은 로딩  224
닉스 크론  246

### ㄷ

다양한 설정이 들어간 마이바티스 설정  220
답글 모델 클래스  91
답글 목록을 갖는 댓글 클래스  174
답글 클래스  92
답글 테이블  87

닷넷 마이바티스  37
댓글 내용을 출력하는 JSP  142
댓글 모델 클래스  90
댓글 모델 클래스를 사용하는 결과 매핑 정의  158
댓글 모델과 작성자 모델 정보를 갖는 클래스  167
댓글 목록을 가져오거나 입력하는 서비스 클래스  205
댓글 번호를 기준으로 정렬한 댓글 목록을 조회하는 SQL을 만드는 코드  303
댓글 시스템에서 사용하는 테이블을 만들기 위한 DDL  87
댓글 시스템의 테이블 구조와 관계  86
댓글 정보를 가져오는 JSP  208
댓글 정보를 설정하는 association 엘리먼트  169
댓글 정보를 출력한 화면  143, 210
댓글 테이블  86
댓글과 답글 목록을 설정하는 결과 매핑  176
댓글과 답글 테이블을 내부 조인하는 SQL을 만드는 코드  303
댓글과 답글 테이블을 외부 조인하는 SQL을 만드는 코드  304
댓글과 답글을 함께 가져오는 SQL  174
댓글과 작성자 정보를 설정하는 결과 매핑  166
댓글과 작성자를 함께 가져오는 조인 SQL  165
댓글에서 사용자별, 아이디별로 등록한 댓글 수를 조회하는 SQL을 만드는 코드  304
댓글을 조회하기 위해 SelectBuilder를 사용한 예제  302
댓글을 조회하는 JDBC 코드  29
댓글의 불변 클래스  161

데이터 CRUD를 처리하는 매퍼 인터페이스 257
데이터 구조 파악  85
데이터 삭제  124, 128
데이터 삭제 후 데이터  130
데이터 삭제를 위한 deleteComment 매핑 구문  126
데이터 삭제를 확인하는 실행 코드  129
데이터 소스  235
데이터 수정  117, 121, 122
데이터 수정 후 데이터  124
데이터 수정을 위한 updateComment 매핑 구문  120
데이터 수정을 확인하는 실행 코드  122
데이터 입력  110, 114
데이터 입력 후 데이터  117
데이터 입력을 확인하는 실행 코드  115
데이터 접근 객체  207
데이터 접근/통합  192
데이터 조회  96, 105
데이터 조회 결과  109
데이터 조회를 확인하는 실행 코드  107
데이터 타입  103
데이터를 삭제하는 JDBC 코드  124
데이터를 삭제하는 마이바티스 실행 결과 로그  129
데이터를 삭제하는 마이바티스 코드  127
데이터를 삭제할 때 출력되는 마이바티스 로그  129
데이터를 수정하는 JDBC 코드  118
데이터를 수정하는 마이바티스 코드  120
데이터를 수정하는 매핑 구문으로 분리  119
데이터를 입력하는 JDBC 코드  110
데이터를 입력하는 insertComment 매핑 구문  112
데이터를 입력하는 마이바티스 코드  113

데이터를 입력하는 매핑 구문으로 분리  112
데이터를 입력할 때 출력되는 마이바티스 로그  116, 123
데이터를 조회하는 JDBC 코드  97
데이터를 조회하는 selectCommentByPrimaryKey 매핑 구문  101
데이터를 조회하는 마이바티스 실행 결과 로그  108
데이터를 조회하는 마이바티스 코드  105
데이터를 조회할 때 출력되는 마이바티스 로그  108
데이터베이스 레이어  38
데이터베이스 설정  77
데이터베이스 설치  47
데이터베이스 연결 생성  98, 109, 111, 116, 118, 123, 125, 130
데이터베이스 연결풀링  195
데이터베이스 자원 설정  31
데이터베이스 자원 해제  33, 99, 106, 109, 112, 114, 117, 119, 122, 124, 126, 128, 130
데이터베이스를 조회하는 마이바티스 매핑 구문  34
데이터베이스별 JDBC 설정 정보  77
동등 비교  324
동적 SQL  145, 281, 353
동적 SQL만 가진 매퍼 XML의 구조  329
동적 SQL만 애노테이션으로 정의한 매퍼 인터페이스  328
동적 SQL을 사용하는 매퍼 XML  144
동적 SQL을 위한 엘리먼트  280
동적 SQL을 처리하는 Provider 클래스  324
동적으로 결과 매핑을 선택  179, 266
등록할 웹 애플리케이션 선택하기  138
디자인 패턴  197

## ㄹ

로우레벨 설정 237
로컬 캐시 246
롤백 154
리파지토리 클래스 138
리플렉션 159

## ㅁ

마이바티스 35
마이바티스 API 85
마이바티스 객체 생성 80, 105, 114, 121, 127
마이바티스 구조 43
마이바티스 다운로드 페이지 69
마이바티스 라이브러리 69
마이바티스 설정 정보를 가진 객체 생성 81
마이바티스 설정 파일 76
마이바티스 스프링 연동 모듈 186
마이바티스 스프링 연동 모듈의 압축된 파일과 디렉터리 목록 187
마이바티스 제너레이터 36, 313
마이바티스 코드 35
마이바티스 코드로 변환할 JDBC 코드 65
마이바티스 코드를 사용한 데이터 조회 107
마이바티스 코드를 사용해 데이터 삭제 129
마이바티스 코드를 사용해 데이터를 입력 115
마이바티스 파라미터 표기법 296
마이바티스 편집기 355
마이바티스 편집기 설치 창 356
마이바티스가 미리 정의한 타입 별칭 227
마이바티스가 미리 정의한 타입 핸들러 228
마이바티스를 사용하는 예제 웹 애플리케이션 구조 139
마이바티스를 사용하는 웹 프로젝트 134

마이바티스와 스프링 JDBC를 함께 사용하는 서비스 클래스 215
마이바티스와 스프링을 연동하는 예제 웹 애플리케이션 구조 191
마이바티스의 lib 디렉터리의 파일 목록 71
마이바티스의 가장 큰 특징 34
마이바티스의 압축된 파일과 디렉터리 목록 70
마이크로소프트 사의 닷넷 37
마틴 오더스키 37
매퍼 43
매퍼 XML 100, 143
매퍼 XML 변환 규칙 349
매퍼 XML 파일 생성 101
매퍼 XML과 매퍼 인터페이스 143
매퍼 XML만을 사용할 때 생성되는 파일 325
매퍼 XML의 DTD 346
매퍼 XML의 해당 매핑 구문으로 이동한 화면 359
매퍼 네임스페이스 102
매퍼 인터페이스 151
매퍼 인터페이스를 사용하는 리파지토리 클래스 260
매퍼 인터페이스를 직접 설정한 스프링 빈 설정 201
매퍼 인터페이스에서 사용 가능한 애노테이션 268
매퍼 인터페이스와 XML을 함께 사용할 때 생성되는 파일 328
매퍼 인터페이스의 메소드별 메뉴 359
매퍼 인터페이스의 애노테이션 종류와 적용 대상 및 설명 268
매퍼 정보 설정 78
매퍼 정의 방법에 따른 장단점 151
매핑 구문 34, 43, 100, 103

매핑 구문 아이디   146, 233
매핑 구문 아이디를 출력하는 플러그인 예제
    233
매핑 구문으로 분리   126
매핑 구문을 사용   120
매핑 구문의 결과 데이터 타입   146
매핑 구문의 네임스페이스'   146
매핑 구문의 파라미터 타입   146
매핑 규칙 정의를 설명하기 위한 간단한
    매핑 구문   157
메소드 파라미터 객체   294
메이븐   69
메이븐으로 마이바티스 라이브러리 관리
    71
메이븐으로 스프링 연동 모듈 관리   187
명명 규칙   296
명명 파라미터   212
모델   205
모델 클래스   89
목록을 가져오거나 입력하는 리파지토리
    클래스   207
문자열 처리 방식   310

## ㅂ

바인딩   296
배열   297
복잡한 마이바티스 설정 파일   219
부가 정보   233
분산 캐시   246
불변 객체   161
불변 패턴   161
뷰   205
비즈니스 서비스 퍼사드 패턴   206

## ㅅ

사용자 정의 타입 핸들러   354
상위 엘리먼트   132
생성 키   224
생성자를 사용하는 XML 결과 매핑   262
생성자를 사용하는 애노테이션 결과 매핑
    262
생성자를 사용해서 값을 설정하는 결과 매핑
    설정   162
생성자를 통한 객체 생성   161, 261
생성자와 setter 메소드를 함께 사용해서
    값을 설정하는 결과 매핑 설정   163
서블릿   192
서비스 클래스   138, 205
설정 파일   43
설정 파일 변환 규칙   347
설정 파일 종류   139
설정 파일을 로드해서 마이바티스 객체를
    생성하는 메소드   81
설정 파일의 DTD   346
설정을 합친 전체 설정 내용   203
쉼표를 제거하는 역할   293
스레드로컬   294, 305
스칼라   37
스칼라 마이바티스   37
스케줄링   246
스크립트   345
스크립트 실행 결과   345
스트럿츠   192
스프링   191
스프링 JDBC   210
스프링 JDBC 객체 생성   211
스프링 JDBC를 사용하는 리파지토리
    클래스   211
스프링 JDBC를 사용할 때 스프링이 해주는
    것과 개발자가 해야 할 것   211

스프링 JDBC를 사용해서 데이터 입력하기 214
스프링 JDBC를 사용해서 데이터 조회하기 213
스프링 MVC 192
스프링 다운로드 링크 189
스프링 다운로드 페이지 188
스프링 빈 설정 201
스프링 설정 파일 195
스프링 연동 모듈 37
스프링 연동 모듈 압축 파일 187
스프링 연동 모듈 패키지 다운로드 186
스프링 연동 설정 198
스프링 컨테이너 195
스프링의 공식 레퍼런스 문서 192
스프링의 구성 요소 192
스프링의 데이터베이스 관련 설정 193, 194
시스템의 부하 224
실행 결과 로그 123
실행 코드 실행하기 108

## ㅇ

아이바티스 38
아이바티스 설정 파일 79
아이바티스에서 CRUD를 처리하기 위한 매핑 구문 131
아이바티스에서 설정 파일을 로드하는 메소드 82
아이바티스와 마이바티스 44
아이바티스와 마이바티스 비교 44
아이베이터 314
아파치 DBCP 195
아파치 커먼즈의 Lang 프로젝트 298
애노테이션 41, 100
애노테이션 결과 매핑 261

애노테이션과 XML을 함께 사용해 매핑 구문 정의 327
애노테이션만 사용해 매핑 구문을 정의 321
애노테이션만으로 매핑 구문을 정의할때 생성되는 파일들 322
애노테이션으로 SQL을 정의하지 않고 메소드만 선언한 매퍼 인터페이스 150
애노테이션을 사용하지 않은 매퍼 인터페이스 325
애노테이션을 사용한 결과 매핑 259
애노테이션을 사용한 매핑 구문 146
애노테이션을 사용해 설정한 타입 별칭 226
약한 참조 245
어베이터 314
엔티티 86
연결 객체 31
연동 모듈 37
연동 설정 202
예제 프로젝트 61
오라클 196
외부 클래스 309
외부 프로퍼티 파일 설정 예제 222
원시 타입 43, 112
웹 프레임워크 192
웹 프로젝트 생성 마법사 135
웹워크 281
의존성 삽입 202
이넘 231
이클립스 57
이클립스 다운로드 미러 사이트 58
이클립스 다운로드 페이지 57
이클립스 생성 마법사 73, 134
이클립스 설치 57
이클립스 파일 추가 마법사 100
이클립스 프로젝트 설정 완료 75, 137, 190
이클립스 프로젝트 설정 화면 74, 136

이클립스를 실행한 화면 58
이클립스에 서버 추가하기 63
이클립스에서 설치 마법사를 실행하기 위한
　메뉴 317
이클립스의 XML 카탈로그 357
이클립스의 제너레이터 실행 메뉴 318
이클립스의 플러그인 설치 창 317
인라인 파라미터 351
인터페이스만 사용 146
일반적인 자바 객체 191
임포트 58
임포트 대상 프로젝트 선택 61
임포트 형태 선택 60

## ㅈ

자동 생성 키 252
자바 가상 머신 193
자바 객체 191
자바 객체 타입 112
자바 모델 클래스 88
자바 모델 클래스의 클래스 다이어그램 89
자바 웹 프로젝트 135
자바 웹 프로젝트 생성 134
자바 코드 165
자바 클래스 생성 104
자바 프로젝트 생성 72
자바 프로젝트 생성 마법사 73
자바 프로젝트를 생성하는 이클립스 마법사
　72
자바빈 103
자바의 리플렉션 95
작성자 모델 클래스 93
작성자 정보를 갖는 댓글 객체 164
작성자 정보를 설정하는 association
　엘리먼트 170

작성자 클래스 93
작성자 테이블 87
재사용하는 결과 매핑 170
저장 프로시저 352
전역 클래스 193
전통적인 JDBC 코드 110
전통적인 JDBC 프로그래밍 29
정적 메소드 295
정적 메소드와 정적 필드를 가진 클래스
　295
정적 필드 295
제너레이터 313
제너레이터 설정 예제 319
제너레이터 압축 파일 315
제너레이터 활용 방안 342
제너레이터가 생성한 매퍼 XML 326
제너레이터로 생성한 매퍼 인터페이스 322
제너레이터의 이클립스 플러그인 316
제네릭 40
제네릭을 적용하지 않는 루프 처리 40
제네릭을 적용한 루프 처리 41
조인 165
조회 결과 설정 32
조회 결과를 객체에 설정 99
조회 조건 175, 324
주요 데이터베이스의 JDBC 드라이버 제공
　URL 75
중첩 결과 매핑 350

## ㅊ

체크아웃 237
최상위 엘리먼트 347

## ㅋ

칼럼 라벨 224

칼럼 목록 301
칼럼 이름 224
칼럼의 이름 90
캐시 352
캐시의 저장 범위 225
커밋 154
커스텀 타입 핸들러 354
컨트롤러 205
코드 2.2와 동일한 아이바티스 설정 파일 79
코드 4.14의 결과 데이터를 출력한 화면 163
코드 4.28의 결과 데이터를 출력한 화면 180
코어 컨테이너 192
코어 프레임워크 36
큰따옴표 36
클래스 다이어그램 89
클린턴 비긴 38

## ㅌ

타임아웃 설정 225
타입 별칭 227
타입 핸들러 228
타입 핸들러 구현 예제 230
테이블 133
테이블 목록 301
테이블과 모델 클래스 89
테이블을 만들기 위한 DDL 87
템플릿 패턴 197, 198
톰캣 62
톰캣 다운로드 페이지 63
톰캣 버전 선택하기 64
톰캣 설정 완료 65
톰캣 설치 62

톰캣 설치 경로와 JDK 버전 선택 64
톰캣에 웹 애플리케이션 등록하기 137
트랜잭션 154
트랜잭션 관리 152
트랜잭션 관리자 77, 235
트랜잭션 커밋 114, 117, 122, 124, 128, 130
트랜잭션을 처리하는 메소드 154
트랜잭션을 처리하는 예제 코드 155

## ㅍ

파라미터 타입 43, 103
파라미터 표기법 94
파라미터 표기법을 적용한 JDBC 코드 95
패키지별 특징 138
팩토리 패턴 197
포틀릿 192
프레임워크 191
프로젝트 import 메뉴 59
핑 쿼리 237

## ㅎ

하이버네이트 44, 192
한 개의 댓글 데이터를 가져오는 리파지토리 클래스 140
한 개의 댓글 데이터를 가져오는 서비스 클래스 140
한 개의 테이블을 사용하는 결과 매핑 157

## A

abatis 39
Abator 314
Add External JARs 74
Add Web Module 138

aggressiveLazyLoading   224
AND   290, 306
ANNOTATEDMAPPER   321, 322
AOP   192
append 메소드   36, 310
ApplicationContext   209
arg   162
artifactId   187
artifactId 엘리먼트   72
Aspect Oriented Programming   196
association   156
association 엘리먼트를 두 개 이상 사용해
　　정의한 결과 매핑   169
association 엘리먼트를 사용하는 XML
　　결과 매핑   263
association 엘리먼트의 column 속성   167
association 엘리먼트의 javaType 속성   167
association 엘리먼트의 property 속성   166
auto_increment   224
auto_increment 속성   252
autoMappingBehavior   224

### B

base-package   202
base-package 속성   197
BaseResultMap   159
BATCH   225
bean 엘리먼트   195
BeanPropertySqlParameterSource   213,
　　214
BEGIN 메소드   305
BigDecimalTypeHandler   229
BLOB 필드   337
BlobTypeHandler   229
BOOLEAN   228

BooleanTypeHandler   228
build 메소드   82
Business Service Facade 패턴   206
ByteArrayTypeHandler   229
ByteTypeHandler   228

### C

cache 엘리먼트   244
cacheEnabled   223
Cacheonix   223, 246
cache-ref   244
CamelCase   90
choose 엘리먼트   285
choose 엘리먼트를 사용하는 매핑 구문
　　285
ClassCastException   274
classPathEntry   330, 331
classPathEntry 엘리먼트의 속성   331
ClassPathXmlApplicationContext   209
Clinton Begin   38
ClobTypeHandler   229
close   293
close 메소드   33, 106
collection   157, 293
collection 엘리먼트   173, 176
column   180, 340
columnIndex   349
columnOverride   341
columnPrefix   172
columnRenamingRule   341
comment 테이블   86
comment.comment_n   224
commentContent   159
CommentExample 클래스의 구조   324
commentGenerator   332

commentGenerator 엘리먼트　321
commentGenerator 엘리먼트에서 설정
　　가능한 프로퍼티　333
CommentJdbcRepository　215
commentMapper 빈　201
CommentMapper.xml　100
CommentMapper.xml 매퍼 XML　112
CommentMapperRepository　215
commentNos 필드　297
CommentRepository　207
CommentService　205
CommentSessionRepository 객체　107
CommentSessionResultMapRepository
　　140
commit　155
commit 메소드　114
component-scan　202
-configfile 파라미터　315
Connection 객체　31
constructor　156
constructor 엘리먼트　161
constructor-arg 엘리먼트　195
constructorBased　334
constructorResultMap　141
context　331
context 엘리먼트　321
context 엘리먼트의 속성　332
context:component-scan　197
-contextids 파라미터　315
Controller　205
count　304
countByExample　338
Create, Read, Update, Delete　96
CRUD　85, 96

### D

DAO　38, 207
Data Access Object　38, 207
data_source　239
databaseId　256
dataSource　195
dataSource 엘리먼트　235, 348
DateOnlyTypeHandler　229
DateTypeHandler　229
DBC 코드를 마이바티스 코드로 변환하는
　　과정　67
DDL 스크립트　87
defaultExecutorType　225
defaultModelType　332
defaultStatementTimeout　225
defaultTransactionIsolationLevel　236
delete　250
DELETE_FROM 메소드　309
DELETE_FROM(String)　307
deleteByExample　338
deleteByPrimaryKey　338
deleteByPrimaryKey 메소드　309
Dependency Injection　202
DI　202
discriminator　157
discriminator 엘리먼트　179, 267
discriminator 엘리먼트를 사용하는 XML
　　결과 매핑　266
discriminator 엘리먼트를 사용해 동적으로
　　결과 매핑을 선택　179
domainObjectName　338
DoubleTypeHandler　229
driver　236
driverClassName 프로퍼티　195
DriverManager 클래스　31
DriverManager.getConnection　68

DTD 변환 규칙   346
DTD 선언   102
Dynamic Web Project   135
dynamic 엘리먼트   299

### E

Eclipse IDE for Java EE Developers   57
EhCache   246
EhCache 캐시 연동 모듈   38
enableCountByExample   339
enableDeleteByExample   339
enableDeleteByPrimaryKey   339
enableInsert   339
enableSelectByExample   339
enableSelectByPrimaryKey   339
enableSubPackages   335, 337
enableUpdateByExample   339
enableUpdateByPrimaryKey   339
Entity-Relationship Diagram   86
enum   231
EnumOrdinalTypeHandler   229
EnumTypeHandler   229
environments 엘리먼트   235, 241
ERD   86
eviction   245
executeQuery 메소드   32, 106
executeUpdate 메소드   111, 112
Executor   233
ExecutorPlugin 클래스   234
Existing Projects into Workspace   59
extends   248
Extensible Stylesheet Language Transformations   345

### F

fetchSize   256
FIFO   245
finally 구문   99
First In First Out   245
FloatTypeHandler   229
flush privileges;   52
flushCache   251
flushInterval   245, 246
foreach 엘리먼트   292
foreach 엘리먼트를 사용하는 매핑 구문   292
FROM(String)   305
from   301
FULL   224

### G

Generate MyBatis/iBATis Artifaces   318
generatedKey   340, 341
generatedKey 엘리먼트의 속성   340
generatorConfig.xml   316
generatorConfiguration   321, 330
getCommentNo1 메소드   296
getConnection   68
getInt   32
getMapper 메소드   149
getObject 메소드   197
getSqlSessionFactory 메소드   81
getSqlSessionFactory 메소드   105, 114
getString   32
Go to MyBatis definition   359
group by   301
GROUP_BY(String)   306
groupBy   349
groupBy 속성   182

groupId   187
groupId 엘리먼트   72

### H

HashMap   283
HAVING(String)   306
Hazelcast   246, 247
Hazelcast 캐시 연동 모듈   38
HibernateTemplate   198
http://mybatis.org/dtd/mybatis-3-config.dtd   221

### I

ibatis   39
iBATIS Database Layer   38
iBator   314
idArg   162
identify   224
IDENTITY 속성   252
if 엘리먼트   282
if 엘리먼트를 사용하는 매핑 구문   282, 287
if 엘리먼트에서 작성자 정보를 조건으로 하는 매핑 구문   284
ignoreColumn   341
ignoreQualifiersAtRuntime   340
immutable   335
immutable object   161
immutable pattern   161
implementationPackage   336
import   58
IN 절   292
include 엘리먼트   249
include 엘리먼트 내용을 포함한 SQL 표시   358
index   293

initial_context   238
InitialContext 객체   238
inner join   301
INNER_JOIN 메소드   303
INNER_JOIN(String)   305
insert 메소드   112
insert, update, delete 엘리먼트가 사용하는 속성   251
insert, update, delete 엘리먼트를 사용한 매핑 구문   250
INSERT_INTO(String)   307
insert   250, 338
insertComment 매핑 구문   114
insertComment 메소드   208
insertSelective   338
insertSelective 메소드   309
insert 엘리먼트만 추가로 사용하는 속성   252
IntegerTypeHandler   229
interceptor 속성   234
introspectedColumnImpl   332
Invocation 객체   234
isEmpty   299
isEqual   299
isGreaterEqual   299
isGreaterThan   299
isLessEqual   299
isLessThan   299
isNotEmpty   283, 299
isNotEmpty 메소드   298
isNotEqual   299
isNotNull   283, 299
isNotParameterPresent   299
isNotPropertyAvailable   299
isNull   299
isParameterPresent   299

isPropertyAvailable 299
item 293
iterate 299

### J

-jar 파라미터 315
Java Application 108
Java Build Path 74
Java Database Connectivity 35
Java Enterprise Edition 191
Java Naming and Directory Interface 238
Java 모델 클래스 43
java.sql.Types 클래스 159
javaClientGenerator 335
javaClientGenerator 엘리먼트 321
javaClientGenerator 엘리먼트의 속성 336
javaModelGenerator 330, 334
javaModelGenerator 엘리먼트 321
javaModelGenerator 엘리먼트의 속성 334
javaModelGenerator에서 설정 가능한
　　프로퍼티 334
javaType 95, 180
javaType 속성 169
javaTypeResolver 341
JDBC 35
JDBC 드라이버 321
JDBC 코드 65
JDBC 코드에서 변환하는 마이바티스
　　프로젝트 구조 79
JDBC 코드와 마이바티스 코드 67
jdbcConnection 333
jdbcConnection 엘리먼트 321
jdbcConnection 엘리먼트의 속성 333
JdbcTemplate 212
jdbcType 95, 351

JDK 52
JDK 1.5의 릴리스 노트 42
JDK 1.5의 제네릭과 애노테이션 40
JDK 6 다운로드 페이지 53
JDK 6 설치 디렉터리 선택 54
JDK 6 설치 시작 화면 54
JDK 6 설치 완료 56
JDK 6 설치 진행 중 55, 56
JDK 6 최신 버전 다운로드 링크 53
JDK 6의 JRE 설치 디렉터리 선택 55
JDK 설치 52
JEE 191
JMS 192
JNDI 238
join 301
JOIN(String) 305
JPA 198
JpaTemplate 198
JRE 55
jstl 145
JSTL 281
JUnit 193
Junit 3에서의 테스트 코드 유형 41
Junit 4 42
Junit 4에서의 테스트 코드 유형 42
JVM 95

### K

keyColumn 252
keyProperty 252, 254

### L

LAST_INSERT_ID 253
Lazy Loading 224
lazyLoadingEnabled 224

ldg.mybatis.model   321
ldg.mybatis.model.Comment   159
ldg.mybatis.repository.mapper   101, 321
Least Recently Used   245
LEFT_OUTER_JOIN(String)   305
lib 디렉터리   70
Libraries 탭   74
List   275
List 객체   159
List<Reply>   176
localCacheScope   225
localhost   321
log4j.xml   139
Long 타입 값   297
LongTypeHandler   229
lookup 메소드   238
LRU   245

### M

main 메소드   107
Manual Selected Default Character Set / Collation   51
Map   275
Map 객체   43
mapperLocations   201, 240
mappers 엘리먼트   239, 241
mappers 엘리먼트 설정 예제   240
mapperScannerConfigurer   200, 201
MapSqlParameterSource   213
mapUnderscoreToCamelCase   156, 160, 225
mapUnderscoreToCamelCase 설정   159
Martin Odersky   37
maven   69
MIXEDMAPPER   327

Model   205
multipleResultSetsEnabled   224
MVC 패턴   205
mybatis   39
MyBatis Editor   355
MyBatis Generator   313
mybatis.properties   222
mybatis_example 데이터베이스   321
mybatis_generator   62
mybatis_java   61
mybatis_jdbc   61
mybatis_web   62
mybatis-3.2.1.jar   70
mybatis-3.2.1.pdf   70
mybatis-3.2.1-javadoc.jar   70
mybatis-3.2.1-source.jar   70
mybatis-config.xml   43, 76
mybatis-spring_web   62
mybatis-spring-1.2.0.jar   187
mybatis-spring-1.2.0-javadoc.jar   187
mybatis-spring-1.2.0-source.jar   187
MySQL   48
MySQL 관리자 계정인 root 계정의 패스워드 설정 화면   51
MySQL 다운로드 페이지   48
MySQL 디폴트 문자셋 선택 화면   50
MySQL 설정 마법사 화면   50
MySQL 설치 시작 화면   48
MySQL 설치 완료 화면   51
MySQL 설치 타입 선택   49
MySQL 세부 설정 시작 화면   49
MySQL   196
MySQL의 관리자 계정   51
named parameter   212
NamedParameterJdbcTemplate   212
NClobTypeHandler   229

nclude, resultMap, parameterMap   357
NONE   224
NStringTypeHandler   229
null   298
null 체크   324
NUMERIC   228

## O

Object   275
Object Graph Navigation Language   281
ObjectFactory 구현 예제   231
objectFactory 엘리먼트   231, 241
ObjectTypeHandler   229
ofType 속성   176
OGNL 표현식   280
OGNL 표현식으로 정적 메소드를 사용한 매핑 구문   295
OGNL 표현식으로 정적 필드를 사용한 매핑 구문   296
OGNL 표현식을 사용해서 정적 메소드로 값을 체크하는 매핑 구문   298
OGNL을 사용해 정적 메소드와 정적 필드에 접근   294
OGNL의 기본 문법   282
open   293
openSession 메소드   152
OR   290, 306
order   254
ORDER_BY 메소드   303
ORDER_BY(String)   306
orderByClause   324
org.apache.ibatis.plugin.Interceptor 인터페이스   232
org.apache.ibatis.plugin.Intercepts 애노테이션   232

org.apache.ibatis.reflection.factory.DefaultObjectFactory 클래스   231
org.apache.ibatis.reflection.factory.ObjectFactory   231
org.apache.ibatis.type.BaseTypeHandler<T>   230
org.mybatis.caches.ehcache.LoggingEhcacheCache   247
org.mybatis.caches.hazelcast.HazelcastCache   248
org.mybatis.caches.hazelcast.LoggingHazelcastCache   248
org.mybatis.caches.oscache.LoggingOSCache   247
org.mybatis.caches.oscache.OSCache   247
org.mybatis.spring.mapper.MapperFactoryBean   201
org.springframework.jdbc.core.simple.SimpleJdbcTemplate   212
org.springframework.orm.ibatis   186
ORM 제품   44
OsCache   246, 247
OsCache 캐시 연동 모듈   37
outer join   301
-overwrite 파라미터   315
OXM   192

## P

package 엘리먼트   231
parameterClass   132, 349
ParameterHandler   233
ParameterizedBeanPropertyRowMapper   214
parameterMap   351
parameterType   251

parameterType 속성  35, 103
PARTIAL  224
password  236
Ping Query  237
Plain Old Java Object  191
plugin  341
plugins 엘리먼트  232, 234, 241
POJO  191
pom.xml  71
POOLED  237
poolMaximumActiveConnections  237
poolMaximumCheckoutTime  237
poolMaximumIdleConnections  237
poolPingConnectionsNotUsedFor  237
poolPingEnabled  237
poolPingQuery  237
poolPingQuery 프로퍼티  237
poolTimeToWait  237
prefix 속성  290
prefixOverrides  290
PreparedStatement 객체  31, 112
PreparedStatement 객체 생성  109, 116, 123, 130
PreparedStatement 객체에 파라미터 설정  109
PreparedStatement 객체에 파라미터 설정 후 실행  99, 111, 117, 119, 123, 126, 130
PreparedStatment 객체  98
properties  330
properties 엘리먼트  222, 240
properties엘리먼트의 속성  331
property  330
property 속성  159
property 엘리먼트  195, 222
property 엘리먼트의 속성  331

Provider 애노테이션  147, 309
Provider 애노테이션을 사용하는 매퍼 인터페이스  147, 300

# R

READ_COMMITTED  236
READ_UNCOMMITTED  236
readOnly  245
REPEATABLE_READ  236
replies 필드  176
reply 테이블  87
RESET()  305
resource 속성  222
result  156
result 엘리먼트  182
resultClass  132, 349
ResultHandler  276
resultMap  156
resultMap 속성  159
resultMap 엘리먼트  248
resultObjectFactory 엘리먼트  241
ResultSet 객체  32, 98
ResultSetHandler  233
resultSetType  256
resultType  254
resultType 속성  34, 103
REUSE  225
rg.mybatis.caches.ehcache.EhcacheCache  247
RIGHT_OUTER_JOIN(String)  305
rollback 메소드  155
rootClass  335
RowMapper  214
Run As  108

## S

scala 37
schema 338
Select root directory 60
SELECT 구문 249
select 엘리먼트 255
select 엘리먼트가 사용하는 속성 255
select 엘리먼트를 사용한 매핑 구문 255
SELECT(String) 305
SELECT_DISTINCT(String) 305
SelectBuilder 301
SelectBuilder 클래스 302
SelectBuilder의 중요 메소드 305
selectByExample 338
selectByExampleWithBLOBs 338
selectByPrimaryKey 메소드 309
selectByPrimaryKey 338
selectComment 메소드 208
selectCommentByPrimaryKey 103
selectCommentByPrimaryKey 매핑 구문 141, 249
selectCommentByPrimaryKey 매핑 구문만 남긴 매퍼 XML 150
selectCommentByPrimaryKeyAssociation 171
selectCommentByPrimaryKeyCollection 177
selectKey 252
selectKey 엘리먼트 252
selectKey 엘리먼트가 사용하는 속성 254
selectKey 엘리먼트를 사용한 매핑 구문 253
selectList 276
selectMap 276
selectOne 276
separator 293

sequence 224
SERIALIZABLE 237
Serializable 89
Servers 뷰 63
SESSION 225
set 엘리먼트 293
set 엘리먼트를 사용하는 매핑 구문 293
SET(String) 307
setComment 메소드 169
setCommentContent 메소드 159
setCommentManager 메소드 201
setCommentNo 메소드 159
setRegDate 메소드 159, 176
setReplies 메소드 176, 265
setReplyContent 176
setReplyId 176
setter 메소드 176
setter 메소드를 통해 빈을 삽입한 뒤 매퍼를 사용하는 코드 202
setter 메소드명 166
settings 엘리먼트 223, 241, 347
setUser 메소드 166
setUserName 170
ShortTypeHandler 228
SIMPLE 225
size 245
Soft Reference 245
SOFT 245
SQL 메소드 305
SQL 서버 196
SQL 실행 32
sql 엘리먼트 249
sql 엘리먼트를 사용하지 않은 매핑 구문 250
sql 엘리먼트를 사용한 매핑 구문 249
SQL 주입 공격 96

SQL()  306
sql, include 엘리먼트를 사용한 매퍼 XML  357
SqlBuilder  306
SqlBuilder의 중요 메소드  307
SqlDateTypeHandler  229
sqlMap  132, 348
sqlMap 엘리먼트  80
SqlMapClient  132, 353
SqlMapClientTemplate  198
sqlMapConfig  348
sqlMapConfig 엘리먼트  80
sqlMapGenerator  330, 336
sqlMapGenerator 엘리먼트  321
sqlMapGenerator 엘리먼트에서 설정 가능한 프로퍼티  337
sqlMapGenerator 엘리먼트의 속성  337
SQLMaps  38
SqlSession  68, 132
SqlSession 객체  105, 114
SqlSessionFactory  35, 68, 80
SqlSessionFactory 객체  105, 114, 152
SqlSessionFactory 객체 생성  82
SqlSessionFactory 클래스가 제공하는 openSession 메소드  152
SqlSessionFactoryBean  197, 199
SqlSessionFactoryBuilder 객체  82
SqlSessionTemplate  197, 198, 200
SqlSessionTemplate 타입의 빈  208
SqlSession의 중요 메소드  274
sqlStatement  341
SqlTimestampTypeHandler  229
SqlTimeTypeHandler  229
SQL을 준비하고 PreparedStatement 객체 생성  99, 111, 119, 126
STATEMENT  225

StatementHandler  233
statementType  251, 254
static 클래스  193
StringBuffer  310
StringBuilder  310
StringBuilder 객체  99
StringBuilder 클래스를 사용해 SQL을 만드는 코드  310
StringTypeHandler  229
StringUtils 클래스  298
suffix  290
suffixOverrides  290
SVN  57

### T

table  337, 341
table 엘리먼트에서 설정 가능한 프로퍼티  340
table 엘리먼트의 속성  338
tableName  338
-tables 파라미터  315
targetPackage  334, 336, 337
targetProject  330, 334, 336, 337
targetRuntime  332
TestNG  193
ThreadLocal  294, 305
TimeOnlyTypeHandler  229
timeout  251
Tomcat installation directory  64
transactionManager  196
transactionManager 엘리먼트  235, 348
trim 엘리먼트와 if 엘리먼트를 사용한 매핑 구문  289, 291
trim(where) 엘리먼트  286
trimStrings  335

try 구문  99
tx:annotation-driven  196
type  336
type 속성  260
typeAlias 엘리먼트  348
typeAliases 엘리먼트  226, 241
typeHandler 엘리먼트  231
typeHandlers 엘리먼트  228, 241

## U

UNPOOLED  236
update  250
update 엘리먼트에서 if 엘리먼트를
　사용하는 매핑 구문  290
UPDATE(String)  307
updateByExample  338
updateByExampleSelective  338
updateByExampleWithBLOBs  338
updateByPrimaryKey  339
updateByPrimaryKeySelective  339
updateByPrimaryKeySelective 메소드  309
updateByPrimaryKeyWithBLOBs  339
updateComment 매핑 구문  121
url  236
url 속성  223
use mysql;  52
useActualColumnNames  340
useCache  256
useColumnIndexes  340
useColumnLabel  224
useGeneratedKeys  224, 252
user 테이블  87
username  236
useStatementNamespaces  347
useStatementNamespaces 속성  241

## V

VALUES(String,  307
View  205
void  274

## W

WEAK  245
Weak Reference  245
Web App Libraries  136
WEB-INF  136
Webwork  281
when 엘리먼트  285
where 엘리먼트  288
where 엘리먼트와 if 엘리먼트를 사용한
　매핑 구문  288
WHERE  288
WHERE(String)  306

## X

XML 매퍼 파일  239
XML 매핑 구문  151
XML 엘리먼트  281
XML 형태의 결과 매핑  258
XMLMAPPER  325
XML과 DOCTYPE 선언  102
XML과 인터페이스를 함께 사용  149
XML만 사용해 매핑 구문 정의  325
XSLT  345

# 마이바티스 프로그래밍
JDBC를 대체하는 쉽고 빠른 자바 데이터베이스 프레임워크

초판 인쇄 | 2013년 4월 16일
4쇄 발행 | 2022년 9월 5일

지은이 | 이 동 국

펴낸이 | 권 성 준
편집장 | 황 영 주
편 집 | 조 유 나
　　　　임 지 원
디자인 | 윤 서 빈

에이콘출판주식회사
서울특별시 양천구 국회대로 287 (목동)
전화 02-2653-7600, 팩스 02-2653-0433
www.acornpub.co.kr / editor@acornpub.co.kr

Copyright ⓒ 에이콘출판주식회사, 2013, Printed in Korea.
ISBN 978-89-6077-421-6
ISBN 978-89-6077-103-1 (세트)
http://www.acornpub.co.kr/book/mybatis

이 도서의 국립중앙도서관 출판시도서목록(CIP)은 서지정보유통지원시스템 홈페이지(http://seoji.nl.go.kr)와
국가자료공동목록시스템(http://www.nl.go.kr/kolisnet)에서 이용하실 수 있습니다.(CIP제어번호: CIP2013003638)

책값은 뒤표지에 있습니다.